AFFAIRES EXTÉRIEURES

DU MÊME AUTEUR

L'Allemagne de l'Occident, Gallimard, 1953.
La Démocratie de Bonn, Colin, 1958.
Hitler : la presse et la naissance d'une dictature, Colin, 1959 et 1985.
La IVe République et sa politique extérieure, Colin, 1961 et 1972.
La Politique en France (avec François GOGUEL, Colin, 1964, éd. refondue 1984, 1986.
La politique extérieure de la Ve République, Seuil, 1965.
Au nom de quoi ? Fondements d'une morale politique, Seuil, 1969.
L'Allemagne de notre temps, Fayard, 1970, éd. augm. « Pluriel », 1974.
L'Explication politique, Colin, 1972 et éd. Complexe 1985.
Gegen den Strom. Aufklärung als Friedenspolitik, Munich, 1975 et poche, 1976.
La Passion de comprendre. Noël Copin interroge A. G., Le Centurion, 1977.
Les Ocidentaux. Les pays d'Europe et les États-Unis depuis la guerre, Fayard, 1978, poche augm. Seuil « Points », 1982.
Versuchte Beeinflussung. Zur Kritik und Ermunterung der Deutschen, Munich, 1981, poche, 1983.
Le Sel de la Terre. Pour l'engagement moral, Seuil, 1981.
L'Allemagne en Occident, Fayard, 1985, poche augm. « Pluriel », 1987.
Mit Deutschen streiten, Munich, 1987, poche, 1990.
Vernunft und Gewalt. Die Französische Revolution und das deutsche Grundgesetz heute, Munich, 1989.
Die Kanzler (avec Konrad MUELLER), Bergisch Gladbach, 1989.
Le Crime et la Mémoire, Flammarion, 1989.

ALFRED GROSSER

AFFAIRES EXTÉRIEURES

La politique de la France 1944-1989

FLAMMARION

ISBN 2-08-081209-2
Imprimé en France

INTRODUCTION

« Pourriez-vous nous donner vos impressions sur la reconnaissance du gouvernement français par les alliés ? — Je puis vous dire que le gouvernement est satisfait qu'on veuille bien l'appeler par son nom. »

A la conférence de presse du 25 octobre 1944, le général de Gaulle ironisait ainsi sur la décision notifiée l'avant-veille : l'URSS, les États-Unis, la Grande-Bretagne et le Canada reconnaissaient son gouvernement pour Gouvernement provisoire de la République française, nom que le Comité français de libération nationale avait pris à Alger dès le 2 juin. Cet acte diplomatique n'en constituait pas moins l'ultime onction donnée à son droit de parler au nom de la France, de conduire dans le monde la politique extérieure de la France.

Peu importe après tout à quelle date exacte on fait remonter rétrospectivement la pleine représentation du GPRF — aux acclamations de Bayeux libérée en juin, au total effondrement de Vichy ou à la descente triomphale des Champs-Élysées en août, ou encore à l'installation à Paris, le 2 septembre, d'un gouvernement remanié incluant des chefs de la Résistance intérieure et maître de l'appareil de l'État. L'essentiel est de faire commencer notre sujet à la césure qu'a constitué la Libération. Parce qu'il est inséparable de la personne du général de Gaulle et parce que la Libération ne se superpose pas à la fin de la guerre.

A un moment où le quatrième président de la Ve République passe à son tour, malgré l'alternance de 1981, pour assumer l'héritage gaullien, la pesée constante de la personnalité et du personnage de Charles de Gaulle sur la politique extérieure des quarante années écoulées depuis la Libération paraît évidente. Il ne faudra pas pour autant surestimer sa présence ni sous-estimer les variations de ses attitudes. Il faudra encore moins définir constamment par rapport à lui les hommes, les forces, les situations, les décisions. On pourrait évidemment présenter François Mitterrand successivement comme ministre du général de Gaulle, comme ministre d'une République sans cesse vilipendée par le général de Gaulle, comme opposant constant du président de Gaulle, enfin comme continuateur, à la présidence de la République, du même général de Gaulle : à quelle réduction, à quelle déformation de la réalité ne se livrerait-on pas !

Commencer en 1944, pas au 8 mai 1945 : d'abord pour ne pas oublier que les orientations initiales ont été données alors que la Seconde Guerre mondiale n'était pas finie, quelques-unes venant précisément de ce qu'elle n'était pas finie. Mais surtout pour relever d'emblée une donnée fondamentale de la politique extérieure française. Avant le 8 mai, la guerre ; après le 8 mai, la paix ? Quelle que soit la signification de l'arrêt de la grande tuerie, il ne faut pas oublier que la France n'est pas définitivement sortie de la tragédie le jour de la capitulation allemande. Pas seulement parce que, ce même jour, une terrible répression française s'abattait sur la région de Sétif, en Algérie. Bien davantage parce qu'il a fallu attendre, à part deux brefs intermèdes, dix-sept années supplémentaires pour qu'aucun problème tragique n'obérât plus la politique extérieure de la France. Le premier intermède a duré moins de quinze mois, de la capitulation du Japon le 2 septembre 1945 jusqu'au bombardement de Haiphong par la marine française le 23 novembre 1946 et l'attaque du Viêt-minh contre Hanoi le 19 décembre. Le second fut encore bien plus bref : les accords de Genève mettant fin à la guerre d'Indochine ont été signés le 20 juillet 1954 ; la guerre d'Algérie a commencé le 1er novembre, trois mois et demi après.

Il serait évidemment excessif de dire qu'une période continue de notre histoire a commencé en 1939 pour s'achever en 1962, mais, pour comprendre les dirigeants et leurs difficultés, on doit tenir compte de la coupure qu'a constituée la fin de la guerre d'Algérie. Depuis 1962 seulement, la politique extérieure de la France n'est plus liée à du sang versé, ce qui a accordé à ses responsables sinon la liberté d'action, du moins la libération d'une hantise.

Politique extérieure et non politique étrangère : la première formulation doit être préférée à la seconde pour trois raisons. L'Empire de 1944, l'Union française de 1946, la Communauté de 1958 constituaient ou étaient supposés constituer des ensembles plus larges que la République française, extérieurs à la France sans lui être étrangers. Les guerres d'Indochine et d'Algérie, les tensions parfois sanglantes en Tunisie et au Maroc, l'évolution par à-coups des anciennes Afrique équatoriale et Afrique occidentale françaises font partie de notre sujet si nous ne voulons pas laisser échapper des composantes essentielles de la réalité extérieure à l'Hexagone qu'hommes et forces politiques ont eu à affronter.

Pendant que colonies, protectorats, départements d'Afrique et d'Asie accédaient au statut d'États indépendants et entraient en principe dans le domaine de la politique interétatique coutumière, une autre réalité originale se constituait peu à peu sur notre continent, au point que, dans son premier discours devant l'Assemblée nationale, le 5 juillet 1974, le premier Premier ministre de Valéry Giscard d'Estaing pouvait déclarer : « La politique européenne ne fait plus partie de notre politique étrangère. Elle est autre chose et ne se sépare plus du projet fondamental que nous formons pour nous-mêmes. » Non certes que Jacques Chirac, par cette formule, ait voulu exprimer le souhait d'une Europe dans laquelle les politiques nationales se trouveraient abolies. Il mettait cependant l'accent sur le caractère particulier d'une Europe tout de même fort différente d'une simple association d'États étrangers les uns aux autres. Utiliser la notion de politique étrangère pour la politique européenne reviendrait à ne pas tenir compte des réels éléments communautaires que contient l'ensemble un peu pompeusement et fort précocement intitulé Communauté.

Enfin et surtout, l'usage du qualificatif « étrangère » a le redoutable inconvénient de laisser croire à l'existence de deux domaines bien séparés, alors que l'intérieur et l'extérieur s'entrecroisent sans cesse. L'action gouvernementale au-dedans est largement déterminée par l'environnement international sur lequel la politique extérieure cherche à avoir quelque prise. Le jeu des forces internes, l'état de la société et celui des finances publiques pèsent sur la politique extérieure, sur ses orientations comme sur ses possibilités. A certains moments, c'est la vision de l'homme d'État qui fixe les priorités. Détenteur du pouvoir jusqu'au 20 janvier 1946, puis de juin 1958 à avril 1969, le général de Gaulle a considéré le développement interne comme un moyen, un outil de la politique extérieure, elle-même instrument de la priorité suprême, l'ambition nationale. Mais même les gouvernements les plus soucieux de prospérité économique et de changement social ont subi les contraintes du dehors, au point de devoir placer la politique extérieure au centre de leurs préoccupations.

La IVe République a connu dès 1947 le drame d'être le seul pays européen à vivre simultanément comme conflits internes les deux grands déchirements du monde d'après-guerre : l'antagonisme Est/Ouest et la décolonisation. La Grande-Bretagne avait des colonies, mais pas de parti communiste d'importance ; l'Italie avait un parti communiste puissant, mais s'était vu enlever ses colonies dès 1945. A un bout de la période, en novembre 1947, la guerre civile menace à cause de la guerre froide naissante. A l'autre bout, en 1962, l'OAS mène bel et bien une guerre civile pour retarder un moment en Algérie l'évolution qui entraîne vers l'indépendance l'ensemble des possessions européennes d'Asie et d'Afrique.

Même en l'absence de drames et de déchirements, l'interpénétration de l'intérieur et de l'extérieur a été constamment vécue dans le domaine de l'économie. Le commissariat général au Plan de modernisation et d'équipement, créé en décembre 1945, n'aurait pas pu mener sa tâche à bien si les États-Unis n'avaient pas apporté aux Européens une aide massive. Un quart de siècle plus tard, la décision américaine du 15 août 1971 mettant fin à la convertibilité du dollar a montré, deux ans avant le quadruplement du prix du pétrole, les dimensions et les limitations extérieures de la prospérité interne. Les effets pernicieux du désordre monétaire international ont été contenus par un système européen, à son tour contraignant pour les politiques économiques nationales. Il semble que ce soit seulement en mars 1983 que François Mitterrand ait pris la pleine mesure de cette contrainte, autrement dit des infléchissements que l'environnement international, notamment européen, imposait à la politique économique et sociale française.

L'objet de ce livre étant la politique extérieure, notre étude ne portera guère sur les pesées qui s'exercent du dehors sur les affaires du dedans. Nous consacrerons même moins de place que dans *Les Occidentaux* aux phénomènes transnationaux, c'est-à-dire aux courants surgissant presque simultanément dans plusieurs pays, sans qu'il y ait eu une volonté politique, notamment gouvernementale, pour les créer. Ainsi la poussée à gauche en 1945. Ainsi la vague contestataire de la seconde moitié des années soixante. Ainsi le développement du pacifisme antinucléaire des deux côtés de l'Atlantique au début des années quatre-vingts.

En revanche, comment négliger les principales données internes de la politique extérieure ? En effet, quelles que soient les contraintes du dehors, la vision présentée à l'Assemblée nationale par Michel Jobert en 1973, dans son premier discours de ministre des Affaires étrangères, était fort excessive :

> Tout gouvernement, celui-ci comme un autre, se trouverait, pour définir son action et pour la poursuivre, placé devant les mêmes nécessités, confronté aux mêmes obstacles et poussé aussi aux mêmes solutions. Il n'y a pas, à mes yeux, une politique extérieure qui soit spécifiquement celle de tel gouvernement, comme il y en aurait une qui serait celle d'un autre gouvernement.

Lui-même ne s'est jamais fait faute de critiquer d'autres dirigeants et de laisser croire que sa politique était originale ! L'action se trouve définie en particulier à partir d'idées et de conceptions qui incitent à s'orienter de telle façon et non de telle autre dans le champ des contraintes. Souvent l'évidence apparente de l'option vient de ce que la croyance collective l'accepte sans mise en cause. Le programme d'action du Conseil national de la Résistance plaçait en tête des tâches incombant au gouvernement dès la libération du territoire de « défendre l'indépendance politique et économique de la nation, rétablir la France dans sa puissance, dans sa grandeur et dans sa mission universelle ». Quel homme politique, quel parti français aurait osé contester, oserait encore contester aujourd'hui une telle formule ? Il suffira au lecteur de remplacer « France » par « Espagne » ou « Allemagne » pour constater qu'elle n'est pas nécessairement d'usage universel, qu'elle ne traduit pas nécessairement l'aspiration collective d'un groupe national.

Dans le second après-guerre, seules la France et la Grande-Bretagne ont presque constamment cherché à répondre à une question qui ne comportait peut-être pas de réponse : « Comment puis-je retrouver une influence mondiale alors que je sais, au fond, que je ne suis plus une puissance mondiale ? » La nostalgie du rôle mondial passé peut faire naître des actions ou entretenir des amertumes. Elle se traduit aussi par un goût aiguisé pour le prestige, au point que le prestige sera visé non comme un moyen permettant de mieux atteindre un objectif précis, mais comme une fin en soi. Il n'en résulte pas que la politique extérieure française n'ait jamais recherché que le prestige et n'ait jamais voulu modifier concrètement l'ordre du monde. Mais le plaisir pris à l'éclat (éclat du verbe ou éclats produits par le verbe) a souvent dissimulé un fait important.

Oui, le pouvoir incarné en un homme peut entraîner l'action transformatrice, mais il ne l'entraîne pas nécessairement. Et les gouvernements d'un système politique méprisé et apparemment réduit à l'impuissance peuvent parvenir parfois à ce qui est la réussite suprême d'une politique extérieure : assumer la contrainte du dehors en la transformant en création novatrice. Robert Schuman lançant, le 9 mai 1950, la Communauté européenne du charbon et de l'acier, s'était soumis à la contrainte d'accorder l'égalité au nouvel État allemand, tout en donnant une impulsion décisive à une structure originale. Pierre Mendès France s'adressant au bey de Tunis, le 31 juillet 1954, a accepté l'évolution en transformant l'affrontement en changement négocié. La loi Defferre de 1956 a reconnu comme inévitable la modification du statut des pays africains, tout en ouvrant la voie à des changements non conflictuels dans lesquels la France trouverait des avantages.

Il est vrai que la soumission à la contrainte, fût-ce pour la transformer, est souvent abdication de la volonté, alors que le refus de la contrainte parvient parfois à changer la réalité dont elle émanait. En 1940, Pétain s'est soumis ; de Gaulle a refusé. Quand le réalisme est-il renoncement ? Quand le jeu de la volonté appliquée hors de la réalité constitue-t-il une illusion conduisant à l'échec ? Il n'y a évidemment aucune réponse qui vaille pour tous les cas. Il existe, dans le cours des quatre décennies étudiées, des situations très différentes que les acteurs de la politique extérieure ont affrontées avec des conceptions très différentes de ce qu'étaient les limites de leur latitude d'action.

Des conceptions qu'ils n'étaient pas pleinement libres d'élaborer de n'importe quelle façon : l'une des réalités les plus importantes qui exerce sa contrainte sur l'esprit des acteurs — gouvernants, partis, syndicats, groupes d'intérêt divers —, ce sont les idées qu'ils se font des faits auxquels ils réagissent. Avant que ces faits se produisent, ils ont — individuellement ou collectivement — un système d'interprétation prêt à les accueillir, à les colorer en les valorisant de telle ou telle façon. L'éducation reçue, les expériences vécues, la sélection de l'information effectuée par les journaux lus, les radios écoutées, la télévision regardée — le fait nouveau, la situation nouvelle sont perçus à travers un filtre, un prisme qui perçoit et colore les événements autrement que celui du voisin, qu'il s'agisse du pays voisin ou du parti voisin. Il faut attacher la plus grande importance à la façon dont la réalité « objective » apparaît aux acteurs. D'où aussi la nécessité de ne pas les juger toujours en fonction de nos perceptions d'aujourd'hui. Analyser la naissance des conflits coloniaux après 1944, c'est d'abord comprendre que la mission civilisatrice de la France n'était pas à l'époque une simple formule à laquelle on jouait hypocritement à croire, alors qu'aujourd'hui le prisme déformant fait trop souvent admettre que la colonisation aurait été exclusivement brutalité et exploitation.

L'importance du vécu des acteurs apparaîtra à travers un seul exemple, à vrai dire particulièrement important. La génération qui arrive au pouvoir à la Libération a subi le choc de l'humiliation de Munich. Même ceux qui ont acclamé Daladier pour avoir « sauvé la paix » en sacrifiant la Tchécoslovaquie s'imaginent volontiers, à la fin de la guerre, révoltés immédiatement par la signature donnée le 30 septembre 1938. Munich est ainsi devenue un symbole, une référence. L'expédition de Suez, en 1956, a été décidée par la France et la Grande-Bretagne pour diverses raisons ; l'une des plus importantes a été le simple fait que Guy Mollet et Anthony Eden ne voulaient pas, en cédant à Nasser, créer un « nouveau Munich ». Peu d'années plus tard, Georges Bidault qui, dans *L'Aube,* avait combattu dès 1935 la politique du renoncement face à Hitler se réclame du précédent de Munich pour s'opposer à tout changement en Algérie, le FLN lui apparaissant comme un pouvoir totalitaire. Munich tient aussi une place de choix dans l'importance accordée par le général de Gaulle à l'arme atomique : en 1938, on a capitulé diplomatiquement parce qu'on pouvait certes dire à Hitler : « Si vous nous attaquez, nous nous défendrons victorieusement derrière la ligne Maginot », mais non pas : « Si vous attaquez la Tchécoslovaquie, nous vous tombons dessus », parce que tout le monde savait que l'armée française n'était conçue que pour la défensive. Sans armes offensives, pas de diplomatie de crise : ces armes, c'étaient les unités de chars en 1938, ce sera la force de frappe dans les années soixante. Enfin, lorsque, le 20 janvier 1983, François Mitterrand s'adresse au Bundestag en défendant le renforcement du potentiel nucléaire occidental, les Allemands ne comprennent pas que, pour le président français, la référence historique vécue n'est pas, comme pour eux, 1939 — la guerre déclenchée par l'Allemagne — et 1945 — la catastrophe qui en est résultée —, mais bien 1938 : par manque de volonté et manque d'armements, on a capitulé, ce qui non seulement n'a pas assuré la paix, mais a amené la guerre et le désastre de 1940.

Pour le Parti communiste français, l'évocation, l'invocation de Munich correspond moins à un vécu intériorisé qu'à une nécessité de l'action politique : dès la Libération, le parti a trouvé avantage à faire du choix antimunichois le critère de l'esprit de résistance à Hitler, puisque lui-même avait été la seule formation politiquement pleinement hostile à l'accord de 1938 et puisque le constant rappel de ce fait lui permettait de passer sous silence et de faire passer sous silence la période beaucoup moins glorieuse pour lui s'étendant du pacte Hitler-Staline en août 1939 à l'attaque allemande contre l'URSS en juin 1941. L'utilisation d'un passé soigneusement sélectionné constitue une arme politique de choix dont tout le monde est tenté de se servir à l'occasion, ne serait-ce que pour faire naître ou pour conforter des images politiquement utiles. Ainsi, lorsque le général de Gaulle, le 14 juin 1944, a félicité la population de Bayeux d'avoir été collectivement résistante, il devait bien savoir que le pourcentage de héros n'y avait sans doute pas été plus élevé que dans le reste de la France, mais il était bon que l'immense majorité des Français s'identifiassent à la Résistance, fût-ce en transfigurant leur vécu de l'Occupation.

L'accord de Munich lié à la stratégie de la ligne Maginot : il est vrai. Mais la stratégie de la ligne Maginot n'était pas due au hasard, ou à la seule faiblesse des hommes, ou encore à leur imprévoyance. La hantise de la sécurité, le besoin de se protéger que la France a connus entre les deux guerres ont été aussi, ont été surtout la conséquence d'un terrible affaiblissement démographique dû en particulier (mais pas exclusivement) à l'effroyable saignée de la Première Guerre mondiale. Que comprend-on vraiment à la politique intérieure et extérieure française de l'entre-deux-guerres quand on n'a pas visité au moins quelques monuments aux morts villageois et regardé la longueur des listes de noms qui s'y trouvent gravés ? Mais faudrait-il pour autant recourir par principe à la démographie pour l'explication de la politique extérieure ? Il y aurait alors bien d'autres dimensions à introduire : la nature des rapports sociaux, l'état du développement industriel, la répartition du pouvoir économique.

Certes, je donnerai par moments telle ou telle indication montrant l'importance, pour tel ou tel problème de politique extérieure, de données structurelles de divers ordres. Mais j'avoue manquer et de compétence et de goût pour les interprétations qui font dériver comme par nécessité les décisions et les attitudes de structures situées au cœur de la réalité et supposées objectivement analysables. Je me limiterai en général à des analyses plus superficielles, du moins en apparence. Il n'est pas si facile de déceler ce qui, dans les cours des événements, mérite d'être relevé comme point fort d'un enchaînement, de présenter les éléments les plus importants de situations complexes, de comprendre surtout les motivations, en général multiples et contradictoires, des hommes et des groupes qui ont orienté la politique extérieure de la France.

Cette compréhension exige en effet un rude effort d'objectivité. Non qu'on puisse jamais être objectif : la liberté du jugement et la capacité d'analyse de chacun sont constamment limitées par les présupposés qui se sont accumulés en lui depuis la prime enfance. Mais il y a une différence énorme entre tendre vers l'objectivité et ne pas y tendre. Tendre vers l'objectivité, c'est faire constamment effort sur soi-même pour ne pas trop laisser les préférences personnelles influencer l'analyse. Pour considérer aussi avec sympathie ceux dont on se sent éloigné, et avec un esprit critique toujours en éveil ceux dont on se sent proche. Pour ne pas s'égarer, un garde-fou : accorder à chacun le bénéfice du doute sur ses intentions et ses capacités, chercher à le respecter autant que possible, ne le mépriser qu'en dernière instance, donc ne jamais confondre la critique et la dérision. Et ne pas se retenir, au nom d'une scientificité mal comprise, de ressentir compassion ou admiration pour des victimes ou pour des réalisations. La politique extérieure ne constitue assurément pas un secteur déshumanisé de l'histoire des hommes en général et de la France en particulier.

PREMIÈRE PARTIE

LA IVe RÉPUBLIQUE, IMPUISSANTE ET CRÉATRICE

1
LES LENDEMAINS DE LA LIBÉRATION

En septembre 1944, comme tout paraît simple ! Au-dehors règne l'entente entre les puissances en lutte contre l'ennemi commun. L'Union soviétique, les États-Unis et la Grande-Bretagne, renforcés par l'apport français, prennent en étau l'Allemagne hitlérienne. Au-dedans, tous les courants qui ont combattu l'occupant sont présents dans le gouvernement que dirige le général de Gaulle avec, comme ministre des Affaires étrangères, Georges Bidault, successeur de Jean Moulin à la tête du Conseil national de la Résistance. Unité donc des puissances alliées sur le chemin de la victoire et unité des mouvements et partis vainqueurs du pouvoir qui, à Vichy, s'était soumis à l'ennemi. Mais ni l'une ni l'autre unité ne va sans difficultés, d'autant plus que les tensions intérieures sont liées aux interrogations extérieures.

La légitimité

Le régime de Vichy était supposé n'avoir pas existé ou, en tout cas, avoir été dépourvu de toute légitimité. Dès que la guerre serait finie et que les prisonniers seraient rentrés d'Allemagne, le peuple français déciderait s'il fallait faire reprendre son cours à la République de 1875 ou s'il convenait de créer la IVe République. Le gouvernement du maréchal Pétain avait cependant joui au moins de la légitimité internationale, c'est-à-dire qu'il avait été reconnu par la quasi-totalité des autres gouvernements comme leur interlocuteur assumant et assurant l'autorité de l'État en France. L'ambassadeur soviétique n'avait quitté Vichy qu'expulsé par le gouvernement Darlan au lendemain de l'invasion de l'URSS par la Wehrmacht. L'ambassadeur américain n'est rappelé dans son pays qu'après l'occupation complète de la France, en novembre 1942. Et lorsque, le 20 août 1944, le maréchal Pétain est arrêté par la *Feldgendarmerie* pour être transféré en Allemagne, le nonce apostolique et le ministre de Suisse sont présents pour constater la violence faite à celui auprès duquel ils sont toujours accrédités.

Georges Bidault, militant catholique, va refuser à Pie XII le maintien après la Libération du même Mgr Valerio Valeri comme nonce en France. Il veut ainsi à la fois ne pas paraître accepter une continuité avec le « pouvoir de fait » et marquer fortement sa réprobation pour les compromissions de l'Église, notamment de la majeure partie de la hiérarchie française, avec le gouvernement et l'idéologie de Vichy. Pour nombre de résistants, chrétiens ou non, l'illégitimité de Pétain a surtout été de l'ordre de la morale.

Pour le général de Gaulle, en revanche, l'illégitimité était antérieure aux actes et aux discours du chef de l'État français et de ses ministres, antérieure même au vote du 10 juillet 1940 où le Parlement avait abdiqué son pouvoir constituant. Le péché originel, c'était l'armistice du 22 juin, signé au nom du maréchal Pétain, dernier chef du gouvernement de la IIIe République : l'armistice n'était-il pas tout autre chose que la capitulation sur le terrain d'une armée défaite, à savoir l'arrêt politique d'une guerre nullement perdue, d'une guerre à continuer par d'autres, face à une Allemagne qui allait occuper durablement le sol français ?

Certes, il y avait aussi au moins une raison éthique de rejeter l'armistice. Mais qui donc à l'époque — et même depuis lors — a prêté attention à l'article 19 par lequel la France s'engageait à livrer à Hitler les réfugiés politiques allemands qu'il réclamerait ? Pourtant, les relations avec le Parti socialiste allemand devaient rester marquées par la mort, due à l'article 19, de deux de ses chefs, Rudolf Breitscheid et Rudolf Hilferding.

Mais les façons de concevoir l'illégitimité de Pétain ont bien été distinctes, même si la dimension morale et la dimension nationale se sont trouvées présentes, dans des proportions diverses, chez tous les résistants français. La dimension morale donnait la priorité au combat contre le nazisme dans lequel on avait des Allemands comme camarades et des Français pour ennemis. Une partie des résistants envisageait déjà sous l'Occupation une Europe qui comprendrait l'Allemagne à naître après la défaite du nazisme, même si le mot Europe se trouvait utilisé par Hitler pour justifier sa domination sur les autres pays, dont la France. Une autre partie, dont le général de Gaulle, voyait dans le combat la continuation des luttes qui avaient opposé depuis longtemps la France et l'Allemagne. Dans la politique pratiquée après la Libération, cette dernière conception l'emporte.

Mais c'est la conception antinazie que dénote en 1946 la première phrase du préambule de la nouvelle Constitution, ce préambule qui demeurera en vigueur sous la Vᵉ République : « Au lendemain de la victoire remportée par les peuples libres sur les régimes qui ont tenté d'asservir et de dégrader la personne humaine... » Sur les régimes, pas sur les nations ou les peuples : une telle formulation eût été inimaginable en 1919. L'Allemagne comme ennemi permanent au moins potentiel, et l'Allemagne ennemie seulement quand elle était hitlérienne : deux attitudes possibles de l'après-guerre étaient en germe dans les deux façons de concevoir l'illégitimité de Vichy.

En 1944, la distinction n'a pas encore une bien grande portée, puisque ce n'est pas l'Allemagne qui doit accorder la pleine légitimité au nouveau pouvoir installé à Paris. Pour le général de Gaulle, l'effort pour se faire accepter comme représentant légitime de la France a commencé le 18 juin 1940. Au départ, il est dans une situation de dépendance et de faiblesse extrêmes. Il en déduit, par tempérament et par calcul, la nécessité de l'intransigeance. « C'est en agissant comme champion inflexible de la Nation et de l'État, écrira-t-il plus tard, qu'il me serait possible de grouper parmi les Français des consentements, voire des enthousiasmes, et d'obtenir des étrangers respect et considération... » Et il racontera ainsi un entretien avec le Premier ministre britannique en juin 1942 : « Nous parlâmes de Roosevelt et de son attitude à mon égard. “ Ne brusquez rien ! dit Churchill. Voyez comment, tour à tour, je plie et je me relève ! — Vous le pouvez, observai-je, parce que vous êtes assis sur un État solide, une nation rassemblée, un Empire uni, de grandes armées. Mais moi ! Où sont mes moyens ? Pourtant, j'ai, vous le savez, la charge des intérêts et du destin de la France. C'est trop lourd et je suis trop pauvre pour que je puisse me courber ”... [1]. » Puisqu'on n'est pas directement associé à la politique de guerre contre l'ennemi commun, l'intransigeance s'exerce avant tout contre les alliés, particulièrement contre le plus puissant d'entre eux.

La tension entre la France libre et les États-Unis est à peu près permanente pendant la guerre. Un premier temps fort est l'affaire de Saint-Pierre-et-Miquelon, ces îles françaises au large du Canada que de Gaulle fait rallier à la France libre le 24 décembre 1941. Il n'a pas prévenu les gouvernements alliés, alors que les États-Unis avaient conclu un accord avec Vichy pour maintenir le *statu quo* dans les possessions françaises de l'hémisphère américain. D'autres affronte-

1. Sauf indication contraire, toutes les citations du général de Gaulle, dans ce chapitre, sont tirées des *Mémoires de guerre*.

ments plus directs suivent à propos de l'exercice de la souveraineté dans des territoires lointains, par exemple en Nouvelle-Calédonie, en mai 1942, où le général de Gaulle fait appliquer le principe qu'il vient d'énoncer dans une conférence publique à Londres : « La France combattante entend marcher avec ses alliés, sous la réserve formelle que ses alliés marchent avec elle. » En d'autres termes, que l'indispensable subordination militaire face à un commandant suprême n'entraîne pas une subordination politique face au gouvernement américain.

La distinction n'est pas conforme aux plans américains pour l'organisation de la campagne militaire en Afrique du Nord. Le général Eisenhower donne assez rapidement raison à de Gaulle contre le président Roosevelt : il est utile d'avoir à Alger une autorité politique française, et pas seulement des administrations françaises obéissant à un commandant en chef allié cumulant tous les pouvoirs.

Mais c'est pour la France métropolitaine elle-même que le conflit est le plus profond et aura les répercussions psychologiques les plus durables. En effet, qui doit gérer la France après le débarquement, que ce soit en présence des armées alliées ou sur les arrières de celles-ci ? Le commandant allié a préparé dès 1942 la mise sur pied d'une vaste organisation pour la gestion des territoires libérés ou conquis en vue d'aider les opérations militaires par le maintien de l'ordre et l'utilisation des ressources locales, et en vue de répondre aux premiers besoins de la population (ravitaillement, hygiène, équipement, transmissions, etc.). Trente centres universitaires, en Grande-Bretagne et aux États-Unis, forment par milliers des *area and language specialists*. Les Civil Affairs, ou AMGOT (*Allied Military Government of Occupied Territories*), fonctionnent pour la première fois et fort efficacement en Sicile à partir de juillet 1943.

Mais la situation des pays alliés est-elle la même ? Les 1 552 hommes, dont 400 officiers, prévus pour la France doivent-ils jouer le même rôle qu'après-demain en Allemagne ? Le sigle AMGOT est de toute façon malheureux : la France est occupée par les Allemands ; va-t-elle l'être par ses alliés ? Le conflit le plus vif a surgi le 4 juin, avant-veille du jour J. Le général de Gaulle apprend l'imminence du débarquement, reçoit le texte du discours aux Français qu'il est invité à prononcer à la radio et découvre que le papier-monnaie des Anglo-Américains destiné à servir en France a déjà été imprimé, papier-monnaie libellé en francs avec les mentions « Émis en France » et « Liberté, Égalité, Fraternité. » Après des affrontements particulièrement passionnés, il appelle clairement les Français à suivre les instructions de leur gouvernement, c'est-à-dire du GPRF. Il obtient l'abolition de la « fausse monnaie », ainsi que la primauté politique de ses représentants rapidement mis en place dans chaque région libérée grâce à l'admirable travail clandestin préparatoire d'un organisme de la Résistance animé notamment par un jeune auditeur au Conseil d'État, Michel Debré.

En fait, les pouvoirs du SHAEF *(Supreme Headquarter Allied Expeditionary Forces)* resteront fort importants jusqu'à la reconnaissance du gouvernement, le 24 octobre 1944, dans la majeure partie de la France, et seront maintenus jusqu'au 24 avril 1945 dans un large secteur au nord, au nord-est et sud-est, dans tout l'est, et dans les Alpes jusqu'au 14 juillet 1945. Mais l'essentiel est obtenu, à savoir l'acceptation de la légitimité des autorités issues conjointement de la Résistance et de la France libre. Toute une génération de nouveaux dirigeants gardera la conviction qu'une telle acceptation a été arrachée, a été imposée, aux Américains.

Cette conviction n'est certes pas sans fondement, encore que la comparaison avec les autres pays libérés ne démontre nullement que l'AMGOT aurait vraiment entravé le libre développement de la vie politique nationale. En revanche, une autre concession américaine, accordée beaucoup plus aisément, aura des conséquences psychologiques beaucoup plus mystificatrices : le général Eisenhower ayant consenti en août 1944 à laisser la division blindée du général Leclerc entrer la première dans Paris, les Parisiens et les autres Français garderont le souvenir, renforcé par la naissance ultérieure de légendes écrites filmées ou télévisées, d'une libération de la capitale imposée à l'ennemi par la seule conjonction de la population et des troupes françaises, en l'absence des Américains, sinon malgré eux.

Des divergences plus sérieuses conduisent à de véritables affrontements avant et après la capitulation allemande, sous Truman comme sous Roosevelt. Fin avril 1945, de Gaulle ordonne au général de Lattre de Tassigny d'occuper Stuttgart et de s'y maintenir, malgré les ordres contraires du général Eisenhower : il s'agit de saisir un gage pour obtenir une meilleure délimitation de la zone française d'occupation. En juin, dans le Val d'Aoste, territoire frontalier italien que le général de Gaulle voudrait voir devenir français, on en arrive, après une extension délibérée de la zone d'occupation française fixée par les accords interalliés, à la menace d'ouvrir le feu sur les troupes américaines. La colère du président Truman, ordonnant l'arrêt des livraisons d'armes et de munitions à l'armée française, est tout à fait compréhensible. Elle aboutit à l'échec de la tentative française.

Mais l'incident le plus lourd de conséquences psychologiques a eu lieu plusieurs mois plus tôt, au début de janvier, pendant la dernière contre-offensive allemande. Pour rectifier le front, le général Eisenhower, chef suprême des forces alliées, ordonne au général de Lattre de Tassigny d'évacuer Strasbourg. Les conséquences que la réoccupation de la ville aurait pour sa population sont évidentes, d'autant plus qu'elle vient d'accueillir ses libérateurs avec enthousiasme. Le général de Gaulle, chef du gouvernement français, ordonne à de Lattre de désobéir à Eisenhower. Celui-ci menace de ne plus ravitailler la Ire Armée française. De Gaulle l'avertit alors que, dans ce cas, il lui couperait ses lignes de communication. Finalement Strasbourg n'est pas évacuée. L'offensive des Ardennes n'en est pas moins repoussée. Eisenhower écrira simplement dans son récit : « A première vue, l'argumentation de De Gaulle semblait être basée sur des considérations politiques, c'est-à-dire sur le sentiment et non sur la logique ou sur le bon sens [1]. » Comment le général de Gaulle n'aurait-il pas vu dans une telle affaire la preuve que même le plus bienveillant des chefs militaires alliés ne pouvait comprendre les soucis fondamentaux d'une nation amie ? Autrement dit, l'existence d'un ennemi commun ne justifiait assurément pas une intégration militaire enlevant au pouvoir politique national la possibilité de défendre tel objectif jugé essentiel par lui, mais accessoire par le grand allié lointain.

L'alliance du PC et l'alliance de l'URSS

Au même moment, les relations avec l'URSS apparaissent comme sans nuages. Pourtant, le gouvernement soviétique a établi une curieuse continuité entre Vichy et la France libre en envoyant auprès du général de Gaulle à Alger le même ambassadeur, Bogomolov, qui avait représenté son pays auprès du maréchal Pétain. Mais l'URSS avait aussi été la première puissance à reconnaître, le 27 août 1943, le CFLN « comme représentant des intérêts d'État de la République française et comme le chef de toutes les forces patriotiques françaises combattant contre la tyrannie hitlérienne ». En d'autres termes, la Résistance en France était proclamée subordonnée au général de Gaulle. La Résistance dont le Parti communiste français faisait à ce moment pleinement et efficacement partie.

En revanche, l'attitude du PC n'avait pas été particulièrement combative, face à l'Allemagne hitlérienne, pendant la période de

1. Dwight D. Eisenhower, *Croisade en Europe*, Laffont, 1949, p. 411.

bonnes relations entre celle-ci et Staline. Les textes de 1940, avant et après la défaite française, ne manquaient pas de vigueur :

> La prétendue aide à la Pologne a été cette fois le prétexte au déchaînement de la guerre à laquelle les impérialistes se préparaient depuis longtemps [...] C'est la guerre des oppresseurs des peuples [...] Après quinze jours de guerre, la Pologne fasciste s'est effondrée [...] C'est à la lutte sans merci entre le gouvernement Daladier, contre sa politique d'esclavage, de misère et de guerre, c'est à la lutte pour la paix que le Parti communiste appelle les masses laborieuses. (Manifeste de février 1940.)
>
> Nos infâmes gouvernants [...] armaient la garde blanche finlandaise [...] Le crime de la plupart des accusés de Riom, le crime de Daladier, Blum et leurs semblables, tient au fait qu'ils ont consciemment favorisé la réussite des plans de guerre réactionnaires et impérialistes de la bourgeoisie [...] La bourgeoisie et ses « socialistes » sont le véritable fléau du peuple... (Art. de Maurice Thorez paru dans le numéro daté de sept. 1940 de la revue du Komintern [1].)

Mais l'invasion de l'URSS par les armées allemandes entraîne un renversement tactique. Jusqu'en 1933/1934, après l'installation d'Hitler au pouvoir, la stratégie communiste avait été celle du front unique à la base : « Ouvriers socialistes, venez avec nous, vos chefs sont des sociaux-fascistes. » De 1934 à 1939, le Front populaire appelait partis et hommes de gauche à se regrouper avec le PC. De 1939 à 1941, le langage antérieur était repris. Maintenant, c'est l'idée de front national qui est mise en avant : rassemblement de toutes les forces antifascistes, hommes de droite compris. La transition s'était trouvé amorcée dans l'appel au peuple de France de mai 1941, dans lequel il n'était pas question directement de l'Allemagne, mais qui appelait à un « Front national de lutte pour l'indépendance de la France ». Ce front s'est trouvé constitué en fait par l'accord passé le 25 novembre 1942 entre le PCF et le général de Gaulle, où il était dit que : « Les Francs-Tireurs et Partisans [organisation combattante dirigée par le PC] se considèrent comme l'avant-garde des Forces françaises libres en France. » Et le 4 avril 1944, Fernand Grenier et François Billoux, en entrant au CFLN, devenaient les premiers ministres communistes français, puisqu'en 1936 le PC avait refusé sa participation à Léon Blum lors de la constitution du gouvernement de Front populaire.

Après avoir encore refusé en mars 1944 la venue à Alger de Maurice Thorez, le général de Gaulle joue sur l'action modératrice

1. Textes complets en annexe de Courtois (S.), *Le PCF dans la guerre*, Ramsay, 1980, 585 p. (Citations prises pp. 499, 501, 509, 543, 548, 551.)

du secrétaire général du PC, qui rentre de Moscou le 30 novembre 1944, après avoir été amnistié en octobre de sa condamnation pour désertion en 1939. Dans ses *Mémoires*, il dira qu'il s'en est expliqué au Kremlin avec Staline :

> Il prononça le nom de Thorez, à qui le gouvernement français avait permis de regagner Paris. Devant mon silence mécontent : « Ne vous fâchez pas de mon indiscrétion ! » déclara le maréchal. « Je me permets seulement de vous dire que je connais Thorez et, qu'à mon avis, il est un bon Français. Si j'étais à votre place, je ne le mettrais pas en prison. » Il a ajouté, avec un sourire : « Du moins, pas tout de suite ! »
> « Le gouvernement français, répondis-je, traite les Français d'après les services qu'il attend d'eux. »

Par exemple, le désarmement des Milices patriotiques, la garantie que le PC respecterait pleinement la légalité et qu'il participerait à l'effort de reconstruction nationale ! Les accomplissements sont tels que, lors de la mort de Maurice Thorez, en 1964, le général de Gaulle, président de la République, télégraphiera au fils de son ancien ministre d'État : « Je n'oublie pas qu'à une période décisive pour la France, le président Maurice Thorez — quelle qu'ait pu être son action avant et après — a, à mon appel et comme membre de mon gouvernement, contribué à maintenir l'unité nationale. »

Une unité qui repose après la Libération sur l'idée de lutte commune contre l'Allemagne, donc d'action commune avec l'Union soviétique. Stalingrad demeurera un nom de victoire pour presque tous les Français. Et, en octobre 1946, quand la Constitution sera adoptée, qui s'offusquerait de la formule déjà citée : « Au lendemain de la victoire remportée par les peuples libres... » ? Le peuple soviétique se trouve parmi ceux-ci, dès lors que c'est la victoire commune sur le totalitarisme hitlérien qui est évoquée.

En décembre 1944, il est donc tout à fait normal que le général de Gaulle se rende à Moscou pour y négocier avec Staline et y signer, le 10 décembre, un traité d'alliance et d'assistance mutuelle dans lequel il est notamment dit :

> Article premier : Chacune des Hautes Parties Contractantes continuera de combattre aux côtés de l'autre et des Nations unies jusqu'à la victoire finale sur l'Allemagne. Chacune des Hautes Parties Contractantes s'engage à prêter à l'autre aide et assistance dans cette lutte par tous les moyens dont elle dispose.
> Article 5 : Les Hautes Parties Contractantes s'engagent à ne pas

conclure d'alliance et à ne participer à aucune coalition dirigée contre l'une d'elles.

On ne connaîtra qu'en 1959, par les documents annexés au tome III des *Mémoires de guerre*, deux aspects importants des conversations de Gaulle/Staline. D'une part, l'acceptation donnée par le chef du gouvernement français à la ligne Oder-Neisse qui enlèvera à l'Allemagne plus du quart de territoire reconnu comme allemand par le sévère traité de Versailles : « Nous ne sommes pas du tout opposés à ce que le maréchal Staline a dit, l'autre jour, des frontières occidentales de la Pologne. Nous croyons qu'une telle solution exclurait l'accord entre l'Allemagne et la Pologne. » D'autre part, le rejet de la proposition d'un pacte tripartite franco-anglo-soviétique faite par Churchill et acceptée par Staline : « Nous sommes en mesure de faire avec vous une alliance de ce genre, déclare de Gaulle le 7 décembre, aujourd'hui même si vous voulez, d'abord parce que nous n'avons avec vous aucune discordance d'intérêts, en aucun point du monde, ensuite parce que nous sommes assurés que votre attitude vis-à-vis de l'Allemagne après la guerre coïncidera avec la nôtre. Mais pour ce qui concerne l'Angleterre, ces deux conditions ne sont pas actuellement remplies. » Et le lendemain : « Entre la France et l'Union soviétique il n'y a pas d'objet de contestation directe. Avec la Grande-Bretagne, nous en avons toujours et nous en aurons toujours. »

L'alliance avec l'URSS a plusieurs fonctions : permettre le combat commun contre l'Allemagne, faciliter l'intégration du parti communiste français à la vie politique nationale et sa participation au gouvernement, mais aussi renforcer la stature et le statut de la France face à ses alliés anglais et américain. Traiter sur un pied d'égalité avec l'URSS, elle-même égale des États-Unis, c'est rehausser la France face à ceux-ci.

Parmi les Grands

Le 11 novembre 1944, Churchill est acclamé à Paris lorsqu'il prend part aux cérémonies commémorant l'armistice de 1918. La mort de Roosevelt, le 12 avril 1945, provoque en France une sorte de deuil national. Pourtant, les sentiments de solidarité, d'affection, de reconnaissance s'expriment sur un arrière-plan de tensions multiples. Leur enjeu est la place internationale de la France, le rang parmi les puissances auquel le général de Gaulle veut la faire accéder, ce rang qui, par-delà la participation à la victoire commune, constitue l'objectif central de sa politique. Et il a si bien la certitude qu'il s'agit d'une conquête à faire qu'il est peu sensible à tout ce qui lui est accordé sans qu'il ait eu à le conquérir.

Il est un domaine où rien n'est finalement accordé et où rien n'est obtenu, alors que l'apport français a été considérable. Quand, le 18 octobre 1945, le gouvernement crée un Commissariat à l'énergie atomique, la bombe d'Hiroshima a déjà explosé, le 8 août. Sa construction aurait-elle été possible si les États-Unis avaient dû effectuer seuls la recherche ? La découverte de la radioactivité par Henri Becquerel en 1896 et la mise en évidence du radium par Pierre et Marie Curie deux ans plus tard appartiennent à la préhistoire de l'arme d'extermination massive. La découverte de la radioactivité artificielle par Frédéric Joliot et sa femme Irène Curie, en 1934, a marqué le vrai point de départ. Recevant le prix Nobel l'année suivante, le futur premier commissaire à l'énergie atomique déclare : « Nous sommes en droit de penser que les chercheurs, brisant ou construisant les atomes à volonté, sauront réaliser des réactions nucléaires en chaînes explosives. Si de telles transmutations arrivent à se propager dans la matière, on peut concevoir l'énorme énergie nucléaire qui sera libérée [1]. » En mars 1940, une équipe française parvient à transférer de Norvège en France le stock disponible de l'eau lourde nécessaire à l'expérimentation et auquel s'intéresse aussi l'I.G. Farben. Le 17 juin 1940, il est conduit en Grande-Bretagne. En Grande-Bretagne, au Canada, à Chicago, des Français participent aux travaux qui aboutissent à l'arme dont ils font pressentir la nature au général de Gaulle lors de sa visite à Ottawa en juillet 1944. Mais le gouvernement américain décide de garder autant que possible le monopole de l'information scientifique et technique. Seule une coopération avec le Canada et la Grande-Bretagne est considérée comme acceptable dans certaines limites. En mars 1945, la décision anglo-américaine de ne pas faire de la France le quatrième partenaire atomique est définitivement confirmée, fût-ce pour la simple communication d'informations relatives à l'utilisation non militaire de la source nouvelle d'énergie. Les participants français à l'effort de recherche commun sont cependant autorisés à communiquer les connaissances acquises aux équipes du CEA.

Le rang, ce sont des symboles. Le rang, ce sont des réalités fort concrètes. Symbole ultime, la présence, difficilement obtenue, du général Leclerc parmi les signataires de l'acte de capitulation du Japon, le 2 septembre 1945. Symbole et réalité à la fois que la

1. Cité par B. Goldschmidt, *Le Complexe atomique*, Fayard, 1980, pp. 17-18.

participation au comité consultatif pour l'Italie en 1944. Réalités décisives que la place de la France dans l'Organisation des Nations unies et dans le gouvernement de l'Allemagne vaincue.

Dans les premiers projets du président Roosevelt, en 1943, le système mondial de paix confiait à un veritable exécutif mondial, composé de l'URSS, des États-Unis, de la Grande-Bretagne et de la Chine, le soin d'empêcher les guerres, au besoin par la force. En juillet 1944, de nouvelles propositions américaines prévoient que la France serait ajoutée à la liste des membres permanents de l'organe suprême, élargi et moins puissant que prévu, « quand elle aurait un gouvernement effectif et librement choisi ». A Dumbarton Oaks, en août, il est admis qu'un siège permanent serait réservé à la France, « que son gouvernement ait été ou non officiellement reconnu au moment où l'Organisation serait constituée », clause qui perd évidemment son intérêt deux mois plus tard. Le pas décisif est franchi à Yalta, en février 1945 : Roosevelt, Staline et Churchill décident de convier la France et la Chine à prendre place parmi les « puissances invitantes » à la conférence de San Francisco où la nouvelle organisation doit être mise en place, avec un Conseil de sécurité comprenant comme membres permanents précisément les cinq puissances invitantes. Lorsque la conférence s'ouvre le 28 avril, bien des difficultés ont surgi, puis ont été aplanies ; le général de Gaulle a d'abord accepté la proposition de Yalta, puis la France a refusé d'être puissance invitante, faute de pouvoir obtenir des modifications du texte de l'invitation. Il a fallu, à la conférence même, lutter durement pour pallier les inconvénients de ce refus. En fin de compte, le rang est pleinement atteint, du moins sur le plan juridique : la France est l'un des cinq Grands de l'ONU et le français est langue officielle de travail au même titre que l'anglais.

Pour l'Allemagne, Churchill, Staline et Roosevelt ont décidé dès 1943 qu'elle serait totalement occupée par leurs troupes après la victoire. En septembre 1944, la Commission consultative pour l'Europe, qui siège à Londres et est composée de trois ambassadeurs américain, soviétique et britannique, arrive à un accord sur la délimitation des futures zones d'occupation. En novembre, la France est invitée à faire partie de la Commission. L'ambassadeur René Massigli, ancien commissaire aux Affaires étrangères du GPRF, y siège pour la première fois le 27. Mais le problème de fond n'est pas résolu pour autant : la France sera-t-elle puissance occupante ? Sera-t-elle codétentrice, copropriétaire de la souveraineté allemande que les vainqueurs vont assumer ensemble ?

Ici encore, la solution favorable à la France est adoptée à la conférence de Yalta. Du 4 au 11 février 1945, les Trois élaborent des décisions importantes, tout particulièrement sur l'Allemagne. C'est Churchill qui obtient que la France soit vraiment l'un des Quatre dirigeant ensemble l'Allemagne défaite. Il arrache à Staline, en fait très hostile à une France dont l'effort de guerre a été moindre que celui de la Pologne, une France qui a ouvert ses portes aux Allemands et qui, selon lui, était plus fidèlement représentée par Vichy que par de Gaulle, la participation française à l'occupation de l'Allemagne. Staline accepte finalement l'existence d'une zone française d'occupation à la condition qu'elle soit prélevée sur les zones prévues pour la Grande-Bretagne et les États-Unis. La préoccupation de Churchill est claire : puisque les États-Unis vont évacuer l'Europe peu après la victoire, il ne faut pas laisser l'Union soviétique devenir la seule puissance sur le continent européen. Roosevelt, lui, accepte la position de Churchill sans trop le soutenir.

A aucun moment, la conférence de Yalta ne voit se réaliser un quelconque accord russo-américain pour établir une sorte de domination à la fois commune et concurrentielle en Europe ou dans d'autres continents. Or l'idée que le monde a été partagé à Yalta constituera le mythe le plus durable, le plus solidement implanté, le mieux partagé de la vie politique française. Peu importe que pas un document ne justifie une telle interprétation : Yalta demeurera en France le symbole et la référence d'un système mondial dominé par les deux Supergrands. Il est vrai que le général de Gaulle n'avait pas été invité à Yalta et que les décisions concernant la France ont été prises en son absence. Il en est encore ainsi une dernière fois à la conférence de Potsdam, du 6 juillet au 7 août 1945, où est réglée l'organisation de l'Allemagne gouvernée à quatre : à quatre puisque, déjà invitée à Yalta à faire partie de la Commission de contrôle qui doit gérer le pays vaincu, la France fait partie après Potsdam de l'organisme le plus important créé par les Trois, le Conseil des ministres des Affaires étrangères, dont la première réunion a lieu en septembre 1945 et qui est en quelque sorte le supérieur hiérarchique de la Commission de contrôle de Berlin. Le rang est ici celui de la pleine égalité, puisque les Quatre deviennent en quelque sorte copropriétaires dans l'indivision de la souveraineté allemande. La Commission ne peut décider qu'à l'unanimité et les premiers vetos importants qu'elle connaîtra seront des vetos français.

A vrai dire, les responsabilités du Conseil des ministres des Affaires étrangères sont plus vastes, ainsi que le montre le communiqué de Potsdam, mais il siégera le plus souvent à quatre, avec le problème allemand comme plat de résistance :

> Il devra être établi un Conseil, composé des ministres des Affaires étrangères du Royaume-Uni, de l'URSS, de la Chine, de la France et des États-Unis [...].
>
> [...] A titre de tâche immédiate et importante, le Conseil sera autorisé à élaborer, en vue d'être soumis aux Nations unies, des traités de paix avec l'Italie, la Roumanie, la Bulgarie, la Hongrie et la Finlande, et à proposer des règlements aux questions territoriales pendantes au moment où se termina la guerre en Europe.
>
> Le Conseil sera employé à préparer un règlement de paix pour l'Allemagne, lorsqu'un gouvernement approprié sera établi.
>
> Pour chacune de ces tâches, le Conseil sera composé de membres représentant les États qui furent signataires des conditions de reddition imposées à l'État ennemi en cause. Pour le règlement de paix avec l'Italie, la France sera considérée comme une signataire des conditions de reddition de l'Italie...

Il est difficile de dire dans quelle mesure le rang a été atteint grâce au caractère du général de Gaulle. Sa volonté et son intransigeance ont constitué d'inappréciables instruments diplomatiques. Mais sa raideur a plus d'une fois créé ou élargi des conflits avec les alliés anglo-américains. Le plus francophile des témoins anglais, l'ambassadeur Duff Cooper, le peint comme « guettant sans cesse l'insulte [1] ». Et il est de fait que sa susceptibilité est extrême. Est-il nécessaire de s'indigner parce que, le 15 août 1944, Chuchill se rend en Corse sans en aviser le GPRF ? Est-ce vraiment « être convoqué en un point du territoire national par un chef d'État étranger » que d'avoir communication d'un message du président Roosevelt, depuis longtemps invalide et maintenant grand malade, en route pour la Crimée, disant : « C'est avec infiniment de regret que je dois lui faire savoir l'impossibilité d'accepter sa très aimable invitation à visiter Paris en ce moment. J'ose espérer qu'Alger ne lui sera pas désagréable comme alternative » ? Est-il indispensable de faire un affront à lady Spears en la contraignant à retirer son ambulance, qui a rendu tant de services, du défilé du 18 juin 1945, parce qu'il y a tension avec la Grande-Bretagne en Syrie ?

La question est de portée limitée, car c'est sur le choix central qu'on peut s'interroger. L'intérêt national prioritaire est-il, à la Libération, de se voir reconnaître comme quatrième Grand, quitte à n'être vraiment que le quatrième au sein d'un ensemble faussement égalitaire ? Est-il de se concevoir comme le plus grand des pays d'Europe traités par les Grands comme puissances de second plan ?

1. *Au-delà de l'oubli*, Gallimard, 1960, p. 365.

L'alternative ne pourra être qu'une construction rétrospective : à l'époque, deux raisons s'opposent à ce que le second terme soit pris en considération. Les humiliations du désastre de 1940 et de la période vichyssoise exigent en compensation la gloire du rang, fût-elle illusoire. Et la hantise terriblement explicable de l'avenir allemand impose la présence parmi ceux qui détiennent le pouvoir de guider cet avenir. Les deux préoccupations se conjuguent dans le système de domination sur l'Allemagne : on est l'un des quatre Grands qui exercent ce pouvoir, et puisque l'on est l'un des Grands, c'est qu'on est grand...

Le départ du général de Gaulle et la priorité allemande

Il existe cependant au moins une différence importante entre le général de Gaulle et les partis qui sont associés au pouvoir avec lui. Elle est d'ordre idéologique plutôt que tactique. Pour le Général, c'est la nation et sa puissance extérieure qui doivent constituer le centre, le foyer de toute pensée politique. Racontant sa première visite de l'Allemagne détruite, il notera avec commisération : « Niveau de vie et reconstruction, voilà quelles seraient forcément, pendant de nombreuses années, les ambitions de la nation allemande et les visées de sa politique. » En revanche, si l'on regarde les programmes avec lesquels les partis se présentent aux électeurs en novembre 1945, on ne peut manquer d'être frappé par l'absence presque complète de la politique extérieure. C'est précisément la reconstruction et le niveau de vie qui tiennent la plus grande place.

Qu'elle soit extérieure ou intérieure, l'ambition ne saurait être mise en œuvre par une assemblée. La démission du 20 janvier 1946 résulte d'un conflit sur les institutions. Répondant à André Philip, député socialiste, ancien membre de son gouvernement à Alger, le général de Gaulle déclare le 1er janvier 1946 à l'Assemblée :

> Je me demande quelle étrange conception cet orateur se fait du gouvernement de la République ! Il nous dit : « Dans la matière grave qui est celle des crédits de la Défense nationale, le gouvernement considère une chose comme nécessaire. L'Assemblée ne veut pas la reconnaître comme telle. Le gouvernement n'a qu'à en prendre son parti... »
>
> Veut-on un gouvernement qui gouverne ou bien veut-on une Assemblée omnipotente déléguant un gouvernement pour accomplir ses volontés ?... La formule qui s'impose, à mon avis, après toutes les expériences que nous avons faites, c'est un gouvernement qui ait et qui porte seul — je dis : seul — la responsabilité entière du pouvoir exécutif.

En 1946, il semble exclu que les partis puissent se rallier un jour à une constitution mettant en place un exécutif fort. De 1946 à 1958, ils vont faire l'expérience de la difficulté qu'ajoute, pour la conduite de la politique extérieure, la dispersion du pouvoir. Difficulté ajoutée ou difficulté centrale ? La Ve République sera fondée sur cette seconde interprétation. A regarder le cours de la politique extérieure, on peut se sentir porté à préférer la première, ne serait-ce qu'à cause de la signification paradoxale du 20 janvier 1946.

En effet, la politique extérieure y change dans sa nature sans trop changer dans son contenu. La continuité est assurée quant aux problèmes posés. La façon de les affronter est déjà fixée dans une large mesure avant que les constituants achèvent leur tâche et que les trois grandes formations, le parti communiste, le parti socialiste SFIO et le Mouvement républicain populaire mettent en place les institutions de la IVe République. Les changements seront pour la plupart imposés par les modifications de l'environnement international. Ces modifications conduiront le général de Gaulle, lui aussi, à changer sa perspective. Et le refus d'accepter les changements autrement qu'en jouant simplement le rôle de frein sera commun au Général et aux groupes contre lesquels il abandonne le pouvoir.

Il en est ainsi pour l'Allemagne ; il en est ainsi pour l'outre-mer : dans l'un et l'autre domaine, le 20 janvier ne marque pas une coupure décisive. La situation est un peu différente dans les relations avec la Grande-Bretagne. Dès 1934, de Gaulle l'a définie comme « jalouse dans nos jours prospères, mais bienveillante dans nos malheurs[1] ». En fait, il y a tension même dans la période du malheur, à cause notamment de la rivalité déjà ancienne entre les deux pays au Proche-Orient. L'accord Lyttleton-de Gaulle, signé le 3 juillet 1941, a prévu que la France continuerait à exercer en Syrie et au Liban ses attributions de puissance mandataire, que le haut commandement militaire dans la région serait exercé par la Grande-Bretagne, mais que le maintien de l'ordre dans les deux territoires appartenait exclusivement à la France. Or, c'est à propos d'incidents sanglants entre Français et Syriens, au moment où les deux anciens pays sous mandats doivent accéder à l'indépendance, qu'une tension franco-britannique se produit. Elle est si grave que, les 30 et 31 mai

1. *Vers l'armée de métier*, Berger-Levrault, rééd. 1944, p. 18.

1945, peu de jours après la capitulation allemande, un affrontement sanglant entre Français et Anglais ne paraît pas exclu.

L'apaisement se fait assez vite, mais l'hostilité du général de Gaulle à un traité d'alliance avec la Grande-Bretagne reste forte, d'autant plus qu'il se méfie de ses diplomates : « Pour beaucoup d'hommes, écrira-t-il, qui étaient en charge des relations extérieures, l'accord avec l'Angleterre était une sorte de principe. » Après son départ, Georges Bidault, demeuré ministre des Affaires étrangères, a une attitude moins catégorique, mais l'impulsion décisive qui dégage la voie pour le traité de Dunkerque sera donnée pendant les deux mois où Bidault ne dirige pas le Quai d'Orsay : en décembre 1946 et janvier 1947, le bref gouvernement socialiste homogène, dans lequel Léon Blum est à la fois président du Conseil et ministre des Affaires étrangères, se rapprochera sensiblement de la Grande-Bretagne travailliste.

« En vérité, le sort de l'Allemagne est le problème central de l'univers » : l'affirmation lancée par le général de Gaulle devant l'Assemblée consultative le 22 novembre 1944 ne rencontre guère de contradiction en France. Dans sa lettre de démission en janvier 1946, dressant un bref bilan de l'œuvre accomplie, il dit encore : « A l'extérieur, en dépit des inquiétudes qui subsistent, l'indépendance est fermement établie, nous tenons le Rhin, nous participons au premier rang à l'organisation internationale du monde. » Que la présence de la France en Rhénanie n'ait pas grand-chose à voir avec les problèmes centraux d'un monde transformé, que le sort de l'Allemagne puisse être déterminé par la situation mondiale nouvelle, voilà ce que la politique extérieure de la France ne prend pratiquement pas en considération au moins jusqu'en 1947.

La politique allemande des gouvernements de l'immédiat après-guerre exprime en même temps les aspirations un peu confuses de la grande majorité des Français. Deux attitudes opposées sont si minoritaires qu'elles apparaissent comme simplement marginales. D'un côté, ce que l'on pourrait appeler l'antigermanisme racial qui peut prendre des formes caricaturales. Les Rhénans n'avaient pas particulièrement dû participer aux atrocités hitlériennes puisqu'ils étaient préservés contre la cruauté par leur hérédité celtique. En revanche, les habitants des régions correspondant à l'ancienne forêt hercynienne étaient définitivement racistes et antisémites ! L'antigermanisme systématique se trouve aussi chez quelques intellectuels qui ont à se faire pardonner des compromissions avec l'Allemagne occupante. L'autre minorité exercera une influence plus large et plus durable. Elle provient de la Résistance et, au nom même des souffrances subies de la part de l'Allemagne hitlérienne, se sent coresponsable du devenir allemand. Elle veut donc se porter immédiatement aux côtés des Allemands, jeunes et moins jeunes, qui aspirent à construire une Allemagne démocratique.

La politique gouvernementale n'est inspirée ni par l'une ni par l'autre de ces tendances minoritaires. Sur plusieurs points, elle se rapproche de la première. Sur d'autres, elle n'est pas trop éloignée de la seconde. A la base, on trouve une conception précise et pour le moins contestable de l'histoire de l'Allemagne : Hitler était un produit logique et presque nécessaire de l'unité allemande et du prussianisme. Pour éviter à l'Allemagne et au monde un nouvel Hitler, il convient donc de détruire la Prusse et de morceler l'Allemagne. Cette thèse a été fort proche à l'origine des idées américaines et russes, mais seulement jusqu'en 1945. A Yalta, en février 1945, les Trois parlent encore de démembrement et décident de créer une commission pour le préparer. A Potsdam, en juillet, Harry Truman apporte un plan de partage. Mais, à ce moment, la position russe a déjà changé. Le 9 mai, Staline a lancé un message au peuple allemand dans lequel il déclare : « L'Union soviétique célèbre la victoire bien qu'elle n'ait pas l'intention de démembrer ni de détruire l'Allemagne. » Il n'en a pas moins remis à la Pologne l'administration d'un cinquième du territoire allemand de 1937. La conférence de Potsdam entérine les faits accomplis créés par les Russes. L'idée de démembrement est abandonnée. Les Trois décident que, « pendant la période d'occupation, l'Allemagne [moins les régions confiées à l'administration polonaise] sera traitée comme une entité économique » et qu'il y aura, « autant que possible, uniformité de traitement pour la population allemande dans toutes les zones ».

La France n'a pas été invitée à Potsdam. Elle n'est donc pas liée par les décisions des trois puissances. Or, ces décisions doivent être appliquées par le Conseil de contrôle dont la France fait partie, et qui ne peut prendre des mesures qu'avec l'accord unanime de ses membres. Le gouvernement français fait cependant savoir aux Trois, dès le 7 août, qu'il accepte les grandes lignes de l'accord de Potsdam. Mais il ajoute qu' « il ne saurait accepter *a priori* la reconstitution d'un gouvernement central en Allemagne ». C'est en effet une fédération d'États que la politique française cherche à obtenir, ainsi que le détachement complet de la région Sarre-Rhin-Ruhr. Pour cela, il lui faut s'opposer à toute mesure à tendances centralisatrices — en particulier à la constitution de partis politiques pour l'ensemble de l'Allemagne et à la création d'administrations centrales allemandes. Or, la création de telles administrations est prévue par l'accord de Potsdam, notamment en matière de finances, de transports, de communications, de commerce extérieur et d'industrie. Elles devraient être gérées par des secrétaires d'État allemands sous la direction du Conseil de contrôle. Le veto français empêche leur constitution. Peut-être le conflit entre Anglo-Américains et Russes aurait-il, dans la suite, rendu impossible leur bon fonctionnement, mais il est certain que l'opposition française facilite la coupure progressive de l'Allemagne.

L'attitude française a d'abord été inspirée par l'argument « historique » selon lequel seule une Allemagne morcelée pourrait être démocratique. Mais, très rapidement, on met en avant une autre raison, sans abandonner pour autant la première. Si l'on bloque tout effort de centralisation à Berlin et aux réunions du Conseil des ministres des Affaires étrangères, c'est pour obtenir un résultat pour la Sarre, la Rhénanie et la Ruhr, autrement dit pour échanger un possible assouplissement en matière d'unité allemande contre des avantages économiques et stratégiques qui ne présupposent nullement la division de l'Allemagne en une série d'États vaguement confédérés. Encore les revendications françaises sont-elles d'inspiration fort diverse. Obtenir des réparations et notamment du charbon constitue une exigence tirée des besoins les plus immédiats de la France à reconstruire ; vouloir la présence permanente de l'armée française sur le Rhin relève de la stratégie traditionnelle, tandis que le détachement de la Rhénanie rappelle les aspects les plus conquérants de la politique des « frontières naturelles ». Besoins de l'économie française, affaiblissement permanent de l'économie allemande, domination directe de la France sur une partie de l'Allemagne, punition des vaincus, transformation des Allemands pour permettre la naissance d'une démocratie allemande, cette démocratie établie en l'absence de tout gouvernement central allemand : rien en théorie n'interdit de tout vouloir à la fois. Rien, sauf les contradictions existant entre les divers objectifs. Rien, sauf l'impossibilité d'imposer toujours les exigences françaises à des alliés puissants et réticents.

Il n'y a pas de conflit particulier cependant pour la punition des principaux coupables. Le juge français et le procureur français tiennent la même place que leurs collègues américains, britanniques et soviétiques au tribunal militaire qui siège à Nuremberg du 20 novembre 1945 au 1er octobre 1946. Les condamnations à mort de Goering, Ribbentrop, Streicher et autres sont prononcées à l'unanimité. Et seul le juge soviétique proteste contre l'acquittement de deux des hommes qui ont permis à Hitler d'arriver au pouvoir, Franz von Papen et Hjalmar Schacht.

Le châtiment des grands criminels est une chose, la punition des « nazis » en est une autre. Au Conseil de contrôle comme dans la zone française d'occupation, la politique de dénazification préconisée et appliquée par la France est aussi incohérente que celle des autres occupants occidentaux. Alors que les Russes ont fait un choix très net entre les deux conceptions possibles de toute épuration, les trois autres mélangent sans cesse l'idée d'une punition à infliger à des coupables et celle d'une transformation des structures et des mentalités dans une Allemagne qui doit être « démocratisée ». Encore la Grande-Bretagne peut-elle préconiser une politique à peu près cohérente : le nazisme ayant été une sorte de furonculose qui a couvert un corps sain, il suffit d'extirper les foyers d'infection pour lui faire recouvrer la santé. Mais les Français comme les Américains se trouvent placés devant une difficulté insurmontable. S'il est vrai que, comme Roosevelt l'a écrit, la nation allemande tout entière « s'est trouvée engagée dans une conspiration sans frein contre les lois de la civilisation moderne », et si, comme le veut la politique française, Hitler a été l'aboutissement logique de l'histoire allemande, la dénazification n'a aucun sens en tant que punition d'individualités responsables. Si, en revanche, on se propose de libérer l'Allemagne du nazisme en éliminant les coupables et en transformant les bases de la communauté allemande, la politique d'ensemble consistant à punir le peuple allemand et à traiter l'Allemagne comme un pays éternellement voué à l'agressivité est dépourvue de logique.

La politique d'occupation pose nombre d'autres problèmes politiques et économiques, progressivement liés aux nouvelles tensions internationales. D'emblée, deux questions provoquent des difficultés avec les autres puissances : la délimitation de la zone française et son isolement délibéré. L'affaire sarroise commence dès 1945 et ne trouvera son dénouement qu'en 1956, le même homme, Gilbert Grandval, assumant et assurant pendant dix ans une continuité d'inspiration dans la discontinuité des situations. Détachée de l'Allemagne par le traité de Versailles, la Sarre a vécu quinze ans en union douanière avec la France, tout en étant administrée au nom de la SDN par une commission internationale. Les mines de charbon ont été pendant ce temps propriété française. Le 13 janvier 1935, au référendum prévu par le traité de Versailles, 90,8 % des Sarrois ont voté pour le rattachement à l'Allemagne, à ce moment hitlérienne, 8,8 % pour le *statu quo* et 0,4 % pour le rattachement à la France. En

1945, la Sarre devient un morceau de la ZFO. Très rapidement, elle se trouve cependant soumise à un régime distinct. Après que, en juillet 1946, elle a été augmentée de deux districts « prélevés » sur le Land de Rhénanie-Palatinat, ce qui fait passer sa superficie de 1 920 à 2 570 kilomètres carrés, la séparation complète du reste de la zone française est marquée par l'installation d'un cordon douanier dans la nuit du 21 au 22 décembre 1946, c'est-à-dire sous le gouvernement Blum. Mais la décision a été préparée depuis le début de l'année.

L'isolement imposé à la ZFO doit bloquer toute marche vers une unification administrative allemande. Peu importe que la conférence de Potsdam ait prévu la reconstruction de la démocratie allemande à partir de syndicats et de partis. Leurs dirigeants des autres régions allemandes se voient interdire l'accès des Länder sous contrôle français. Peu importe aussi l'orientation de ces partis et l'action antinazie passée de tel de leurs chefs. La continuité de la politique française avant et après le départ du général de Gaulle ne sera pas seulement marquée par la présence de fidèles du Général à des postes décisifs — le général Koening comme commandant en chef, maître fort puissant de la ZFO, Gilbert Grandval à Sarrebruck, Michel Debré à Paris comme secrétaire général aux Affaires allemandes et autrichiennes en 1947 —, mais par la véritable répulsion qu'inspire Kurt Schumacher, président du Parti social-démocrate allemand, à cause de son attitude intransigeante et de son langage passionné à l'égard des occupants. Anglais et Américains se plaignent aussi de lui, les Russes encore davantage puisqu'en 1946, il a sauvé son parti de la mainmise soviétique. Mais, encore en 1951, Vincent Auriol, vieux membre du Parti socialiste, président de la République, tiendra à ses visiteurs des propos bien plus terribles que les critiques américaines de 1946 : « Schumacher est national-socialiste, car entre Hitler et lui, il n'y a pas de différence, sauf qu'il n'est pas féroce. [...] On a affaire à un fou qui est Schumacher[1]. » Or Kurt Schumacher, l'un des premiers résistants au nazisme, est sorti invalide en 1945 des camps de concentration où il avait été enfermé dès le printemps de 1933. Vincent Auriol se trouve alors dans le prolongement de la pensée exprimée par le général de Gaulle devant l'Assemblée consultative provisoire d'Alger le 18 mars 1944, où il évoquait « la puissance frénétique du germanisme prussianisé » et « l'Allemagne éternelle, devenue en notre temps, pour les besoins de la cause, celle d'Hitler ».

1. V. Auriol, *Journal du septennat*, t. V, 1951, A. Colin, 1975, pp. 65 et 473.

De l'empire à l'Union française

Le 15 mai 1945, quelques jours après la capitulation de l'Allemagne, Gaston Monnerville déclare à l'Assemblée consultative : « Sans l'Empire, la France ne serait aujourd'hui qu'un pays libéré. Grâce à son Empire, la France est un pays vainqueur. » De cette affirmation, que personne ne conteste, on peut tirer les conclusions les plus différentes. Faut-il récompenser les populations de l'Empire en accordant ce que demandent leurs élites, que ce soit l'indépendance ou, au contraire, l'assimilation avec les Français de la métropole ? Faut-il lutter contre toute dispersion, tout germe de décomposition de l'Empire, puisque la puissance de la France, dans la paix comme dans la guerre, vient en grande partie de lui ?

Depuis 1930, la terminologie est hésitante. Peu à peu, les « colonies » ont fait place à la « France d'outre-mer », mais, en 1931, c'est l'Exposition coloniale qui est venue révéler à beaucoup de Français l'étendue et la variété de l' « Empire », terme qui jouit d'une faveur croissante dans les dernières années de la IIIe République. Il présentait le grand avantage de permettre la confusion entre colonies, protectorats et mandats pour opposer, notamment sur les affiches proclamant : « Nous vaincrons parce que nous sommes les plus forts », à la supériorité démographique, industrielle puis militaire de l'Allemagne hitlérienne la masse géographique et humaine de « la plus grande France ».

La défaite de 1940 pose soudain, en des termes dramatiques, la question de la nature de la France d'outre-mer. Constitue-t-elle une partie de la France susceptible de continuer la lutte après que les armées de la métropole sont battues, ou bien une simple dépendance de la France métropolitaine qui doit sortir de la guerre en même temps que celle-ci ? Les parlementaires qui s'embarquent sur le *Massilia* choisissent par là même le premier terme de l'alternative. Les résidents et gouverneurs demandent au gouvernement de continuer la lutte. L'armistice brise leur unité spontanée. La plupart d'entre eux reconnaissent l'autorité du maréchal Pétain fondée sur la loi constitutionnelle du 10 juillet 1940. Dès l'été, cependant, les ralliements au général de Gaulle commencent à se multiplier en Afrique noire, aux Nouvelles-Hébrides, en Nouvelle-Calédonie. Si l'échec de l'expédition de Dakar marque un recul sensible, c'est néanmoins sous la forme d'un Comité de défense de l'Empire que le général de Gaulle commence à organiser, le 27 octobre 1940, son futur gouvernement provisoire. L'appui apporté par l'Empire à la France libre, l'installation du général de Gaulle à Alger, puis la création dans cette ville d'un véritable système politique avec le gouvernement provisoire et l'Assemblée consultative sont autant de raisons pour que soit posée, avant même la libération de la France métropolitaine, la question de l'avenir de l'Empire.

La doctrine du général de Gaulle se précise peu à peu, bien que l'ampleur et la générosité des vues exprimées à maintes reprises nuisent à la précision des termes politiques, notamment dans l'usage de la notion d'association. Le 4 juin 1943, au lendemain de la constitution du Comité français de la Libération nationale, il évoque à la radio d'Alger

> l'Empire, avec ses ressources en hommes et en matières premières, le labeur et le dévouement de ses fonctionnaires, colons, missionnaires, le loyalisme de ses chères et braves populations indigènes que la France nouvelle voudra et saura associer plus largement et librement à son destin [...].

A l'ouverture de la conférence de Brazzaville, le 30 janvier 1944, il dit :

> Au moment où commençait la présente guerre mondiale, apparaissait déjà la nécessité d'établir sur des bases nouvelles les conditions de la mise en valeur de notre Afrique, du progrès humain de ses habitants et de l'exercice de la souveraineté française... S'il est une puissance impériale que les événements conduisent à s'inspirer de leurs leçons et à choisir noblement, libéralement, la route des temps nouveaux où elle entend diriger les soixante millions d'hommes qui se trouvent associés au sort de ses quarante-deux millions d'enfants, cette puissance, c'est la France.

Enfin, dans la conférence de presse donnée à Washington le 10 juillet, il répond à une question sur les modifications possibles de la politique coloniale de la France :

> Je crois que chaque territoire sur lequel flotte le drapeau français doit être représenté à l'intérieur d'un système de forme fédérale dans lequel la métropole sera une partie et où les intérêts de chacun pourront se faire entendre.

La conférence de Brazzaville elle-même, qui groupait autour de René Pleven, commissaire aux Colonies, les gouverneurs d'Afrique noire et de Madagascar, notamment Félix Éboué, a abouti à des résultats assez déconcertants. Elle a certes recommandé la création d'une « Assemblée fédérale » permettant de « respecter la vie et la liberté locale de chacun des territoires constituant le bloc France-Colonies ou, si l'on veut bien admettre ce terme malgré les objections qu'il peut soulever, la Fédération française ». Mais elle a aussi écarté « toute idée d'autonomie, toute possibilité d'évolution hors du bloc français de l'Empire », ainsi que « la constitution éventuelle, même lointaine, de *self-governments* dans les colonies ».

La difficulté majeure rencontrée par la France libre à propos de l'Empire est constituée par la double pression extérieure contre laquelle elle doit se défendre : la propagande de Vichy et plus encore celle de Radio-Paris accusent le général de Gaulle de vouloir abandonner les positions de la France au profit des Anglo-Saxons. Les gouverneurs et résidents qui continuent d'obéir au maréchal Pétain et refusent de suivre l'exemple d'un Félix Éboué sont représentés comme des défenseurs des positions impériales françaises. Tout relâchement de l'administration directe est interprété comme un geste d'abandon. De l'autre côté, la pression anglo-américaine est réelle, la volonté britannique d'agir dans le Levant et à Madagascar jouant ici un rôle secondaire par rapport à l'idéologie anticolonialiste de Franklin Roosevelt : s'il n'est pas établi que celui-ci a donné des encouragements précis au sultan du Maroc, dès 1941 le président américain se propose de placer sous mandat international les pays qui seraient libérés de l'occupation japonaise, et de demander aux puissances coloniales l'engagement de conduire à l'indépendance les pays dépendant d'elles. La France libre combat ainsi sur trois fronts : contre l'ennemi allemand et japonais, contre Vichy — dont elle dénonce à son tour l'esprit d'abandon —, et contre les Anglo-Américains. A certains moments, il n'apparaît plus très clairement quel est l'adversaire principal.

Dans cette triple lutte, quel doit être le rôle des pays dépendants eux-mêmes ? Un choix paraît s'imposer entre une politique de contrainte tendant à forcer les peuples à aider l'effort de la France libre, et une politique de coopération visant à la mobilisation volontaire des élites locales. La tradition coloniale va dans le sens de la première attitude, l'exaltation de l'idée d'un empire se jetant librement dans la guerre va dans le sens de la seconde. En fait, les deux politiques sont appliquées simultanément, ce qui préfigure les incertitudes et les contradictions de la IVe République. Il en est en particulier ainsi dans les deux protectorats d'Afrique du Nord, dont les souverains, selon le témoignage du maréchal Juin, « troublés, comme tout leur peuple, par le tumulte des Blancs se déchirant entre eux et suspendus à une décision par les armes qu'il leur était difficile d'entrevoir, firent preuve, envers ce qui restait de notre pays, d'un loyalisme touchant [1] ». Le sultan du Maroc n'en voit pas ses pouvoirs accrus pour autant, mais son tact envers la France vaincue, sa loyauté à l'égard de la France de nouveau combattante vont être reconnus par le général de Gaulle qui le nommera compagnon de la Libération. En Tunisie, en revanche, une crise profonde est ouverte en 1943. Après la conquête de Tunis par les troupes alliées, le bey est accusé d'avoir favorisé l'Axe. Le 13 mai, le général Juin lui rend visite pour le sommer d'abdiquer. Sur son refus, on applique l'ordonnance qu'a signée le général Giraud, à ce moment commandant en chef civil et militaire en Algérie : « Son Altesse Sidi Mohamed El Moncef Pacha Bey, possesseur du Royaume de Tunis, est destitué. » C'est une curieuse façon d'appliquer le traité du Bardo, qui a établi le protectorat et dont l'article 3 stipule :

> Le gouvernement de la République française prend l'engagement de prêter un constant appui à Son Altesse le bey de Tunis contre tout danger qui menacerait la personne ou la dynastie de Son Altesse ou qui compromettrait la tranquillité du Royaume.

C'est aussi créer un précédent, que ce soit pour la Tunisie elle-même ou pour le Maroc, l'article 3 du traité de Fez ressemblant fort à celui du traité du Bardo. Quand le général de Gaulle vient partager le pouvoir avec le général Giraud, puis lorsqu'il l'écarte de la présidence du CFLN, deux décrets renforcent encore l'emprise directe sur la gestion des affaires tunisiennes : le secrétaire général du gouvernement est désormais délégué par le pouvoir central français. Le second décret est pris le 27 mars 1944, moins de deux mois après la conférence de Brazzaville. En Syrie et au Liban, au même moment, l'indépendance annoncée en 1941 est loin d'être passée dans les faits.

La France une fois libérée, les problèmes de l'Empire passent tout d'abord à l'arrière-plan. On ne se pose guère de questions sur l'avenir social et politique des soldats algériens, marocains, sénégalais qui se battent contre l'Allemagne. N'est-ce pas une unité comme les autres, ce régiment de tirailleurs algériens qui, après avoir subi de lourdes pertes en Alsace, regagne l'Algérie au moment de la grande victoire des alliés sur l'ennemi commun ? Et pourtant, il va trouver des cadavres et des ruines dans le Constantinois où il n'y a point eu d'Allemands.

Le 8 mai 1945 pourrait être considéré comme une date symbole :

1. Maréchal Juin, *Le Maghreb en feu*, Plon, 1957, p. 45.

le sang coule à Sétif le jour même où la grande tuerie s'arrête en Europe. Certes il est normal que la presse métropolitaine, au nombre de pages déjà réduit, ne consacre qu'une toute petite place aux événements d'Algérie pendant ces semaines de liesse. Elle pourrait cependant être moins affirmative, moins simplificatrice. Il suffit, à ses yeux, de châtier les instigateurs d'une rébellion qui ne pose pas de question fondamentale. Pour les communistes, il s'agit d'un complot fasciste. « Il n'y a pas de nationalisme algérien », écrit de son côté *Franc-Tireur* le 16 mai. *Le Monde* note pourtant le 24 que les nationalistes veulent créer un conflit franco-arabe en exploitant la famine régnant dans le Constantinois. Et, surtout, Albert Camus publie dans *Combat* une série d'articles qui présentent à une opinion indifférente ou hostile les données du problème algérien [1]. « Persuadons-nous, conclut-il, qu'en Afrique du Nord comme ailleurs on ne sauvera rien de français sans sauver la justice. »

D'autres voix informées se font entendre à l'Assemblée consultative, lors du débat qu'elle consacre le 1er août 1945 à la Tunisie et au Maroc, quelques jours avant de se séparer. Mais l'ordre du jour final ne témoigne pas d'une grande rigueur en demandant « un programme hardi de réformes politiques, sociales et économiques susceptibles de réaliser [...] l'union indissoluble et nécessaire des populations marocaines et tunisiennes avec le peuple français ». Six semaines auparavant, les 15 et 19 juin, l'Assemblée a eu l'occasion, à propos de la Syrie et du Liban, de se poser des questions sur l'ensemble de la politique arabe au lendemain des événements sanglants de Beyrouth et de Damas. Le général de Gaulle a repris le thème des garanties préalables à la réalisation de l'indépendance, en affirmant : « Nous étions, et nous demeurons décidés à attribuer aux États toutes les réalités intérieures et extérieures de l'indépendance. [...] Nous étions, nous demeurons en même temps résolus à régler d'accord avec les États la garantie de nos intérêts séculaires d'ordre culturel, économique et stratégique. »

A-t-il prêté attention aux critiques de l'extrême gauche ? Un leader du PC, Florimond Bonte, a cru pouvoir résumer les problèmes d'avenir en une formule : « Il n'est plus question aujourd'hui de savoir s'il y aura ou s'il n'y aura pas émancipation, indépendance, liberté ; il s'agit de savoir si nous aiderons les peuples à s'émanciper et si cette émancipation se fera avec nous ou contre nous. » En théorie, cette idée n'a rien d'absolument incompatible avec les conceptions du général de Gaulle ni avec celles des groupes issus de

1. Articles reproduits dans *Actuelles III*, Gallimard, 1958, pp. 91-122.

la Résistance. Mais entre la théorie et la réalité, les restrictions de Brazzaville, les décisions de Tunis, la répression en Algérie ont déjà creusé une large brèche.

Dès lors, la politique à suivre dépend de la réponse à des questions qu'on évite précisément, en 1945-1946, de poser clairement. La France de la IVᵉ République est-elle une nation qui a des rapports privilégiés avec d'autres nations dont elle a autrefois conquis le territoire ? Ou bien représente-t-elle un ensemble multinational dont l'État métropolitain assume la direction ? Ou bien encore la France n'est-elle pas un vaste État polyethnique, la nation française se composant d'Africains ou d'Océaniens aussi bien que d'Européens ?

Les constituants de 1946 n'ont pas tranché entre les diverses conceptions possibles. On relèvera souvent des contradictions entre le préambule et le titre VIII. En réalité, c'est tout l'édifice conceptuel de la Constitution qui est incohérent. Tant que le préambule ne parle pas de l'outre-mer, son texte est relativement clair, même si la multiplicité des termes peut provoquer un certain embarras. En passant sur les nuances, on admettra que « le peuple français » qui proclame les droits inaliénables et sacrés de tout être humain, que « la nation » qui proclame l'égalité et la solidarité de tous les Français, que « la République française » qui n'emploiera jamais ses forces contre la liberté d'aucun peuple et que la « France » qui consent à des limitations de souveraineté représentent des réalités voisines. Mais, dans les trois derniers alinéas, tout devient confus :

> La France forme avec les peuples d'outre-mer une Union fondée sur l'égalité des droits et des devoirs, sans distinction de race ni de religion.
>
> L'Union française est composée de nations et de peuples qui mettent en commun ou coordonnent leurs ressources et leurs efforts pour développer leurs civilisations respectives, accroître leur bien-être et assurer leur sécurité.
>
> Fidèle à sa mission traditionnelle, la France entend conduire les peuples dont elle a pris la charge à la liberté de s'administrer eux-mêmes et de gérer démocratiquement leurs propres affaires ; écartant tout système de colonisation fondé sur l'arbitraire, elle garantit à tous l'égal accès aux fonctions publiques et l'exercice individuel ou collectif des droits et libertés proclamés ou confirmés ci-dessus.

Le premier alinéa est à lui seul un symbole. Si on lit jusqu'à la virgule, il signifie très clairement que la France — identifiée dans le reste du Préambule au peuple français — veut fonder ses rapports avec les autres peuples de l'Union sur l'égalité. Mais l'addition « sans distinction de race ni de religion » semble indiquer que l'alinéa ne parle pas d'une égalité entre peuples, mais d'une égalité entre individus, ce qui n'est pas du tout la même chose. S'il s'agit d'individus, pourquoi avoir parlé de peuples ? N'aurait-il pas mieux valu proclamer, dans ce cas, que les citoyens d'outre-mer sont des Français comme les autres ? Mais alors il n'était pas besoin d'envisager une Union dont la France ne serait qu'une partie.

En fait, les constituants ont juxtaposé l'idée fédérale de l'égalité entre les collectivités nationales et l'idée assimilatrice de l'égalité entre les êtres humains appartenant au domaine français. L'alinéa n'exprime pas un compromis entre les deux, mais une contradiction, la contradiction même qui alimentera les conflits et les guerres dont la IVe République mourra.

La contradiction entre le deuxième alinéa et le troisième est d'un autre ordre. L'un présente l'Union française comme une fédération déjà réalisée et fondée sur le principe de l'égalité entre les nations et les peuples. L'autre donne comme acquise et justifiée la domination de la France sur les autres peuples. Pour tout compliquer, le troisième alinéa, exprimant d'abord l'inégalité entre collectivités, s'achève par l'affirmation de l'égalité entre les individus.

Le préambule est une déclaration d'intentions. Le titre VIII fait partie de la Constitution à proprement parler. Il commence par un article 60 qui semble apporter une importante précision : « L'Union française est formée, d'une part, de la République française qui comprend la France métropolitaine, les départements et territoires d'outre-mer, d'autre part des territoires et États associés. » Ainsi l'égalité individuelle est appliquée au sein de la République dont les habitants peuvent être blancs, noirs ou basanés, et l'égalité collective joue au sein de l'Union. Malheureusement, l'article 66 montre que cette interprétation est fausse :

> L'Assemblée de l'Union française est composée, par moitié, de membres représentant la France métropolitaine et, par moitié, de membres représentant les départements et territoires d'outre-mer et les États associés.
>
> Une loi organique déterminera dans quelles conditions pourront être représentées les diverses parties de la population.

Le texte est clair : la République indivisible est bel et bien divisée en France métropolitaine et en départements et territoires d'outre-mer, qui se trouvent mis sur le même plan que les « associés », la métropole comptant pour un et tous les autres territoires ensemble pour un, quel que soit le nombre des habitants ou celui des peuples.

De plus, le dernier alinéa indique que l'égalité individuelle au sein de la population (celle de la métropole, des États associés, des départements d'outre-mer ?) n'est pas respectée non plus.

En fait, pour une raison historique, il ne peut pas y avoir, en 1946, de véritable débat entre le fédéralisme et l'assimilation. Certes, il y a quelques fédéralistes. Mais la pensée politique française a toujours été dominée par l'idée unitaire et centraliste. Les hommes politiques du Royaume-Uni ont tout naturellement une plus grande attirance pour un Commonwealth que ceux de la République une et indivisible. Des rois de France aux conventionnels, de Bonaparte aux législateurs de la IIIe République, chacun a voulu parfaire l'unité et la gestion centralisée de la nation. Les rares intermèdes ont fini tragiquement : de la fête de la Fédération en 1790 à l'accusation de trahison pour cause de fédéralisme, la route a été courte. En matière d'outre-mer, le centralisme unificateur ne présente pas d'inconvénient s'il s'agit d'organiser la domination française sur des territoires conquis et des peuples traités en inférieurs. Mais quand on veut leur appliquer les principes de liberté, d'égalité et de fraternité, on se heurte à une difficulté majeure. La seule politique qui permette de combiner libéralisme et centralisme, c'est l'assimilation. Or les conséquences de l'assimilation apparaissent vite comme inacceptables. On est alors amené à trouver des accommodements soit avec le centralisme, soit avec le libéralisme égalitaire. Il se trouve qu'il est plus tentant et plus facile de tricher avec un principe moral qu'avec une tradition politique et administrative. Le 27 août 1946, lors du débat constitutionnel, Édouart Herriot se montre effrayé :

> Voyons maintenant l'article 67 : « Les ressortissants de la métropole, des départements et des territoires d'outre-mer jouissent des libertés et droits attachés à la qualité de citoyen français. » Combien y aura-t-il de citoyens dans les territoires d'outre-mer ? Selon beaucoup, il y en aura plus que dans les territoires de la métropole [...]. Comme le disait de façon plaisante et profonde à la fois un de mes amis, la France deviendrait ainsi la colonie de ses anciennes colonies.

Sur quoi, Léopold Senghor s'écrie : « C'est du racisme ! », affirmation que Félix Houphouët-Boigny reprend le 19 septembre en faisant allusion à un propos attribué à Jules Moch : « Certes, avant M. le président Herriot, un autre de nos collègues avait dit qu'il n'est pas souhaitable de voir les petits-enfants de Makoko dicter la loi à Paris... » En fait, il s'agit beaucoup moins de racisme que d'une frayeur compréhensible devant les conséquences de l'assimilation. L'une des expressions juridiques de cette frayeur, c'est le double collège électoral qui empêche l'égalité un homme = une voix pour lui substituer l'égalité un petit groupe d'électeurs = un grand groupe d'électeurs.

Une fois le double collège décidé en commission, les députés d'outre-mer rédigent une lettre de démission. Georges Bidault, président du Conseil, reçoit alors une délégation composée des personnalités les plus connues d'entre eux, Gaston Monnerville, Félix Houphouët-Boigny, Aimé Césaire, Ferhat Abbas et Amadou Lamine-Gueye. Ce dernier racontera comment ils se voient accusés de vouloir montrer que la France est un pays raciste. Ils répondent : « La question est de savoir si nous sommes des Français comme tous les autres. » Lamine-Gueye se voit rétorquer : « Nous vous avons considéré comme un bon Français, mais ce que vous faites là, c'est contre la France [1]. »

Pour être un bon Français quand on est africain, il faut donc accepter l'inégalité politique. Et si on ne l'accepte pas ? N'est-on pas conduit alors à se réclamer d'une autre solidarité que la solidarité française ? Si la France d'outre-mer n'est pas vraiment la France, c'est-à-dire si ses habitants ne sont pas les égaux, libres et fraternels, des Français de la métropole, la politique d'outre-mer de la République est véritablement une politique extérieure, car les peuples que la France dirige sont distincts du peuple français. Ils sont nécessairement conduits à vouloir faire passer la collectivité humaine que chacun d'eux constitue de l'état d'objet politique à celui de sujet politique, autrement dit à constituer une nation disposant d'un État. Parmi les signataires de la lettre de démission rédigée par Lamine-Gueye figurent d'un côté Mme Eugénie Eboué et Gaston Monnerville qui croient que l'assimilation ne peut pas ne pas venir, de l'autre Ravoahangy et Ferhat Abbas qui parlent respectivement de République malgache et de République algérienne.

Quatre vainqueurs juridiquement soudés ont pris en main l'Allemagne vaincue. Les trois grands partis qui recueillent ensemble environ les trois quarts des suffrages aux élections de 1946 gouvernent ensemble. La France ne possède plus son Empire : elle est

1. Récit dans F. Ansprenger, *Politik im schwarzen Afrika,* Cologne, Westdeutscher V., 1961, p. 251.

rassemblée avec ses colonies et ses protectorats dans l'Union française. Mais l'année 1947 verra cette triple unité détruite et les fondements mêmes de la politique extérieure complètement et durablement transformés.

2

1947 : DES TOURNANTS POUR LONGTEMPS

Problème allemand et plan Marshall

Un environnement modifié ne devient pas immédiatement une contrainte nouvelle pour une politique extérieure. Il se peut que, pour un temps, le changement ne soit pas perçu par ceux qui la font ou qui la soutiennent. La mauvaise perception s'expliquera en partie par le caractère progressif et contradictoire de la modification : la réalité ancienne ne fait pas soudainement place à la nouvelle ; elle s'estompe peu à peu et lui demeure plus ou moins longtemps juxtaposée, superposée. Et, une fois que la perception tardive est intervenue, l'adaptation à la réalité modifiée est à son tour lente, progressive, incomplète, la vision de la situation antérieure étant trop profondément ancrée pour qu'une autre puisse aisément se substituer à elle.

Quatre vainqueurs dominent le vaincu comme un objet possédé en commun : lorsque, le 10 mars 1947, les quatre ministres des Affaires étrangères se réunissent à Moscou, c'est au nom de cette réalité-là. Mais déjà une année auparavant, le 5 mars 1946, Winston Churchill, dans un retentissant discours prononcé à Fulton, aux États-Unis, a affirmé qu'un « rideau de fer » s'était abattu sur l'Europe. La réalité nouvelle n'était-elle pas celle d'un affrontement entre les vainqueurs, né de la propension de l'URSS à étendre sa domination ? Une domination qui n'était pas seulement celle d'un pays sur d'autres pays, mais celle d'un système idéologique, politique, social n'admettant pas que les pays dominés aient un système différent. En Allemagne, la zone d'occupation soviétique se voyait imposer des transformations profondes, dont l'une des plus spectaculaires intervenait un mois après le discours de Fulton. Le Parti communiste y obtenait, avec l'appui de l'occupant, que le Parti social-démocrate fusionnât avec lui et, en fait, se soumît à lui au sein du nouveau Parti socialiste unifié SED.

Le 6 septembre 1946, à Stuttgart, le secrétaire d'État [1] Byrnes a indiqué une transformation de la politique officielle américaine en Allemagne, sinon dans sa teneur, du moins dans sa tonalité. Il annonçait la fin de la période punitive de l'occupation, et laissait entrevoir aux Allemands un avenir moins sombre. Il ajoutait cependant : « Il n'est pas dans l'intérêt ni du peuple allemand ni de la paix mondiale que l'Allemagne devienne un partenaire ou un pion dans la lutte militaire pour la puissance entre l'Est et l'Ouest. » Il indiquait ainsi que c'était bien en fonction des rapports modifiés avec l'URSS que la politique allemande se trouvait changée.

Le 12 mars 1947, lendemain de l'ouverture de la conférence de Moscou, le président Truman annonce au Congrès sa résolution d'empêcher la Grèce et la Turquie, grâce à une aide économique et à un secours militaire, de connaître le sort de la Pologne, de la Bulgarie, de la Roumanie. « Les régimes totalitaires imposés à des peuples libres par une agression, directe ou indirecte, sapent les fondations de la paix internationale et en conséquence la sécurité des États-Unis. » La politique du *containment*, de l'endiguement se trouve ainsi proclamée.

Six jours plus tôt, quand Vincent Auriol, président de la République élu le 16 janvier par les parlementaires socialistes et communistes, a reçu le général Marshall, ancien grand organisateur de la victoire et récent secrétaire d'État américain, il lui a parlé exclusivement des réparations, du danger pour la paix que représenterait tout pouvoir central en Allemagne et des engagements que les États-Unis devraient prendre pour la sécurité de la France, une sécurité qui résiderait « dans un traité signé par les quatre grandes puissances [2] ». Mauvaise perception de l'environnement international ? Assurément, mais en partie seulement.

D'abord parce que les dirigeants américains, eux non plus, ne perçoivent pas pleinement la réalité italienne et française marquée par la participation communiste non seulement au gouvernement, mais aussi à l'effort national de reconstruction. Les deux partis veulent offrir l'image de formations tournées vers la jeunesse et l'avenir. Leur force d'attraction est mal comprise aux États-Unis, tout comme la personnalité de leurs dirigeants devenus ministres. En

1. Titre du ministre américain des Affaires étrangères.
1. V. Auriol, *Journal du septennat*, t. I, 1947, pp. 673-676.

mai 1946, le chef français du protocole note, à la suite d'un dîner au Quai d'Orsay du président de la Commission sénatoriale américaine des Affaires étrangères : « Le sénateur Vandenberg, à côté de moi, ne quittait pas des yeux le visage épanoui de Maurice Thorez : " *How can such a healthy man be a communist?* " répétait-il[1]. »

Ensuite et surtout parce que les demandes françaises concernant le traitement de l'Allemagne sont fondées sur des besoins très réels. Georges Bidault a bien confié à l'ambassadeur des États-Unis fin janvier qu'il était convaincu que les communistes avaient l'intention « d'éliminer d'Europe occidentale la civilisation occidentale telle que nous la connaissons[2] », mais il n'est pas moins conscient que l'économie française a cruellement besoin de charbon. Du bon charbon de la Ruhr, hélas payable en dollars et attribué à la France en quantités insuffisantes. A défaut et de toute façon en supplément, le médiocre charbon sarrois. A la conférence de Moscou, le ministre français des Affaires étrangères finit par se ranger du côté anglo-américain face à l'Union soviétique — mais pas dans la perspective d'une confrontation mondiale : il se trouve que ses collègues de Londres et de Washington ont accepté le point de vue français sur la Sarre, alors que M. Molotov a dit non jusqu'au bout. Le feu vert anglo-américain permet alors l'accentuation de la politique sarroise : le 7 juin, une monnaie spéciale, le saarmark, est créée ; le 5 octobre, des élections font triompher des partis ralliés à la cause du rattachement économique à la France ; le 8 novembre, une constitution sarroise proclame la Sarre détachée de l'Allemagne ; le 1er janvier 1948, Gilbert Grandval, le gouverneur, devient haut-commissaire auprès — et au-dessus — du gouvernement d'un petit pays transformé en une sorte de protectorat français.

La conférence de Moscou, qui s'achève le 24 avril sans résultat appréciable mais sans rupture apparente, marque ainsi la fin d'une sorte de solidarité des victimes entre l'URSS et la France. L'une et l'autre considèrent comme fondamentale la question des réparations dues par l'Allemagne pour les destructions et prélèvements effectués par l'occupant — énormes dans l'un des pays, nettement plus limités dans l'autre. L'occupation doit servir en premier lieu à se payer sur le vaincu. Un rapport parlementaire français dit assez brutalement, au début de 1947 : « La population allemande a été remise au travail

1. « Comment en homme aussi sain peut-il être communiste ? », J. Dumaine, *Quai d'Orsay*, Julliard, 1955, p. 87.
2. *Foreign Relations of the United States*, 1947, p. 689.

dans les secteurs les plus intéressants, en particulier les productions essentielles au démarrage de l'économie française. »

La zone française est surtout agricole. Les Britanniques, eux, occupent la région industrielle de la Ruhr et ont besoin des États-Unis pour que la population n'y meure pas de faim. Le gouvernement américain ne veut pas, par l'aide indispensable à la survie des Allemands, financer les réparations destinées à d'autres pays, notamment à la France : il faut d'abord permettre aux Allemands d'avoir une économie viable. Par souci humanitaire, par préoccupation financière — et aussi pour que la misère n'entraîne pas un désespoir qui pourrait faire apparaître le communisme comme attrayant.

Il se trouve que c'est là un raisonnement que, dès 1946, les dirigeants français et italiens utilisent volontiers face au gouvernement américain. « Nos finances sont en mauvais état ; notre économie stagne. Si vous ne voulez pas que nous nous effondrions et laissions la place à un parti communiste triomphant, aidez-nous ! » Mais peut-on alors ne pas accepter le langage américain sur l'indispensable assainissement économique en Allemagne ? De plus, n'est-on pas plus crédible si l'on s'adresse à Washington au nom d'un gouvernement sans participation communiste ? A Rome, le président du Conseil démocrate-chrétien, Alcide de Gasperi, provoque lui-même une crise ministérielle le 13 mai ; le 31, il constitue un cabinet sans les communistes. A Paris, c'est le 4 que le président du Conseil socialiste a révoqué les ministres communistes, sans que cette révocation ait un lien direct avec la situation internationale. Mais le général Marshall aurait-il annoncé une aide massive américaine si les gouvernements de France et d'Italie ne s'étaient pas transformés ?

Le discours de Harvard, prononcé le 5 juin par le secrétaire d'État, annonce un programme massif d'aide à partir d'une considération centrale :

> Il est logique que les États-Unis fassent tout ce qui sera en leur pouvoir pour contribuer au retour de conditions économiques normalement saines dans le monde, sans lesquelles il ne peut y avoir de stabilité politique ni de paix assurée. Notre politique n'est dirigée ni contre un pays ni contre une doctrine, mais contre la faim, la pauvreté, le désespoir et le chaos. Son objectif devrait être de remettre l'économie mondiale en état de fonctionner, et d'ainsi permettre l'émergence de conditions politiques et sociales dans lesquelles des institutions libres puissent exister. Pour ce faire, les pays européens devraient d'abord s'entendre sur les exigences de la situation et sur le rôle qu'ils assumeront eux-mêmes pour donner un

effet adéquat à toute action qui pourrait être entreprise par notre gouvernement.

A vrai dire, cette considération est double. D'une part la proposition s'adresse à toute l'Europe, URSS et pays déjà dominés par elle compris, avec tout de même la prévision non proclamée que le gouvernement de Moscou refusera, ne serait-ce que pour ne pas laisser l'économie soviétique soumise à inspection. D'autre part, parmi les pays européens appelés à faire des propositions communes pour recevoir une aide largement commune, l'Allemagne ne peut pas ne pas être incluse. Il est significatif que, le 11 juillet, la charte de l'occupation américaine, le très répressif document JCS (*Joint Chiefs of Staff*) 1067 est remplacé par les instructions JCS 1779 où il est dit : « Une Europe ordonnée et prospère demande la contribution économique d'une Allemagne productive et stable. » Le lendemain, à Paris, les représentants des seize pays acceptant l'aide américaine affirment à leur tour que « l'économie allemande doit être intégrée dans l'économie européenne de façon à contribuer à une amélioration générale du niveau de vie ».

Mais que deviennent alors les revendications françaises sur l'Allemagne ? Pour les États-Unis, la réorientation de leur politique en Europe crée un problème que le général Clay, « proconsul » américain en Allemagne occupée, posera clairement dans un rapport à son gouvernement [1] :

> A mesure que l'économie allemande se redresse, nous serons l'objet d'attaques croissantes de la part d'hommes politiques français reflétant les craintes réelles et imaginaires du peuple français et du gouvernement français [...] Avec chaque compromis, nos efforts pour la guérison allemande seront retardés. Sans compromis, nous serons confrontés à une intense opposition française qui aura peut-être pour résultat le développement d'un authentique sentiment antiaméricain en France. Il n'existe certainement aucune solution facile. Je suis convaincu que le rétablissement allemand est essentiel pour le rétablissement de l'Europe et à toute authentique stabilité en Europe permettant d'assurer la paix. Cependant, si ce rétablissement ne peut être obtenu qu'en perdant le soutien français, il n'y aurait probablement pas de stabilité non plus.

La politique française, elle, en cet été de 1947, est marquée par l'hésitation. Un seul homme politique dramatise la situation au-delà même de ce que proclament les États-Unis, tout en exigeant le

1. *The Papers of General Lucius M. Clay 1945-1949*, ed. by J. E. Smith, Bloomington, Indiana U.P., 1974, p. 935.

maintien rigoureux des demandes françaises pour le problème allemand. Le général de Gaulle, revenu dans l'arène politique comme créateur du Rassemblement du peuple français, déclare à Rennes le 27 juillet :

> Oui ! A la Libération, j'avais, avec la Résistance tout entière, jugé qu'il fallait offrir à ces « séparatistes » l'occasion de l'intégrer dans la communauté nationale. Les nécessités immédiates de notre reconstruction, l'intérêt supérieur qu'il y avait pour la France à se présenter dans les conseils internationaux comme une nation rassemblée, le fait que la Russie n'avait pas encore commencé à suivre une autre voie que celle des peuples libres, tout cela mettait la raison d'État d'accord avec le sentiment pour essayer de faire rentrer moralement dans le giron de la France ceux qui, naguère, en étaient sortis pour suivre l'appel du dehors [...] Voici où nous en sommes : sur notre sol, au milieu de nous, des hommes ont fait vœu d'obéissance aux ordres d'une entreprise étrangère de domination, dirigée par les maîtres d'une grande puissance slave. Ils ont pour but de parvenir à la dictature chez nous, comme leurs semblables ont pu réussir à le faire ailleurs, avec l'appui de cette puissance.

Au moment où il parle, le Parti communiste français peut se sentir d'autant plus offensé qu'il n'a pas encore modifié de façon décisive l'attitude qui a été la sienne pendant la Résistance et pendant sa participation aux gouvernements de la Libération. En revanche, il aura accompli sa nouvelle mue lorsque, le 12 octobre, le général de Gaulle déclarera à Alger :

> Je dis : la France menacée ! Il n'y a pas un homme de bon sens qui ne voie, en effet, apparaître à l'horizon les plus inquiétantes perspectives. A peine repoussée, et à quel prix ! la tentative de domination d'Hitler, voici qu'une autre ambition, utilisant le sombre attrait et les facilités d'action du système totalitaire, semble vouloir, à son tour, s'étendre sur l'univers.

A ce moment, en effet, le PC vient d'être convaincu que le monde de l'unité des vainqueurs n'existe plus.

Le PCF du Kominform

> Article premier. Les fonctions de MM. Maurice Thorez, ministre d'État, vice-président du Conseil ; François Billoux, ministre de la Défense nationale[1] ; Ambroise Croizat, ministre du Travail et de la

1. Aux pouvoirs presque nuls à cause de l'existence de trois ministres non communistes à la Guerre, à la Marine et à l'Air.

Sécurité sociale ; Charles Tillon, ministre de la Reconstruction et de l'Urbanisme, sont considérées comme ayant pris fin à la suite du vote qu'ils ont émis à l'Assemblée nationale le 4 mai 1947.

Le décret de révocation paraît le 5 mai au *Journal officiel.* Il surprend le PC. Certes, les ministres communistes ont, en tant que députés, voté contre les mesures anti-inflationnistes du gouvernement dont ils faisaient partie[1]. Mais était-il acceptable pour les communistes de se laisser déborder sur leur gauche par les grévistes des usines Renault ? N'avait-on pas trouvé un compromis en mars lors du vote des crédits militaires pour l'Indochine ? Mais, à ce moment, le groupe communiste s'était abstenu et, surtout, les ministres avaient voté comme les autres membres du gouvernement. Cette fois, profitant des pouvoirs que la nouvelle Constitution donne au président du Conseil, Paul Ramadier a sanctionné les quatre indisciplinés sans recourir à la solution traditionnelle, la démission collective du cabinet. Le cinquième ministre communiste, Georges Marrane, sénateur et non député, ne peut figurer dans le décret. Il va démissionner par solidarité avec ses collègues.

La vision du monde qu'a le PC ne s'en trouve guère affectée. Depuis 1944, il réclame sans cesse l'unité des alliés. La politique américaine n'est pas mauvaise par nature, n'est pas viciée à la base par le capitalisme. La grande faute de Truman et de ses conseillers, c'est de s'écarter de la voie tracée par Roosevelt. Quant à la politique française, elle ne doit nullement rechercher une sorte d'amitié exclusive avec l'URSS. Le rôle de la France est de servir d'intermédiaire entre les deux grands vainqueurs, d'empêcher que le monde ne se trouve divisé en deux camps. Or cette politique coïncide très exactement avec celle de Georges Bidault. L'unité des alliés ne peut avoir de meilleur ciment que la crainte de l'Allemagne. Il convient donc de traiter durement cette dernière. Dans le numéro de mars-avril des *Cahiers du communisme,* Jacques Duclos déclare encore : « Tandis que le groupe parlementaire communiste refusait de voter les crédits militaires pour l'Indochine, notre Parti avait autorisé les ministres communistes à ne pas rompre la solidarité ministérielle en tenant compte des autres aspects de la politique poursuivie par le gouvernement. » Il s'agit notamment de la conférence de Moscou. Il s'agit aussi de la réapparition du général de Gaulle sur la scène politique. Jacques Duclos précise dans un discours au Vel' d'Hiv' : « Quand la République est menacée, il vaut mieux, n'est-il pas vrai,

1. Sous la IIIe et sous la IVe République, les ministres ne cessent pas d'être députés (et reprennent d'ailleurs leur siège dès qu'ils ne sont plus ministres).

être dedans que dehors. » L'échec de la conférence de Moscou et l'abandon par Georges Bidault de la politique de médiation n'entament pas ce désir de rester au gouvernement.

Une fois écarté du pouvoir, le PC cherche à y revenir. Au lendemain de l'expulsion, le bureau politique constate bien : « La SFIO glisse à droite », mais le 19 mai il réclame simplement un « retour à la politique de janvier ». A l'Assemblée nationale, la première réaction de Jacques Duclos est d'affirmer : « Nous continuerons à agir en grand parti de gouvernement. » Au XIe Congrès du Parti tenu à Strasbourg du 25 au 28 juin, Duclos invite encore les socialistes à favoriser le retour des communistes au gouvernement, et la motion finale réclame « la formation d'un gouvernement véritablement démocratique », où le PC occuperait « une place conforme aux indications du suffrage universel ». Assurément, on encourage les grèves de mai et de juin, ne serait-ce que pour faire sentir le changement du climat social qu'a entraîné le départ des ministres communistes. Mais *L'Humanité* se félicite encore de l'accord entre la CGT et le CNPF intervenu le 1er août, et reproche au gouvernement de ne pas l'entériner, « au mépris de l'intérêt national ». Le 30 août, le journal communiste titre : « Pour avoir le pain, le charbon, la viande, il faut changer de politique. » On devrait, selon lui, arrêter les importations de la zone dollar. Depuis la proclamation de la doctrine Truman, en mars, le Parti communiste attaque en effet avec violence la politique américaine. A Strasbourg, le 25 juin, Maurice Thorez devance même l'attitude soviétique en qualifiant le plan Marshall de « piège occidental », expression qu'il démentira le lendemain, veille de l'ouverture à Paris d'une réunion Bevin-Bidault-Molotov. Jusqu'en septembre, les attaques visent essentiellement les intentions de la politique américaine et les complaisances de la politique française, la coupure du monde en deux blocs n'étant nullement présentée comme accomplie. Le parti veut faire pression sur la diplomatie française, pour l'amener à reprendre les positions antérieures à la conférence de Moscou. Or, c'est là une illusion criminelle aux yeux de Staline.

Le 22 septembre 1947, à Sklaraska Poreba (Schreiberhau), petite ville d'eaux de Pologne, une réunion secrète réunit les délégués des partis communistes de l'URSS, de Yougoslavie, de Bulgarie, de Roumanie, de Hongrie, de Tchécoslovaquie, de Pologne, de France et d'Italie. En accord avec les délégués russes Jdanov et Malenkov, les Yougoslaves Kardelj et Djilas critiquent vivement les rapports d'activité présentés par Jacques Duclos et Luigi Longo. Duclos a dressé un bilan impressionnant du redressement économique de la

France. Il s'est félicité de ce que le PCF apparaisse « chaque jour davantage comme le parti de l'ordre ». Pour la politique étrangère, il a noté : « Notre politique actuelle tourne le dos aux véritables intérêts de la France. L'attitude du MRP sur l'Allemagne, sur la Ruhr, sur les réparations était correcte... Le Vatican a maintenant exigé que cette attitude soit modifiée [1]. » On lui fait vite comprendre qu'il n'est pas dans la note. Comme il s'est écrié : « Nous nous adresserons au peuple et lui dirons : nous voulons garder l'amitié des Anglais, des Américains et des Soviétiques », Anna Pauker qualifie ce mot d'ordre de vil et d'opportuniste. Djilas reproche aux deux partis italien et français d'avoir toujours voulu rester dans la légalité, de n'avoir pas fait la révolution, de s'être mis à croire vraiment au parlementarisme. « Les représentants français, dit-il encore, sont devenus de piètres représentants de la politique de l'Union soviétique devant le peuple français pourtant combatif. » Jdanov demande pourquoi le PCF s'obstine, « ainsi que Thorez l'a répété au congrès de Strasbourg, à se définir parti de gouvernement ». Duclos, devant Étienne Fajon silencieux, bat en retraite : « Admettons que l'éloignement des communistes du gouvernement n'ait pas été un fait de politique intérieure (prix, etc.), mais une conséquence de la pression américaine. Mais nous l'avons souligné, bien qu'insuffisamment [...] Aussitôt après notre sortie du gouvernement, il y eut un certain flottement, c'est exact [...] Il y eut opportunisme, légalitarisme, illusions parlementaires [...] »

L'autocritique est fort insuffisante et Jdanov conclut : « Il ne s'agit pas d'apporter de petites modifications, mais de changer de fond en comble la politique des deux partis. » Le 5 octobre, la conférence publie une résolution annonçant la naissance d'un bureau d'information commun, le Kominform, et une déclaration qui affirme :

> Deux camps se sont formés dans le monde : d'une part le camp impérialiste et antidémocratique, qui a pour but essentiel l'établissement de la domination mondiale de l'impérialisme américain et l'écrasement de la démocratie, et, d'autre part, le camp anti-impérialiste et démocratique, dont le but essentiel consiste à saper l'impérialisme, à renforcer la démocratie, à liquider les restes du fascisme... Parmi les moyens tactiques des impérialistes, une place particulière revient à l'utilisation de la politique de trahison des socialistes de droite du type Blum en France, Attlee et Bevin en

1. E. Reale, *Avec Jacques Duclos sur le banc des accusés*, Plon, 1958, p. 84 *sq*.

> Angleterre, Schumacher en Allemagne, Renner et Scharf en Autriche, Saragat en Italie, etc. Ils s'efforcent de dissimuler le caractère de brigandage de la politique impérialiste sous le masque de la démocratie et d'une phraséologie socialiste, alors qu'ils ne sont en fait que les auxiliaires fidèles des impérialistes en suscitant la désagrégation dans les rangs de la classe ouvrière et en empoisonnant la conscience de cette dernière [...] Les partis communistes doivent se mettre à la tête de la résistance dans tous les domaines — gouvernemental, politique, économique et idéologique — aux plans impérialistes d'expansion et d'agression.

Le comportement du Parti communiste après le 5 octobre 1947 est tout de fidélité à ce texte. La réunion du comité central des 29 et 30 octobre consacre la rupture avec les tactiques du Front national et du Front populaire. Maurice Thorez fait son autocritique : « Le mérite inappréciable de la conférence des neuf pays communistes, c'est d'avoir éclairé les travailleurs, les démocrates, les amis de la paix à travers le monde sur les changements essentiels qui sont intervenus dans la situation internationale telle qu'elle résultait de la Deuxième Guerre mondiale. » Il faut renoncer à participer au gouvernement et combattre à la fois la SFIO et le RPF, qui sont d'accord entre eux sur l'essentiel. Désormais, il n'est plus question d'unité républicaine contre les « cagoulards », mais de lutte à outrance contre le « parti américain » qui s'étend des socialistes aux gaullistes. La vague de grèves de novembre a un tout autre caractère que celle du mois de juin. Elles sont politiques dans la mesure où tous les faits économiques et sociaux sont interprétés à la lumière de la politique internationale.

Ces grèves sont pratiquement insurrectionnelles. Le gouvernement, présidé par Robert Schuman, MRP lorrain, où le ministre de l'Intérieur est le socialiste Jules Moch, ancien secrétaire général du gouvernement de Front populaire, rappelle des réservistes et dépose des projets de loi pour la défense de la République. Le 29 novembre, au cours d'un débat à l'Assemblée qui dure quatre jours et quatre nuits, Jacques Duclos accueille l'arrivée de Robert Schuman au cri de : « Voilà le Boche ! » ; Jules Moch se fait traiter de « bourreau d'ouvriers », de « valet ». On lui jette : « Truman sera content de vous », tandis que Maurice Thorez lancera à François Mitterrand, ministre des Anciens Combattants : « Provocateur, vous parlez comme Goering. »

Le gouvernement tient bon et les grèves échouent finalement, provoquant cependant la scission de la grande centrale syndicale, la CGT. Née en 1895, celle-ci a connu une première scission en 1922, les communistes constituant la CGTU, la Confédération générale du travail unitaire. En 1935, la réunification s'est faite sous le signe du Front populaire. En septembre 1939, à la suite du pacte germano-soviétique, expulsion des dirigeants ex-CGTU. En avril 1943, l'accord du Perreux a reconstitué l'unité, cette fois avec prédominance des communistes. Des deux secrétaires généraux, l'un, Benoît Frachon, membre éminent du PC, tient l'appareil, tandis que Léon Jouhaux, secrétaire général depuis 1909, est proche d'une minorité organisée en groupe « Force ouvrière ». Encore en octobre, les dirigeants Force ouvrière espèrent éviter la scission au nom d'une « Troisième Force » à organiser au niveau national et international. « D'une part, écrit l'un d'entre eux, c'est le grand capitalisme américain qui entend ne disposer de l'argent dont nous avons besoin, en marchandises ou en monnaie, qu'en tirant le maximum de profits. D'autre part, c'est l'URSS qui tend à acculer notre économie à la faillite et notre pays à des conditions d'existence difficiles... Donc, sans se laisser inféoder à l'un ou l'autre des deux blocs, nous ne devons pas rejeter d'office l'aide des US [1]. » C'est la base qui finit par imposer aux dirigeants modérés, dont Léon Jouhaux, de quitter la CGT fin décembre et de constituer la nouvelle confédération CGT-FO, aussi minoritaire par rapport à la CGT dirigée par les communistes que l'a été en 1922 la CGTU par rapport à la CGT, alors dirigée par le même Léon Jouhaux. Pour assurer son organisation et son action immédiate, la CGT-FO reçoit une aide financière du ministre du Travail, le socialiste Daniel Mayer, de la centrale suisse, des syndicats anglais et surtout des syndicats américains, CIO et AFL.

La vision et l'action internationales des partis et des syndicats français ne sont évidemment pas sans liens avec la présence des deux Grands dans le jeu politique et syndical en France. Encore les dépendances sont-elles d'intensité fort différentes. Le Parti communiste ne cessera pas de durcir son attitude, à l'intérieur comme vers le dehors. La grande grève des Charbonnages de l'automne de 1948 n'aura pas seulement des causes sociales. Le 29 novembre, jour de la reprise du travail, *L'Humanité* écrira : « La grève des mineurs a démontré que le programme du gouvernement domestique de l'étranger était de ruiner le pays, ainsi que le prouve la décision de rendre aux capitalistes nazis leur arsenal de guerre : la Ruhr, impératif du plan Marshall. »

L'échec du mouvement empêchera l'organisation ultérieure de

1. Cité dans A. Bergougnoux, *Force ouvrière*, Seuil, 1975, pp. 81-82.

grandes grèves à finalité ouvertement politique, mais la thématique est solidement établie. Et l'appréciation portée sur les événements extérieurs ne donnera pas non plus dans la nuance. Lorsque, en février 1948, le « coup de Prague » soumet pleinement la Tchécoslovaquie au Parti communiste et à l'URSS, le bureau politique du Parti communiste français « salue la magnifique victoire remportée par la démocratie tchécoslovaque sur les forces de réaction agissant sur l'injonction d'impérialistes étrangers. Les peuples tchèque et slovaque, sous la conduite du Parti communiste tchécoslovaque et du président Gottwald, ont empêché les réactionnaires de transformer la Tchécoslovaquie en une base d'opérations du camp impérialiste ».

Le tournant central de 1947 est bien celui de l'affrontement entre les vainqueurs de 1945 ou, si l'on préfère, la naissance de la guerre froide. Les conséquences sont différentes selon les pays. L'Allemagne va se trouver physiquement coupée en deux, chacun des deux morceaux se trouvant idéologiquement unifié, l'un par choix, l'autre par force. Prendra rétrospectivement valeur de symbole l'échec, au début de juin 1947, de la réunion entre ministres-présidents des Länder des zones occidentales et de la zone soviétique : il n'y aura plus de rencontre entre chefs de gouvernement allemands des deux camps avant 1970, où l'entretien entre Willy Brandt et Willi Stoph consacrera la division en deux États. En France, l'unité physique du pays n'est évidemment pas atteinte, mais le clivage entre le PC — appuyé sur plus du quart du corps électoral — et les autres formations constitue pour le moins un élément de poids dans la politique intérieure et dans la conduite de la politique extérieure.

Naissance d'Israël. Indochine, Madagascar, Maroc, Algérie

Les changements de 1947 ne sont assurément pas tous à relier à la tension entre deux camps en voie de durcissement et d'organisation. D'abord parce que les deux puissances dominantes ne sont pas en désaccord partout. Elles favorisent ainsi conjointement la naissance de l'État d'Israël. Ensuite et surtout parce que les tragédies qui se développent ou s'amorcent dans le domaine de ce qu'on n'appelle pas encore la décolonisation relèvent directement de responsabilités françaises.

Dans l'été de 1947, l'émotion est vive en France lorsqu'une force navale britannique arraisonne l'*Exodus*, un bateau ayant à son bord 4 500 Juifs désireux de débarquer clandestinement en Palestine, alors que la Grande-Bretagne cherche à arrêter l'immigration dans le pays qui est encore placé sous son mandat. Parti d'un port français, le bateau est reconduit à Port-de-Bouc le 27 juillet. Les passagers refusent de débarquer. Après des semaines d'attente difficile, l'*Exodus* est amené à Hambourg où les survivants des massacres hitlériens sont débarqués de force début septembre et internés par les autorités britanniques. Les sympathies françaises pour la cause des Juifs désirant aller en Palestine s'expriment avec force, au gouvernement comme dans la presse. Mais, dès octobre, la position diplomatique de la France sur le problème palestinien apparaît comme moins tranchée. A l'ONU, une commission d'enquête créée en mai conclut au partage de la Palestine entre un État arabe et un État juif. La solution proposée est acceptée par les organisations juives, soutenues par l'URSS et les États-Unis, mais violemment combattue par les pays arabes. Georges Bidault est d'abord favorable à l'abstention. En fin de compte, après notamment une vive intervention de Léon Blum auprès de Vincent Auriol, la France fait partie des trente pays qui, le 29 novembre, adoptent le plan de partage et l'internationalisation de Jérusalem. Il y a treize voix contre, et dix abstentions.

Les risques de l'abstention selon Léon Blum ? « Nous aurons donné le signal de la dissidence dans l'unique débat où, jusqu'à présent, l'URSS et les USA se soient trouvés d'accord... Rien n'est pire pour nous, du point de vue de nos territoires d'Afrique du Nord, qu'une marque de débilité et de peur, vis-à-vis du fanatisme panarabe [1]. » Le soutien à l'État juif naissant est très large, d'autant plus que le Parti communiste ne saurait aller contre l'attitude de l'Union soviétique et qu'il voit de toute façon dans la fin du mandat britannique une défaite de l'impérialisme. Dans la gauche intellectuelle, la solidarité avec ceux qui ont échappé à l'extermination est forte. « Un État palestinien, un État indépendant libre et pacifique, c'est une garantie de la paix, à condition qu'il soit assez fort pour se faire respecter », écrit Jean-Paul Sartre, qui ajoute : « Il faut donner des armes aux Hébreux. » Un État palestinien : il s'agit évidemment d'Israël. La Ligue française pour la Palestine libre regroupe ceux qui militent pour un État israélien. Les habitants arabes du territoire palestinien, on ne s'en soucie guère. Sauf au Parti communiste et chez certains catholiques. *Témoignage chrétien*, hebdomadaire né dans la clandestinité, va décrire dès 1948 le sort de la population arabe chassée ou en fuite. Et François Mauriac ira jusqu'à écrire, dans un article dont il ne maintiendra cependant pas la ligne : « Un groupe humain persécuté, à peine est-il délivré de ses oppresseurs,

1. Lettre en annexe à V. Auriol, 1947, p. 810.

qu'il opprime à son tour [1]. » Église et écrivains catholiques montrent aussi des inquiétudes à propos de la situation des lieux saints. Mais le soutien à Israël naissant est puissant et à peu près général, même si le gouvernement continue à montrer des réticences et tarde à reconnaître officiellement le nouvel État. C'est que les relations avec les pays arabes et avec l'islam sont importantes pour la France, si fortement présente dans l'Afrique musulmane. Les tensions et conflits qui, au Proche-Orient, accompagneront le développement d'Israël auront des répercussions variables sur la politique française : elles dépendront de l'évolution en Afrique du Nord au moins autant que des sentiments à l'égard des Israéliens.

En 1947, le changement durable que la création du nouvel État introduit dans l'ensemble des relations internationales ne peut pas être perçu. En revanche, la lucidité des gouvernants aurait assurément pu être plus grande lorsque le conflit avec les nationalistes vietnamiens s'est transformé en une guerre dans laquelle la France s'enlisera. Mais avant de s'en prendre aux hésitations, aux contradictions, aux aveuglements des ministres et des généraux, il faut prendre conscience d'une donnée si fondamentale qu'elle devra servir d'élément d'explication pendant près de trente ans, c'est-à-dire jusqu'à la fin de l'engagement américain au Vietnam en 1975.

Qui est Hô Chi Minh ? La réponse est double et cette dualité constitue un cas unique dans l'histoire de la décolonisation — qu'il s'agisse de colonies françaises, britanniques, néerlandaises, belges ou portugaises. Hô Chi Minh est un militant communiste solidement formé, membre actif de l'Internationale depuis les années vingt. Et Hô Chi Minh apparaît en 1945 comme le combattant le plus efficace de la nation vietnamienne en formation, comme le héros d'un nationalisme en lutte pour la liberté face au colonisateur. La lutte contre Hô Chi Minh est-elle alors un combat contre le communisme international ou une guerre coloniale ? L'interprétation française sera changeante, l'interprétation américaine aussi. Au départ, en 1945-1947, l'anticolonialisme américain conduit à critiquer la reconquête française, tandis que les positions des dirigeants français sont assez incertaines.

D'autant plus incertaines que, dès le début, ils sont terriblement mal informés des décisions que leurs représentants à Saigon prennent en leur nom, ce qui les conduira à décider plus d'une fois en toute ignorance de cause.

1. Cité dans D. Lazar, *L'Opinion française et la naissance d'Israël*, Calmann-Lévy, 1972, p. 167. Cit. suiv., p. 209.

Quelle doit être la politique française en Extrême-Orient, où l'Indonésie est en effervescence et où la Grande-Bretagne se prépare à donner l'indépendance à l'Inde, indépendance qui sera effective le 15 août 1947 ? La déclaration d'investiture de Félix Gouin, successeur du général de Gaulle à la tête du gouvernement, se réfère à la charte des Nations unies. Le 29 janvier 1946, il affirme :

> Nous avons dans cette lointaine Indochine [...] à sauvegarder une grande œuvre accomplie dans l'intérêt des populations... Mais, nous le disons bien haut, cette œuvre n'a qu'un but : y assurer l'ordre nécessaire pour que chacun puisse en toute liberté se prononcer sur le régime politique futur de ces pays et rétablir les conditions d'une collaboration loyale et confiante entre la France, les nations et les peuples avec lesquels elle entend marcher dans les voies de la démocratie.

La phrase serait plus claire si elle ne contenait pas le mot « rétablir », qui implique l'existence antérieure d'une collaboration, alors qu'il s'agissait d'une subordination. L'équivoque va peser sur toute la politique indochinoise. Pour les services civils en Cochinchine et en Annam, pour l'amiral Georges Thierry d'Argenlieu, haut-commissaire nommé par le général de Gaulle, l'objectif est bien de rétablir la domination française sous des apparences nouvelles. Pour le général Leclerc et pour Jean Sainteny au Tonkin, la transformation du monde, la force des jeunes nationalismes exigent que soit établie une coopération d'un type nouveau entre la France et les représentants d'un Vietnam devenu majeur. L'accord du 6 mars 1946, signé par M. Sainteny, délégué du haut-commissaire de France, dit que « le gouvernement français reconnaît la république du Vietnam comme un État libre ayant son gouvernement, son parlement, son armée et ses finances, faisant partie de la Fédération indochinoise et de l'Union française ».

Quatre mois plus tard, le 3 juillet, le président de la République démocratique du Vietnam dépose une gerbe de fleurs sur la tombe du soldat inconnu à l'Arc de Triomphe. C'est donc bien un chef d'État qui s'assied le 6 à la table de conférence de Fontainebleau. Mais il ne trouve en face de lui que des négociateurs de second plan, techniciens des questions indochinoises et non diplomates ou hommes politiques représentant la France face à un autre État. De plus, le désaccord est complet sur la définition même du Vietnam : comprend-il la Cochinchine ou non ? Pour Hô Chi Minh, « la Cochinchine fait partie du Vietnam, tout comme la Bretagne, le Pays basque font partie de la France ». Pour Marius Moutet, « la

Cochinchine (dont la capitale est Saigon), est une colonie française. Jusqu'à ce qu'une décision du Parlement français intervienne, nous sommes neutres à cet égard, comme nous désirons que le soit également le Vietnam [1] ».

La conférence de Fontainebleau échoue. Le seul texte qu'Hô Chi Minh en rapporte est le *modus vivendi* qu'il a signé avec Marius Moutet le 14 septembre. Il y est question des « intérêts permanents des deux pays », de l'unité monétaire et douanière de l'Indochine acceptée par le Vietnam, d'appel prioritaire aux ressortissants français chaque fois que le gouvernement vietnamien aura besoin de conseillers, de techniciens et d'experts. Mais le mot « indépendance » n'est pas prononcé, et le sort de la Cochinchine et du Sud-Annam est laissé en suspens. Pendant que la France se donne enfin une constitution, la situation ne cesse plus de se dégrader au Tonkin. A la suite d'une série d'incidents mineurs, c'est, le 23 novembre 1946, le terrible bombardement de Haiphong par l'artillerie navale française. « Le moment est venu de donner une dure leçon à ceux qui nous ont traîtreusement attaqués. Par tous les moyens à votre disposition, vous devez vous rendre maîtres complètement de Haiphong et amener le commandement de l'armée vietnamienne à résipiscence [2]. »

Peut-être la guerre d'Indochine aurait-elle éclaté même sans ce télégramme du général Valluy, qui assure à Saigon l'intérim de l'amiral Thierry d'Argenlieu. Et le général n'a certainement pas agi en contradiction avec les instructions du gouvernement, Georges Bidault déclarant au même moment, en présence de plusieurs chefs militaires et de Marius Moutet, qu'il ne faut négliger aucun moyen, fût-ce le canon, pour se faire respecter. Mais les milliers de morts de Haiphong expliquent la tension qui aboutit, le 19 décembre, à l'attaque de Hanoi par l'armée de Giap, avec ses assassinats et ses atrocités. Jean Sainteny qui, jusqu'au dernier moment, a cherché l'apaisement, est grièvement blessé. Pour la quasi-totalité de l'opinion française, c'est Hanoi et le 19 décembre qui symbolisent désormais le commencement de la guerre d'Indochine.

Le 23 décembre, Léon Blum, devenu président du Conseil, monte à la tribune de l'Assemblée nationale pour faire une déclaration sur les événements d'Indochine. Après avoir décrit la situation militaire et précisé les mesures prises par le gouvernement, il ajoute :

1. Cité dans Ph. Devillers, *Histoire du Vietnam*, Seuil, 1952, p. 303.
2. Id., p. 336. Textes complets G. Chaffard, *Les Deux Guerres du Vietnam*, La Table Ronde, 1969, pp. 30-58.

> Dans notre doctrine républicaine, la possession coloniale n'atteint son but final et ne trouve sa véritable justification que le jour où elle cesse, c'est-à-dire le jour où le peuple colonial a été rendu pleinement capable de vivre émancipé, de se gouverner lui-même. [...] Il s'agit de reprendre avec loyauté l'œuvre interrompue, c'est-à-dire l'organisation d'un Vietnam libre dans une Union indochinoise librement associée à l'Union française. Mais avant tout doit être rétabli l'ordre pacifique, qui sert nécessairement de base à l'exécution des contrats.

La pensée de Léon Blum est claire : on se bat pour faire la paix avec ceux contre lesquels on se bat. Un mois plus tard, le 21 janvier 1947, la déclaration d'investiture de Paul Ramadier rend un autre son. Sans que chacun s'en rende clairement compte, une politique fort différente est définie :

> Sans doute, un prochain jour [la France] trouvera-t-elle en face d'elle des représentants du peuple annamite avec lesquels elle pourra parler le langage de la raison. Elle ne craindra pas, alors, de voir se réaliser, si tel est l'avis de la population, l'union des trois pays annamites, pas plus qu'elle ne refusera d'admettre l'indépendance du Vietnam dans le cadre de l'Union française et de la Fédération indochinoise.

La première phrase est applaudie « à gauche, au centre et à droite ». La seconde, « à gauche et sur divers bancs au centre ». L'idée de négocier avec ceux contre lesquels on ne se bat pas fera son chemin. Les réticences du centre et de la droite expliquent pourquoi il sera long et difficile de leur accorder ce qu'on a refusé au Viêtminh. Deux arguments essentiels jouent contre Hô Chi Minh : il a déclenché la guerre et il est communiste. Mais, aux yeux des peuples occidentaux et des peuples asiatiques, la lutte sanglante qui s'engage a pour cause principale les hésitations de la politique française, et pour objet l'indépendance d'un peuple colonial. Le 22 janvier, le *New York Times* écrit que la France est le seul pays européen à tenter de retenir par la force ses colonies en Asie. Et le 21 mars, lors du débat sur les crédits militaires pour l'Indochine, Paul Ramadier dit aux communistes qui ne veulent pas voter les crédits : « Si vous maintenez votre abstention, vous ramenez la politique française à cette opposition entre le communisme et l'anticommunisme que nous avons tout fait pour écarter parce que la raison même le commandait. » Or, Jacques Duclos explique qu'il s'agit simplement d'obtenir une négociation avec Hô Chi Minh. Mais le refus des crédits ne rend-il pas la négociation impossible parce que le négociateur français serait trop affaibli ? En revanche, voter les crédits sans promesse de négociation, n'est-ce pas prolonger la guerre ? Tout dépend des intentions véritables du gouvernement. Citant une dépêche publiée par *Le Monde,* Jacques Duclos avance que l'ex-empereur d'Annam aurait été « sollicité par les autorités françaises de revenir en Annam ». Applaudi à gauche, au centre et à droite, Paul Ramadier s'écrie : « Cette dépêche ne correspond à rien ; elle est complètement inexacte. »

Pourtant, la « solution Bao Dai » n'est pas loin. Le 26 avril 1947, Émile Bollaert, successeur de l'amiral Thierry d'Argenlieu, reçoit un message officiel du ministre des Affaires étrangères vietnamien proposant « la cessation immédiate des hostilités et l'ouverture des négociations en vue d'un règlement pacifique du conflit ». Le contenu volontairement inacceptable des conditions posées en réponse n'est pas le seul obstacle à une négociation. Il s'en ajoute un autre, plus fondamental. Le 10 mai, à Hanoi, Émile Bollaert déclare que la paix dépend du peuple vietnamien : « Que les représentants de tous ses partis viennent à nous. Je dis : de tous ses partis, car nous ne reconnaissons à aucun groupe le monopole de la représentation du peuple vietnamien. » Voilà donc Hô Chi Minh réduit à la fonction de chef de parti, moins de huit mois après avoir signé le *modus vivendi* comme chef de gouvernement. Et que va-t-on offrir à ces représentants variés ? Émile Bollaert prépare au cours de l'été un nouveau discours dans lequel le mot « indépendance » est prononcé. En sa présence, le texte en est examiné au Comité de défense nationale. Les ministres MRP craignent que la notion d'indépendance ne prépare la dislocation rapide de l'Union française. Le haut-commissaire maintient son point de vue. Finalement, on trouve un compromis : « Dites-le en vietnamien ! Seuls les autochtones le comprendront. Et pour la traduction, vous savez qu'*Indépendance* et *Liberté* ont le même terme : *Doc Lâp.* » C'est ce que fait Émile Bollaert dans son discours de Hadong le 10 septembre.

Le 15 octobre, le ministère de la France d'outre-mer affirme : « La paix ne peut être rétablie que par le gouvernement vietnamien vraiment national qui, tout en aspirant à l'indépendance et à l'unité du Vietnam, sera décidé à respecter les engagements pris et sera capable de mettre fin à un régime de terreur et d'assassinats. » Il ne peut s'agir que d'assassinats et non de guerre parce que, dès le 14 mai, *Le Figaro* a publié une déclaration de Paul Coste-Floret, ministre de la Guerre : « J'estime qu'il n'y a plus désormais de problème militaire en Indochine. Le succès de nos armes est complet. » Le gouvernement « vraiment national » qui aura le droit d'« aspirer » à l'indépendance, sera celui que désignera Bao-Dai, l'empereur dont l'acte d'abdication, signé le 25 août 1945, disait : « Le bonheur du peuple vietnamien ! L'indépendance du Vietnam ! Pour atteindre ces buts, nous avons déclaré être prêts à tous les sacrifices [...] Nous passons le pouvoir au gouvernement républicain et démocratique. »

Mais Bao Dai n'est pas facile à manier. Pour le renforcer, il va falloir lui offrir, du moins sur le papier, ce qui a été refusé au Viêt-minh. Le Viêt-minh contre lequel on se trouve en fait en guerre. Et cette guerre, dans laquelle la France s'enfonce en 1947, va contraindre à envoyer en Indochine une partie sans cesse croissante des soldats et officiers de métier de l'armée française.

En 1947, l'armée intervient pourtant aussi ailleurs qu'en Indochine. En juillet, les troupes envoyées à Madagascar atteignent environ quinze mille hommes. Une révolte a éclaté dans l'île, dans la nuit du 29 au 30 mars. Les insurgés, conduits, semble-t-il, par des tirailleurs malgaches démobilisés, rapatriés avec beaucoup de retard, commettent des massacres. Combien la longue et ample répression fera-t-elle de victimes ? Les estimations varieront entre dix et cent mille. Elle est en tout cas effroyable. La partie visible est la mise en cause du Mouvement démocratique de rénovation malgache. Les députés du MDRM à l'Assemblée nationale se voient attribuer la responsabilité du soulèvement, la preuve décisive étant fournie par un télégramme donnant aux militants l'« ordre impératif » de « garder calme et sang-froid absolu devant manœuvres et provocations de toute nature destinées [...] à saboter la politique pacifique du MDRM ». Leur immunité parlementaire est levée dans des conditions contestables. L'instruction et le procès de Tananarive se déroulent de façon telle que le président de la République note, après avoir présidé une séance du Conseil supérieur de la magistrature : « Il y a une affaire qui est épouvantable [1]. » Encore se refuse-t-il à ajouter foi à tous les récits qui font état de tortures systématiques infligées sous la responsabilité du directeur de la Sûreté Baron. Pourtant les témoignages sont précis et non réfutés, et la prison de Tananarive n'est certes pas le seul endroit où l'on inflige des tortures fort semblables à celles que pratiquait la Gestapo en France. Les noms des tortionnaires seront donnés dans des rapports dont la lecture est insoutenable. Ici un commissaire, là un administrateur des colonies. Ils ne seront jamais poursuivis. Pas plus que le lieutenant qui, le 8 mai 1947, fait massacrer dans une prison cent

1. Auriol, 1948, p. 282.

sept otages, dont seize femmes et quatre enfants. Pas plus que le commandant qui fait tirer sur un train arrêté sur une voie de garage et contenant des suspects ; plus de la moitié sont tués [1].

Les « événements » de Madagascar, mal connus, à peine évoqués dans la presse, moins encore dans les discours gouvernementaux, tiennent une place négligeable dans les préoccupations françaises de 1947, d'autant plus que la « pacification » met effectivement un terme à la rébellion. Il y a davantage débat à propos du Maroc, et surtout à propos de l'Algérie. Au Maroc, c'est en avril que l'évolution s'accélère : le 7, à Casablanca, un incident sans importance aboutit à une fusillade au cours de laquelle les tirailleurs sénégalais font une soixantaine de morts dans la foule ; le 10, le sultan Mohammed V prononce à Tanger un discours dans lequel il conseille à ses sujets de se tourner vers la Ligue arabe et évoque « la grandeur de l'islam et la gloire arabe ». Le résident général Eirik Labonne est alors remplacé par le général Juin, dont l'attitude est beaucoup moins ouverte. « Le Maroc est un pays occidental, déclare-t-il au sultan dès sa première entrevue. Il est donc appelé à se développer dans un esprit occidental. » Un développement qui renvoie à un avenir indéterminé « le statut d'un pays qui se gouverne lui-même [2] ». Or, officiellement le protectorat consiste à assumer la souveraineté externe d'un État, tout en lui laissant le soin de gérer ses affaires internes...

Les départements algériens ne constituent en rien un État. Dépendant du ministère de l'Intérieur, ils sont cependant peuplés de 800 000 citoyens de statut civil français, tandis que 8 millions de musulmans sont des Français aux droits limités. Après l'échec d'un projet de réforme présenté en 1936 par Léon Blum et le gouverneur général Viollette, la loi du 7 mars 1944, promulguée par le Comité français de Libération nationale, donne la plénitude des droits à certaines catégories de musulmans : anciens officiers, diplômés, etc. Une loi du 4 octobre 1946 y a ajouté notamment les anciens combattants et les titulaires du certificat d'études primaires. La représentation des Algériens aux assemblées législatives de Paris se fait à partir de deux collèges électoraux — celui des citoyens et celui des non-citoyens.

Le gouvernement Ramadier met en chantier un nouveau statut de l'Algérie qu'élabore et défend le ministre de l'Intérieur socialiste

1. Documents, pp. 176-295, dans J. Tronchon, *L'Insurrection malgache de 1947*, Maspero, 1975.

2. Cité dans Auriol, 1947, p. 760.

Édouard Depreux. L'Assemblée nationale l'adopte le 2 septembre par 325 voix contre 86. Les députés musulmans n'ont pas participé au scrutin : « Nous ne sommes pas, a déclaré l'un d'entre eux, partisans de la discussion du statut parce que nous estimons que le peuple algérien doit établir son statut lui-même. » L'opposition vient de ceux qui estiment qu'on viole la Constitution en prévoyant un statut particulier pour trois départements français. L'ancien gouverneur Viollette leur a répondu :

> Si, à tant de réclamations, si, à tant d'espérance nous répondions simplement que nous verrons plus tard, ce serait un jeu redoutable que nous jouerions.
>
> « Plus tard », c'est le mot terrible.
>
> « Plus tard », ce fut le mot de Louis XVI, ce fut le mot de Charles X.
>
> « Plus tard », ce mot a été prononcé en 1928 ; il l'a été, hélas, en 1936. Et il est admirable que ceux qui regrettent en eux-mêmes de n'avoir pas compris en 1936 que l'heure était venue de faire le sacrifice cherchent aujourd'hui, peut-être sans le vouloir, mais par des moyens qui apparaîtront comme dilatoires, à ajourner dans le temps la réforme d'urgence qui s'impose.
>
> « Plus tard », c'est le mot de toutes les révolutions, et moi, je ne veux pas de révolution.

Et il s'en est pris à ceux qui, soutenus hors du Parlement par le général de Gaulle, ne veulent pas de musulmans dans le premier collège électoral :

> Vraiment, étiez-vous si férus de pureté lorsqu'il s'agissait de se partager les champs de bataille ? Vous préoccupiez-vous à ce moment du statut personnel de ceux des combattants qui avançaient d'un même élan sous le feu ? Ah ! quel scandale, 120 000 électeurs musulmans de statut personnel ! Mais 200 000 à 300 000 combattants musulmans de statut personnel, merveille !

Le général de Gaulle a en effet déclaré le 18 août :

> Souveraineté de la France ! Cela signifie d'abord que nous ne devons laisser mettre en question, sous aucune forme, ni au-dedans ni au-dehors, le fait que l'Algérie est de notre domaine. Cela signifie encore qu'il n'y a aucune matière concernant l'Algérie où les pouvoirs publics français : exécutif, législatif, judiciaire puissent aliéner leur droit et leur devoir de trancher en dernier ressort. Cela signifie enfin que l'autorité de la République française doit s'exercer hautement et fermement sur place et que le Gouverneur général, qui est investi par l'État, ne saurait être responsable que devant les pouvoirs publics français.

Le 12 octobre, à Alger, il précise :

> [...] Toute politique qui, sous le prétexte fallacieux d'une évolution à rebours, aurait pour effet de réduire ici les droits et les devoirs de la France, ou bien de décourager les habitants d'origine métropolitaine, qui furent et qui demeurent le ferment de l'Algérie, ou bien, enfin, de donner à croire aux Français musulmans qu'il pourrait leur être loisible de séparer leur sort de celui de la France, ne ferait, en vérité, qu'ouvrir la porte à la décadence.

Le nouveau statut maintient le système des deux collèges, mais le gouverneur général est désormais assisté d'un Conseil de gouvernement de six membres, dont quatre proviennent d'une assemblée algérienne chargée de « gérer, en accord avec le gouverneur général, les intérêts propres de l'Algérie ». Même si le Parlement français reste le seul législateur, l'Assemblée a de réels pouvoirs. Elle est divisée en deux sections égales élues par collège. Les délibérations se font selon une mécanique assez compliquée destinée à donner un pouvoir de blocage aux Algériens d'origine européenne.

Le statut pourrait constituer un tournant vers une évolution pacifique de l'Algérie. Mais toutes les chances pour une telle évolution sont rapidement détruites. Sous la pression des hommes politiques représentant les départements algériens, notamment de René Mayer, député de Constantine et ministre des Finances, le gouverneur général, Yves Chataigneau, en poste depuis 1944, est remplacé le 11 février 1948 par Marcel-Edmond Naegelen, personnalité socialiste éminente, mais beaucoup moins disposée à montrer de la compréhension pour les revendications politiques musulmanes, ne serait-ce parce que, comme Alsacien, l'autonomisme lui apparaît d'emblée comme haïssable. Il couvre alors, lors des premières élections à l'Assemblée algérienne, en avril 1948, les pires trucages. Les candidats de l'administration sont élus en masse, mais le chemin de l'expression légale de la revendication politique est désormais barré. Le tournant n'est pas celui qui s'annonçait lors du vote du statut : l'explosion violente viendra six années plus tard.

3

L'ALLIANCE, L'EUROPE ET LES DRAMES D'OUTRE-MER

L'aide économique et le soutien militaire

Le plan Marshall pose des questions permanentes sous un jour nouveau. Quelle est la part de la santé économique, de la santé financière, de la production industrielle dans la puissance internationale d'un pays, dans son indépendance ? Aliène-t-on davantage sa liberté d'action en acceptant une aide assortie de conditions, mais permettant l'assainissement, qu'en prolongeant sa faiblesse par le refus de l'aide ? Et qu'est-ce qu'une condition ? Telle crée un assujettissement, telle autre traduit l'inévitable interdépendance des économies, telle autre encore constitue la contrepartie équilibrée d'un avantage reçu. La dépendance économique est déjà difficile à définir. La nature des liens politiques qu'elle entraîne l'est encore davantage. En particulier, ces liens ne sont pas du même ordre selon que les deux pays sont des États isolés menant chacun sa politique ou des alliés luttant pour une même cause.

Il n'y avait pas trop de problème lorsque, en septembre 1942, le CFLN avait mis des bases françaises à la disposition des États-Unis en échange de produits américains. En revanche, lorsque, en mai 1946, Léon Blum est revenu d'une mission aux États-Unis accomplie à la demande du gouvernement Gouin, il a bien pu annoncer la liquidation complète des dettes de guerre françaises, y compris pour les fournitures civiles des lendemains de la Libération, mais il a dû ajouter : « La négociation menée à Washington n'a comporté ni explicitement, ni implicitement, ni directement, ni indirectement, aucune condition d'aucune espèce, civile, militaire, politique ou diplomatique. » Ce n'était pas tout à fait exact. La France s'engageait à renoncer progressivement à sa politique de contingentement des importations ; de plus, dans un secteur particulièrement sensible de la production française, à savoir le cinéma, la large ouverture du marché aux films américains par l'accord Blum-Byrnes allait se trouver fort controversée.

Le plan Marshall, lui, a des visées beaucoup plus vastes qu'une aide ponctuelle, même renouvelable. Son but est l'assainissement économique de l'Europe occidentale. Pour empêcher l'expansion communiste ? Assurément, mais par une voie qui n'est même pas clairement perçue par une bonne partie de ceux qui le soutiennent : l'aide, en assurant le retour à la prospérité des pays européens, doit faire cesser leur dépendance économique à l'égard des États-Unis.

Au départ, cette dépendance est spectaculaire. Il faut qu'à la fin de 1947 le Congrès américain vote une aide spéciale intérimaire, constituée uniquement de fournitures gratuites, pour permettre à la France, parmi d'autres pays, d'éviter pendant l'hiver un rationnement trop rigoureux et un ralentissement de son activité. Le 3 avril 1948, le texte de la loi sur la coopération économique est promulgué. Le 16, l'Organisation européenne de coopération économique (OECE) est créée à Paris par les seize pays bénéficiaires et par les trois commandants en chef représentant les zones occidentales d'occupation en Allemagne. Le 18 juin, le long texte de l'accord bilatéral de coopération économique entre la France et les États-Unis est signé à son tour. Il comporte, à côté d'une déclaration d'intentions et de nombreuses clauses techniques, un certain nombre de conditions. Le gouvernement français « fera tous ses efforts » pour stabiliser sa monnaie, pour « équilibrer dès que cela sera possible son budget d'État » et pour libérer ses échanges internationaux. De façon plus précise, l'article 5 prévoit l'accès des États-Unis aux « produits originaires de France dont [ils] ont besoin par suite de l'insuffisance effective ou éventuelle de leurs propres ressources ». L'article 9 assure l'installation d'une « mission spéciale de coopération économique qui assurera l'exécution des obligations assumées par les États-Unis en France aux termes du présent accord ».

Cette mission n'exerce aucun contrôle sur la politique extérieure française. Elle évite même soigneusement d'entrer en contact avec le Quai d'Orsay. Elle agit auprès des ministères techniques et d'un nouvel organisme gouvernemental, créé le 27 juin 1948, le Comité interministériel pour les questions de coopération économique européenne, dont le secrétariat général va devenir un rouage important de la politique extérieure française. L'action de la mission est tantôt ressentie comme une ingérence dans la gestion financière et économique de la France, tantôt comme le signe d'une communauté créatrice rompant avec le formalisme de la diplomatie traditionnelle. C'est ainsi que le conçoit Jean Monnet, commissaire au Plan, lié d'amitié avec le chef de la mission, David Bruce. Mais pour plus d'un autre membre de cette mission, la possibilité d'intervenir, parfois fort autoritairement, dans la marche de la haute administration française, fût-ce au nom de l'intérêt véritable des Français, aura une conséquence à terme : revenus à Paris bien des années plus tard, sous la Ve République, à un poste plus élevé, ils auront tendance à oublier que la situation n'est plus la même et que le style à la fois direct et protecteur n'est plus de mise.

Le système de l'aide Marshall a de toute façon l'avantage de permettre aux Européens de coordonner leurs politiques économiques et monétaires, même si la Grande-Bretagne parvient à limiter les pouvoirs de l'OECE à laquelle le gouvernement français aurait voulu voir attribuer des fonctions plus précises et une plus grande autonomie à l'égard des États membres, d'autant plus que le premier secrétaire général est un Français, Robert Marjolin, jusqu'alors jeune adjoint de Jean Monnet. L'apport le plus spectaculaire du plan Marshall est cependant d'ordre financier. L'aide en dollars est considérable, la Grande-Bretagne venant en tête des bénéficiaires si l'on considère les sommes globales attribuées, la France étant le pays le plus privilégié pour les subsides non remboursables, c'est-à-dire les dons. Sur un total de 13 milliards de dollars, la France reçoit 2,6 milliards (20,2 % contre 24,4 % à la Grande-Bretagne, 11,0 % à l'Italie et 10,1 % à l'Allemagne de l'Ouest). Mais elle obtient 23,8 % des 9,3 milliards de dons que comprennent les 13 milliards, contre 21,0 % à la Grande-Bretagne, 12,6 % à l'Italie, 11,6 % à l'Allemagne.

Les effets de l'aide, joints aux conséquences des mécanismes multilatéraux mis en place comme suites de l' « incitation Marshall », se révèlent remarquables à bien des égards. La production agricole et industrielle de l'Europe occidentale se développe à un rythme élevé. Les importations alimentaires en provenance des États-Unis déclinent très rapidement. L'ensemble des importations d'outre-Atlantique baisse fortement en valeur absolue et plus encore en valeur relative : 5,6 milliards de dollars sur un total de 15,2 milliards en 1947 ; 4,4 milliards sur 20,6 en 1951. Les exportations vers les États-Unis augmentent rapidement. Quant au « dollar gap », le déficit européen en dollars, il se comble si bien que, dès 1951, la balance des biens et services de la plupart des pays européens avec les États-Unis s'équilibre ou devient bénéficiaire.

Un peu partout, on dressera des bilans particulièrement positifs des effets de l'aide Marshall. En France, pourtant, une sorte de silence général s'établit. Quand, en 1952, Jean Monnet présente au gouvernement le bilan de cinq années de modernisation et d'équipement, il insiste bien sur l'importance décisive des investissements, mais le plan Marshall n'est jamais directement nommé dans le gros document. Une ligne d'un tableau permet de constater que la moitié des investissements provenait de l'aide américaine. Et les dollars ont bel et bien servi à la réalisation des investissements prioritaires : charbon, électricité, acier, ciment, machines agricoles, transports. Les entreprises nationalisées en ont reçu la plus grande part.

Alors pourquoi la réticence ? Crainte d'avoir à remercier les États-Unis ? Pour une part sûrement. Mais aussi une prudence aux motifs multiples. Ne pas trop heurter ceux qui sont sensibles à la violente campagne communiste contre « le plan de vassalisation de l'Europe », le « plan de sauvetage du capitalisme des monopoles ». Ne pas brusquer ceux qui veulent encore empêcher tout alignement de la France sur l'un des deux Grands accusés l'un et l'autre de vouloir dominer le monde. Ne pas avoir à lutter de front contre une sorte de certitude française selon laquelle l'aide américaine aurait pour effet de promouvoir l'Allemagne renaissante beaucoup plus que la France.

Mais, surtout, à mesure que les années passent et que l'aide économique fait son effet, l'assistance américaine change de nature et se trouve liée à deux problèmes également déplaisants. D'économique, elle devient militaire, pendant que l'idée de défense occidentale va entraîner celle d'un réarmement allemand. Et, de stimulant pour le développement de la France, elle va devenir l'aliment, en argent et en armes, de la guerre d'Indochine.

La notion de défense occidentale ne prend que lentement la relève de la conception première d'alliance contre l'Allemagne. Préparé par Léon Blum en janvier 1947, le traité d'alliance franco-britannique signé à Dunkerque le 4 mars a pour but « d'empêcher l'Allemagne de redevenir une menace pour la paix ». « Politique d'agression » adoptée par l'Allemagne, « hostilités avec l'Allemagne », « manquements de l'Allemagne à l'une quelconque de ses obligations d'ordre économique » : article par article, l'Allemagne est omniprésente dans le traité.

Les changements intervenus au cours de l'année font évoluer les choses. Et le 24 février 1948 a lieu le coup de force communiste à Prague. Plus que la création du Kominform, l'événement renforce la notion d'un danger qui n'est pas allemand. Les négociations qui sont en cours entre la France, la Grande-Bretagne et les trois pays du Bénélux prennent un autre ton. L'Union occidentale qu'elles préparent va être militaire plus encore qu'économique et culturelle. Le traité de Bruxelles, signé le 17 mars 1948, mentionne encore l'Allemagne, mais seulement dans l'une des huit déclarations d'intentions du préambule. Elle est absente des dix articles, notamment de l'article 4 qui crée l'automaticité de l'alliance ainsi conclue :

> Au cas où l'une des Hautes Parties Contractantes serait l'objet d'une agression armée en Europe, les autres lui porteront [...] aide et assistance par tous les moyens en leur pouvoir, militaires et autres.

L'article 9 précise que les signataires pourront « décider d'un commun accord, d'inviter tous autres États à adhérer au présent traité ». Il servira six ans plus tard à faire entrer dans le système de garantie automatique l'Italie et surtout la République fédérale d'Allemagne.

Au moment où ce texte est signé, se met déjà en route un ensemble de contacts et de négociations en vue d'une défense commune de l'Europe occidentale bénéficiant de la garantie américaine. Mais le gouvernement des États-Unis n'a pas le droit de conclure d'alliance en temps de paix en dehors du continent américain. Le 11 juin 1948, le vote par le Sénat de la résolution Vandenberg lève cet obstacle. D'octobre 1948 à mars 1949, pendant que le pont aérien sauve Berlin-Ouest de l'asphyxie, des négociations presque incessantes se déroulent entre les Cinq, le Canada et les États-Unis. Trois questions difficiles ralentissent la préparation des textes. Les États-Unis fourniront-ils gratuitement des armements aux Européens ? Les territoires d'outre-mer seront-ils compris dans le traité comme ils l'ont été dans le plan Marshall ? Enfin et surtout quel sera le caractère de la garantie américaine ? Les Européens voudraient qu'elle ait un maximum d'efficacité, c'est-à-dire que l'intervention des forces américaines soit automatique. Les négociateurs américains sont persuadés qu'une clause d'automaticité empêcherait le Sénat d'autoriser la ratification.

Le 18 mars 1949, le texte final est rendu public. Robert Schuman, successeur de Georges Bidault aux Affaires étrangères, déclare dans une allocution radiodiffusée : « Aujourd'hui, nous obtenons ce que nous avons vainement espéré entre les deux guerres : les États-Unis reconnaissent qu'il n'y a ni paix ni sécurité pour l'Amérique si l'Europe est en danger [...] Le pacte de Bruxelles [...] est ainsi heureusement complété. » Le 4 avril, à Washington, les ministres des Affaires étrangères de la Belgique, du Canada, du Danemark, de la France, de l'Islande, de l'Italie, du Luxembourg, des Pays-Bas, de la Norvège, du Portugal, du Royaume-Uni et des États-Unis signent le traité de l'Atlantique Nord, né ainsi non d'un désir américain d'hégémonie sur l'Europe, mais de la demande instante des Européens d'être garantis contre l'expansionnisme soviétique. Le décisif article 5 nécessite une lecture attentive pour que la non-automaticité de l'intervention des signataires apparaisse clairement :

> Les Parties conviennent qu'une attaque armée contre l'une ou plusieurs d'entre elles survenant en Europe ou en Amérique du Nord sera considérée comme une attaque dirigée contre toutes les Parties et, en conséquence, elles conviennent que, si une telle attaque se produit, chacune d'elles [...] assistera la Partie ou les Parties ainsi attaquées en prenant aussitôt, individuellement et d'accord avec les autres Parties, toute action qu'elle jugera nécessaire, y compris l'emploi de la force armée, pour rétablir et assurer la sécurité dans la région de l'Atlantique Nord.

Dans ces limites, l'article 6 accorde la protection solidaire d'une part, hors d'Europe, aux « départements français d'Algérie », d'autre part aux « forces d'occupation de l'une quelconque des Parties en Europe », donc, en fait, au territoire de l'Allemagne occidentale. L'article 10 prévoit que d'autres États peuvent être invités à entrer dans l'alliance, si l'invitation est faite « par accord unanime » des signataires.

Conformément au traité — et en grande partie pour engager le plus possible les États-Unis, donc conférer à leur éventuelle intervention l'automaticité que l'article 5 ne prévoit pas —, des structures permanentes, civiles et militaires, sont mises en place en 1949 et 1950 dont l'ensemble constituera l'Organisation du traité de l'Atlantique Nord, l'OTAN, dont le commandant militaire suprême en Europe sera un général américain. Parallèlement à cette tâche d'organisation, l'Alliance s'attache à mettre en œuvre une politique de défense commune à la fois pour les armements et pour la stratégie. Le Comité de défense adopte un concept stratégique pour la « défense intégrée de la zone de l'Atlantique Nord ». Des accords bilatéraux mettent en œuvre le programme d'aide militaire entre les États-Unis et les huit membres européens de l'alliance qui ont demandé cette aide, dont la France.

« Le sentiment de l'insécurité n'est pas toujours l'effet d'une menace déjà précisée, d'une agression visiblement préparée. Le seul déséquilibre des forces entretenu par le plus fort, non compensé par des garanties internationales sérieuses au profit du plus faible suffit à créer l'insécurité. » Cette définition donnée par Robert Schuman lors du débat de ratification à l'Assemblée nationale, le 25 juillet 1949, répond à l'idée que la grande majorité des députés se font de la nature et du rôle de l'instrument diplomatique que doit être le pacte. Un orateur socialiste le qualifie de « la fin d'un chantage, la reprise de notre véritable liberté ». Le déchaînement des députés communistes, qui provoquent de nombreux incidents tant en séance que dans les couloirs, renforce encore la détermination de la majorité. On ne s'attarde pas trop sur le problème que pose la compatibilité du pacte avec le traité d'alliance franco-soviétique de décembre 1944. Mais l'Assemblée est sur ses gardes pour la question de l'admission de nouveaux membres.

Le rapporteur, René Mayer, dressant la liste des signataires, conclut aussi : « Sont donc restés exclus, parmi les États d'Europe occidentale : l'Espagne, en raison de son régime politique ; la Suède — qui n'est d'ailleurs pas à proprement parler une puissance atlantique ; l'Irlande, en raison de son différend avec la Grande-Bretagne et, bien entendu, l'Allemagne. » Par mesure de précaution, le Parlement ajoute un amendement à l'article unique de la loi autorisant le président de la République à ratifier le traité : « L'accord prévu à l'art. 10 du traité [...] ne pourra être donné par le président de la République s'il n'y est autorisé par une loi. » Pourquoi prendre cette précaution ? Le traité de l'Atlantique est un traité d'alliance et, comme tel, n'a constitutionnellement pas besoin d'être soumis au Parlement. En 1954, le traité sur la défense de l'Asie du Sud-Est ne le sera d'ailleurs pas. Ultérieurement, un gouvernement pourrait donc se juger seul compétent pour l'application de l'article 10, notamment à propos de l'Espagne.

Parmi les signataires du traité figure déjà le Portugal qui n'incarne pas précisément les valeurs politiques dont on se réclame contre l'Est. Mais Salazar est moins lié à l'histoire politique française que Franco. Et depuis la fin de la guerre, n'a-t-on pas déjà fait bien des concessions au dictateur espagnol, contrairement aux exigences françaises ? Lorsque, le 5 février 1948, un accord franco-espagnol a abouti à la réouverture de la frontière fermée depuis le 1er mars 1946 à la suite de l'exécution d'opposants en Espagne, le bilan de l'affaire espagnole n'est pas apparu comme très positif pour la France. Du moins, dans les choix effectués, a-t-elle placé clairement la fidélité aux principes avant le réalisme économique. En 1949 il s'agit d'empêcher d'avance que le réalisme militaire fasse entrer le régime franquiste dans l'alliance.

Et l'autre exclu ? En présentant le traité à l'Assemblée, le ministre des Affaires étrangères a été catégorique :

> Au sujet de l'Allemagne, on m'a posé cette question à différentes reprises : « Peut-on admettre l'Allemagne à participer au pacte atlantique ? » C'est une question qui ne peut pas se poser, non seulement dans l'immédiat, mais même ultérieurement. L'Allemagne n'a pas encore de traité de paix. Elle n'a pas d'armements et elle n'en aura pas. (Vifs applaudissements au centre, à gauche et à droite.) [...] Il est donc impensable, pour la France et pour ses alliés, que l'Allemagne puisse être admise à adhérer au pacte atlantique comme une nation susceptible de se défendre ou d'aider à la défense des autres nations.

Robert Schuman pourrait ajouter que l'accord tripartite de janvier a institué un Office de sécurité militaire « aux fins d'assurer, dans l'intérêt de la sécurité, le maintien du désarmement et de la démilitarisation » de l'État à naître des trois zones occidentales. Que signifie alors l'éditorial du *Monde* du 6 avril, dont la formule centrale est reprise au cours du débat par un député critique : « Le réarmement de l'Allemagne est contenu dans le pacte de l'Atlantique comme le germe dans l'œuf » ? On préfère, au gouvernement comme au Parlement, ne pas trop creuser la question.

En 1949, la priorité évidente est celle de la défense à organiser contre la menace ressentie à l'Est, une menace qui semble se faire moins redoutable dès lors qu'on se montre ferme. A Berlin, on n'a pas cédé et c'est Staline qui a fait marche arrière en levant le blocus un mois après la signature du pacte atlantique. Et l'Union soviétique n'aurait-elle pas soumis par la force le rebelle Tito si les États-Unis n'avaient pas laissé entrevoir qu'une invasion de la Yougoslavie pourrait entraîner un conflit mondial ?

Tito a été expulsé du Kominform en juin 1948 et il est désormais l'objet de la haine du Parti communiste français. « Deux laquais des agresseurs impérialistes : Tito et Franco » : le titre d'un article paru en février 1951 dans *Les Cahiers du communisme* donne bien le ton de la campagne, tandis que les autres partis voient dans la Yougoslavie communiste le porte-drapeau des résistances nationales à l'oppression soviétique.

Mais le refus de cette oppression doit-il pour autant entraîner la dépendance politique par rapport aux États-Unis ? La réponse n'est pas simple. La décision en faveur de « l'atlantisme » n'implique nullement par elle-même une soumission. Mais les signataires ne sont évidemment pas de force égale. Il y a longtemps que la France est en état d'infériorité face aux États-Unis. La nouveauté de la situation résulte de deux circonstances propres à la période « atlantique ». D'une part, l'affrontement des blocs accentue la division interne de la France, donc l'affaiblit dans la réalité et plus encore aux yeux de ses alliés. De plus, au lieu de cesser d'être un pays assisté en 1952, après le succès du plan Marshall, la France va par moments se transformer en pays mendiant, parce que aux besoins du réarmement en Europe s'ajoutent les exigences de la guerre d'Indochine. Or un pays mendiant ne peut être maître de sa politique que si sa mendicité s'exerce simultanément auprès de puissances rivales, car la dépendance qu'entraîne la mendicité est alors atténuée par le chantage. Mais puisque la France a fermement opté pour un camp, ce chantage lui est interdit.

La grande majorité des forces politiques françaises sont, en 1949, essentiellement attachées à tout ce qui distingue une démocratie libérale et pluraliste d'une démocratie « populaire ». Pour échapper à une dépendance, source de soumission, on dispose des armes classiques de la diplomatie entre alliés. Peut-être existe-t-il cependant un autre recours : pourquoi ne pas ajouter sa faiblesse à celle d'autrui pour constituer une force commune capable d'exorciser en partie la menace de l'un des puissants et d'inspirer du respect à l'autre ? La politique d'unification européenne est en grande partie née de cette interrogation-là.

L'Europe du plan Schuman et l'Europe de la CED

Pendant l'occupation allemande, le mot Europe avait évoqué soit le projet hitlérien dans lequel la France aurait tenu une place politiquement subordonnée et économiquement agricole, soit, de façon moins visible, l'idée généreuse, mais encore floue, exprimée par une partie de la Résistance pour désigner l'ensemble que constitueraient les peuples libérés de l'oppression en même temps que débarrassés du nationalisme. La guerre finie et la division installée entre les vainqueurs, l'Europe apparut comme un espace dont il fallait éviter la déchirure, la division possible de l'Allemagne n'étant plus le moyen d'empêcher l'unité allemande de renaître, mais l'expression de la coupure européenne que la politique française devait chercher à empêcher. La guerre froide naissante confère un nouveau sens à l'idée d'Europe : face à la partie asservie du continent, il s'agit de constituer un ensemble fondé sur les idées de liberté et de démocratie pluraliste. Mais l'Europe de l'Est commence ainsi au cœur de l'Allemagne, la partie occidentale du pays vaincu se trouvant géographiquement inclue dans l'ensemble à constituer. Mais comment la traiter politiquement ? En tant qu'État ? En tant que simple dépendance des occupants ?

Au début de 1948, la zone française demeure à l'écart de la création progressive d'une nouvelle entité allemande. En février, Américains et Anglais mettent en place à Francfort une sorte de gouvernement économique pour la « bizone ». A Baden-Baden, le général Koenig est surtout soucieux de maintenir la spécificité et l'isolement de la ZFO.

Mais l'occupation française a aussi une originalité créatrice qui va à contre-courant de la politique d'ensemble. Créatrice au point de mettre en place les bases de la politique gouvernementale ultérieure. Quelques fonctionnaires reconnaissent l'incohérence d'une attitude qui consiste à reprocher aux Allemands, jeunesse comprise, d'être nationalistes et à leur refuser en même temps tout contact extérieur, notamment avec les Français. Dès 1945, les premières rencontres franco-allemandes ont ainsi eu lieu en ZFO. Un mouvement se trouve lancé qui s'élargira sans cesse. A partir de 1949, la frontière française s'ouvre enfin vraiment.

L'action des fonctionnaires n'aurait pu se développer s'il n'y avait eu en France la tendance minoritaire constructive évoquée plus haut. Grâce notamment au Centre d'Offenbourg, installé par le jésuite Jean du Rivau dès 1945, et au Comité français d'échanges avec l'Allemagne nouvelle, créé en 1948 par Emmanuel Mounier avec des résistants et victimes du nazisme de toutes tendances, le travail franco-allemand se développe de façon originale. Par rapport aux contacts culturels traditionnels, la notion de culture est transformée et la clientèle est élargie. La culture, c'est la connaissance du passé immédiat le plus tragique du voisin et ce sont les données économiques, sociales, politiques du présent ; parmi ces données, les analogies, les interdépendances, les interinfluences entre situations françaises et situations allemandes. Sont touchés par priorité des « multiplicateurs », cadres de mouvements de jeunesse, de syndicats, de partis, d'Églises. A partir de ces rencontres et échanges se forme une sorte d'infrastructure humaine des relations politiques franco-allemandes, dont celles-ci profiteront quand elles auront changé d'orientation et de style.

En 1948, l'attitude du gouvernement français n'est pas encore clarifiée, ce qui apparaît en particulier dans le domaine des réparations où l'on a peine à sortir de la contradiction initiale : l'Allemagne vaincue doit à la fois se suffire à elle-même, être privée de la majeure partie de son potentiel industriel et payer. Une fois admis le principe de la reconstruction collective de l'Europe occidentale, faut-il continuer à démonter des usines allemandes au nom de l'indispensable affaiblissement de l'Allemagne plus encore que pour obtenir des réparations ? Le gouvernement français s'acharne à exiger des démontages auxquels il accepte peu après de renoncer sous la pression américaine. Ainsi, encore en 1949, pour la plus grande aciérie Thyssen que Konrad Adenauer a pourtant proposé de céder en toute propriété à la France. On se résigne, trop tard pour obtenir un avantage psychologique, à renoncer à beaucoup plus que ce qui était proposé à l'origine.

La politique française apparaît comme un constant combat en retrait, en particulier pour la Ruhr, territoire à « détacher politiquement et économiquement de l'Allemagne » en avril 1947, à soumettre tout au plus à un « régime spécial » en décembre. Le 7 juin 1948, la décisive conférence de Londres entre les États-Unis et les Cinq du traité de Bruxelles convient d'établir une autorité internationale pour un simple contrôle de la Ruhr. Elle prévoit surtout la « formation d'un gouvernement libre et démocratique » pour l'ensemble de l'Allemagne occidentale, décision aussitôt sévèrement critiquée par le général de Gaulle, puis péniblement acceptée par l'Assemblée nationale le 16. Le lendemain, c'est la réforme monétaire dans les trois zones, puis la crise de Berlin et l'accélération de la division de l'Allemagne et du monde.

Le 8 avril 1949, quatre jours après la signature du pacte atlantique, les Trois se mettent d'accord sur huit textes fixant le statut de la République fédérale d'Allemagne à naître au cours des mois suivants. Faut-il vraiment que la politique française se contente toujours de jouer le rôle de frein ? L'idée du plan Schuman, ce sera de lui donner un rôle de moteur en offrant aux Allemands un avenir positif, tout en permettant à la France de continuer à contrôler, au sein d'une communauté, le charbon et l'acier de la Ruhr.

Tout ne part pas du 9 mai 1950, mais la déclaration faite ce jour-là par Robert Schuman n'en représente pas moins une modification décisive de la politique française, d'autant plus qu'aucune autre sans doute n'a eu et n'aura des répercussions internationales aussi positives. L'unification de l'Europe occidentale était réclamée par le Mouvement européen — dont les présidents d'honneur étaient Léon Blum, Winston Churchill, Alcide de Gasperi et Paul-Henri Spaak — depuis sa création en 1948 ; la résolution politique, adoptée au congrès fondateur de La Haye, affirmait que « l'unique solution des problèmes allemands, tant sur le plan industriel que sur le plan politique, est fournie par la Fédération européenne ». Les gouvernements, eux, ont signé en janvier 1949 l'accord permettant l'installation à Strasbourg d'un Conseil de l'Europe dont les pouvoirs ont cependant été si drastiquement limités, à la demande de la Grande-Bretagne et contre les désirs plus « intégrationnistes » du gouvernement français, qu'il restera voué à l'impuissance politique.

En 1950, des voix françaises se font entendre de divers côtés, notamment chez les socialistes et chez les radicaux, pour que soit créée une Europe plus organisée comprenant le nouvel État allemand. Le général de Gaulle lui-même, répondant, dans une conférence de presse, le 16 mars 1950, aux nombreuses ouvertures politiques faites vers la France par le chancelier Adenauer, déclare : « Si l'on ne se contraignait à voir les choses froidement, on serait presque ébloui par la perspective que pourraient donner ensemble la valeur allemande et la valeur française, celle-ci prolongée par l'Afrique. » Au même moment, l'un de ses plus fidèles, le sénateur Michel Debré, publie un *Projet de pacte pour une Union d'États européens*[1]. Son texte comprend une loi organique prévoyant que l'Union recevrait délégation des États pour la défense, l'économie et l'unification des grandes règles administratives. L'appel final de la brochure, « Quittons notre province, je veux dire notre nation », ne sera cependant repris ni par l'auteur ni par ses amis politiques !

Il est en revanche un parti français qui va faire porter l'essentiel de son effort sur l'idée du dépassement de la nation au nom de l'Europe. Le Mouvement républicain populaire peut à cet égard évoquer des sources qui lui sont propres, depuis les efforts de Marc Sangnier, fondateur du *Sillon*, dans les années vingt jusqu'au travail des Nouvelles équipes internationales à partir de 1945. Pourtant le parti n'est pas, ni pendant le tripartisme ni après la rupture de 1947, très novateur en matière franco-allemande et européenne. Ici, comme pour les diverses politiques d'outre-mer, il a plutôt tendance à suivre ses ministres. Or, le Georges Bidault d'après-guerre est beaucoup plus conservateur que ne veulent le voir d'abord ses amis politiques les plus portés à changer la situation des pays d'outre-mer et celle de l'Allemagne. Ne pas compliquer la tâche des ministres en formulant des exigences de doctrine : la hantise du MRP aura des résultats désastreux pour l'Indochine et l'Afrique du Nord ; elle permettra, en revanche, de mobiliser dirigeants et militants quand il s'agira de soutenir la politique européenne devenue celle de Robert Schuman. D'autant plus qu'à partir de 1950 cette politique consti-

1. Éd. Nagel, 63 p.

tuera le seul terrain où le parti justifiera encore vraiment son appellation de « mouvement ».

Lorsque Robert Schuman devient ministre des Affaires étrangères, le 24 juillet 1948, l'impression n'est pas celle d'une révolution. Ne vient-il pas d'être président du Conseil, donc chef du gouvernement où Georges Bidault était, une fois de plus, chargé du Quai d'Orsay ? Nettement plus âgé que son prédécesseur (l'un est né en 1886, l'autre en 1899), Robert Schuman a également une personnalité fort différente. Georges Bidault est brillant, mais cassant, préférant le mot à l'emporte-pièce à l'analyse travaillée. Que ce soit à la tribune ou dans les négociations, son trait dominant est peut-être l'imprévisibilité. Robert Schuman, au contraire, est constamment semblable à lui-même. Méditatif et tenace, orateur médiocre et disert, il parvient pourtant à s'imposer. S'il est respecté par ses interlocuteurs étrangers, s'il acquiert prestige et autorité, c'est parce qu'il a manifestement fait des choix auxquels il se tient avec la fermeté d'un homme dont l'ambition n'est pas de paraître. Son inspiration est sans doute d'ordre religieux, comme le sont son désintéressement et son goût pour le recueillement solitaire. Mais le choix politique européen n'est pas dû à son catholicisme. Contrairement à l'un des thèmes politiques favoris de l'époque, la trinité Schuman/Adenauer/Gasperi n'est pas prioritairement « noire », « vaticane ». Les trois hommes ont surtout en commun d'être nés respectivement en Lorraine, en Rhénanie et dans le Haut-Adige, donc d'être des hommes des marches désireux de voir naître une Europe qui enlèverait aux tragiques conflits frontaliers leur raison d'être.

Certes, le plan Schuman est un plan Monnet dans la mesure où il a été élaboré par le commissaire au Plan et ses proches collaborateurs. Mais le ministre a fait sienne dès le 1er mai l'idée qui lui est soumise le 28 avril, au point de s'engager pleinement sur le projet. Le lancement public du plan est préparé dans le secret. Faut-il considérer que les règles de la démocratie ont été mises de côté ? Le Parlement n'a pas été consulté, les industries concernées non plus, pas plus que les ministères compétents. Le 9 mai au matin, Robert Schuman informe le Conseil des ministres, par la lecture monocorde d'un texte bref. René Mayer, ministre de la Justice et vieil ami de Jean Monnet, a été mis au courant avant la séance. Mais aurait-il été possible de lancer un projet précis et structuré, destiné de surcroît à faire choc, si l'on avait commencé par de longues discussions et d'inévitables marchandages ?

Le même jour, à 16 heures, le ministre rend publique la

proposition française au cours d'une conférence de presse. Après quelques phrases introductives, il lit le texte de la déclaration rédigée par Jean Monnet. Au cœur du document, la formule : « Le gouvernement français propose de placer l'ensemble de la production franco-allemande de charbon et d'acier sous une haute autorité commune, dans une organisation ouverte à la participation des autres pays d'Europe. » Le « plan Schuman » est lancé. Pour l'opinion et même pour les spécialistes, le nom restera attaché non seulement au projet du 9 mai, mais également au traité signé le 18 avril 1951 instituant la Communauté européenne du charbon et de l'acier — et même à l'ensemble des organes de la CECA, en particulier à la Haute autorité, installée à Luxembourg en août 1952 sous la présidence de Jean Monnet.

Le 9 mai, le succès n'est cependant nullement certain, car les obstacles à surmonter sont nombreux, à commencer par le refus brutal des sidérurgistes français. Il est fondé sur l'hostilité à tout contrôle effectué par un organisme n'émanant pas de la profession et sur la crainte de la concurrence allemande. Cette crainte à son tour repose sur une vision erronée de l'avenir économique : si la production allemande croît, la française devra décroître ; l'argument inverse, à savoir que, dans un marché en expansion, les deux sidérurgies progresseront, rencontre l'incrédulité. Le refus patronal ne désarçonne pas les communistes dans leur dénonciation du projet. Pourtant le plan charbon-acier constitue un bel exemple de non-applicabilité de l'explication marxiste ordinaire : où est la subordination du gouvernement au grand patronat ?

Le refus britannique de participer à l'entreprise ne crée pas un obstacle imprévu. S'agit-il même d'un obstacle ? Quand le non du gouvernement travailliste est définitivement notifié le 2 juin, peut-on dire qu'il a été délibérément provoqué par Robert Schuman ? Celui-ci savait en tout cas que son invitation n'aurait été acceptable pour l'Angleterre que si le texte s'était limité à des principes très généraux et avait exclu tout élément de supranationalité.

La discussion française sur cette supranationalité est d'autant plus vive qu'elle porte sur le principe plutôt que sur ses applications en réalité assez limitées. En rédigeant le préambule, les constituants de 1946 n'ont guère pensé à un organisme comme la Haute autorité de la CECA. « Sous réserve de réciprocité, la France consent aux limitations de souveraineté nécessaires à l'organisation et à la défense de la paix » : la formule concernait la sécurité collective au niveau mondial, et non une situation où la France renoncerait effectivement à un pouvoir individualisé, alors que le nouvel État allemand accepterait simplement de ne pas retrouver des pouvoirs souverains qui avaient été enlevés à l'Allemagne en 1945. Tout dépend en fait de la façon dont on conçoit le rôle de la France dans une Europe « supranationale ». Pour les initiateurs du plan Schuman, l'intégration européenne doit permettre à la France de jouer un rôle politique beaucoup plus grand parce qu'elle disposera conjointement du potentiel économique de l'Allemagne, privant ainsi cette dernière d'un poids politique qu'elle retrouverait nécessairement en face d'une France demeurée en théorie pleinement souveraine.

La discussion autour du plan charbon-acier dure un an et demi. Pourquoi l'Assemblée nationale, malgré la pression des patrons de la sidérurgie, vote-t-elle alors en faveur de la ratification, le 13 décembre 1951, par 337 voix contre 233, majorité d'autant plus belle que les élections de juin ont diminué la « troisième force » au profit des communistes et surtout du RPF ? C'est qu'à l'exception des communistes et de quelques orateurs d'extrême-droite, les adversaires du traité n'ont cessé d'être sur la défensive, critiquant les modalités et non l'aspect politique central, notamment pour l'attitude nouvelle à l'égard du voisin allemand.

La décision du 9 mai n'a pas été une concession arrachée par un interlocuteur étranger. Elle n'a pas consisté à bloquer une évolution. Elle est apparue aux yeux de la grande majorité des Français comme une initiative féconde. Pourtant, en décembre 1951, l'idée de l'intégration économique et de l'interdépendance avec le partenaire allemand est déjà transformée par les perspectives du réarmement de ce même partenaire. Il est même possible d'affirmer que la période heureuse de l'Europe, commencée le 9 mai 1950, s'est achevée le 23 juin, six semaines plus tard, lorsque la guerre de Corée a dramatisé soudain le problème explosif de la participation allemande à la défense occidentale.

Au moment de la signature du pacte atlantique, on aurait pu concevoir un système de défense occidental fondé sur le monopole atomique — fort provisoire — des États-Unis et sur la solidité intérieure accrue des pays européens. « L'objectif essentiel [du pacte] est une sécurité accrue et non une force militaire accrue », avait estimé la commission des Affaires étrangères du Sénat américain. Rapidement cependant, c'est une autre conception qui s'est imposée : toutes les nations doivent réarmer, car la bombe atomique ne suffit pas à assurer la sécurité de l'Europe. Or cette conception-là entraîne le réarmement de l'Allemagne occidentale : l'état-major américain peut-il accepter de négliger le potentiel humain d'un pays où la quasi-totalité de la population est anticommuniste et s'appuyer sur une France qui compte un quart d'électeurs communistes et dont l'armée de métier est en Indochine ? Cependant ce réarmement risque de soulever les plus violentes passions en Grande-Bretagne, en France et surtout dans la République fédérale elle-même. Pourquoi aller au-devant de difficultés alors que, depuis la levée du blocus de Berlin, aucune menace communiste précise n'est perceptible ? L'invasion de la Corée du Sud par celle du Nord transforme la situation. Dès le lendemain le secrétaire d'État Dean Acheson déclare qu'il faut mobiliser d'urgence les forces européennes.

En septembre, pour la réunion à New York des ministres des Affaires étrangères de Grande-Bretagne, de France et des États-Unis, puis pour celle du Conseil des ministres de l'OTAN, le gouvernement français a prévu que la question du réarmement allemand serait posée, mais sous une forme vague, alors que les États-Unis exigent une décision concrète et que, au lieu de réagir comme les Français, Ernest Bevin, le secrétaire au Foreign Office du gouvernement travailliste, soutient énergiquement le point de vue américain. A la réunion de l'OTAN, l'unanimité se fait contre Robert Schuman et Jules Moch, ministre de la Défense. Finalement la délégation française cède et le communiqué annonce l'accord pour que l'Allemagne soit « mise en mesure de contribuer à la mise en état de la défense de l'Europe occidentale ». Les autres, de leur côté, acceptent l'idée française d'une participation allemande à une force intégrée.

Cette notion est reprise et développée à partir d'un « plan Pleven » présenté le 23 octobre à l'Assemblée par le président du Conseil. Le but, c'est d'éviter la « création d'une armée allemande [...], la constitution de divisions allemandes, de celle d'un ministère de la Défense allemande ». S'agit-il alors vraiment de faire progresser la construction d'une communauté européenne ou simplement d'envelopper l'idée impopulaire du réarmement allemand dans l'idée populaire d'unification européenne ? Comment présenter sous le même jour la communauté charbon-acier, fondée sur la notion de confiance et d'égalité, et celle d'un regroupement militaire né de la méfiance à l'égard des Allemands et de la volonté de les maintenir dans une situation aussi dominée que possible ? Peut-on vraiment, pour reprendre une plaisanterie de la presse d'outre-Rhin, paraître vouloir que les forces armées allemandes soient simultanément plus puissantes que l'armée soviétique et beaucoup plus faibles que l'armée française ? Et comment imaginer des forces intégrées ne relevant d'aucune autorité politique ?

Ce qui était concevable pour une branche industrielle ne l'est guère pour la défense. Or la marche déjà assez cahotante vers un minimum d'autorité politique européenne se trouvera définitivement arrêtée en mars 1953, quand le projet élaboré par la commission constitutionnelle d'une assemblée spéciale des six pays membres de la CECA est rejeté par les ministres des Affaires étrangères des Six. La querelle sur la Communauté européenne de défense sera l'une des causes de cet échec — qui, de son côté, contribuera fortement à l'échec en France du traité instituant cette CED.

Le débat français se déroule au moment où la guerre froide connaît son paroxysme. A partir de mars 1950, l'Appel de Stockholm, lancé par le Mouvement de la paix solidement tenu en main par les partis communistes, recueille des millions de signatures, notamment en France, pour la destruction de tout armement atomique, ce qui ne concerne que les bombes américaines, l'URSS n'ayant jusqu'alors procédé qu'à des explosions expérimentales. En avril, le gouvernement révoque Frédéric Joliot-Curie de son poste de haut-commissaire à l'Énergie atomique pour avoir annoncé, devant le congrès du PC, qu'il ne mettrait jamais sa science au service d'une guerre contre l'Union soviétique. La guerre de Corée voit naître une violente campagne contre les États-Unis accusés de recourir aux armes bactériologiques. Plus tard, un des propagandistes les plus zélés du Parti communiste d'alors dira que tout « fut inventé de A à Z [1] ». Le général Ridgway, commandant en Corée, n'en devient pas moins « Ridgway la peste ». Quand il est nommé à la tête des forces de l'OTAN en Europe, quelle aubaine ! Son prédécesseur était le général Eisenhower, tout de même libérateur de la France. Contre Ridgway, le parti organise une manifestation d'envergure le 28 mai 1952, au moment où est signé le traité instituant la CED.

En 1953, l'indignation soulevée par le procès, la condamnation puis l'exécution des époux Rosenberg, indignation partagée par un grand nombre de non-communistes, est utilisée en partie pour détourner l'attention des événements d'Allemagne de l'Est. L'exécution des deux époux — dont la culpabilité était pour le moins incertaine et dont le crime supposé n'avait en tout cas jamais été puni de mort en temps de paix — a lieu deux jours après la révolte ouvrière de Berlin-Est, le 17 juin 1953, révolte que *L'Humanité* réduit à de « graves provocations de revanchards » dirigées par des

1. P. Daix, *J'ai cru au matin*, Laffont, 1976, p. 290.

officiers américains. Il est vrai que, pendant ce temps, le sénateur Joseph McCarthy donne aux États-Unis leur visage le plus répressif, le plus intolérant. Cela à un moment où la bataille politique du réarmement est particulièrement intense en Allemagne même : nombre de jeunes Allemands, hier bons démocrates parce que antimilitaristes, passent maintenant pour de mauvais démocrates parce qu'ils refusent de se laisser armer. Le désarroi allemand et le retour possible d'hommes du passé au nom de la défense à assurer : il y a là de quoi s'opposer au réarmement allemand pour bien des Français qui ne sont ni anti-Allemands, ni dans la mouvance du Parti communiste, mais simplement soucieux de l'évolution interne du jeune État allemand.

Dès octobre 1950, un double mouvement s'amorce qui se poursuivra pendant quatre ans : à l'extérieur, l'armée européenne trouve un nombre sans cesse accru de partisans et finit par n'avoir pas de plus chaleureux défenseurs que les dirigeants américains qui ont accueilli le plan Pleven avec scepticisme. A l'intérieur, la paralysie gagne peu à peu les gouvernements successifs, d'autant plus que le jeu politique se trouve modifié par les élections législatives de juin 1951. D'une part les gaullistes, fortement opposés à toute supranationalité, sont entrés massivement à l'Assemblée, d'autre part la campagne a porté largement sur l'aide à l'enseignement privé, ce qui divise le camp des « Européens ». Dès août 1951, les socialistes ne figurent plus dans la coalition gouvernementale. En janvier 1953, René Mayer, devenu président du Conseil, fera de Georges Bidault le successeur de son successeur Robert Schuman. La nécessité arithmétique de faire appel aux gaullistes séduits par « les poisons et délices » du système conduit à constituer des gouvernements fondamentalement divisés sur la CED, donc tentés de repousser constamment le débat de ratification, en acceptant ou en inventant des conditions préalables à remplir par les autres signataires.

Déjà lors de la signature du traité à Paris, le 27 mai 1952, il y a eu l'exigence d'une garantie anglo-américaine. Pour obtenir l'investiture, René Mayer promet d'obtenir des « protocoles additionnels » précisant certaines clauses, de préparer une association plus étroite de la Grande-Bretagne, tout en posant un « préalable sarrois ». Il est vrai qu'en 1953 le débat commence à porter sur les principales dispositions d'un traité au texte interminable. Était-il vraiment besoin de préciser dans une Convention que « la bière achetée directement par les forces [alliées en Allemagne] est exemptée de l'impôt sur la consommation » ? Les cent trente-deux articles du traité proprement dit mettent en œuvre le caractère supranational de l'armée européenne, avec des institutions communes, des forces armées communes et un budget commun. Partout transparaît le double souci de limiter l'indépendance allemande et de ne point trop entamer la souveraineté française, notamment pour l'emploi de forces armées outre-mer. Les clauses les plus provocantes ne seront pleinement mises en lumière que progressivement, tout particulièrement lors des affrontement décisifs de 1954.

Cependant, quand, en juin 1953, après plusieurs semaines de crise, Joseph Laniel forme le gouvernement, la ratification de la CED ne paraît plus de première urgence. Staline est mort le 5 mars. L'URSS n'est-elle pas moins menaçante, malgré la répression à Berlin-Est ? A preuve, peu après, l'armistice en Corée, signé le 27 juillet. Pour la France, le Maroc et l'Indochine n'ont-ils pas plus d'importance que ce traité qui divise la majorité ? Seulement, tout se tient. On a besoin de l'aide américaine pour l'Indochine et les États-Unis insistent pour que le traité soit ratifié. Mais une détente avec l'URSS pourrait servir à la paix en Indochine et l'URSS déclare la détente impossible si la CED est créée. Le 4 décembre 1953 doit se tenir aux Bermudes la première « conférence au sommet » occidentale. Quelle politique doivent y représenter Joseph Laniel et Georges Bidault ? Quelle place accorder à la CED alors que leur préoccupation centrale est l'Indochine ?

Crise en Tunisie et au Maroc. Guerre en Indochine

Le lien entre les affaires européennes et la guerre d'Indochine est perceptible bien avant 1953. Le lien entre l'unification européenne et l'évolution de la Tunisie n'apparaît pas lorsque, le 15 décembre 1951, le gouvernement français adopte un document proposé par le ministre des Affaires étrangères, en charge des protectorats, un document qui marque un renversement de sa politique, jusqu'alors libérale. « J'ai appris plus tard, écrira Edgar Faure, que Robert Schuman s'était vu mettre un marché en main. En substance : “ Ne vous occupez plus de l'Afrique du Nord et consacrez-vous à vos affaires européennes ; à cette condition, elles marcheront bien. ” Il fit la part du feu... [1]. »

Ce que ne diront pas les *Mémoires* du garde des Sceaux de l'époque, c'est que les interlocuteurs non nommés du ministre sont des éminences de son propre parti, dont Léon Martinaud-Déplat,

1. E. Faure, *Mémoires,* t. I, Plon, 1982, p. 359.

président administratif du Parti radical de 1948 à 1955, porte-parole plus ou moins clandestin des Français de Tunisie. Sous la IVe République, le Sud-Ouest n'est plus la zone d'influence première du vieux parti qui a incarné la IIIe, ni surtout la source principale de ses moyens financiers. Le radicalisme d'Afrique du Nord pèse fortement sur la politique française. René Mayer est depuis 1946 député de Constantine. Au Maroc, l'animateur principal du groupe intransigeant Présence française est membre influent du parti. Or le statut des Français est au cœur du problème des deux protectorats. Théoriquement, ils sont des étrangers dans un pays dont la France reconnaît toujours la souveraineté interne. Pratiquement, ils sont devenus des Tunisiens et des Marocains privilégiés. Ils ont transformé et modernisé le pays qui, sentimentalement, est devenu le leur. Mais le possessif exprime bien l'idée de possession et non une allégeance. Détenteurs du pouvoir économique, ils pèsent triplement sur le pouvoir politique : par leur action sur le résident, par leurs interventions — directes ou par amis politiques interposés — sur le gouvernement de Paris, par la présence de Français aux divers échelons d'une administration qui, dans l'esprit du protectorat, devrait être purement tunisienne ou marocaine.

En Tunisie, une politique de mouvement a cependant commencé à se dessiner à partir de 1947. Menée par le résident Jean Mons, elle culmine, le 22 juin 1950, lorsque Robert Schuman, dans un discours prononcé à Thionville en présence du nouveau résident qu'il vient de nommer, lui assigne comme mission « de conduire la Tunisie vers le plein épanouissement de ses richesses et de l'amener vers l'indépendance qui est l'objectif final de tous les territoires au sein de l'Union française ». Des mises au point officielles viennent atténuer la formule : il faut comprendre indépendance interne ou, mieux, autonomie interne ou encore, plus précisément, fin de l'administration directe. Sur cette base, des négociations compliquées s'engagent. Le 31 octobre 1951, le gouvernement tunisien envoie une « Note au gouvernement français sur les modalités de la réalisation de l'autonomie interne ». Le 15 décembre, le gouvernement français la rejette et parle de la nécessité de la participation des Français de Tunisie « au fonctionnement des institutions politiques ». Le résident libéral Louis Périllier est remplacé par l'intransigeant Jean de Hautecloque qui, pour bien marquer son orientation, arrive à Tunis à bord d'un navire de guerre, le 13 janvier 1952.

Le lendemain, Salah Ben Youssef, secrétaire général du Néo-Destour et ministre du gouvernement tunisien, saisit l'ONU, acte incontestablement contraire au traité du Bardo confiant à la France la représentation exclusive de la Tunisie vers l'extérieur. Aussitôt le gouvernement français exige du bey le renvoi du gouvernement dirigé par M. Chenik. La riposte est-elle dans l'esprit de l'autonomie interne ? Le congrès du Néo-Destour est interdit par le résident. Cent cinquante militants sont arrêtés. Puis c'est l'arrestation du président du parti, Habib Bourguiba, et son envoi en résidence forcée. L'Union générale des travailleurs tunisiens proclame la grève générale illimitée. Des incidents graves éclatent dans toute la régence. L'armée française procède au « ratissage » du cap Bon. Le 26 janvier, le Premier ministre tunisien et quatre ministres sont arrêtés. Le bey s'incline devant la force et nomme Premier ministre un homme connu seulement pour avoir la confiance des Français de Tunisie.

En juin, le problème tunisien vient devant l'Assemblée nationale et aboutit au néant, aucun des six textes proposés ne trouvant une majorité. En octobre, la question tunisienne se trouve inscrite à l'ordre du jour de l'assemblée générale de l'ONU. Celle-ci ne franchit-elle pas ainsi les limites de sa compétence ? Le ministre français l'affirme, mais la majorité refuse de le suivre et vote, sur proposition de onze pays d'Amérique latine, une résolution exprimant « l'espoir que les parties poursuivront sans retard leurs négociations en vue de l'accession des Tunisiens à la capacité de s'administrer eux-mêmes ». Même les pays les mieux disposés à l'égard de la France invitent celle-ci à tenir ses promesses et à négocier avec de véritables représentants du peuple tunisien.

Quels sont-ils ? Le leader respecté des syndicats, Ferhat Hached, a été assassiné le 5 décembre, vraisemblablement par des Français « contre-terroristes ». Le Néo-Destour est-il représentatif ? Les Français de Tunisie le contestent. Négocier directement avec le bey ? En attendant, les attentats terroristes se multiplient, tandis que, dans le Sud tunisien, des commandos de fellaghas doivent être combattus par des unités françaises de plus en plus importantes, même s'il ne s'agit officiellement que d' « opérations de police ». Et les troubles de Tunisie retentissent profondément sur la crise marocaine.

Le traité de Fez de 1912 qui établissait le protectorat français sur le Maroc donnait à la puissance protectrice des pouvoirs presque illimités, mais l'article 3 affirmait solennellement :

> Le gouvernement de la République prend l'engagement de prêter un constant appui à Sa Majesté chérifienne contre tout danger qui menacerait sa personne ou son trône [...] Le même appui sera prêté à l'héritier du trône et à ses successeurs.

Quelle peut être alors l'issue d'un conflit entre le souverain et le résident ? Dès 1947, les instructions du général Juin reçues de Georges Bidault prévoient dans ce cas, « soit une abdication volontaire, soit une déposition provoquée par l'autorité française elle-même [1] ». N'y avait-il pas le précédent tunisien de 1943 ? Mais les réformes dont il est constamment question ne doivent-elles pas mener à l'émancipation du Maroc, comme l'avait prévu et préconisé Lyautey ? Pour le général Juin et son successeur, le général Guillaume, il s'agit plutôt d'obtenir l'acceptation librement consentie de la domination française, pas seulement d'une France lointaine, mais de personnalités très concrètes, tel le puissant Philippe Boniface, chef de la région de Casablanca.

Une première crise se noue après le voyage officiel du sultan à Paris, en octobre 1950. Le souverain a remis au président de la République des propositions fort modérées et pourtant repoussées. Après des incidents entre le résident et les membres nationalistes du Conseil de gouvernement, puis entre le sultan et le pacha de Marrakech, El Glaoui, le général Juin présente en décembre un ultimatum au souverain : désavouer le parti nationaliste Istiqlal ou abdiquer. En février 1951, des tribus berbères se mettent « spontanément » en marche vers Rabat. En fait, elles sont équipées et orientées par l'administration française pourtant juridiquement subordonnée au sultan. Après une molle réponse de Vincent Auriol auquel il a fait appel, Mohammed Ben Youssef cède et se dissocie officiellement des partis nationalistes. Mais tout le monde sait qu'il a décidé sous la contrainte.

En mars 1952, le général Guillaume transmet à Paris un nouveau mémorandum du souverain réclamant la levée de l'état de siège, l'octroi du droit syndical aux Marocains et la constitution d'un gouvernement représentatif. En septembre, le gouvernement français envoie une réponse négative, insistant notamment sur le caractère mixte que doit garder l'administration marocaine. En décembre, l'assemblée générale de l'ONU « exprime sa confiance que, conformément à sa politique déclarée, le gouvernement français

1. Juin, *Le Maghreb en feu*, p. 68.

s'efforcera de favoriser les libertés fondamentales du peuple marocain », et « exprime l'espoir que les parties poursuivront leurs négociations en vue de développer les libres institutions politiques » de ce peuple. Le vote intervient après les incidents sanglants de Casablanca, nés à l'occasion d'une journée de deuil et de solidarité avec la Tunisie organisée après l'assassinat de Ferhat Hached. Les Européens ont à déplorer plusieurs morts. Dans le quartier misérable des Carrières centrales, les morts marocains se comptent par centaines.

La campagne contre le sultan, contre les nationalistes marocains et contre les Français libéraux du Maroc s'intensifie à la fois dans le protectorat et à Paris où elle est animée surtout pas le maréchal Juin et par le quotidien *L'Aurore*. Au Maroc, de hauts fonctionnaires français jouent de nouveau sur le Glaoui et les Berbères contre le sultan. En juin, le maréchal Juin fait acclamer le Glaoui à l'Académie française, ce qui lui vaut une vive réplique : « Un coup de bâton étoilé », de François Mauriac, dans *Le Figaro*, acquis à une politique marocaine libérale. Le 30 juillet, le pacha de Marrakech, rentrant de France, débarque triomphalement à Casablanca. Aidé de ses amis français, il se prépare à agir. Le 11 août, Georges Bidault câble encore au résident : « Le gouvernement n'acceptera pas d'être mis par qui que ce soit devant le fait accompli [...][1]. » Mais le 20 au matin, ce même gouvernement décide d'abandonner Sidi Mohammed Ben Youssef, d'accepter sa déposition et son remplacement par Ben Arafa, cousin du sultan mais homme du Glaoui. C'est le général Guillaume lui-même qui se charge de l'arrestation du souverain et de ses deux fils. Dans des conditions humiliantes, on les embarque dans un avion pour la Corse, d'où ils sont transférés à Madagascar. Le coup de force ne fait pas naître l'ordre, mais le désordre sanglant. Et il transforme le monarque exilé en incarnation de la cause nationale.

En Indochine, il n'est même plus possible de se donner l'illusion qu'on peut se tirer d'affaire par un changement de dirigeants. Dès 1948, l'empereur Bao Dai s'est montré exigeant. Pour lui donner du prestige, on lui a accordé ce qui avait été refusé à Hô Chi Minh. Le 5 juin 1948, une « déclaration commune » a affirmé : « La France reconnaît solennellement l'indépendance du Vietnam auquel il appartient de réaliser librement son unité. De son côté, le Vietnam

1. J. Lacouture, *Cinq hommes et la France*, Seuil, 1961, p. 224.

proclame son adhésion à l'Union française en qualité d'État associé à la France. » Attaqués par le RPF leur reprochant d'abandonner un morceau de territoire français, déchirés entre les socialistes, qui maintiennent — dans leurs congrès sinon par leurs ministres — le désir de négocier avec Hô Chi Minh, et le MRP qui assume de plus en plus les responsabilités indochinoises, les gouvernements successifs se laissent manœuvrer par leur interlocuteur. En mars 1949, l'accord Auriol-Bao Dai donne au Vietnam un commencement d'armée et de diplomatie. En avril, une assemblée cochinchinoise désignée par quelques centaines d'électeurs vote le rattachement de la Cochinchine au Vietnam, rattachement sur lequel l'Assemblée nationale française n'est même pas appelée à se prononcer.

Pourtant la popularité de Bao Dai reste mince. Aurait-il obtenu tous ces avantages si, pendant ce temps, les forces du Viêt-minh ne continuaient à tenir l'armée française en échec ? Quand, le 10 décembre 1949, la France abandonne officiellement sa souveraineté sur le Vietnam, le gouvernement Hô Chi Minh déclare que c'est en réalité lui qui devient un acteur de plein exercice de la vie internationale. Le 18 janvier 1950, Radio-Pékin annonce que le gouvernement de la Chine populaire a décidé de reconnaître la République démocratique du Vietnam. Et aux frontières du Tonkin, les troupes de Mao Tsé-toung, maîtresses de toute la Chine continentale, donnent une réalité concrète à cette reconnaissance. La guerre d'Indochine change d'aspect.

Jusqu'à la fin de 1949, le conflit indochinois est resté en marge de la guerre froide. Aux yeux des Américains, la France menait une guerre essentiellement coloniale. L'URSS gardait une attitude prudente et évitait d'encourager ouvertement Hô Chi Minh. A partir de 1950, il est trop tard pour chercher une issue sans trop avoir à se préoccuper de la conjoncture mondiale. Toute solution doit maintenant tenir compte de celle-ci. A l'est, l'action de la Chine contraint l'URSS à prendre position. Dans le camp occidental, le soutien américain va se fonder sur le caractère de la lutte anticommuniste menée non par la France, mais par les nouveaux États associés, Vietnam, Cambodge et Laos. La guerre de Corée accentue encore le nouveau caractère du conflit indochinois. Deux jours après l'attaque de la Corée du Nord, le président Truman annonce, parmi les mesures d'urgence, « l'accélération de l'assistance militaire aux forces de la France et des États associés en Indochine, et l'envoi d'une mission militaire pour établir d'étroites relations de travail avec ces forces ».

La situation militaire ne s'en trouve pas améliorée. En septembre

1950 a lieu un repli des forces françaises dans le haut pays tonkinois. La nouvelle ligne elle-même ne peut être tenue. Le 3 octobre, l'évacuation de Cao Bang, un des verrous de la défense française sur les confins sino-vietnamiens, est entreprise à son tour. La garnison est décimée au cours de sa retraite. Lang Son tombe également. C'est le delta lui-même qui est menacé.

Les dirigeants français affirment de plus en plus énergiquement que la cause pour laquelle la France se bat en Indochine est bien celle de la défense de l'Occident contre le communisme, donc que l'aide des autres pays occidentaux, États-Unis en tête, lui est due. Recevant John Foster Dulles, alors conseiller républicain au Département d'État, le 6 mai 1952, le président Auriol lui dira : « Nous sommes le pilier de la défense occidentale dans l'Asie du Sud-Est ; et si ce pilier s'écroule, Singapour, la Malaisie, les Indes sont la proie de Mao Tsé-toung. Vous l'avez très bien compris et je vous en remercie[1]. » Dulles le comprend si bien que c'est presque la même phrase dont se servira le président Eisenhower, le 7 avril 1954, pour exposer la « théorie des dominos » dont l'application marquera pendant vingt ans la politique américaine au Vietnam. Publiquement, dans l'important discours qu'il prononce le 25 octobre 1952 pour l'inauguration du barrage de Donzère-Mondragon, devant notamment les ambassadeurs étrangers, Vincent Auriol déclare :

> [...] Sans doute le plan Marshall nous a-t-il aidés, et nous en avons dit souvent les bienfaits avec gratitude. Mais, hélas, la défense de la liberté en Indochine nous a déjà coûté matériellement à peu près le double de ce que nous avons reçu à ce titre [...] Et devons-nous, là aussi, rappeler, pour qu'on nous rende justice, nos pertes humaines irréparables ? Et pour qui ces sacrifices de nos officiers, de nos sous-officiers, de nos soldats ? Pour nos intérêts ? Non, mais [...] pour protéger la liberté en Asie, et, par là même, défendre la liberté et la sécurité de l'Europe et du monde.

Il est vrai qu'à ce moment la situation militaire est de nouveau plus mauvaise que l'année précédente où le général de Lattre de Tassigny avait obtenu quelques succès, tout en accentuant les demandes d'aide à Washington. Une aide qui, en assistance économique et militaire, va représenter au total, de janvier 1950 à mai 1954, les quatre cinquièmes du coût total de la guerre française. En fait, l'aide financière sert pour une bonne partie à équilibrer les finances extérieures de la France au moment où le plan Marshall s'achève, ce

1. V. Auriol, *Mon septennat*, Notes de journal, Gallimard, 1970, p. 295.

qui constitue une raison sérieuse, mais inavouable, pour ne pas arrêter une guerre que ne soutient véritablement aucun courant d'opinion.

Quels sont les buts de guerre de la France ? En avril 1952, Jean Letourneau, ministre aux États associés de juillet 1950 à juin 1954, affirme le « désintéressement » de l'effort militaire français, mais parle aussi de la « volonté de la France de demeurer en Indochine ». Alain Savary, au nom du Parti socialiste, demande l'ouverture de négociations avec le Viêt-minh, à quoi le ministre répliquera que « le responsable de l'Indochine ne le ferait jamais ».

Au printemps de 1953, la situation militaire est de nouveau aggravée. Le général Salan, commandant en chef, demande un important effort d'armement. En avril, le gouvernement obtient des États-Unis le matériel nécessaire. Mais le gouvernement américain souhaite la mise en application d'un programme français susceptible d'assurer le succès. Le 8 mai, le général Henri Navarre est nommé commandant en chef. Le plan qu'il élabore doit assurer la victoire, ou du moins en convaincre les Américains. En effet, le chef du gouvernement, René Mayer, n'a pas caché au général qu'il jugeait la situation très mauvaise, qu'il n'était pas question d'envoyer le contingent en Indochine, que peu de renforts étaient disponibles et qu'une sortie honorable devait être cherchée.

La guerre paraît en effet tellement sans issue, elle pèse tellement sur la vie politique française, elle met tellement en cause l'existence même du corps des officiers dont l'équivalent d'une promotion meurt chaque année en Asie, que le gouvernement de René Mayer et surtout, à partir de juin 1953, celui de Joseph Laniel cherchent à internationaliser le conflit. Mais l'internationalisation constitue une notion ambiguë. Il peut s'agir d'élargir la guerre. Il peut s'agir, surtout après l'armistice de Corée, de trouver un moyen international d'y mettre fin. Enfin, si la fin ne peut être envisagée qu'à partir d'une situation militaire favorable, la conquête de cette situation peut conduire dans les faits à l'extension de la guerre, alors même qu'on aurait visé en principe à l'internationalisation de la paix.

Le gouvernement Laniel, bien que fort divisé (ainsi Georges Bidault fait échouer une mission auprès d'Hô Chi Minh que Paul Reynaud, vice-président du Conseil, avait confiée à Alain Savary), est sans doute le premier à prendre vraiment conscience des données du problème et à chercher une issue, ne serait-ce qu'en faisant cesser les tergiversations sur le contenu de l'indépendance. Le 3 juillet est publiée une déclaration du gouvernement français aux États associés : « La France juge que [...] il y a lieu de parfaire l'indépendance et la souveraineté des États associés d'Indochine en assurant, d'accord avec chacun des gouvernements intéressés, le transfert des compétences qu'elle avait encore conservées... » Reconnue en 1948, l'indépendance doit donc devenir effective en 1953, sept ans après le refus d'accorder à Hô Chi Minh une liberté d'action beaucoup plus limitée.

Le 27 octobre, Joseph Laniel conclut par un long discours un débat à l'Assemblée sur l'Indochine. Après avoir présenté un tableau optimiste des opérations militaires, il dit :

> Si un jour Hô Chi Minh et son équipe reconnaissaient l'impossibilité et l'inanité de la lutte, s'ils songeaient à y renoncer, s'ils se montraient disposés à faire des propositions, alors il appartiendrait au gouvernement français et aux autres gouvernements intéressés, notamment aux gouvernements des États associés, de se consulter, d'examiner ces propositions et de leur réserver la suite que, d'un avis commun, elles paraîtraient comporter...

Le 29 novembre, le journal suédois *Expressen* publie la réponse de Hô Chi Minh aux questions que la rédaction lui a adressées au lendemain de cette déclaration :

> Si, ayant tiré les leçons de ces années de guerre, le gouvernement français désire conclure un armistice et résoudre la question du Vietnam par des négociations, le peuple et le gouvernement de la République démocratique du Vietnam sont prêts à examiner les propositions françaises [...] La négociation d'un armistice concerne essentiellement la France et le Vietnam.

Négociation directe ou recherche d'une solution internationale ? Et peut-on concevoir un accord qui n'aurait pas le consentement des États-Unis, dont le rôle de fournisseur et de conseiller n'a pas cessé de croître ? Joseph Laniel et Georges Bidault ont à se poser ces questions en partant pour les Bermudes où la conférence des Trois doit s'ouvrir le 4 décembre. La veille, le général Navarre a diffusé une directive capitale à ses subordonnés : il a décidé d'accepter le combat avec le corps de bataille viêt-minh en centrant la défense sur la base de Diên Biên Phu.

4

1954 : L'ANNÉE MENDÈS FRANCE

En 1947, le système international du temps de guerre a fait place à celui de la confrontation Est/Ouest, solidement installée en 1949 avec la double naissance du Pacte atlantique et de la République fédérale d'Allemagne. La politique française a subi les contraintes de ce changement de système. Au même moment, par ses choix et ses absences de choix, elle a engagé dans la voie des conflits l'évolution de l'ancien Empire.

L'année 1954 constitue un autre moment charnière. Parce que les sept mois et dix-sept jours du gouvernement de Pierre Mendès France forment une sorte de parenthèse dans la vie de la IVe République ? En partie seulement. Certes, il y a l'homme et son style. Mais l'essentiel, ce sont les discontinuités qui jalonnent cette brève période. La guerre d'Indochine se termine, au bout de sept ans et demi, sur une grave défaite à peine voilée par une négociation finale spectaculaire. La CED est écartée par l'Assemblée nationale française, mais la même assemblée accepte ensuite que le nouvel État allemand devienne un allié réarmé au sein de l'organisation atlantique. Et les accords de Paris, signés le 23 octobre, constitueront encore trente ans plus tard la charte internationale de la République fédérale, à l'exception du texte sur la Sarre qui deviendra caduc dès 1955.

En Afrique du Nord, si 1954 n'est pour le Maroc qu'une année de transition entre deux crises, un renversement est effectué en Tunisie grâce auquel le conflit sanglant est évité et la coopération entamée, tandis que, en Algérie, la révolte de la Toussaint marque le début d'une guerre sur laquelle la politique française, au-dedans et vers le dehors, va se cristalliser pendant également sept ans et demi.

Aucune autre année ne connaîtra plus une telle accumulation de points d'inflexion de la situation extérieure de la France.

Quelle paix en Indochine ?

Aux Bermudes, le président Eisenhower et Winston Churchill entendent Georges Bidault exposer le point de vue français. Le troisième Grand, Joseph Laniel, n'intervient pas : « L'embarquement pour s'y taire », titrera *Le Canard enchaîné*. Le communiqué final du 8 décembre contient une affirmation de principe, fortement atténuée par une incidente : « Nous avons réaffirmé que la CED est nécessaire pour renforcer la capacité défensive de la communauté atlantique [...] Le ministre français des Affaires étrangères a précisé les problèmes qui se posent à son gouvernement concernant la Communauté européenne de défense. » Pour l'Indochine, la déclaration accorde une satisfaction de principe, mais ne précise rien : « Nous saluons les vaillantes forces de la France et des trois États associés d'Indochine [...] Nous reconnaissons l'importance vitale de leur contribution à la défense du monde libre. Nous continuerons d'agir en commun pour restaurer la paix et la stabilité dans cette région. »

L'objet principal de la conférence des Bermudes a été de préparer une réunion à quatre avec l'URSS sur le problème allemand. Du côté français, l'espoir d'une partie des adversaires et de certains partisans de la CED est que des concessions soviétiques rendront inutile le réarmement allemand. Du côté anglo-américain, une certaine crainte existe de voir la France abandonner la CED au profit d'une possibilité de paix en Indochine favorisée par l'Union soviétique. Aussi, dès l'ouverture de la conférence de Berlin, le 25 janvier 1954, le ministre français, chargé par ses deux collègues de parler au nom des Trois, affirme-t-il : « Je ne crois pas que la méthode des règlements par voie d'échanges planétaires soit recommandable et seulement efficace. »

Le communiqué final du 18 février traduit un paradoxe. Les Quatre se sont réunis pour discuter de problèmes européens. Or, dit le texte, « ils n'ont pu parvenir à un accord [...] sur la question allemande et le problème de la sécurité européenne ainsi que sur l'Autriche ». En revanche, c'est à Berlin que se met en route le mécanisme qui conduira à la fin de la guerre d'Indochine. Le communiqué annonce qu'une conférence sur la Corée doit se réunir à Genève le 26 avril et ajoute : « Les ministres conviennent que le problème du rétablissement de la paix en Indochine sera également examiné à la conférence, à laquelle des représentants des États-Unis d'Amérique, de la France, de la Grande-Bretagne, de l'URSS, de la République populaire de Chine [reconnue par la Grande-Bretagne depuis 1950, mais pas par les deux autres Occidentaux] et d'autres États intéressés seront invités. »

Le 13 mars, plus d'un mois avant l'ouverture de la conférence de Genève, le Viêt-minh commence à attaquer massivement le camp retranché de Diên Biên Phu. L'annonce de la conférence a-t-elle affaibli la position militaire française ou a-t-elle permis une sortie honorable ? En tout cas, avant même cette ouverture, la plus sévère défaite française en Indochine paraît inéluctable. Le camp retranché, position isolée à trois cents kilomètres de Hanoi, est menacé dès février et paraît perdu à la mi-mars, à moins que les batteries ennemies ne soient réduites au silence par un bombardement aérien massif. L'aviation française étant insuffisante pour une telle mission, ne faut-il pas faire appel aux bombardiers américains ? Pendant un mois, des négociations incessantes et dramatiques se déroulent autour de l' « opération Vautour ». Malgré l'insistance française, malgré la pression de l'amiral Radford, chef de l'état-major combiné des États-Unis, malgré le soutien du vice-président Nixon à l'idée d'une intervention, le président Eisenhower dit finalement non.

L'intervention de l'aviation américaine aurait-elle sauvé Diên Biên Phu ? Aurait-elle au contraire déclenché des réactions en chaîne conduisant non seulement à l'échec de la conférence de Genève, mais à une extension de la guerre en Indochine avec une réplique chinoise et peut-être soviétique ? En tout cas, Diên Biên Phu tombe le 7 mai et, le 10 juin, le général Eisenhower déchire définitivement la carte que Georges Bidault croyait tenir à Genève, en déclarant qu'il n'envisage pas de demander au Congrès l'autorisation d'effectuer une telle action.

De toute façon, le gouvernement Laniel est simplement en sursis depuis la défaite de Diên Biên Phu. Celle-ci ne signifie pas l'écrasement immédiat du corps expéditionnaire, mais la façon dont la résistance puis l'effondrement progressif de la place forte sont dramatisés par les médias donne à la défaite l'allure d'une catastrophe ultime dans une guerre dont la fin est réclamée en France de tous les côtés. Georges Bidault continue à négocier, mais sa position à Genève est considérablement affaiblie. Le camp adverse ne se montre-t-il pas particulièrement intransigeant dans l'attente d'un gouvernement français plus disposé à céder ? Mais le ministre français fait-il vraiment tout pour que la conférence réussisse, notamment en acceptant enfin un contact suivi avec le ministre chinois Chou En-lai et avec le Viêt-minh ? Le 12 juin, par 306 voix contre 293, l'Assemblée refuse sa confiance plus encore à Georges Bidault qu'à Joseph Laniel.

Le président de la République, René Coty, appelle Pierre Mendès France dont les interventions ont emporté la décision de l'Assemblée. Selon la Constitution, il doit, pour l'emporter, obtenir la majorité absolue. Les communistes se préparent à voter pour lui. Il annonce qu'il ne tiendra pas compte de leurs voix, pour ne pas dépendre comme négociateur du parti qui n'a cessé de faire campagne contre l'armée française en Indochine. Il s'agit aussi de ne pas rebuter les députés des autres groupes qui vont le charger d'une mission claire : obtenir la paix à Genève. Lui-même s'impose spectaculairement une date limite : « Nous sommes aujourd'hui le 17 juin. Je me présenterai devant vous le 20 juillet [...] Si aucune solution satisfaisante n'a pu aboutir à cette date [...] mon gouvernement remettra sa démission [...] »

Cette sorte de pari à soi-même s'adresse moins aux députés qu'aux adversaires avec lesquels il négociera : ce qu'il a appris de la situation militaire le conduit à vouloir conclure au plus vite, en partie à partir de l'argument implicite : si vous me faites tomber, moi qui suis résolu à négocier, mon successeur sera obligé d'envoyer le contingent et la guerre s'éternisera.

Il obtient finalement 419 voix, 47 députés seulement ayant voté contre ; il y a 143 abstentions. Les suffrages positifs des 95 députés communistes n'ont donc pas été déterminants. Pierre Mendès France gouvernera avec l'appui mais sans la participation du Parti socialiste, la SFIO n'étant pas parvenue à lui imposer ses « ministrables ». Il prend lui-même le portefeuille des Affaires étrangères. Les gaullistes, eux, ont obtenu du Général l'autorisation de participer. Le général Koenig devient ministre de la Défense nationale, Christian Fouchet est aux Affaires tunisiennes et marocaines, Jacques Chaban-Delmas recevant les Travaux publics. François Mitterrand, UDSR, est à l'Intérieur, Robert Buron, qui a passé outre au veto du MRP, est à la France d'outre-mer.

L'arrivée au pouvoir de Pierre Mendès France est ressentie comme un changement profond de la politique française, à la fois à l'étranger et en France, par ses partisans comme par ses adversaires. Même si cette réaction d'opinion ne correspondait en rien à la réalité, elle constituerait à elle seule un phénomène politique important. Il se trouve de surcroît que le successeur de Joseph Laniel et de Georges Bidault apporte effectivement des changements d'orientation et de style, moins profonds que ne le laissent supposer les polémiques de l'époque mais néanmoins fort perceptibles. Pourtant, à prendre les intentions affirmées lors des deux débats d'investiture, en juin 1953 et en juin 1954 — le retentissement du premier ayant lancé le « mendésisme » —, on voit mal, au premier abord, où se trouvent les points d'inflexion. Cependant, c'est moins au contenu qu'à la tonalité et à la conception globale de la politique qu'on a été sensible. « La politique étrangère de la France, c'est donc son redressement intérieur », a-t-il déclaré, sans se douter que son passage au pouvoir serait presque uniquement consacré aux problèmes extérieurs. Aux gouvernements précédents, il a reproché d'avoir sans cesse caché la vérité au pays. Une bonne partie de l'opinion est précisément sensible à la rigueur intellectuelle d'un homme politique qui, en 1945, a su traduire son désaccord en démissionnant, et qui n'a pas troqué ensuite la lucidité courageuse contre un portefeuille ministériel. Même sans ces qualités, il ferait figure d'homme neuf à cause de son isolement dans son propre parti. De plus, il constitue vraiment le gouvernement d'un homme, plus propre à capter l'imagination populaire que les équipes quasi anonymes émanant des groupes parlementaires. L'originalité est moins grande qu'il ne semble, puisque son équipe restreinte comprend cinq membres du cabinet précédent. Mais l'impression de renouveau est réelle. Aussi le contact direct de Pierre Mendès France avec l'opinion choque-t-il presque moins nombre d'éminences que son caractère d'*outsider*, d'intrus.

L'hostilité sourde qui en résulte est d'une grande importance pour la politique extérieure du gouvernement. En effet, de longues années de négociations intergouvernementales, de contacts entre partis frères, ont créé une sorte de milieu politique transnational, atlantique ou européen, dont Pierre Mendès France, partiellement par sa propre faute, ne fait pas partie. Même en l'absence d'interventions de la part de leurs interlocuteurs français habituels, John Foster Dulles, Paul-Henri Spaak et le chancelier Adenauer éprouveraient de la méfiance à l'égard du nouveau venu. Comme, en outre, les mises en garde, sinon les dénonciations, en provenance de Paris ne sont pas rares, les hommes d'État occidentaux mettent en question les convictions profondes de leur interlocuteur et reprennent à leur compte les procès d'intention que lui font ses adversaires français. L'animosité envers sa personne entre en jeu chez ceux-ci, avec la présence d'un antisémitisme qui, en France, ne vise que les hommes politiques qu'on situe à gauche. Ainsi Jules Moch était juif comme secrétaire général du gouvernement de Front populaire, pas comme ministre de l'Intérieur réprimant les grèves en 1947. Et René Mayer n'est pas l'objet d'attaques antisémites, alors qu'il est membre du Consistoire israélite.

Pierre Mendès France est aussi vulnérable à travers un bon nombre de ceux qui se sont faits les champions de sa personne plus encore que de sa politique. Ainsi une sorte de confusion s'est établie entre l'homme et l'hebdomadaire qui le soutient et auquel il donne sa caution. Même si Pierre Mendès France ne contrôle pas le contenu de *L'Express*, l'hebdomadaire passe pour exprimer sa pensée, même après le 17 juin. Et en mai, quand *L'Express* a été saisi pour avoir divulgué les conclusions des généraux Ely et Salan sur leur mission en Indochine, l'indiscrétion ainsi commise pendant la conférence de Genève a donné une arme de choix aux adversaires de Pierre Mendès France.

Parmi ces adversaires, il faut faire une place à part au MRP. L'hostilité chez les leaders et une grande sympathie initiale chez les militants viennent des éléments de similitude entre le mendésisme et ce que le MRP avait voulu être. Le public même auquel *L'Express* et Mendès France ont fait appel par priorité, les jeunes et les femmes, c'est la clientèle dont le Parti radical s'était toujours désintéressé jusqu'alors. La méfiance à l'égard de la politique européenne, l'irritation causée par les attaques constantes de *L'Express* et du leader radical contre les dirigeants MRP à propos de la politique d'outre-mer, comme si les responsabilités du Parti radical n'avaient pas été lourdes : deux raisons supplémentaires d'une inimitié encore renforcée par le manque de sympathie de Pierre Mendès France pour une formation dont la place et l'utilité sur l'échiquier politique lui paraissent incertaines. Or il aurait besoin du soutien du MRP pour sa politique atlantique et européenne, puisqu'il se coupera des communistes en acceptant le réarmement allemand, et pour sa politique nord-africaine, puisque celle-ci rencontrera inévitablement l'hostilité de la droite et d'une partie importante de sa propre formation.

Mais il s'agit d'abord d'obtenir la paix en Indochine. Lorsque Pierre Mendès France arrive à Genève, la conférence, qui est placée sous la présidence conjointe des ministres des Affaires étrangères de Grande-Bretagne et d'Union soviétique, n'a déjà plus tout à fait le même caractère qu'au début du mois. La carte de la menace américaine devenue injouable et M. Chou En-lai ayant fait des concessions, Georges Bidault a adopté une attitude plus souple et a préparé les voies de son successeur. La continuité est encore renforcée par la présence maintenue du négociateur français le plus solide et le plus efficace, l'ambassadeur Jean Chauvel. En revanche, il y a bien changement sur deux points importants : M. Mendès France travaille étroitement avec Anthony Eden et croit comme lui que M. Molotov veut vraiment aboutir et est prêt à modérer la Chine et le Viêt-minh. De plus, le butoir du 20 juillet permet d'accélérer le mouvement. A condition que le négociateur français bénéficie de la confiance et du soutien des États-Unis, qui ne sont pas partie à la négociation mais qui participent à la définition de l'acceptable et de l'inacceptable. C'est seulement le 13 juillet que le chef du gouvernement français parvient à convaincre John Foster Dulles de la fermeté de ses intentions et de la nécessité du soutien diplomatique américain. Le message que lui envoie ensuite le secrétaire d'État est sans ambiguïté : « J'admire et je respecte la rectitude avec laquelle vous abordez les problèmes vitaux qui nous confrontent aujourd'hui [...] Je suis heureux que nous ayons trouvé une voie par laquelle, sans violation je l'espère de nos principes et sans risque de mésentente ultérieure, nous pourrons manifester clairement à Genève le soutien que nous vous apportons [1]. »

Suivent des journées et des nuits de négociations compliquées. On aboutit finalement, dans la nuit du 20 au 21, à trois accords militaires concernant le Vietnam, le Laos et le Cambodge, à six déclarations unilatérales, à treize allocutions, à un échange de lettres et surtout à une déclaration finale qui prévoit notamment que des élections se dérouleront en juillet 1956 pour permettre la réunification du Vietnam. Celui-ci se trouve en effet partagé en deux par l'accord signé entre la France et le Viêt-minh. La ligne de partage est le 17e parallèle, beaucoup plus proche du 18e parallèle initialement proposé du côté français, que du 13e parallèle revendiqué au départ par les délégués nord-vietnamiens. Mais l'armée française devra bel et bien évacuer avant dix mois le nord, c'est-à-dire l'ancien Tonkin avec Hanoi et Haiphong et la partie septentrionale de l'ancien Annam, le Vietnam du Sud avec Saigon se trouvant formé principalement de l'ancienne Cochinchine.

Les accords de Genève n'enthousiasment personne, quoique bien

1. Cité p. 193 de Ph. Devillers, J. Lacouture, *Vietnam. De la guerre française à la guerre américaine*, Seuil, 1969.

des conséquences de l'échec n'apparaissent pas encore très clairement. On abandonne des populations catholiques auxquelles on avait promis un soutien fidèle. Nombre d'officiers en tireront la ferme résolution de ne plus jamais accepter un tel manquement à la parole, ce qui les conduira au refus d'obéissance en Algérie. Ils déduiront aussi à tort de leur expérience indochinoise que nationalisme et communisme sont quasiment de même nature, alors que le cas de Hô Chi Minh est exceptionnel. En même temps, la guerre d'Indochine a conduit une large partie des cadres et des soldats musulmans de l'armée française à devenir nationalistes pour leur pays, l'Algérie, et à appliquer ultérieurement contre la France les méthodes de lutte apprises en Asie.

L'Assemblée nationale approuve les accords par 462 voix contre 13 et 134 abstentions. *Le Figaro*, pourtant fort réservé à l'égard du gouvernement et de son chef, écrit : « Au point où en étaient les choses, un échec de M. Mendès France à Genève eût accumulé sur l'avenir immédiat les plus sombres nuages. Sachons-lui gré d'avoir su aboutir. » Et *L'Aurore*, fort méfiante pour la politique nord-africaine : « Le pays sera reconnaissant à Pierre Mendès France d'avoir supérieurement conduit cette négociation jusqu'au terme souhaité par l'Assemblée nationale. » Lors des explications de vote, Jean Letourneau, tout en défendant sa politique passée, affirme : « Avec la connaissance que je puis avoir des affaires d'Indochine, je ne me sens pas en droit de critiquer les clauses que vous avez obtenues. » L'accusation d'avoir « bradé l'Indochine » ne prendra corps et ampleur qu'ultérieurement.

Après Genève, le gouvernement français peut-il se désintéresser de l'avenir des deux Vietnams, du Cambodge et du Laos ? Alors que les partis et la presse, en France, se consacrent immédiatement à d'autres sujets, le chef du gouvernement prend la décision, dans la seconde quinzaine d'août, d'associer les États-Unis aux garanties à accorder au Sud-Vietnam contre toute tentative de mainmise du Nord. L'idée lancée par John Foster Dulles d'un pacte de défense est acceptée. La délégation française à la conférence de Manille où ce pacte doit être rédigé et signé reçoit instruction d'étudier « l'orientation politique à prendre dans le Sud-Vietnam en accord avec les États-Unis. Nous avons de nombreuses difficultés avec eux ailleurs. Il ne faut pas avoir de motifs supplémentaires d'opposition au Vietnam [1] ». Le 8 septembre, le traité de Manille crée l'Organisation du traité du Sud-Est asiatique (OTASE), mais l'essentiel de

1. Id. p. 344.

l' « association » des États-Unis aux responsabilités françaises se fait à Saigon. En réalité, il s'agit d'une véritable relève qui s'accomplit en quelques mois. L'appui commun accordé au chef du gouvernement sud-vietnamien, Ngô Dinh Diêm, devient soutien inconditionnel au régime de plus en plus autoritaire de celui-ci. Or Diêm se veut ouvertement proaméricain et antifrançais. Le corps expéditionnaire sera rapatrié plus tôt que prévu, en partie parce qu'il faut aller combattre en Algérie, en partie parce que le gouvernement Diêm et les représentants américains à Saigon veulent que ce départ soit hâté.

De la CED aux accords de Paris

Le prestige de Pierre Mendès France est grand au lendemain des accords de Genève. Il grandit encore après un spectaculaire aller-retour à Tunis fin juillet. Mais, comme ses prédécesseurs, il se trouve placé devant le redoutable obstacle du traité instituant la Communauté européenne de défense. Contrairement à eux, il veut l'écarter et non le contourner.

Il s'agit, a-t-il dit dans sa déclaration d'investiture, « d'un des plus graves cas de conscience qui aient jamais troublé le pays ». Sa propre position est assez aisément décelable. Il n'est animé par aucune des passions contradictoires qui ont peu à peu transformé le débat en une sorte de nouvelle affaire Dreyfus. Le traité de Paris lui paraît plutôt mal fait, sans être haïssable pour autant. La querelle de la CED est un peu pour lui du même ordre que la lutte autour des subventions à l'enseignement privé : un problème accessoire qui divise la majorité dont il escompte le soutien pour la tâche fondamentale qu'est la remise en ordre de l'économie nationale. Il met donc en route une procédure de conciliation entre les deux camps représentés au sein du gouvernement, le compromis devant être présenté ensuite aux cinq autres signataires du traité pour lesquels une CED amendée mais acceptée pourrait paraître plus souhaitable qu'une CED intacte, mais jamais soumise au vote de l'Assemblée française ou rejetée par elle.

En fait, les deux camps manquent d'homogénéité. En faveur du traité, on trouve des avocats d'une entente avec l'Allemagne devenue démocratique, mais aussi des partisans d'un système qui ligoterait au mieux le nouvel État allemand, dont le réarmement national ferait ressurgir l' « Allemagne éternelle ». Les adversaires du traité comprennent les communistes, adversaires de tout réarmement de l'Allemagne occidentale, des adversaires de tout réarmement allemand — les uns par peur de l'Allemagne, les autres par crainte pour l'avenir de la jeune démocratie allemande —, enfin tous ceux qui considèrent qu'avec ce texte, faire l'Europe consiste bel et bien à défaire la France. Le traité ne limite-t-il pas considérablement les forces armées nationales que les pays signataires auraient encore le droit de recruter et d'entretenir ? De plus, l'utilisation de contingents fournis aux Forces européennes pour répondre à une « crise grave affectant un territoire non européen » dont un pays a la charge dépendrait de l'accord du commandant suprême relevant de l'OTAN. Même les écoles militaires devraient être intégrées et leurs doctrines et méthodes unifiées ! Et la carrière des officiers relèverait dans une large mesure du commissariat composé de neuf membres nommés pour six ans et décidant à la majorité.

C'est surtout cette catégorie d'opposants que Pierre Mendès France prend en compte, en partie parce que son gouvernement ne comprend pas de ministre relevant d'un autre type de refus, mais surtout parce qu'il est lui-même convaincu, comme il l'a dit lors de son investiture, que, parmi les « données réelles », figure la « nécessité d'un réarmement occidental imposé par la situation internationale et qui a conduit à envisager — perspective cruelle pour tous les Français — les conditions de la participation de l'Allemagne à une organisation commune de défense ».

Il perd évidemment ainsi le soutien des communistes. Il n'y gagne pas d'appuis nouveaux du côté des partisans de la CED, puisque la méfiance à son égard reste forte parmi eux. Les deux ministres chargés de trouver une solution acceptable par tout le cabinet n'aboutissent pas. Le chef du gouvernement élabore alors lui-même un compromis qu'il fait entériner par le cabinet, mais au prix de la démission du général Koenig et de Jacques Chaban-Delmas pour lesquels les modifications au traité ainsi prévues sont insuffisantes. En même temps, elles sont d'une ampleur suffisante pour que leur acceptation par les cinq partenaires, à la conférence de Bruxelles qui doit s'ouvrir le 19 août, apparaisse comme improbable. Au moins Pierre Mendès France pourra-t-il faire état, en même temps que de l'hostilité des « anticédistes », d'une bienveillance nouvelle des « cédistes » les plus influents ? L'incertitude sur ce point est dissipée le 19 au matin. Le journal socialisant *Franc-Tireur* publie un article d'André Philip, le plus « européen » des socialistes, qui critique vivement le projet français et, surtout, dans *Le Figaro,* Robert Schuman publie une condamnation catégorique : « A peu près toutes les clauses essentielles du traité sont remises en cause [...] Un texte gravement amendé serait inacceptable pour moi et pour mes amis. »

Il n'est pas possible de dire plus clairement aux interlocuteurs du président du Conseil à Bruxelles de rester inébranlables. Aux yeux des « Européens », il existe une majorité à l'Assemblée nationale en faveur de la ratification. Paul-Henri Spaak et Adenauer croient leurs amis français, notamment Guy Mollet affirmant que les députés socialistes se soumettront tous à la décision du congrès de leur parti favorable au traité. L'intransigeance des interlocuteurs de Pierre Mendès France a aussi d'autres motifs que le négosiateur français isolé expliquera à l'Assemblée le 29 août :

> J'avais en face de moi des hommes [...] exaspérés [...] par ce qu'avait été la politique française depuis des années. L'incertitude, l'hésitation, l'atermoiement [...] Ils m'ont dit : « On vous a proposé le réarmement de l'Allemagne ; vous avez préféré l'armée européenne. On vous a proposé l'armée européenne ; vous avez demandé des protocoles. On vous a donné les protocoles ; vous avez demandé des préalables. On vous a donné les préalables ; aujourd'hui vous venez demander quelque chose de nouveau... »

Le 22 août, le communiqué final prend acte de ce que les six participants « n'ont pu réaliser leur accord ». Avant de regagner Paris, Pierre Mendès France va rencontrer Winston Churchill et Antony Eden. Il leur demande en vain d'associer la Grande-Bretagne au système de défense prévu. Eux aussi se disent persuadés que l'Assemblée votera en faveur de la ratification si le chef du gouvernement met son prestige au service de la CED.

En fait, il ne va pas engager le sort de son cabinet sur le traité, contrairement à ce qu'il avait annoncé en 1953, contrairement aussi à une formulation plus atténuée de l'investiture de 1954. C'est qu'il revient ulcéré de Bruxelles. Il a la conviction que, s'il se battait pour le traité et parvenait à le faire passer, il deviendrait politiquement le prisonnier d'adversaires irréductibles. De plus, ne se trouve-t-il pas dans la même situation que les gouvernements Mayer et Laniel : s'il défendait le traité, les trois ministres républicains-sociaux (gaullistes) qui n'ont pas suivi les démissionnaires partiraient à leur tour et le cabinet serait disloqué ? Enfin, même s'il essayait de faire passer le texte en l'état, toutes les commissions compétentes de l'Assemblée ne se sont-elles pas prononcées contre la ratification ?

Lorsque le débat s'ouvre, on s'aperçoit que les partisans de la CED viennent de découvrir qu'ils n'étaient pas majoritaires. Une motion préjudicielle pourrait faire renvoyer le débat dans l'attente d'une nouvelle négociation avec les cinq autres signataires. Mais, certain de tenir la victoire sur le traité abhorré, le général Aumeran, le plus vigoureux adversaire de tout rapprochement avec l'Allemagne et de toute politique libérale outre-mer, dépose une question préalable, procédure qui tue définitivement et sans débat le texte auquel elle s'applique et qui, dans la succession des votes, a priorité sur la motion préjudicielle. Après une ultime péripétie dans le jeu des motions, c'est sur la question préalable qu'on vote le lundi 30 août 1954. Le règlement prévoit que deux orateurs seulement peuvent intervenir, l'un pour, l'autre contre le texte qui n'est plus seulement celui du général Aumeran. Il est en effet contresigné par Édouard Herriot, président honoraire de l'Assemblée, grand ancien de la IIIe République qu'il a contribué à enterrer à Vichy le 9 juillet 1940. Son discours contient d'excellents arguments contre un traité qu'il connaît assez mal, mais est oratoirement médiocre et frise le ton mélodramatique, sans noblesse sur le fond. La réplique est donnée par Christian Pineau, député socialiste, ancien résistant et déporté à Buchenwald. Il plaide pour la confiance dans la République fédérale, alors qu'Édouard Herriot a joué sur l'antigermanisme. On passe au vote. Les 23 membres du gouvernement n'y prennent pas part.

319 députés approuvent la question préalable, 264 votent contre elle. Comme plusieurs parlementaires notoirement opposés à la CED ont voté avec les « cédistes » pour que le débat ne soit pas étouffé, la majorité « anticédiste » est encore plus forte que celle qui a approuvé la question préalable. On savait que les 99 communistes et progressistes voteraient contre le traité. Le fait que 67 gaullistes sur 73 se soient prononcés en faveur de la motion Aumeran n'étonne pas davantage. Mais on ne croyait pas que le MRP serait le seul groupe à apporter un soutien massif à la CED. Chez les radicaux, la motion Aumeran a recueilli 34 voix contre 33. A l'UDSR, 10 contre 8. Dans les quatre groupes de la droite modérée, les partisans d'Antoine Pinay ne sont au plus que 80 contre 44 « anticédistes ». Et, surtout, 50 socialistes seulement sur 105 ont respecté la discipline du parti. Quels que soient le prestige et l'influence de Pierre Mendès France, une prise de position favorable de sa part n'aurait sans doute pas suffi pour renverser une telle majorité.

Le vote du 30 août est accueilli avec consternation dans les capitales occidentales et sans enthousiasme excessif à Moscou. Les adversaires du réarmement allemand qui ont espéré que l'URSS serait prête à accepter la réunification d'une Allemagne démilitarisée, c'est-à-dire la « désoviétisation » de l'Allemagne de l'Est, doivent déchanter. En effet, le gouvernement soviétique ne fait aucune proposition nouvelle au lendemain de l'échec de la CED. Agirait-il ainsi que le gouvernement français ne pourrait d'ailleurs rien faire : les Anglo-Américains refuseraient à coup sûr de négocier à partir d'une position de faiblesse. John Foster Dulles se considère comme trahi par Pierre Mendès France. Le chancelier Adenauer a si bien assimilé la CED à l'idée européenne et fait passer tous les adversaires français du traité comme autant d'ennemis irréconciliables de l'Allemagne que la déception est immense en République fédérale, même parmi les adversaires de la CED et surtout chez les jeunes qui ont trouvé dans l'unification de l'Europe un idéal politique internationaliste. Il s'agit donc de reconstruire.

Or, de façon surprenante, c'est chose faite en quelques semaines. Anthony Eden se charge d'une sorte de mission de conciliation et contribue à la solution envisageable par un pas en avant de la Grande-Bretagne. On fera revivre le traité de Bruxelles de 1948 en y faisant adhérer l'Italie et l'Allemagne fédérale, ce qui associera la Grande-Bretagne à l'Europe des Six. Fin septembre, à Londres, une conférence réunit les Sept, les États-Unis et le Canada. On aboutit à une entente qui est facilitée par deux engagements : John Foster Dulles annonce que, si les accords projetés se concrétisent, il invitera le président des États-Unis à réitérer son engagement de maintien des forces américaines en Europe ; Eden, lui, proclame que la Grande-Bretagne maintiendra sur le continent, pendant toute la durée du traité de Bruxelles — c'est-à-dire jusqu'en 1998 —, quatre divisions et un groupement d'aviation tactique ou des forces équivalentes.

Le 12 octobre, l'Assemblée approuve les résultats de Londres. Le lendemain, à l'hôtel Lapérouse, lieu de résidence du général de Gaulle lors de ses brefs séjours à Paris, le président du Conseil rend visite à l'ancien chef de la France libre et du RPF. L'entretien semble signifier un soutien du Général à la politique extérieure de Pierre Mendès France. Le 20 s'ouvre à Paris la conférence prévue à Londres. La veille, un long entretien a eu lieu entre le chancelier Adenauer et le président du Conseil ; ils ont mis au point un statut européen de la Sarre que les Sarrois seront appelés à ratifier par référendum. Après trois jours de négociations parfois difficiles, les nombreux documents qui porteront ensemble le nom d'accords de Paris sont signés le 23 octobre.

Le protocole sur la cessation du régime d'occupation dans la République fédérale d'Allemagne, signé sur un pied d'égalité par celle-ci, par les États-Unis, la Grande-Bretagne et la France, reprend et amende les conventions de Bonn du 26 mai 1952. Sauf pour les négociations sur la réunification et sur Berlin — où les Trois conservent conjointement avec l'URSS la responsabilité assumée en 1945 —, la République fédérale accède à une souveraineté bien plus complète que dans le texte signé en 1952. Par ailleurs, le traité de Bruxelles donne naissance à l'Union de l'Europe occidentale. Le Conseil de l'UEO aura dans divers domaines le droit de prendre des décisions. Il doit créer une Agence de contrôle des armements. Le protocole sur les forces de l'UEO comprend l'engagement de la Grande-Bretagne annoncé à Londres. Le protocole relatif au contrôle des armements précise les interdictions de fabrication (armes ABC : atomiques, bactériologiques, chimiques) auxquelles se soumet la République fédérale. Une résolution du Conseil de l'OTAN soumet à l'autorité du commandement suprême allié en Europe toutes les forces des pays membres stationnées sur le continent européen, à l'exception des forces que l'OTAN estime devoir rester sous commandement national et celles qui sont destinées à la défense des territoires d'outre-mer. Un protocole fixe les principes de l'intégration : le commandant suprême détermine le déploiement et l'implantation des forces placées sous son autorité. Comme la République fédérale entre à l'OTAN et comme elle n'aura pas de troupes hors d'Europe, l'armée allemande se trouvera dans une dépendance complète et n'aura pratiquement aucune autonomie.

La rapidité avec laquelle une solution de remplacement à la CED a été trouvée et la façon dont les négociations ont été menées donnent à Pierre Mendès France un énorme prestige international. Ce prestige est à la fois manifesté et renforcé par l'accueil que lui réserve l'assemblée générale de l'ONU devant laquelle il parle à New York le 22 novembre. Dans son discours, il répond à la proposition soviétique de tenir une conférence générale européenne sur le problème de la sécurité avant toute ratification des accords de Paris : une négociation ne sera possible qu'à partir du moment où les positions occidentales ne prêteront plus à marchandage, c'est-à-dire après l'entrée en vigueur des accords. Comme les procédures de ratification auront sans doute abouti avant le printemps de 1955, le président du Conseil propose une conférence à quatre pour le mois de mai. Mais le 9 décembre, une note soviétique adressée à Paris affirme que les accords de Paris « sont en contradiction flagrante avec le traité franco-soviétique de 1944 destiné à empêcher une nouvelle agression allemande ». Le 16, « le gouvernement soviétique estime de son devoir de déclarer que l'acte de ratification des accords de Paris va effacer et annuler le traité [...] ». L'URSS cherche ainsi à peser sur le débat de ratification qui s'ouvre à l'Assemblée nationale le 20 décembre. Elle y réussit en partie.

La discussion est longue et détaillée, mais sans passion. Au Parlement comme dans la presse, une sorte de fatigue générale a substitué à l'ardeur polémique la critique amère ou, le plus souvent, l'acceptation résignée. Par rapport au mois d'août, les camps se sont sensiblement modifiés. Parmi les partisans de la CED, les radicaux autour de René Mayer et surtout les socialistes se montrent favorables à la ratification. Chez les adversaires de l'armée européenne, une partie des gaullistes et le gros des « rebelles » socialistes acceptent également les accords. Parmi les ennemis irréductibles du réarmement allemand figurent les communistes, des radicaux comme Édouard Herriot, des indépendants et une partie des gaullistes autour de Jacques Soustelle. Le vote final dépend de l'attitude d'anciens « cédistes » comme René Pleven et surtout du MRP. Celui-ci veut empêcher que la ratification soit acquise à une forte majorité, afin que le succès de Pierre Mendès France demeure limité. Mais faut-il faire échouer les textes approuvés par les partis frères ? Après avoir succombé une première fois à cette tentation et provoqué ainsi une intervention discrète mais ferme du chancelier Adenauer auprès de ses dirigeants, le MRP répartit ses votes de façon plus favorable aux textes. Le vote sur l'entrée de l'Allemagne, assorti de la question de confiance, a lieu le 29 décembre. 287 voix favorables l'emportent sur 256 négatives. Les 287 suffrages se retrouvent le lendemain pour l'UEO. Robert Schuman vote en faveur de la ratification, Georges Bidault contre. Antoine Pinay et René Pleven s'abstiennent. Chez les gaullistes, il y a 37 suffrages favorables, 23 hostiles et 11 abstentions. Jules Moch, ministre de la Défense en septembre 1950, est dans la majorité.

Ainsi, le 30 décembre 1954, l'Assemblée nationale accepte l'entrée de la République fédérale d'Allemagne dans l'alliance atlantique comme solution de rechange à la CED. Quatre années auparavant, le gouvernement français lançait l'idée d'une armée européenne comme solution de rechange à l'entrée de la République fédérale dans l'alliance atlantique.

De la Tunisie au Constantinois

Parlant des deux protectorats d'Afrique du Nord, la déclaration d'investiture disait : « Nous leur avons promis de les mettre en état de gérer eux-mêmes leurs propres affaires. Nous tiendrons cette promesse et nous sommes prêts dans cette perspective à reprendre des dialogues malheureusement interrompus. » En fait, le profond malaise qui règne au Maroc depuis la déposition du sultan n'est pas dissipé en 1954. Pour la Tunisie, en revanche, l'action du gouvernement est rapide. Dès le 4 juillet, le président du Conseil envoie secrètement le député socialiste Alain Savary auprès de Habib Bourguiba, détenu à l'île de Groix. Le 17, le chef du Néo-Destour est transféré à Amilly, près de Montargis. Le 31, on apprend que Pierre Mendès France, accompagné de Christian Fouchet et du maréchal Juin, a atterri à Tunis. Au palais de Carthage, il lit devant le bey une déclaration solennelle. « L'autonomie interne de la Tunisie est reconnue et proclamée sans arrière-pensée par le gouvernement français qui entend tout à la fois l'affirmer dans son principe et lui permettre dans l'action la consécration du succès [...]. C'est pourquoi nous sommes prêts à transférer à des personnes et des institutions tunisiennes l'exercice interne de la souveraineté. »

Le secret dont le voyage a été entouré, son caractère spectaculaire font choc, la présence du maréchal Juin constituant une sensation supplémentaire. Pourquoi l'ami du Glaoui accepte-t-il de servir de caution en Tunisie à une politique qu'il a combattue au Maroc? Veut-il se venger de l'affront que lui a fait le gouvernement Laniel en le relevant de tous ses postes pour avoir critiqué la CED ? Ou, plus simplement, approuve-t-il la politique de Pierre Mendès France ? Il est certain que jamais, dans la suite, il n'affirmera le moindre regret d'avoir été présent à Carthage. Peut-être un malentendu existe-t-il entre le président du Conseil et lui sur le rôle futur du Néo-Destour. Mais peut-être le malentendu n'est-il pas entre eux, mais entre Pierre Mendès France et les nationalistes tunisiens. En effet, la déclaration de Carthage disait aussi : « Vos illustres prédécesseurs ont tenu, comme vous tenez aussi, à ce que la France assure la sécurité de votre pays et ses relations internationales, conformément au traité du Bardo. » Or, le soir du 31 juillet, Habib Bourguiba loue ce même discours qui, pour lui, constitue « une étape essentielle et décisive dans la voie qui mène à la restauration de la souveraineté complète de la Tunisie. L'indépendance reste l'idéal du peuple tunisien, mais la marche vers cet idéal ne prendra plus désormais le caractère d'une lutte entre le peuple tunisien et la France ». Une marche qui doit s'effectuer à quel rythme? En acceptant de se voir privé de la souveraineté externe pour combien de temps?

Dès le début août, un nouveau gouvernement tunisien est formé qui, avec l'approbation du Néo-Destour, va entamer avec la France des négociations pour la conclusion de conventions réglant les relations entre les deux États. A Tunis, le Rassemblement français proteste. A Paris, *L'Aurore*, le Centre national des indépendants et une bonne partie des radicaux, dont Léon Martinaud Déplat va être le porte-parole à l'Assemblée, manifestent une vive opposition à l'évolution tunisienne que l'Assemblée approuve néanmoins par 397 voix contre 114.

En septembre, la tendance en Tunisie semble à l'apaisement. Le résident promet l'aman aux fellaghas qui, sans avoir participé à des assassinats, déposeraient les armes. Les négociations annoncées s'ouvrent au palais de Carthage. Mais des difficultés apparaissent très vite, tandis que le terrorisme reprend. Les fellaghas prennent, aux yeux de la population, l'allure d'une armée de libération. Du côté français, on demande au bey et aux ministres de les condamner. Du côté tunisien, on s'en prend aux opérations menées par l'armée française. Le 22 novembre est rendu public un appel commun du résident général de France et du président du Conseil tunisien. Il invite « tous les habitants de la Régence à remettre aux autorités les armes qu'ils pourraient détenir illégalement ». Les signataires « se portent garants qu'en vertu de l'accord conclu entre eux, les fellaghas ne seront ni inquiétés ni poursuivis ». L' « opération fellaghas » se déroule du 30 novembre au 10 décembre. Le bilan s'établit à 2713 soumissions et 2105 armes réunies. Beaucoup d'autres armes ont sans doute été gardées et il est peu vraisemblable que tous les fellaghas se soient rendus. Mais le succès est certain : le terrorisme cesse. Cependant les négociations franco-tunisiennes n'en progressent pas plus rapidement et, surtout, lorsque les fellaghas de Tunisie déposent les armes, de véritables combats ont déjà lieu en Algérie.

Dans la nuit du 31 octobre au 1er novembre, en effet, une trentaine d'attentats sont commis en divers points du territoire algérien, notamment dans le Constantinois et dans la région des Aurès. La réaction du gouvernement est vigoureuse. Des renforts sont envoyés de France, notamment des parachutistes rapatriés d'Indochine et des Compagnies républicaines de sécurité. A la fin de novembre, les populations de l'Aurès sont « regroupées » dans des zones de sécurité et une vaste opération de « ratissage » est lancée le 26 novembre avec l'appui de l'artillerie et de l'aviation, en présence du ministre de l'Intérieur, François Mitterrand, en charge des départements d'Algérie. Parallèlement aux mesures militaires, des mesures politiques sont prises. Elles frappent le Parti communiste algérien, le vieux MTLD de Messali Hadj et aussi des éléments modérés comme Ferhat Abbas qui se voit retirer la parole à l'Assemblée algérienne.

A l'Assemblée nationale, à Paris, les représentants de l'Algérie élus du premier collège attribuent la révolte à la politique tunisienne du gouvernement. Le président du Conseil affirme qu'aucune comparaison n'est possible, puisque « l'Algérie, c'est la France, et non un pays étranger que nous protégeons ». La doctrine est claire : « Qu'on n'attende de nous aucun ménagement à l'égard de la sédition, aucun compromis avec elle. On ne transige pas lorsqu'il s'agit de défendre la paix intérieure de la nation et l'intégrité de la République. Les départements de l'Algérie font partie de la République, ils sont français depuis longtemps [...]. Entre elle [la population algérienne] et la métropole, il n'est pas de sécession concevable [...] Jamais la France, jamais aucun parlement, jamais aucun gouvernement ne cédera sur ce principe fondamental. »

Le ministre de l'Intérieur va aussi loin dans ce sens : « L'Algérie, c'est la France et [...] des Flandres au Congo, il y a la loi, une seule nation, un seul parlement. C'est la Constitution et c'est notre volonté. » Mais pour que cette doctrine se trouve vraiment appliquée, il faut corriger les erreurs du passé, corriger les injustices, remédier à la misère. « Nous ferons tout pour que le peuple algérien, partie intégrante du peuple français, se sente chez lui, comme nous et parmi nous. » L'axe central de la politique Mendès France/Mitterrand est ainsi ce qu'on appellera plus tard l'intégration et qui reçoit encore à l'époque le nom d'assimilation. Il s'agit moins de renforcer la spécificité algérienne que de la réduire en soumettant tous les habitants aux mêmes principes administratifs. C'est ce que déplore René Mayer qui sauve pourtant le gouvernement le 10 décembre parce que les accords de Paris ne sont pas encore adoptés. Mais il déclare : « Je n'accepte pas le dilemme de l'autonomie — qui engendrerait la République algérienne — ou de l'assimilation à laquelle je ne crois pas non plus [...] Une évolution raisonnable dans le cadre du statut de l'Algérie ne nous trouvera jamais absents, mais nous n'accepterons jamais l'assimilation. »

Au lendemain du vote sur les accords de Paris, le gouvernement paraît moribond. Ni le remaniement qui, le 20 janvier, confie les Affaires étrangères à Edgar Faure, jusqu'alors ministre des Finances, ni la nomination, le 25, de Jacques Soustelle, gaulliste fervent, comme gouverneur général de l'Algérie, ni le plan de réformes pour l'Algérie élaboré par François Mitterrand ne renforcent la position de Pierre Mendès France. Ce plan prévoit le droit de vote des femmes musulmanes, la fusion des cadres supérieurs de la Sécurité générale de l'Algérie avec la Sûreté nationale, la création d'un Centre algérien de formation administrative.

Quinze interpellateurs s'en prennent au gouvernement les 2 et 3 février 1955. Les attaques proviennent surtout des députés d'Algérie appartenant au premier collège. Ceux du second, tous musulmans, sont unanimes à déplorer les excès de la répression et donnent de nombreux exemples de sévices et de tortures. Tous dénoncent, en des termes que le vieux Maurice Viollette reprend avec plus de vivacité encore, l'attitude des plus puissants des Européens d'Algérie et de leur presse. L'un d'entre eux, Mostafa Benhamed, déclare : « La plus haute expression de la chrétienté en Algérie, l'évêque d'Alger, Mgr Duval, que je salue respectueusement parce qu'il est un grand et bon chrétien, s'est élevée dans un mandement contre la répression policière et a attiré l'attention des fidèles en criant son indignation. Tenez-vous bien ! Ce mandement, dans quel journal a-t-il paru ? Dans un journal communiste. Mais oui ! Mais la presse bien pensante, la presse républicaine, la presse qui représente précisément l'intérêt de ces messieurs n'en a pas dit un mot. »

Pierre Mendès France défend à plusieurs reprises sa politique. « Notre ennemi, c'est la misère qui fournit aux recruteurs de fellaghas les réserves disponibles de la faim et du désespoir. » François Mitterrand ajoute : « La politique d'intégration du gouvernement ne serait pas comprise s'il ne s'y ajoutait pas la volonté ferme et entière, dans le domaine politique et dans le domaine administratif, d'offrir des chances égales à tous ceux, quelle que soit leur origine, qui naissent sur le sol algérien. » C'est pour faire cette politique d'intégration que Jacques Soustelle a été nommé. Il reprendra le mot dans d'autres circonstances.

L'attaque de René Mayer comprend cette fois l'annonce d'un vote négatif. « Je dis que ces représentants [à l'Assemblée algérienne] peuvent se demander légitimement si, un jour, d'interlocuteur en interlocuteur, on n'ira pas jusqu'au dialogue avec des séparatistes [...] Je ne sais où vous voulez aller. Et je ne puis croire qu'un politique de mouvement ne puisse trouver de moyen terme entre l'immobilisme et l'aventure. » Or son opposition est décisive. Avec ses amis, il peut faire basculer la majorité, puisque deux des groupes les plus importants de l'Assemblée figurent de toute façon dans l'opposition après la mort de la CED et depuis le vote des accords de

Paris : le MRP et le Parti communiste, deux formations qui se réclament d'une politique libérale en Afrique du Nord.

Le 6 février, à cinq heures du matin, le résultat du scrutin de confiance est proclamé : 319 voix contre, 273 pour, 22 abstentions. Les prochains gouvernements n'auront plus à arrêter la guerre d'Indochine. Ils n'auront plus à faire voter pour ou contre la CED ni à faire accepter le réarmement allemand. Mais la tragédie algérienne leur posera des problèmes encore plus redoutables.

5

L'EUROPE, L'ALGÉRIE ET LA FIN D'UNE RÉPUBLIQUE

Vers le Marché commun

Le 5 mai 1955, les accords de Paris, dûment ratifiés par les pays signataires, entrent en vigueur. Le réarmement de la République fédérale d'Allemagne, devenue membre de l'OTAN, peut officiellement commencer. Les incertitudes et les déchirements français l'ont retardé de plusieurs années. Retard inutile ? La réponse n'est pas évidente. Une certitude : le climat de 1955 est fort différent de celui de 1950. En Allemagne d'abord : la création de l'armée — nullement indépendante puisque entièrement soumise au commandement atlantique — a été soigneusement préparée, avec un véritable luxe de dispositions destinées à assurer le caractère démocratique de son recrutement, de son fonctionnement et de son insertion dans la vie publique. Dans les rapports Est/Ouest surtout : la guerre froide a beaucoup perdu de son intensité, au moins depuis la fin de la guerre de Corée. Le réarmement allemand a été annoncé au milieu d'un affrontement que cette annonce a encore exacerbé. Il devient réalité alors que la tendance est à l'apaisement. Un apaisement souhaité par tous les partis et courants français, l'événement donnant cependant tort à ceux qui annonçaient que réarmer l'Allemagne, ce serait rendre impossible le dialogue avec l'URSS.

C'est le contraire qui se produit. Certes, le 7 mai, un décret du Praesidium du Soviet suprême affirme que « la France a assumé des engagements qui contredisent radicalement les buts fondamentaux du traité franco-soviétique de 1944 », et qu'en conséquence « est annulé, comme ayant perdu toute raison d'être, le traité d'alliance et d'assistance mutuelle ». Mais il s'agit d'un geste surtout symbolique qui passe à peu près inaperçu au milieu des faits spectaculaires montrant que l'URSS, menaçante tant que les textes occidentaux n'étaient pas signés ou ratifiés, a ouvertement accepté le fait accompli en multipliant les gestes conciliants. Dès mars, elle a demandé à Tito d'oublier le passé, laissé entrevoir la solution du problème autrichien sur lequel les Quatre ont vainement négocié pendant dix ans, et accepté l'idée d'une réunion des Quatre.

Le 15 mai, dix jours après l'entrée en vigueur des accords de Paris, les ministres des Affaires étrangères signent le traité d'État autrichien. En juillet, le maréchal Boulganine, le général Eisenhower, Anthony Eden — qui a succédé à Winston Churchill en avril — et Edgar Faure, successeur de Pierre Mendès France à la tête du gouvernement français, se rencontrent à Genève. Le « sommet » ne débouche sur aucun résultat concret, mais se déroule dans une atmosphère courtoise et même cordiale. En septembre, le chancelier Adenauer se rend à Moscou. Quand, en mai 1956, Guy Mollet et Christian Pineau, respectivement président du Conseil et ministre des Affaires étrangères, y seront reçus à leur tour, ce sera pour s'entendre dire par Nikita Khrouchtchev que l'URSS considère la division de l'Allemagne et l'insertion de chacun de ses deux morceaux dans un système organisé comme une donnée positive.

La ligne de partage entre les deux camps apparaît plus solide, plus permanente que jamais. Du coup, les conflits en France ne portent plus sur la possibilité de son atténuation, encore moins de sa suppression. Ils concernent leur nature et le sens des développements internes : 1956 sera l'année des espoirs déçus pour la Pologne de Gomulka et de la terrible répression soviétique à Budapest. Une répression considérée par le PCF comme un acte positif, une victoire sur le fascisme menaçant, alors que l'action de l'URSS et la réaction du Parti provoquent la rupture entre celui-ci et nombre de ses compagnons de route, dont Jean-Paul Sartre. Le PC perd de l'audience et de l'influence. La politique intérieure et extérieure de la France est de moins en moins dominée par l'idée d'un affrontement Est/Ouest à surmonter. Les conflits en Afrique du Nord y sont pour beaucoup, mais tout autant l'évolution positive des relations internes à l'Europe occidentale, rendue précisément possible par la netteté du clivage Est/Ouest.

Pourtant un obstacle de taille obstrue la route d'une coopération franco-allemande considérée par tous comme essentielle : l'affaire sarroise. L'accord Adenauer/Mendès France du 23 octobre 1954 provoque plus d'affrontements que d'apaisements. Le gouvernement allemand et le gouvernement français — celui-ci « après avoir consulté le gouvernement sarrois et recueilli son assentiment » — établissent en principe un statut qui, une fois ratifié par la population sarroise, ne pourra plus être remis en cause jusqu'à la conclusion du traité de paix à intervenir un jour entre l'Allemagne et ses vainqueurs. Le protectorat (le mot n'est évidemment pas prononcé) que la France exerçait doit passer entre les mains de l'Union de l'Europe occidentale. « Un commissaire européen assurera la représentation des intérêts de la Sarre dans le domaine des affaires extérieures et de la défense [...] Le commissaire sera nommé par le Conseil des ministres de l'Union de l'Europe occidentale. Il sera responsable devant le Conseil. Le commissaire ne devra être ni français, ni allemand, ni sarrois. » Pour la vie politique sarroise, il est prévu que, contrairement à ce que la France avait imposé jusqu'alors, « les partis politiques, les journaux et les réunions publiques ne seront pas sujet à autorisation », du moins jusqu'au référendum. L'union monétaire et douanière franco-sarroise sera maintenue. L'accord ne prévoit en aucune façon ce qui doit se passer si les Sarrois rejettent l'accord. C'est pourtant ce qu'ils vont faire.

Konrad Adenauer est vivement critiqué en République fédérale pour avoir accepté une solution autre que le retour pur et simple de la Sarre à l'Allemagne. En Sarre même, une violente campagne se déclenche contre le statut. Le départ, le 30 juin 1955, de Gilbert Grandval, depuis dix ans représentant plein d'autorité de la France à Sarrebruck, n'apaise en rien les passions. Quelques jours avant le référendum, le ministre français des Affaires étrangères cherche à faire pression sur le corps électoral. Antoine Pinay affirme en effet : « Le 25 octobre, les Sarrois auront à choisir entre la solution européenne et le maintien du *statu quo*. Le gouvernement français apporte un démenti formel aux allégations selon lesquelles il pourrait envisager une solution de rechange. » Mais le résultat du vote a bel et bien une signification différente. Les 67,7 % de non opposés au statut expriment la volonté de voir la Sarre devenir un Land de la République fédérale.

Dès le lendemain du vote, on peut constater à quel point les rapports franco-allemands se sont transformés. Konrad Adenauer et Edgar Faure échangent des messages pour affirmer que l'échec sarrois ne doit pas détériorer les relations entre les deux pays. La presse allemande ne chante pas victoire, et les journaux français font preuve d'une pondération remarquable.

D'inévitables négociations franco-allemandes s'engagent. Elles portent sur la Sarre et sur la canalisation de la Moselle. Celle-ci est réclamée depuis longtemps par la France pour assurer à la sidérurgie lorraine un meilleur débouché maritime. Le 5 juin 1956, le chancelier Adenauer et Guy Mollet, président du Conseil, concluent un accord approuvé par le Conseil des ministres sarrois. Après de nouvelles conversations, le traité sur le règlement de la question sarroise et la convention sur la canalisation de la Moselle sont signés par les deux chefs de gouvernement à Luxembourg, le 27 octobre.

La Sarre doit être rattachée politiquement à la République fédérale le 1er janvier 1957. Après une période transitoire qui doit se terminer au plus tard le 31 décembre 1959, elle doit également devenir allemande dans le domaine économique. En fait, l'union douanière et monétaire franco-sarroise sera dissoute dès le 5 juillet 1959. La France dispose d'un délai de vingt-cinq ans pour se retirer des mines de la Sarre et reçoit des garanties pour la livraison du charbon sarrois. Un charbon qui, en 1956, n'est de toute façon plus tellement désirable, la pénurie charbonnière ayant fait place peu à peu à la surabondance. Les aciéries de Völklingen, qui font encore l'objet d'un accord Pinay/Adenauer en avril 1955, prévoyant une copropriété franco-allemande, sont rendues à leur ancien propriétaire allemand. La France reçoit toutefois un dédommagement de 3 milliards de francs. La Moselle doit être canalisée de Thionville à Coblence. Les frais de construction des centrales électriques seront à la charge de la République fédérale, le reste des travaux devant être payés pour les deux tiers par la France.

Traité et convention sont mal accueillis, aussi bien en Allemagne, où l'on a tendance à oublier le droit français aux réparations, qu'en France où les satisfactions matérielles obtenues paraissent bien minces. Le Parlement français votera cependant sans grande difficulté en faveur de la ratification. C'est qu'à la déception se mêle un certain soulagement de voir les rapports franco-allemands libérés d'une entrave embarrassante. Les relations entre les deux pays ne sont-ils pas d'une cordialité sans cesse grandissante ? Dans presque tous les domaines de la vie politique, économique et culturelle, la République fédérale et la France voient les dirigeants entretenir des contacts plus organisés et plus réguliers qu'avec n'importe quel autre pays.

Le rapprochement franco-allemand est à la fois cause et conséquence d'un renouveau de l'idée européenne. Après la mort de la

CED, la Communauté européenne du charbon et de l'acier (CECA), d'abord destinée à être la première pierre d'un édifice, fait figure d'îlot isolé. L'Europe des Six paraît avoir été écrasée par le réarmement allemand qui a conduit ses initiateurs à donner la priorité à l'intégration militaire. Une autre Europe est-elle possible ? Celle de Strasbourg n'est qu'un symbole : l'Assemblée consultative permet tout au plus des débats académiques. Les Scandinaves et les Britanniques n'ont pas l'intention de participer à la création d'une Europe organisée. L'Union de l'Europe occidentale, telle qu'elle résulte des accords de Paris, a un rôle purement militaire, qui se distingue d'ailleurs mal de celui de l'OTAN. Son Conseil et son Assemblée vont mener une vie languissante et ignorée. Or, la volonté de ne pas retomber dans le désordre de la simple juxtaposition des politiques nationales et la conviction qu'une Europe unie apporterait de multiples avantages aux pays membres n'ont disparu ni chez les hommes politiques ni chez les militants.

Sur la base d'une proposition des trois pays du Bénélux préconisant la mise en commun de l'énergie atomique et la préparation d'une intégration économique générale, les ministres des Affaires étrangères des Six, réunis à Messine le 1er juin 1955, donnent une impulsion décisive à la « relance » européenne. Tandis que René Mayer succède à Jean Monnet à la tête de la CECA — ce qui représente un succès à la fois pour la France et pour l'idée d'unité européenne —, un mécanisme de négociation est mis en route. Puisque la voie politique directe de l'unification semble bouchée, on empruntera le détour de l'économie.

Deux évolutions internes favorisent l'entreprise. En Allemagne, le Parti social-démocrate se rallie aux efforts de Jean Monnet ; Erich Ollenhauer, président du Parti, entre au Comité d'action pour les États-Unis d'Europe, organisme privé que Monnet a constitué en janvier 1956. Mais ce sont surtout les élections françaises du 2 janvier 1956 qui, de façon assez paradoxale, donnent une impulsion définitive à la relance. Bien qu'il ait été fort peu question d'Europe au cours d'une campagne électorale surtout consacrée à l'Algérie, elles conduisent à une situation parlementaire telle que la seule majorité possible est « européenne ». Le succès relatif du « Front républicain », dont la vedette est Pierre Mendès France, aboutit à la constitution du ministère Guy Mollet. Le nouveau président du Conseil et son ministre des Affaires étrangères, Christian Pineau, sont personnellement très favorables à l'intégration européenne et, à la suite du désastre électoral subi par les républicains sociaux, l'influence des gaullistes antieuropéens devient négligeable. Guy Mollet et Maurice Faure font tous les deux partie du Comité d'action de Jean Monnet. C'est le secrétaire d'État aux Affaires étrangères qui va être, plus que son ministre, le père français de l'Euratom et du Marché commun, à la fois par son habileté de négociateur et par son talent d'orateur parlementaire.

Les négociations entre les Six ayant presque atteint leur terme, l'Assemblée nationale entreprend en janvier 1957 un débat d'orientation sur le traité de Marché commun. Il apparaît clairement que, cette fois, la SFIO sera unie : les socialistes qui ont fait aboutir la Communauté charbon-acier, puis combattu la CED, soutiennent le texte, puisqu'il correspond à leur conception de l'Europe sans souffrir d'un handicap comparable à celui que constituait le réarmement allemand. En revanche, Pierre Mendès France se montre très hostile : l'agriculture française, les territoires d'outre-mer et surtout le développement industriel français lui paraissent menacés par la création du Marché commun.

Après de nouvelles et laborieuses négociations à Bruxelles et à Paris en février, les traités sur le Marché commun et sur l'Euratom sont signés à Rome le 25 mars 1957. Malgré la chute de Guy Mollet, les défenseurs des traités tiennent à ne pas renouveler l'erreur du gouvernement Pinay en 1952. Maurice Bourgès-Maunoury, investi le 12 juin, laisse à Christian Pineau et surtout à Maurice Faure, qui sont restés au Quai d'Orsay, le soin de plaider pour les textes devant une Assemblée fort calme. La Commission des Affaires étrangères, seule saisie au fond, a élu deux rapporteurs favorables aux traités. Le rapport d'Alain Savary sur le Marché commun, remarquable de pondération, répond aux principales critiques de Pierre Mendès France en affirmant que le traité est « un compromis entre intérêts nationaux, entre libéralisme et planisme [...] L'option n'est pas entre la Communauté et le *statu quo*, mais entre la Communauté et la solitude ». Les gaullistes annoncent qu'ils voteront « contre l'Europe de Jean Monnet ». C'est par 342 voix contre 239 que l'Assemblée, le 10 juillet, autorise le président de la République à ratifier le traité instituant la Communauté européenne de l'énergie atomique.

Redoutablement complexe avec ses 248 articles, ses 4 annexes, ses 11 protocoles et ses 9 déclarations annexes, le traité instituant la CEE est aussi précis dans le détail qu'ambitieux dans ses principes. Les institutions de la Communauté ont cependant un caractère nettement moins supranational que celles de la CECA. La Commission, qui correspond à la Haute autorité de Luxembourg, a bien « un pouvoir de décision propre », mais l'organe essentiel est le Conseil

« formé par les représentants des États membres ». Cependant, dans un nombre appréciable de matières, ce Conseil doit statuer à la majorité qualifiée de douze voix sur dix-sept, les représentants de l'Allemagne, de la France et de l'Italie disposant chacun de quatre voix, la Belgique, les Pays-Bas et le Luxembourg respectivement de deux, deux et une.

Le 14 mars 1957, onze jours avant la signature des traités de Rome, le gouvernement a pris des mesures tendant à limiter les importations. Le 18 juin, trois semaines avant le vote de l'Assemblée nationale, le gouvernement Bourgès-Maunoury a suspendu la libération des échanges. Pourquoi ces décisions si contraires à l'esprit du Marché commun ? La France n'accepte-t-elle la CEE que pour faire jouer aussitôt les clauses de sauvegarde sur lesquelles Christian Pineau a longuement insisté dans son discours final à l'Assemblée ?

L'ordre du jour du 22 janvier parlait de la balance des paiements et de la politique d'investissements. Or, sur ces deux points, la situation ne cesse de se détériorer. Après avoir atteint 1 060 millions de dollars en 1951, le déficit de la balance française a peu à peu diminué, surtout en 1954 et 1955 où il n'était plus que de 85 millions. Pour 1956, il bondit à 1 345 millions et pour 1957 à 1 760 millions de dollars. En même temps, les réserves en or et en devises, reconstituées en 1954 et 1955, s'évanouissent. De décembre 1955 à mars 1957, elles fondent de 87 %, pour devenir presque inexistantes au début de 1958. Aussi faut-il recourir sans cesse à l'aide étrangère. Les gouvernements ont beau épuiser toutes les possibilités de crédit auprès des organismes internationaux, de nouveaux apports extérieurs sont nécessaires. Après des négociations parfois humiliantes menées simultanément avec le Fonds monétaire international, l'Union européenne des paiements et le gouvernement américain, le gouvernement Gaillard obtient en janvier un ensemble de facilités de crédit atteignant au total 655 millions de dollars.

La crise de 1956-1958 a des causes multiples. Aucune n'est vraiment d'origine européenne. Plusieurs, et non les moindres, sont d'origine africaine. Le maintien du contingent sous les drapeaux en avril 1956, puis la prolongation du service militaire ne sont pas favorables au développement économique. Paul Ramadier, ministre de l'Économie du gouvernement Mollet, a précisé que sa politique sociale n'était sans dangers financiers que dans la perspective d'une pacification en Algérie. Les dépenses militaires qui étaient passées de 1 323 milliards de francs en 1953 à 1 132 milliards en 1955, remontent à 1 362 milliards en 1956 et atteignent 1 479 milliards en 1957 : la guerre d'Algérie prend en quelque sorte la relève de la guerre d'Indochine. De plus, l'expédition de Suez a eu pour effet de bloquer le canal, et de rendre ainsi beaucoup plus cher le pétrole arrivant en France, soit que les pétroliers aient dû emprunter le détour du Cap, soit qu'il ait fallu se soumettre aux conditions des fournisseurs du continent américain.

Indépendances en Afrique du Nord. Évolutions en Afrique noire

La France qui va entrer dans une communauté économique qu'elle a largement contribué à créer n'a guère le loisir ni l'envie de regarder vers l'Europe. Ses regards sont fixés au sud, vers la rive opposée de la Méditerranée. Sa politique — intérieure et extérieure — est dominée par la tragédie algérienne. En revanche, elle n'a plus à se soucier de ses protectorats d'Afrique du Nord qui ont accédé à l'indépendance. L'année du tournant a été 1955, celle du gouvernement d'Edgar Faure.

Un tournant dramatique pour le Maroc, mais pas pour la Tunisie qui connaît une évolution étrange. La politique de Pierre Mendès France est fidèlement appliquée par son successeur. Le 3 juin 1955, un ensemble de conventions sont signées entre le gouvernement français et le gouvernement tunisien. Elles maintiennent en vigueur le traité de 1881, laissant à la France la défense et les affaires étrangères, et organisent l'autonomie interne enfin devenue réalité, avec de solides garanties pour les Français installés en Tunisie. Est-ce un bon résultat pour les nationalistes tunisiens ? La réponse est d'abord nettement positive : Habib Bourguiba, rentré dans son pays, apparaît comme un triomphateur, parce que le Maroc est déchiré. Mais quand, à travers la violence et à cause d'elle, le Maroc obtiendra non plus l'autonomie interne mais l'indépendance, les conventions franco-tunisiennes apparaîtront inévitablement comme une duperie, et il faudra les annuler quelques mois après leur signature pour que Bourguiba, héraut et héros du nationalisme tunisien, ne passe pas pour l'homme qui aurait sacrifié l'indépendance aux relations pacifiques avec une France demeurée dominatrice.

Dans sa déclaration d'investiture, en février 1955, Edgar Faure n'a pas évoqué le Maroc. Pourtant, rien n'est résolu et rien n'avance depuis que le sultan Mohammed Ben Youssef a été envoyé à Madagascar. Au printemps, les attentats se multiplient. Tandis que le Glaoui accumule les déclarations soutenant qu'il n'y a pas de question dynastique, le sultan Ben Arafa étant le seul souverain légitime, les partis nationalistes soulignent « le caractère préalable et préjudiciel de la question du trône ». En juin, la tension est telle que la nécessité de décisions gouvernementales devient évidente. Plus de 800 attentats sont commis pendant ce seul mois. Le 11 juin, Jacques Lemaigre-Dubreuil, industriel libéral qui vient de prendre le contrôle du journal *Maroc-Presse*, est assassiné. Ce crime du contre-terrorisme va constituer un tournant décisif dans l'histoire du Maroc. Le 20 juin, le gouvernement nomme un nouveau résident général. Le choix s'est porté sur Gilbert Grandval, tant à cause de l'énergie qu'il a montrée en Sarre que pour ses attaches gaullistes. Il reçoit comme instruction de rechercher une solution qui satisfasse à la fois les nationalistes et les arafistes. Il doit essayer d'obtenir l' « absence » du sultan Ben Arafa par son départ pour la France et faire exercer le pouvoir par un Conseil de la couronne, « étant entendu que le retour de Mohammed Ben Youssef sur le trône chérifien doit être résolument écarté ». Cependant le retour en France du sultan exilé n'est pas exclu. Avant même son départ pour le Maroc, Gilbert Grandval apparaît comme antiarafiste à cause de la décision du maréchal Juin de se retirer du Comité de coordination des affaires d'Afrique du Nord et à cause de la protestation du Glaoui auprès du président de la République contre les projets du gouvernement.

En fait, ces projets sont d'autant plus imprécis que ce gouvernement est profondément divisé sur l'affaire marocaine. Le résident est convaincu qu'il faut chercher une solution moyenne, fondée sur l'abdication de Ben Arafa et sur une renonciation au trône de l'exilé d'Antsirabé. Il avertit Edgar Faure que si aucune décision claire n'est prise avant le 20 août, date anniversaire de la déposition du sultan, des troubles graves se produiront. Et, en effet, ce jour-là, les villes du Maroc sont le théâtre de violentes manifestations. A Oued-Zem, c'est un véritable massacre d'Européens qui a lieu. Le surlendemain, Gilbert Grandval démissionne.

C'est qu'Edgar Faure a besoin de temps pour convaincre une partie de son cabinet, notamment son ministre des Affaires étrangères, Antoine Pinay, qu'il faut abandonner Ben Arafa. La conférence d'Aix-les-Bains, qui voit des personnalités marocaines de toutes tendances s'entretenir, les unes après les autres, avec cinq membres du gouvernement, n'a guère d'autre but. Comme les partis nationalistes marocains déclarent ne pouvoir se rallier à la solution du Conseil du trône que si celle-ci est approuvée par le sultan exilé, le gouvernement envoie début septembre le général Catroux, grand chancelier de la Légion d'honneur, accompagné de M. Yrissou, directeur de cabinet de M. Pinay, s'entretenir à Antsirabé avec Mohammed Ben Youssef. Celui-ci accepte « l'institution à titre intérimaire d'un Conseil du trône » comme étape vers un « statut d'État moderne, libre et souverain ».

Le 20 septembre, Edgar Faure charge le résident d'obtenir le départ de Ben Arafa. Pendant dix jours, une véritable comédie dramatique se déroule à Rabat, et entre Rabat et Paris. Le général Boyer de la Tour, successeur de Gilbert Grandval, désobéit au gouvernement, mais ses plus proches collaborateurs lui désobéissent pour obéir à Paris et parviennent à surmonter les résistances des « glaouistes ». Dans des circonstances rocambolesques, le départ de Ben Arafa, d'ailleurs personnellement consentant depuis longtemps, est obtenu le 30. Le Conseil du trône est installé solennellement le 17 octobre. Une semaine plus tard, la solution moyenne qu'il est supposé incarner n'a plus de raison d'être : le Glaoui se rend devant le Conseil et annonce son ralliement à Mohammed Ben Youssef, dont il souhaite maintenant la prompte restauration sur le trône.

Tout va alors très vite. Le 31 octobre, le sultan exilé arrive en France. Le 6 novembre, à la suite d'un entretien au château de la Celle-Saint-Cloud, le sultan, dont le rétablissement a été accepté la veille par le Conseil des ministres, et Antoine Pinay, ministre des Affaires étrangères, publient une déclaration spectaculaire qui marque la fin de l'ère des réformes octroyées et annonce l'ouverture de négociations « destinées à faire accéder le Maroc au statut d'État indépendant uni à la France par des liens permanents d'une interdépendance librement consentie ».

Par rapport à la politique initialement annoncée par le gouvernement, c'est un changement radical. Edgar Faure a-t-il été débordé par les événements en se soumettant finalement à l'inéluctable ? Ou bien les a-t-il conduits avec habileté et ruse, trompant délibérément ses interlocuteurs et ses subordonnés, à commencer par ceux qu'il avait chargés de le représenter sur place ? La question prendra rétrospectivement d'autant plus d'importance qu'elle se posera dans des termes fort voisins à propos de la politique du général de Gaulle en Algérie.

L'épilogue marocain est mis en œuvre par le gouvernement suivant. Les négociations prévues s'ouvrent à Paris le 15 février 1956, en présence du sultan et du président de la République. Du côté français, elles sont menées par Christian Pineau, ministre des Affaires étrangères, et par Alain Savary, secrétaire d'État chargé des affaires tunisiennes et marocaines. Le 2 mars est signée une déclaration commune entre « le Maroc et la France, États souverains et égaux ». La convention diplomatique qui sera signée le 28 mai constituera une sorte de traité d'alliance et d'amitié ne comportant aucune disposition qui entraînerait pour le Maroc « une limitation quelconque de son pouvoir de négocier ou de conclure des traités, conventions ou autres actes internationaux ».

Entre-temps, le 20 mars, la France et la Tunisie signent un protocole dans lequel on lit : « La France reconnaît solennellement l'indépendance de la Tunisie. Il en découle que le traité conclu entre la France et la Tunisie le 12 mai 1881 ne peut plus régir les rapports franco-tunisiens, que celles des dispositions des conventions du 3 juin 1955 qui seraient en contradiction avec le nouveau statut de la Tunisie — État indépendant et souverain — seront modifiées ou abrogées. » Le 15 juin est signée une convention diplomatique analogue à celle qui été conclue entre la France et le Maroc. En novembre, la Tunisie et le Maroc sont admis à l'ONU, sur présentation de la France. Mais à ce moment, l'événement passe pratiquement inaperçu, puisqu'on en est à mesurer les conséquences de l'échec de l'expédition de Suez et les répercussions de cet échec sur la politique algérienne.

L'Indochine, l'Europe et l'Afrique du Nord ont longtemps posé des problèmes si urgents que l'évolution de l'Afrique occidentale française et de l'Afrique équatoriale française est passée inaperçue. Aucune difficulté majeure ne semble exister et les quelques représentants africains dans les assemblées parisiennes paraissent parfaitement intégrés à la vie politique française. Tout le monde s'accorde pour dire qu'il faut effectuer des réformes en Afrique noire, mais les débats de principe sur l'assimilation et l'association, sur l'égalité et le paternalisme demeurent le domaine réservé de quelques spécialistes, tandis que les réformes prévues sont introduites avec une sage lenteur.

Pourtant, les partis africains commencent progressivement à s'organiser et à exiger des changements plus étendus. La rupture de Léopold Senghor avec la SFIO en septembre 1948 a été symptomatique. Le Rassemblement démocratique africain de Félix Houphouët-Boigny continue à revendiquer l'autonomie au sein de l'Union française, malgré son évolution de 1950-1951 où François Mitterrand a fortement contribué à le détacher de l'emprise communiste et a su l'associer à l'UDSR qu'il dirige avec René Pleven ; quelle hostilité de la colonie européenne quand le ministre de la France d'outre-mer, dans le gouvernement dirigé précisément par M. Pleven est venu à Abidjan et s'est fait l'interlocuteur d' « ennemis de la France » ! En février 1953, le congrès constitutif du Mouvement des indépendants d'outre-mer, destiné à donner une base populaire à un groupe parlementaire fort modéré, demande une révision de la Constitution dans le sens d'un « fédéralisme actif ». Aux revendications intérieures vient s'ajouter une force nouvelle dont l'orientation et la vigueur échappent au contrôle de la France. Le 24 avril 1955, la Conférence des nations afro-asiatiques, réunie à Bandoeng, en Indonésie, proclame que ses participants sont d'accord :

1. Pour déclarer que le colonialisme, dans toutes ses manifestations, est un mal auquel il doit être mis fin rapidement.
2. Pour déclarer qu'[ils appuient] la cause de la liberté et de l'indépendance des peuples.
3. Pour faire appel aux puissances intéressées pour qu'elles accordent la liberté et l'indépendance à ces peuples.

Comme, de plus, la Grande-Bretagne fait évoluer rapidement le statut politique de territoires africains jouxtant l'Afrique française, l'immobilisme ou même les réformes trop lentes et incomplètes risquent d'amener des explosions analogues à celles qu'a connues l'Afrique du Nord.

En janvier 1956, Guy Mollet prend dans son cabinet, comme ministre délégué à la présidence du Conseil, Félix Houphouët-Boigny. Mais c'est du ministère de la France d'outre-mer, où Gaston Defferre reprend et développe les projets qu'il trouve à son arrivée, que part la réforme décisive. La loi du 23 juin 1956, « autorisant le gouvernement à mettre en œuvre les réformes et à prendre les mesures propres à assurer l'évolution des territoires » relevant de son ministère, impose le « suffrage universel des citoyens des deux sexes, quel que soit leur statut », et cela au collège unique. Des conseils de gouvernement sont institués comme organes d'un pouvoir exécutif local. Les assemblées territoriales verront leurs compétences considérablement élargies. L'adoption de la loi-cadre se fait facilement. « Ne laissons pas croire que la France n'entreprend des réformes que lorsque le sang commence à couler », a déclaré Gaston Defferre devant le Conseil de la République. Par 211 voix contre 77, les sénateurs adoptent le texte de l'Assemblée à peine amendé. Celle-ci le vote définitivement par 446 voix contre 98, l'opposition venant surtout des Indépendants.

Le 31 mars 1957 ont lieu les élections aux douze assemblées territoriales. Il y a 10,2 millions d'électeurs inscrits en AOF, 2,5 millions en AEF. Le RDA remporte 234 sièges sur 474 en AOF, au lieu de 41 sur 405 en 1952. « Il nous était beaucoup plus facile d'emballer les foules avec le slogan de l'indépendance absolue des peuples colonisés, déclare Félix Houphouët-Boigny. Nous avons résisté à la démagogie. » Mais très rapidement la position du ministre est combattue au sein de son propre parti, tandis que la Convention africaine, créée en janvier sous l'impulsion de Léopold Senghor, l'accuse de vouloir « balkaniser » l'Afrique noire. Au congrès du RDA de septembre 1957, Félix Houphouët-Boigny n'est réélu à la présidence du parti qu'après avoir vu ses idées battues. Le congrès donne raison à Sekou Touré, vice-président du Conseil du gouvernement de Guinée, et réclame une révision constitutionnelle pour « la constitution d'un État fédéral composé d'États autonomes avec un gouvernement fédéral et un parlement fédéral, organes suprêmes de l'État unifié ». Les États autonomes seraient d'une part la France, d'autre part non les territoires multiples, dont certains sans ressources, mais les républiques autonomes d'AOF et d'AEF.

La loi-cadre apparaît alors comme dépassée, à peine entrée en vigueur. Mais quel est son véritable objet ? Créer des structures définitives ou faciliter une évolution pacifique ? L'accord est assez général pour lui reconnaître un caractère transitoire. Mais une transition vers quoi ? C'est ici que les esprits se divisent. La large majorité qu'a recueillie la loi-cadre était hétérogène. « Cartiérisme », communauté franco-africaine et Eurafrique sont les mots clés permettant de caractériser trois tendances principales.

De façon assez paradoxale, on trouve parmi les partisans d'un retrait français beaucoup de défenseurs intransigeants d'une Algérie pleinement française. L'argument très terre à terre : « Si cela nous coûte plus que cela ne nous rapporte, qu'y faisons-nous ? » peut passer pour scandaleux appliqué à l'Algérie et raisonnable appliqué au Sénégal. « La sagesse d'aujourd'hui, écrit l'influent journaliste Raymond Cartier le 1er septembre 1956 dans *Paris-Match,* consiste à faire le contraire de ce que conseillait la prudence hier : accélérer au lieu de freiner. Il faut transmettre le plus vite possible le plus possible de responsabilités aux Africains. A leurs risques et périls. » Il est vrai qu'en Afrique noire il n'y a pas d'autochtones français d'origine européenne comme en Algérie ni des colons comme en Tunisie et au Maroc. Il y a un nombre réduit de coloniaux qui, même s'ils ont passé de longues années en Afrique, ont gardé leur port d'attache dans la métropole.

Un autre courant se distingue de l'anticolonialisme de gauche traditionnel en s'en prenant au complexe de culpabilité qui fait juger dérisoires les efforts accomplis par la France pour les pays colonisés et en plaidant pour la création d'une communauté franco-africaine dont tireraient avantage — tout particulièrement sur le plan économique — à la fois la France et les pays d'Afrique ayant accédé à l'autonomie. Mais l'idée eurafricaine progresse en même temps. Si, pour certains, l'Europe constitue un moyen indirect de maintenir la tutelle française sur les territoires africains, la tendance à l'association devient peu à peu dominante. « Il est impossible de dire, affirme Alain Savary dans son rapport parlementaire sur le traité de Rome, qu'un néocolonialisme européen va se substituer au colonialisme français. Le traité est au contraire conforme à la politique de décolonisation qui vient de franchir une grande étape avec le vote de la loi-cadre. »

La volonté de ne pas se laisser prendre de court par l'évolution générale l'emporte clairement chez les dirigeants français pour l'Afrique noire. Mais cette volonté est freinée en même temps que stimulée par le drame algérien. Si l'exemple de l'Algérie prouve qu'il faut savoir évoluer à temps, la visée vers l'autonomie en Afrique noire ne donne-t-elle pas des arguments de poids contre la politique menée en Algérie ? Au nom de quoi considérera-t-on comme scandaleuse la motion adoptée par le RDA à son congrès de Bamako : « Le congrès lance un pressant appel au gouvernement français pour traiter avec les représentants authentiques du peuple algérien afin de mettre fin à cette lutte fratricide et pour bâtir ensemble une vaste communauté démocratique des peuples garantissant le respect de la personnalité algérienne » ?

Suez et la cristallisation algérienne

« La France ne quittera pas plus l'Algérie que la Provence ou la Bretagne. Un choix a été fait par la France. Ce choix s'appelle l'intégration » : la politique définie par le gouverneur général Soustelle devant l'Assemblée algérienne en février 1955 est bien celle que trace le chef du gouvernement. Le 25 septembre, dans une allocution radiodiffusée, Edgar Faure précise que l'« intégration complète » « conférera à tous les habitants, sans discrimination, les droits et les devoirs, les opportunités et les obligations qui s'attachent à la qualité de citoyens français ». Seulement, le lendemain, à Alger, 61 élus musulmans sur les 71 que comprennent le Parlement, l'Assemblée de l'Union française et l'Assemblée algérienne adoptent une motion disant que la politique d'intégration est dépassée : « L'immense majorité des populations est présentement acquise à l'idée nationale algérienne. » De plus, la pression des non-musulmans pour que l'intégration égalitaire ne se fasse pas demeure aussi forte et s'exerce notamment sur le gouverneur Soustelle, bientôt rallié à leur cause et adopté par eux.

Pendant ce temps, la guerre a pris un caractère de plus en plus atroce. Le 20 août, le jour tant redouté par Gilbert Grandval, a vu des massacres encore plus terribles en Algérie qu'au Maroc. Européens et musulmans sont victimes d'assassinats et de mutilations. La réplique a été telle que la motion des 61 commence par « dénoncer et condamner formellement la répression aveugle qui frappe un nombre considérable d'innocents, appliquant le principe de la responsabilité collective à des populations sans défense ». Les renforts envoyés de la métropole ne suffisent pas pour faire disparaître l'insécurité et éliminer la rébellion. Ne faut-il pas inaugurer une autre politique ? Ou alors il convient d'aller beaucoup plus loin dans l'effort militaire, ce qui suppose l'envoi du contingent — mais, pour cela, il faut l'autorisation du Parlement.

Edgar Faure estime que l'Assemblée élue en 1951 et dont le mandat vient à expiration en juin 1956 n'est pas qualifiée pour en décider. Il a du mal à faire accepter l'idée d'élections anticipées, mais, battu le 29 novembre, il fait dissoudre l'Assemblée par le président de la République. On votera le 2 janvier 1956. Du moins dans la métropole : le 12 décembre, le gouvernement décide que l'Algérie ne votera pas. La nouvelle Assemblée nationale ne comprendra donc plus de députés algériens, qu'ils émanent du premier ou du second collège. La campagne électorale se fait largement pour ou contre le Front républicain, qui regroupe les socialistes, les radicaux mendésistes et une partie des républicains sociaux, c'est-à-dire les gaullistes fidèles de Jacques Chaban-Delmas. La politique algérienne commune de ce cartel est assez floue, mais l'électorat est frappé par des formules comme celle que Guy Mollet utilise dans un article de *L'Express,* devenu quotidien et une sorte d'organe officiel du Front : le 2 janvier, les Français diront « quel est leur choix entre cet avenir de réconciliation et de paix, et d'autre part une guerre imbécile et sans issue ».

Le résultat électoral manque de netteté. Face au fort groupe parlementaire communiste et au groupe nouveau des poujadistes, ni la majorité sortante ni le Front républicain ne sont en mesure de former un gouvernement. Mieux vu que Pierre Mendès France par les « Européens » du centre et de la droite modérée, Guy Mollet forme le gouvernement dans lequel figure un « ministre résidant en Algérie », le poste de gouverneur général à Alger se trouvant supprimé. Il commet une erreur en nommant à cette fonction le général Catroux, certes grand chancelier de la Légion d'honneur, mais, aux yeux des Européens d'Algérie, l'homme du voyage à Antsirabé, c'est-à-dire, pour eux, de la capitulation devant le nationalisme arabe. De toute façon, un gouvernement dirigé par l'un des leaders du Front républicain et comprenant Pierre Mendès France, même comme simple ministre d'État sans portefeuille, rencontre méfiance et hostilité à Alger.

Le 6 février, Guy Mollet, précédant le général Catroux, va à Alger pour expliquer son choix et sa politique. Il a le tort de ne pas procéder comme Mendès France à Carthage : son arrivée est annoncée suffisamment à l'avance pour qu'une manifestation « spontanée » l'accueille. Il est pris à partie par les manifestants qui débordent le service d'ordre. Le secrétaire général de la SFIO semble découvrir à cette occasion que les Français d'Algérie, ce ne sont pas seulement de « gros colons », qu'il existe tout un petit peuple sociologiquement pas tellement différent de l'électorat socialiste de la métropole, plus menacé que les « gros » dans son statut social par l'égalité réelle à accorder aux musulmans. Il capitule doublement : en limitant ses entretiens de façon unilatérale et en acceptant que le général Catroux démissionne à Paris. Aux yeux de nombreux musulmans, cette démission a valeur de symbole : une nouvelle fois, Paris a renoncé à arbitrer entre les deux communautés et a soutenu la minorité toute-puissante contre la majorité humiliée. En janvier déjà, Ferhat Abbas a déclaré dans une interview : « Mon rôle aujourd'hui est de m'effacer devant les chefs de la résistance armée. Les méthodes que j'ai défendues pendant quinze ans : coopération, discussion, persuasion, se sont avérées inefficaces. » Le 23 avril, il rejoint les dirigeants du Front de libération nationale au Caire. Le 23 mai, Pierre Mendès France quitte le gouvernement en expliquant, dans une lettre rendue publique, son désaccord avec la politique algérienne de Guy Mollet et du ministre résidant, le socialiste Robert Lacoste, un homme qu'il avait pourtant voulu avoir dans son équipe en 1954.

Guy Mollet a un programme pour mettre fin à la guerre. Le « triptyque » prévoit, dans l'ordre, un cessez-le-feu, des élections libres et des négociations avec les élus. Mais un cessez-le-feu est-il acceptable pour l'armée française s'il ne comporte pas une remise des armes, donc une capitulation du FLN, ce qui le rendrait à coup sûr inacceptable pour ce dernier ? Et comment des élections pourraient-elles passer pour libres aux yeux des deux parties ? De toute façon, un cessez-le-feu est-il acceptable par l'adversaire sans un minimum de garanties politiques, ce qui suppose à la fois une légitimation et une négociation non limitée aux aspects militaires ? Le général de Gaulle pour l'Algérie et les États-Unis au Vietnam expérimenteront à leur tour les impossibilités du triptyque.

Quel qu'il soit, un cessez-le-feu n'est pas concevable sans un minimum d'entretiens avec l'adversaire. A plusieurs reprises, au cours du printemps et de l'été 1956, des contacts officieux et secrets ont lieu au Caire, à Rome, à Belgrade, entre le FLN et les émissaires du président du Conseil choisis parmi ses amis de la SFIO. Les résultats n'en sont sans doute pas négligeables, mais l'entrevue du 22 septembre n'a pas de suite : Mohammed Khider, le principal interlocuteur des Français, est arrêté avec Ben Bella. En effet, une rencontre devait avoir lieu le 22 octobre à Tunis entre Habib Bourguiba et le roi du Maroc. Il était prévu que les deux chefs d'État recevraient une délégation du FLN venant du Caire. Cette délégation s'est rendue d'abord à Rabat où elle a été reçue pendant cinq heures par Mohammed V. Le jour même, Alain Savary, secrétaire d'État aux Affaires étrangères chargé des questions tunisiennes et marocaines, a fait annoncer la suspension de l'aide financière au Maroc. Le souverain n'en a pas moins décidé d'emmener les dirigeants du FLN à Tunis dans un avion de sa suite. En cours de route, le capitaine de bord, pilote français au service de la compagnie marocaine, se soumet à un ordre venu par radio d'Alger. Pendant que l'hôtesse, française elle aussi, détourne l'attention des passagers, l'avion fait route vers l'Algérie. A l'atterrissage à Alger, Ahmed Ben Bella et ses quatre compagnons sont faits prisonniers.

Alors que la majeure partie de l'opinion française applaudit à cet enlèvement spectaculaire, des manifestations ont lieu en Tunisie et au Maroc. Des magasins français sont saccagés. A Meknès, une trentaine d'Européens sont massacrés. Le roi du Maroc téléphone au président Coty pour protester. La conférence de Tunis, qui devait contribuer à la paix en Algérie, devient une réunion sur l'aide au FLN. La présence des Français dans les administrations et les services techniques tunisiens et marocains est remise en cause par le comportement du pilote. Tandis que Guy Mollet couvre une opération qu'il ignorait et qui lui a d'abord paru catastrophique, Alain Savary démissionne du gouvernement. Mais l'affaire passe vite au second plan : le 31 octobre, les aviations française et britannique commencent à bombarder le territoire égyptien où les troupes israéliennes ont pénétré la veille.

Pourtant, au mois de mars, Christian Pineau, ministre des Affaires étrangères, a rendu visite au colonel Nasser et a été séduit par son interlocuteur au point de déclarer, à son retour du Caire, devant l'Assemblée nationale : « Le colonel Nasser a nié toute participation de son gouvernement à l'équipement des rebelles d'Algérie ; il m'a donné sa parole d'honneur qu'aucun commando rebelle n'était entraîné en Égypte. Concernant les fournitures d'armes, la même parole ne m'a pas été donnée. Mais, d'après mes renseignements, ces fournitures n'ont peut-être pas l'importance que certains lui attribuent. » Peu de semaines plus tard, le ministre sera convaincu d'avoir été trompé. Et le canal de Suez ne serait pas un enjeu aussi important s'il n'y avait pas le contexte de la guerre d'Algérie. Nasser aide les combattants du FLN. Détruire Nasser, ne serait-ce pas hâter la victoire en Algérie ou, du moins, se mettre en situation de force pour négocier ?

En réplique à la décision américaine de ne pas participer à la construction du barrage d'Assouan, le colonel Nasser prend une décision spectaculaire. Dans un discours violent, ponctué d'un rire qui passera pour une provocation, il annonce, le 26 juillet, devant la foule frénétique d'Alexandrie, la nationalisation du canal de Suez. Le décret pris le même jour par le gouvernement égyptien est beaucoup plus modéré et prévoit une indemnisation fort honnête des porteurs de part. Le débat juridique sur la nationalisation est fort complexe. La Compagnie internationale de Suez est concessionnaire du trafic sur le canal jusqu'en 1968. Son capital est à majorité française, 45 % appartenant à la Grande-Bretagne. Le statut du canal lui-même résulte de la convention de Constantinople de 1888 qui précise que le canal « sera toujours libre et ouvert », le gouvernement égyptien se trouvant chargé de faire respecter l'exécution du traité. Or Nasser affirme vouloir assurer le libre passage et son droit de nationaliser ne semble guère contestable.

Mais l'argumentation juridique pèse peu devant les passions. Il s'agit aussi de prestige. Il s'agit de ne pas capituler devant un dictateur. Dans les discours français et britanniques, dans l'esprit de dirigeants comme Guy Mollet, Christian Pineau, Anthony Eden, Harold Macmillan, Nasser se trouve assimilé à Hitler et Mussolini, et un refus d'agir contre lui à un nouveau Munich. La temporisation, les hésitations, les déclarations malencontreuses de John Foster Dulles et du président Eisenhower les exaspèrent. En fait, on sous-estime la volonté très réelle des dirigeants américains d'éviter toute opération guerrière parce qu'une éventuelle intervention soviétique pourrait conduire à une confrontation tragique entre les Grands.

Or l'opération militaire est préparée dès juillet, d'abord sous forme d'intervention directe franco-britannique, puis comme acte de « pacification » dans un conflit entre Israël et l'Égypte — conflit soigneusement préparé d'abord sans contact direct entre dirigeants anglais et israéliens, les Français servant d'intermédiaires, puis au cours d'une réunion tripartite particulièrement secrète à Sèvres, près de Paris, à laquelle participe notamment le ministre britannique des Affaires étrangères, Selwyn Lloyd. Le secret sur l'ensemble des préparatifs est gardé aussi bien à l'égard de la plupart des ministres, diplomates et hauts fonctionnaires français et britanniques qu'à l'égard du président Eisenhower. L'idée est que celui-ci, pris par la campagne pour sa réélection qui doit avoir lieu le 6 novembre, n'interviendra guère et que, si on le consulte, il sera obligé de s'opposer, tandis que le secret lui permettra de lancer en toute sincérité quelques critiques sans conséquence. Pourtant, le président a envoyé à son ami Eden de longues et sérieuses mises en garde. Or l'action du gouvernement américain, tant publique que secrète, va être le facteur décisif de la transformation d'une victoire militaire en désastre diplomatique.

Dès le 30 octobre, les États-Unis saisissent le Conseil de sécurité. Le 31, les Franco-Britanniques, après un ultimatum fictif adressé en principe à Israël et à l'Égypte pour les séparer, commencent à bombarder l'Égypte pour préparer un débarquement en Égypte à partir de Chypre. Le 1er novembre, l'Assemblée générale de l'ONU adopte un projet de résolution américain en faveur d'un cessez-le-feu par 64 voix contre 5 et 6 abstentions. Le 5 novembre, les parachutistes anglais et français descendent sur Port-Saïd et Port-Fouad, pendant que la livre sterling est en difficulté à New York. Le 6 novembre, la Grande-Bretagne, la France et Israël acceptent le cessez-le-feu, alors qu'ils apparaissent victorieux sur le terrain mais que l'Égypte a rendu inutilisable le canal qui fonctionnait fort bien avant l'intervention. Le 3 décembre, la France et la Grande-Bretagne annoncent qu'elles retireront leurs troupes d'Égypte où elles seront progressivement remplacées par les « casques bleus » de l'ONU. Le retrait sera achevé le 22 décembre. Ce qui a fait céder le gouvernement britannique et, par contrecoup, le gouvernement français, c'est moins la vive opposition du Parti travailliste, encore moins un tardif ultimatum du maréchal Boulganine, que la brutale pression financière du gouvernement américain.

Les derniers jours d'octobre et les premiers jours de novembre 1956 ont été particulièrement dramatiques parce que la brève guerre de Suez a coïncidé avec le soulèvement de Budapest et sa sanglante répression par l'armée soviétique. La difficulté, c'est que la concomitance des deux actions peut être interprétée de différentes façons. Pour les critiques de l'expédition anglo-française, celle-ci a rendu plus aisée l'action des chars russes, notamment leur seconde intervention, le 3 novembre ; elle a empêché les pays afro-asiatiques de condamner avec assez de vigueur l'URSS, celle-ci soutenant par ailleurs la cause de l'Égypte. En sens inverse, les partisans de l'expédition sont choqués par l'énorme différence entre le traitement subi par les pays démocratiques (évacuation imposée, mise en action de forces des Nations unies) et la simple et stérile sanction morale d'un texte adressé au pays totalitaire qui peut se moquer impunément de l'organisation internationale. Où sont notamment les mesures prises par les États-Unis contre l'Union soviétique ?

Or les partisans du recours à la force contre Nasser ont été très largement majoritaires en France, dans la presse et au Parlement. Le 30 octobre, quand Guy Mollet a annoncé à l'Assemblée que la France et la Grande-Bretagne allaient occuper le canal, il a été approuvé par 368 voix contre 182 (communistes et poujadistes), bien que des inquiétudes se fussent manifestées. Et même l'échec ne suffit pas à renverser le courant d'opinion. En décembre 1956, en plein reflux, à la question : « Tout bien considéré, approuvez-vous ou désapprouvez-vous la France et l'Angleterre d'avoir utilisé la force en Égypte ? » un sondage donne 42 % de réponses affirmatives contre 33 % de négatives. En mars 1957 encore, l'approbation rétrospective demeure, alors qu'aucune conséquence favorable n'est perceptible[1].

L'échec de Suez exaspère d'autant plus qu'il s'agissait enfin d'une guerre qu'on pouvait gagner, alors qu'en Algérie, malgré toutes les paroles officielles optimistes, malgré l'envoi des soldats du contingent que le gouvernement Mollet a fait accepter, c'est un enlisement d'autant plus démoralisant qu'il s'agit d'une « sale guerre ». Au terrorisme du FLN, on répond avec des méthodes qui sont dénoncées notamment par les communistes et nombre de catholi-

1. « La politique étrangère de la France et l'opinion publique », *Sondages* 1958, p. 179, et *Sondages* 1957, pp. 3 et 4.

ques militants, publiquement ou par interventions auprès des autorités. Le 15 septembre 1956, Mgr Duval, archevêque d'Alger, proteste auprès du général supérieur interarmées contre « les traitements odieux infligés à des suspects, les exécutions sommaires de prisonniers, l'usage de la torture dans les interrogatoires, les représailles collectives », et rappelle qu'« une seule injustice grave dont est victime un innocent peut pousser au désespoir et à la violence toute la population d'un douar ou d'un quartier urbain ». Le 15 février 1957, il écrit à Robert Lacoste. Il répète que « des musulmans sont cruellement frappés sans aucun motif que celui d'être musulmans ; il en est même qui ont été mis à mort sans aucun jugement et sans aucun motif. La torture sévit par les moyens que tout le monde connaît et dont tout le monde parle[1] ».

A Paris, on continue de préparer une transformation du statut de l'Algérie. Dans sa déclaration d'investiture, le 12 juin 1957, Maurice Bourgès-Maunoury, qui succède à Guy Mollet, annonce un projet de loi-cadre. Celui-ci se voit critiquer en septembre de deux côtés à la fois. D'Algérie, les associations d'Européens, dont Jacques Soustelle se fait le porte-parole à l'Assemblée, exigent le rejet d'un texte, instituant le collège électoral unique. Pour Léopold Senghor, le projet « balkanise » l'Algérie et, de toute façon, la méthode suivie est mauvaise : « Nous préférons des négociations directes entre le gouvernement français et les rebelles suivi de libres discussions avec tous les interlocuteurs valables pour l'établissement de nouveaux liens entre la France et l'Algérie. » La loi est rejetée et le gouvernement donne sa démission. Fin novembre, l'Assemblée discute de nouveau un projet de loi-cadre amendé, présenté par le gouvernement de Félix Gaillard. Elle proclame que « l'Algérie est partie intégrante de la République française. Ses départements sont groupés en territoires qui gèrent librement et démocratiquement leurs propres affaires ». Accepté par Jacques Soustelle, le projet est vivement combattu, dans le tumulte, par Pierre Mendès France : « Les décisions proposées ont un caractère purement métropolitain et unilatéral. Comment peut-on supposer que les musulmans algériens accorderont foi à des perspectives aussi incertaines, aussi lointaines, aussi nébuleuses, alors surtout, il faut le rappeler, qu'ils ont été si souvent déçus dans le passé ? [...] Rester sourds aux appels qui nous viennent de toutes les parties de l'Afrique, de Bamako comme de Rabat [...], c'est sacrifier un avenir franco-africain qui, sous des formes plus modernes et plus démocratiques, doit prendre

1. L. E. Duval, *Au nom de la vérité. Algérie 1954-1962*, Cana, 1982, pp. 54 et 70.

la place de la domination coloniale de l'autre siècle. » Par 269 voix contre 200, l'Assemblée adopte la loi-cadre. Elle sera promulguée le 5 février 1958. Elle n'aura pas le temps d'être appliquée.

Les amertumes et les armes de la République

Pour quoi se bat-on en Algérie ? Officiellement, il n'y a pas guerre, mais opération de pacification. En même temps, il doit être bien entendu qu'en Algérie on lutte, comme auparavant en Indochine, pour la protection du monde occidental et, cette fois, directement pour la sécurité française. Celle-ci n'avait guère à être assurée au Tonkin. Elle n'est plus menacée sur le Rhin et la menace sur l'Elbe n'est pas ressentie comme immédiate. La sécurité française a pour ligne de défense l'axe Paris-Alger-Brazzaville. Cette conviction n'est pas seulement partagée par les militaires et des dirigeants politiques classés à droite. Il faut dire « aux alliés qui n'ont pas assez compris — parce qu'on ne leur a peut-être pas assez fait comprendre — que la Méditerranée, et non plus le Rhin, est l'axe même de notre sécurité, donc de notre politique étrangère », déclare François Mtterrand, redevenu simple député après avoir été ministre de la Justice dans le gouvernement Mollet, au cours du débat sur la loi-cadre, le 30 septembre 1957. Défense nationale et défense de l'Occident se joignent donc pour justifier l'effort militaire en Algérie.

Or, non seulement les alliés de la France n'ont pas compris cela, mais ils sont même d'un avis assez exactement opposé. Pour les autres membres de l'OTAN, l'action de l'armée outre-Méditerranée affaiblit nettement l'alliance. Ils ne considèrent nullement la guerre d'Algérie comme une contribution à la lutte contre la menace communiste. Le nationalisme algérien n'est pas inspiré par Moscou et le refus d'accepter la revendication nationale, le fait de la combattre par les armes risquent, au contraire, de jeter le FLN dans les bras de l'URSS.

En réponse, l'OTAN se voit reprocher à la fois de trop s'occuper de l'Algérie et de ne pas s'en occuper assez. D'une part, l'affaire algérienne est une affaire intérieure française ; donc les gouvernements français — et ce sera leur thèse constante, de Mendès France à Gaillard — n'ont pas à en référer à un organisme international. D'autre part, la rébellion algérienne, avec le soutien qu'elle reçoit de l'extérieur, ne constitue-t-elle pas « une attaque armée contre les départements français d'Algérie » — article 6 du traité —, ce qui, selon l'article 5, oblige les autres membres de l'Alliance à porter assistance à la France ? C'était déjà la thèse de René Mayer à la fin de 1954. Jacques Soustelle la reprend à l'Assemblée en janvier 1958 : « Qu'est-ce qu'on eût dit si, par exemple, la Sicile ou une province de l'Allemagne de l'Ouest avait été l'objet à la fois d'une attaque interne et d'une agression externe ? »

De plus, dès le début des années cinquante, on a reproché aux États-Unis non seulement de ne pas vouloir comprendre la position française, mais de vouloir se substituer à la France en soutenant les nationalismes nord-africains. Après Suez, ces reproches prennent un ton particulièrement dramatique. Ainsi, dans une « Lettre aux Américains » que *Le Figaro,* pourtant le plus « européen » et le plus « atlantique » des grands quotidiens de Paris, publie le 9 janvier 1957, Thierry Maulnier écrit :

> Sous les regards de trois cents millions d'Arabes, vous nous avez humiliés devant un Nasser [...] C'est aussi le vide devant les Russes qu'en prenant parti contre nous en Algérie vous ferez en Afrique du Nord [...] La France défend en Afrique du Nord *sa dernière chance.* Entre sa vocation africaine et l'amitié américaine, ne la forcez pas à choisir.

De nombreuses voix s'élèvent pourtant aux États-Unis pour critiquer la politique gouvernementale américaine comme encore trop favorable à la position française. En juillet 1957, John Foster Dulles prend en effet la défense de la France contre John Kennedy dont un projet de résolution soulève à Paris et à Alger la plus violente indignation. Le sénateur démocrate n'a-t-il pas affirmé que l'indépendance de l'Algérie est à la longue inévitable et que les États-Unis devraient intervenir activement pour rechercher une solution, leur abstention ayant « fourni de puissantes munitions aux propagandistes occidentaux en Asie et au Moyen-Orient » ? Roger Duchet, secrétaire général du Centre national des Indépendants, personnage clé dans le jeu politique français, répond à J.F Kennedy : « Vous donnez avec beaucoup de candeur et de suffisance des leçons à la France. La jeunesse n'excuse pas tout. Cependant, puisque vous avez encore quelques années devant vous avant de faire définitivement carrière, vous pouvez utilement prendre quelques leçons d'histoire et de géographie[1]. »

Les alliés de la France ne vont-ils pas jusqu'à aider l'adversaire, fût-ce indirectement, en fournissant du matériel militaire, en

1. R. Duchet, *Pour le salut public,* Plon, 1958, p. 95.

principe pour que ce ne soit pas fait par l'URSS, à des pays qui les transmettent ensuite aux combattants algériens ? Quand on apprend, le 15 novembre 1957, que la Grande-Bretagne et les États-Unis effectuent une livraison d'armes à la Tunisie, la délégation française à la conférence des parlementaires de l'OTAN décide de ne plus participer aux travaux. Et un sondage va montrer que 82 % des Français sont au courant de cette livraison d'armes, alors que 53 % seulement ont entendu parler du projet de Marché commun [1].

En février 1958, l'aviation française bombarde le village tunisien de Sakiet, après que les fellaghas algériens eurent attaqué des unités françaises en partant du territoire tunisien. Le gouvernement, qui n'a pas été consulté, mais qui n'avait pas vraiment interdit une telle opération, la couvre. Il y a de vives protestations en France et hors de France. La tension est vive avec la Tunisie dont l'ambassadeur, M. Masmoudi, doit regagner son pays après avoir reçu des témoignages de sympathie du général de Gaulle et de M. Mendès France. En mars, les États-Unis et la Grande-Bretagne obtiennent l'accord des deux pays pour une procédure de bons offices. Le gouvernement américain charge de cette mission le même Robert Murphy qui, en 1942-1943, était intervenu dans les affaires françaises au moment du débarquement allié en Afrique du Nord. La mission Murphy apparaît si bien comme une ingérence américaine et comme une humiliation française que c'est en défendant ses résultats devant l'Assemblée nationale que le gouvernement Gaillard est renversé le 15 avril. Elle sert ainsi de détonateur aux événements du 13 mai qui vont faire tomber non plus un gouvernement, mais un régime.

A ce moment, l'armée paraît tellement engagée en Algérie et semble exercer une telle pesée sur la politique française que toute préoccupation de défense nationale qui ne serait pas en rapport avec l'Algérie paraîtrait hors de saison si elle était proclamée. Or le 11 avril 1958, Félix Gaillard, président du Conseil, a donné l'ordre décisif de fabriquer la bombe atomique française, la première explosion étant déjà prévue pour le premier trimestre de 1960.

Deux hommes ont joué un rôle prééminent dans une histoire en grande partie clandestine. Le général Ailleret est depuis 1957 commandant interarmées des armes spéciales, responsable des questions atomiques au niveau du chef d'état-major général, après avoir exercé, de 1952 à 1956, les fonctions mystérieuses de commandant des armes spéciales de l'armée de terre. Félix Gaillard lui-même

1. *Sondages* 1958, p. 43.

a été, d'août 1951 à juin 1953, chargé des problèmes de l'énergie atomique dans quatre gouvernements successifs. Il a mis en place un plan de cinq ans de grande portée. Préparé avec Francis Perrin, successeur de Frédéric Joliot-Curie à la tête du Commissariat à l'énergie atomique, le plan prévoit le développement de l'énergie nucléaire « pacifique », mais permet aussi d'entreprendre les études sinon les préparatifs conduisant à l'arme atomique. Le colonel Ailleret et quelques autres constituent un groupe de pression petit, mais efficace, pour faire connaître la nouveauté des stratégies atomiques et obtenir du gouvernement la création d'un armement atomique national.

De 1954 à 1958, des décisions préliminaires sont prises par Pierre Mendès France, Edgar Faure et Guy Mollet, ne serait-ce que la décision de ne pas exclure la possibilité de construire la bombe. Ces chefs de gouvernement semblent cependant avoir ignoré pour une large part combien, pendant ce temps, les préparatifs avançaient, rendant le choix final à la fois inéluctable et applicable. Encore sont-ils moins mal informés que les ministres, le Parlement et la presse. Peut-être cependant un lecteur attentif du budget et de la *Revue de Défense nationale* aurait-il pu comprendre que la doctrine de défense était en train de changer. L'obstacle extérieur principal ne vient pas du gouvernement américain avec lequel les rapports en la matière sont distants. C'est le projet d'autorité atomique européenne, lancé par Jean Monnet en janvier 1956, qui apparaît aux « conjurés » comme la menace la plus sérieuse. Ils parviennent à convaincre Guy Mollet : le traité de Rome crée bien une communauté atomique, mais l'Euratom laisse toute liberté d'action à la France pour l'utilisation militaire de l'énergie nucléaire, sans que cette liberté fasse encore l'objet d'un véritable débat au Parlement ou dans la presse.

Les motifs des animateurs du projet et des préparatifs ressemblent à ceux qui ont convaincu les responsables britanniques et abouti à l'explosion de la première bombe A anglaise en janvier 1952, puis de la première bombe à hydrogène en mars 1957. Le premier motif est économique : contrairement à la croyance la plus répandue, notamment chez les militaires des années cinquante, l'arme atomique est relativement bon marché. Le second motif, d'ordre stratégique, va se renforçant à mesure que la puissance soviétique se développe : les États-Unis défendront-ils vraiment la France s'ils risquent leur propre destruction ? Le troisième motif, lié au second, porte sur le prestige et le poids de la France, tout particulièrement face aux États-Unis.

Et face à la République fédérale d'Allemagne ? Certes, l'arme atomique donnerait un poids particulier à la France, mais pourquoi ne pas associer la puissance économique allemande à la capacité technologique française ? Le 31 mars 1958, les deux ministres de la Défense, Jacques Chaban-Delmas et Franz-Josef Strauss, signent une convention décidant la gestion commune de l'Institut franco-germanique de Saint-Louis (Haut-Rhin), chargé « d'études scientifiques et techniques fondamentales d'armement », pour « renforcer la défense commune de leurs pays ». Il n'est pas question officiellement d'énergie nucléaire, mais le ministre allemand effectue une visite remarquée au Sahara. La participation allemande à l'effort nucléaire français envisagée à Colomb-Béchar n'est pas incompatible avec les engagements allemands de 1954, puisque la République fédérale y promettait simplement de ne pas fabriquer elle-même des armes A sur son propre territoire. Elle ne s'imposera des interdits beaucoup plus forts qu'en signant en 1969 le traité de non-prolifération.

Le voyage de Franz-Josef Strauss prend valeur de symbole, car il montre l'extaordinaire renversement intervenu depuis 1944 et depuis les débuts de la IVe République. Au départ, la France a beaucoup d'amis — les États-Unis, l'URSS, la Grande-Bretagne. Elle a un seul ennemi : l'Allemagne. Au moment où la IVe République disparaît, l'Union soviétique est l'adversaire potentiel contre lequel a été érigée l'Alliance, mais les Anglo-Américains sont considérés moins comme des amis que comme des puissances maléfiques laissant les autres continents dénoncer le colonialisme français pour mieux asseoir leur propre influence. Il y a un seul ami : l'Allemagne fédérale.

SECONDE PARTIE

LA POLITIQUE DES PRÉSIDENTS

6

DE GAULLE, L'ALGÉRIE ET L'AFRIQUE

D'une République à l'autre

Le 15 mai 1958, le général de Gaulle rend publique une brève déclaration sur les événements d'Alger. Avant de s'y dire « prêt à assumer les pouvoirs de la République », il affirme : « La dégradation de l'État entraîne infailliblement l'éloignement des peuples associés, le trouble de l'armée au combat, la dislocation nationale, la perte de l'indépendance. Depuis douze ans, la France, aux prises avec des problèmes trop rudes pour le régime des partis, est engagée dans ce processus désastreux. »

Les « pouvoirs de la République », il va effectivement les assumer, au départ avec le consentement de la très grande majorité des Français puisque la nouvelle Constitution qu'il leur propose est adoptée par 79,2 % des votants le 28 septembre suivant. La IVe République fait place à la Ve. Le changement institutionnel est profond et se révélera durable, puisqu'il ne sera pas mis en cause après 1981 par l'arrivée à la présidence d'un ancien notable du « régime des partis ». La discontinuité de 1958 constitue donc une réalité assez importante pour imposer à toute analyse de la France depuis la Libération un point d'articulation. A condition de ne pas en faire une sorte de point zéro mathématique ou publicitaire. Le négatif en deçà, le positif au-delà. Avant, quelle tristesse, après, quelle jubilation !

En politique extérieure, la part des continuités est plus grande que celle des ruptures, dès lors qu'on considère le contenu plus que le style et la méthode. Dès l'été de 1958, des signes indiquent que le changement ne sera pas un bouleversement. Les uns passent à peu près inaperçus. Ainsi, le 17 juin, l'accord sur le retrait des troupes françaises de Tunisie, peu conforme aux appels à l'intransigeance lancés naguère par une bonne partie de ceux qui ont fait revenir le général de Gaulle au pouvoir. Ainsi encore, le 13 juillet, la signature de l'accord entre l'Égypte, la Compagnie financière de Suez et la Banque internationale pour la reconstruction et le développement portant sur l'indemnisation de la CFS, un accord qui entérine calmement « la loi n° 285 nationalisant la Compagnie universelle du canal maritime de Suez » promulguée le 26 juillet 1956 par le gouvernement de la république d'Égypte et prévoyant cette indemnisation. D'autres signes sont spectaculaires. Ainsi la rencontre à Colombey-les-Deux-Églises, le 14 septembre, entre le général de Gaulle et le chancelier Adenauer, le partenaire de Robert Schuman et de Guy Mollet. Ainsi l'acceptation du Marché commun. Qu'il s'agisse d'Allemagne et d'Europe, ou d'Algérie et d'Afrique noire, il ne sera pas aisé de délimiter la part de la novation dans la politique extérieure de la Ve République.

D'autant plus que l'évolution et les actions de la IVe ne forment un tout homogène ni par les orientations ni par les résultats. Sauf sans doute pour un aspect paradoxal : préoccupés surtout par les affaires internes — qu'il s'agisse de jeux politiques ou de développement économique —, les dirigeants successifs (ou alternés) se sont trouvés soumis en permanence aux contraintes extérieures. A peine les institutions mises en place en janvier 1947, le conflit Est/Ouest a pesé sur eux. A partir de 1951, pratiquement tous les gouvernements ont été profondément divisés sur des problèmes qui n'étaient pas de politique intérieure : Indochine puis Algérie, réarmement allemand et Europe. Et c'est à propos d'un problème algéro-tunisien que le régime lui-même s'est effondré en mai 1958.

Ces crises avaient de profondes répercussions à l'intérieur. Tantôt parce qu'elles présentaient des choix déplaisants. Comment assurer la sécurité face à l'URSS, alors qu'on est encore hanté par le besoin de sécurité face à l'Allemagne ? Comment concilier l'indispensable protection à recevoir d'un des deux Grands contre la pesée de l'autre, avec l'indépendance à maintenir envers le protecteur ? Tantôt parce que les termes mêmes du choix ne se laissaient pas dégager facilement. Comment maintenir, comment renforcer la présence française, l'influence française ? Par le soutien accordé à des clients intitulés « amis de la France » ou par des rapports plus égalitaires avec des adversaires devenus partenaires et portant l'empreinte française ?

Étrange spectacle, par exemple, que celui de la conférence d'Aix-les-Bains, en 1955, convoquée par Edgar Faure pour convaincre ses ministres « durs » qu'il fallait faire évoluer la situation marocaine ! Les « amis de la France » parlaient souvent mal le français, ils étaient revêtus de costumes traditionnels et leur âge faisait d'eux les représentants du Maroc passé. Les nationalistes maniaient le français beaucoup mieux que l'arabe, tandis que leur habillement et leur comportement démontraient à quel point ils avaient subi l'influence de nos universités et de la civilisation occidentale dans son ensemble. Étaient-ils donc antifrançais simplement parce qu'ils voulaient utiliser les ressources de leur culture française autrement que dans des postes subalternes, parce qu'ils voulaient les appliquer à faire progresser un Maroc devenu libre ? En février 1982, recevant le Premier ministre Pierre Mauroy, le vieux chef de l'État tunisien évoquera un souvenir : « Un jour où je parlais avec le général Mast [résident français en 1940], il me dit : “ Voilà une heure que vous déblatérez sur la France. N'a-t-elle donc rien fait de bon ? ” Et je lui ai répondu : “ Si, elle a fait Bourguiba ! ” » La réplique renvoie à bien des drames.

Dans l'inventaire de l'héritage légué par la IVe République, on est tout naturellement tenté d'inscrire à l'actif la politique allemande et européenne, et au passif la politique d'outre-mer, en exceptant l'Afrique noire de la loi-cadre. En mai 1958, l'Algérie est déchirée, l'Indochine est perdue, la Tunisie et le Maroc sont hostiles, alors que l'Allemagne, seule ennemie en 1945, est devenue le seul partenaire, à un moment où les trois grands alliés de la guerre sont considérés comme des adversaires en Afrique du Nord. Si le rapprochement franco-allemand n'a pas abouti à une communauté d'intérêts et d'action plus étroite encore, c'est surtout pour une raison qui ne dépend pas des relations entre les deux pays : leur face à face s'est transformé en dos à dos plutôt qu'en côte à côte, parce que le regard de l'un reste fixé sur la rive opposée de la Méditerranée et le regard de l'autre sur la rive opposée de l'Elbe.

Mais ces faits ne sont pas nécessairement les résultats d'une mauvaise ou d'une bonne politique. Ils sont pour une large part les produits de facteurs extérieurs. La montée sans cesse accélérée des nationalismes asiatiques et africains aurait contrecarré même la meilleure des politiques d'outre-mer. La formation des deux blocs et le rassemblement des anticommunistes aurait infléchi la plus mauvaise des politiques allemandes.

Il y a plus. Le succès en Europe et l'échec outre-mer ne sont pas venus seulement de politiques différentes. Dans un cas, le problème central pouvait recevoir une solution, dans l'autre non. Comment concilier l'égalité et le contrôle ? Au départ, l'analogie est complète.

On domine complètement l'Allemagne vaincue. On domine complètement les territoires de l'Empire. Puis, comme cette domination ne peut plus se prolonger sous la même forme et comme on veut continuer à limiter à son profit la liberté d'action de l'autre, on en vient à accepter de limiter sa propre liberté d'action. Pour un temps, l'autre consent à subir des limitations plus grandes que celles qu'on subit soi-même. Mais il en vient à réclamer l'égalité complète : mêmes libertés, mêmes entraves. On contrôle seulement pour autant qu'on se laisse contrôler. Or c'est ici que l'analogie cesse. L'égalité avec l'Allemagne était réalisable avec des degrés très divers d'unité institutionnelle ou contractuelle. Surveiller en commun l'acier et le charbon des deux partenaires, organiser ensemble le progrès économique et la législation sociale, accepter une fois pour toutes de se soumettre aux décisions d'institutions communes, voilà qui était faisable et acceptable.

Il n'en était pas de même pour les relations avec les pays d'outre-mer. Les différences de développement économique, de structures sociales, de civilisation étaient trop grandes. L'amitié était possible et aussi la coopération, mais non l'interdépendance institutionnalisée. L'alternative était entre la formule d'un Commonwealth et le maintien larvé de la domination, ce maintien devenant cependant insupportable pour les partenaires défavorisés. Le général de Gaulle, on le verra, en fera l'expérience peu de mois après avoir cru mettre en place pour longtemps la Communauté.

« Nous continuons à croire en l'avenir de l'Union française. Nous continuons à croire que cette union devra englober, avec des statuts sans doute divers, même des pays qui, juridiquement, ont reçu aujourd'hui leur indépendance. » C'est ce qu'a déclaré à l'Assemblée nationale, le 11 février 1958, l' « homme de Carthage », Pierre Mendès France, après avoir dénoncé les politiques suivies par les gouvernements successifs, mais sans avoir expliqué le pourquoi de ces mauvaises politiques. Aussi s'est-il attiré une réplique vigoureuse d'un jeune député de droite, Jean-Marie Le Pen : « Vous venez de tracer, monsieur Mendès France, l'histoire de dix ans de la IVe République... J'étais de cette génération qui a cru qu'avec la Libération venait la construction d'un monde meilleur [...] Cet espoir merveilleux qui était né dans la jeunesse dont je faisais partie a été ignoblement trahi et, à la place de la vision de grandeur qu'on nous proposait, c'est la médiocrité, la défaite, la lutte des factions, la division de la nation, peut-être même sa disparition que nous avons vu poindre [...] Si vous croyez que vous n'êtes pas l'homme responsable, dénoncez les raisons profondes de ces échecs. Dites au pays, qui attend, quels sont les véritables responsables. Si ce sont des hommes qui sont responsables, qu'ils soient traduits en Haute Cour ! Si ce sont les institutions, qu'on les change ou qu'on les supprime ! »

Le 13 mai, l'orateur contribue à la chute du régime en se soulevant contre la légalité au nom de la nation. Sa désillusion aura pour source son erreur d'analyse : le changement d'institutions, le changement de dirigeants n'aura pas transformé la nature de la tragédie algérienne. Mais le retour du général de Gaulle et les moyens institutionnels qu'il met en œuvre apportent tout de même des modifications substantielles à la conduite de la politique française, y compris pour l'Algérie.

Une constitution, c'est à la fois un texte et une pratique. Le président de la République « dispose de la force armée ». Il « négocie et ratifie les traités. Il en donne connaissance aux chambres aussitôt que l'intérêt et la sûreté de l'État le permettent ». De quel monarque s'agit-il ? Des paisibles présidents de la IIIe République. Leurs pouvoirs réels ne correspondaient en rien à la lettre constitutionnelle. Qu'on s'imagine Raymond Poincaré disant, en 1919, à Georges Clemenceau : « Conformément aux lois constitutionnelles de 1875, c'est moi qui vais aller négocier avec Wilson à Versailles, d'autant plus que, d'après ces textes, vous n'existez même pas comme chef de gouvernement. » On aurait crié au coup d'État !

Or, en 1958, la Constitution reprend la formule de 1875 : « Le président de la République négocie et ratifie les traités » (article 52), la complétant par un alinéa fort peu autoritaire : « Il est informé de toute négociation tendant à la conclusion d'un accord international non soumis à ratification. » Il est vrai que le président est aussi « le garant de l'indépendance nationale, de l'intégrité du territoire, du respect des accords de Communauté et des traités » (article 5), et qu'il « est le chef des armées » appelé à présider « les conseils et comités supérieurs de la Défense nationale » (article 15). Mais, selon l'article 20, c'est le gouvernement qui « détermine et conduit la politique de la nation » et dispose « de la force armée ». Selon l'article 21, « le Premier ministre dirige l'action du gouvernement. Il est responsable de la Défense nationale ». D'où vient alors que la politique extérieure apparaisse après 1958, sous quatre présidents successifs, dont l'un se sera fait pendant de longues années le critique constant du « pouvoir personnel », comme un attribut présidentiel spécifique, comme une compétence pratiquement soustraite au Premier ministre et au gouvernement ?

En fait, la principale novation n'est pas dans la répartition du pouvoir au sommet de l'État. Elle est dans le changement institutionnel radical qu'est le déclin de la puissance parlementaire. Le 12 octobre 1954, Pierre Mendès France définit devant l'Assemblée nationale comment il concevait le fonctionnement des institutions : « La politique étrangère ne saurait être de domaine réservé. » L'expression sera utilisée en sens inverse sous la Ve République, chacun parlant à l'envi du « domaine réservé » du président ! « Il n'est pas possible, continuait le président du Conseil, ministre des Affaires étrangères, que le gouvernement conduise cette politique sans que des débats sinon fréquents, du moins périodiques, permettent d'y associer le Parlement d'une manière confiante et constante. Il n'est pas possible que des accords soient conclus et signés en l'absence de discussions préalables qui éclairent le gouvernement sur les sentiments de l'Assemblée [...] » La réalité ne correspondait pas à cette vision des choses, à la fois parce que le gouvernement mettait souvent le Parlement devant le fait accompli (plan Schuman, expédition de Suez, voyage de Mendès France lui-même à Tunis), et parce que l'Assemblée nationale prétendait en fait, non pas éclairer, mais diriger la politique gouvernementale. Mais, sous la Ve République, il ne s'agit plus de faits accomplis occasionnels : les décisions sont prises en dehors du Parlement, jamais vraiment consulté, rarement informé de façon privilégiée.

Le gouvernement, c'est en l'occurrence le président de la République parce que le premier président a été le général de Gaulle dont la stature a élargi le statut de la fonction présidentielle et parce que le premier problème à résoudre a été le drame algérien : à qui allait donc la confiance pour y parvenir, y compris chez nombre d'opposants, au président, ou bien à Michel Debré, le Premier ministre dont l'attitude antérieure n'avait pas été précisément de raison et de modération ? Les élections législatives de novembre 1962 ont fait le reste. Voter gaulliste, en 1958, avait-ce été l'expression d'une allégeance à la personne du Général ou celle de la volonté de voir l'Algérie maintenue française ? La double fidélité n'était plus de mise quatre ans plus tard. Jacques Soustelle avait choisi la fidélité « Algérie française », Michel Debré la fidélité au Général. Les électeurs tranchèrent de façon radicale en faveur de la fidélité gaullienne. Comme, de surcroît, la politique extérieure était manifestement le champ d'action privilégié du grand homme dont la grandeur servait au-dehors le prestige de la France, l'existence du

« domaine réservé » parut de plus en plus évidente, en même temps que de plus en plus naturelle.

Les décisions du président de la République étaient souvent arrêtées dans le secret puis communiquées à l'opinion (parfois même aux gouvernements étrangers) par des voies peu traditionnelles, notamment les conférences de presse. Il ne faudrait pas en conclure qu'elles découlaient de la seule réflexion personnelle du chef de l'État ni qu'elles ressortissaient de principes dont l'application était laissée à des exécutants agissant à leur gré. Tout au contraire, l'appareil mis en place par le premier président de la Ve République a sans doute été plus opérationnel que celui de ses successeurs, peut-être parce que le Général savait quels étaient les avantages d'un travail d'état-major bien organisé. De plus, l'équipe restreinte de l'Élysée était dirigée par des hommes de grande qualité qui avaient une habitude ancienne de travailler avec le Général et qui avaient l'expérience de la diplomatie — et aussi, pour la première période, des affaires d'Afrique du Nord. René Brouillet, directeur du cabinet de 1959 à 1961, avait été directeur adjoint de son cabinet de 1944 à 1946 avant de faire une carrière d'ambassadeur. Geoffroy de Courcel, secrétaire général de la présidence de 1959 à 1962, avait commencé comme attaché d'ambassade en 1937, avant d'être le premier chef de cabinet du général de Gaulle à Londres en 1940. Sous la IVe République, il fut notamment secrétaire général des Affaires tunisiennes et marocaines, puis, de 1955 à 1958, secrétaire général permanent de la Défense nationale. Étienne Burin des Roziers, attaché d'ambassade en 1939, officier d'ordonnance du Général en 1943, secrétaire général de la présidence de 1962 à 1967, avait été en poste notamment au Maroc. Son successeur, Bernard Tricot, venait du Conseil d'État, mais avait servi en Afrique du Nord depuis 1954, puis avait été l'exécutant le plus direct de la politique algérienne du Général, avant de prendre en charge, de 1962 à 1967, l'administration du ministère des Armées. Un ministère que dirige de 1960 à 1969 Pierre Messmer, ancien élève-administrateur des colonies qui a rejoint les Forces françaises libres dès 1940 et qui, après la guerre, a eu des postes de responsabilité pour l'Indochine puis pour l'Afrique, que ce fût comme gouverneur, comme haut-commissaire ou, en 1956, comme directeur du cabinet de Gaston Defferre.

Mais la longévité ministérielle de Pierre Messmer a encore été dépassée par celle de l'homme clé de la politique extérieure du Général. Maurice Couve de Murville est ambassadeur à Bonn lorsque le général de Gaulle le nomme au Quai d'Orsay en juin 1958.

Il y restera jusqu'en juillet 1968 lorsqu'il devient Premier ministre et est remplacé par Michel Debré. Inspecteur des Finances, il avait trente-trois ans quand il est devenu, en septembre 1940, directeur des Finances extérieures. Il ne fut révoqué par le gouvernement de Vichy qu'en 1943. Il passa à Alger où il devint membre du Comité français de Libération nationale. De 1945 à 1950, il fut directeur général des Affaires politiques au ministère des Affaires étrangères, avant de devenir ambassadeur en Égypte, aux États-Unis, en Allemagne. Dominant remarquablement les dossiers les plus embrouillés, capable de soutenir sans faillir d'interminables discussions (et aussi de maintenir longuement le silence pour contraindre l'interlocuteur à parler), toujours de sang-froid, avec un ton et un comportement où se mélangeaient inextricablement la courtoisie et l'arrogance, Maurice Couve de Murville fut à la fois « la voix de son maître », selon la formule souvent utilisée à l'étranger, et un conseiller écouté sinon un confident. Efficace dans les négociations qu'il conduisait, il n'a pas jugé nécessaire d'accorder une attention sérieuse et un soutien affirmé à l'appareil diplomatique chargé, lui aussi, d'informer et de négocier. Mais, déjà sous la IVe République les diplomates, qu'ils fussent en poste à Paris ou à l'étranger, avaient perdu du prestige et du pouvoir, à la fois parce que bien d'autres départements ministériels avaient des relations internationales et parce que les constantes rencontres — personnelles ou téléphoniques — entre hommes d'État vidaient la fonction d'intermédiaire d'une bonne partie de son contenu. Sous la Ve République, le général de Gaulle allait donner l'exemple des voyages fréquents et des entretiens à Paris avec les principaux responsables étrangers.

De surcroît, il avait conçu fort tôt une certaine méfiance à l'égard des exécutants d'une politique d'intransigeance, appelés par leur métier à être conciliants, surtout à l'égard de puissances amies. Dans le dernier volume des *Mémoires de guerre,* il écrivait, parlant de la situation de 1945 : « Tout d'abord, le personnel de notre diplomatie ne se conformait que de loin à l'attitude que j'avais prise. Pour beaucoup des hommes qui étaient en charge des relations extérieures, l'accord avec l'Angleterre était une sorte de principe [...] Mais entre l'impulsion que je cherchais à donner et le comportement de ceux qui rédigeaient les notes, entretenaient les contacts, inspiraient les informations, le décalage était trop apparent pour échapper à nos partenaires, ce qui altérait l'effet de ma propre fermeté, d'où la nécessité de surveiller de près et de tenir en main les négociateurs français. »

Les conceptions du général de Gaulle

Lorsque le général de Gaulle se retrouve à la tête de la France, le changement dans la politique extérieure française est moins de contenu que de nature et de philosophie. Il mène en Algérie une action contraire aux espoirs des hommes qui lui ont permis de revenir au pouvoir. Il accepte et consolide la Communauté économique européenne que les gaullistes ont âprement dénoncée. La bombe atomique, c'est le régime précédent si méprisé qui en a décidé la construction. Mais la politique extérieure est, pour lui, ce qu'elle n'était pas pour les partis de la IVe République, à savoir la seule politique véritable, par rapport à laquelle la politique économique, la politique sociale, la politique culturelle sont des moyens. Il ne s'agit pas seulement d'un *Primat der Aussenpolitik,* comme chez le chancelier Adenauer, c'est-à-dire d'une préférence personnelle et d'une considération sur l'importance relative des contraintes. Il s'agit d'une conception du monde au cœur de laquelle la nation tient la place de valeur politique suprême.

L'État se définit à partir de la visée extérieure. « Je vois en lui, écrit le Général dans le même tome III, non point, comme il l'était hier et comme les partis voudraient qu'il le redevienne, une juxtaposition d'intérêts particuliers d'où ne peuvent jamais sortir que de faibles compromis, mais bien une institution de décision, d'action, d'ambition, n'exprimant et ne servant que l'intérêt national. Pour concevoir et pour décider, il lui faut des pouvoirs ayant à leur tête un arbitre qualifié. »

Les différents départements ministériels sont conçus en fonction de la politique extérieure. Refusant aux communistes en 1945 l'un des trois grands ministères (les mêmes qu'il refusera à Jacques Soustelle en 1958), le général de Gaulle, dans son allocution radiodiffusée du 17 novembre 1945, s'en explique ainsi : « Ce sont les trois leviers qui commandent la politique étrangère, savoir : la diplomatie qui l'exprime, l'armée qui la soutient, la police qui la couvre. » Le ministère de l'Intérieur est moins un organe d'administration qu'un organe d'ordre public permettant de faire une politique extérieure. De même, à peu près toutes, sinon toutes les tâches intérieures ont un but de politique extérieure. Dans ses *Mémoires,* le général de Gaulle rappelle, avec une satisfaction justifiée, l'œuvre sociale du gouvernement provisoire en 1944-1946 : statut du fermage, Sécurité sociale, etc. Mais pourquoi a-t-il pris ce genre de décisions ? « Une fois de plus, je constate que si, pour eux [il s'agit des partis] et pour moi le but peut être le même, les raisons qui les poussent ne sont pas identiques aux miennes. Alors qu'ils règlent leur attitude d'après les préjugés de leurs tendances respectives, ces considérations me touchent peu. Par contre, je les vois médiocrement sensibles au mobile dont je m'inspire et qui est la puissance de la France. » La Sécurité sociale, le statut du fermage renforcent la puissance de la France.

La même inspiration transparaît après 1958. Ainsi, dans le message pour le Nouvel An 1963 : « Notre prospérité atteint un niveau que nous n'avons connu en aucun temps et notre progrès social réalise une avance sans précédent. A mesure que le couple de l'essor et de la raison nous amène à la puissance, la France retrouve son rang, son attrait, ses moyens. » Ou encore, dans le message à l'Assemblée nationale du 11 décembre 1962 : « Poursuivre le développement de notre pays, de telle sorte que s'élèvent à la fois la condition de chacun, la prospérité nationale et la puissance de la France. »

La France vit dans un monde constitué par l'ensemble des nations. Certes, les idéologies existent, les régimes existent. Pendant la guerre, bien des textes du Général parlent non seulement de l'Allemagne, mais de l'Allemagne hitlérienne. A partir de 1947 et après 1958, bien des textes évoquent le caractère totalitaire des régimes communistes. Mais les régimes ne doivent être combattus ou dénoncés qu'en tant qu'entités provisoires. Ce sont des formes passagères que prennent des nations immuables dans leur essence. Dans la conférence de presse du 31 janvier 1964 qui annonce la reconnaissance de la Chine de Mao Tsé-toung, le général de Gaulle dit : « Le régime qui domine actuellement la Chine. » Quand, dans son message au Parlement du 11 décembre 1962, il a parlé de « l'Alliance atlantique actuellement nécessaire à la défense du monde libre », c'est le même sens qu'il fallait donner au même adverbe. L'Alliance est née dans une conjoncture dont la durée peut être longue, mais qui est bien une simple conjoncture dans la vie de la nation française. L'Organisation atlantique peut se justifier pour des raisons d'opportunité. Mais l'opportunité ne justifie jamais l'existence de structures trans- ou supranationales qui, à cause d'une conjoncture particulière, entameraient de façon permanente la substance de l'entité nationale. Et il faut pour le moins se méfier de tout organisme qui prétendrait s'imposer aux gouvernements nationaux, depuis le secrétariat général de l'ONU jusqu'à la Commission de la Communauté économique européenne, en passant par le secrétariat général de l'OTAN.

Le général de Gaulle croit à la nécessité de la puissance, dont un élément essentiel est la puissance militaire, la possibilité du recours à la force. Dans l'avant-propos du *Fil de l'épée*, en 1932, on trouvait déjà une sorte d'hymne à la force : « Sans la force, en effet, pourrait-on concevoir la vie ? Qu'on empêche de naître, qu'on stérilise les esprits, qu'on glace les âmes, qu'on endorme les besoins ! Alors, sans doute, la force disparaîtra d'un monde immobile. Sinon, rien ne fera qu'elle ne demeure indispensable. Recours de la pensée, instrument de l'action, condition du mouvement, il faut cette accoucheuse pour tirer au jour le progrès. Pavois des maîtres, rempart des trônes, bélier des révolutions, on lui doit tour à tour l'ordre et la liberté. Berceau des cités, sceptre des empires, fossoyeur des décadences, la force fait la loi aux peuples et elle règle leur destin. » Et le colonel de Gaulle ajoutait : « En vérité, l'esprit militaire, l'art des soldats, leurs vertus sont une partie intégrante du capital des humains. » On retrouve ce thème dans le discours essentiel prononcé devant les élèves de l'ensemble des écoles militaires le 3 novembre 1959 : « Dans tout ce qui est une nation, et avant tout dans ce qui est la nôtre, il n'y a rien qui soit capital plus que ne l'est la défense. » Et il termine en citant un extrait du *Fil de l'Épée :* « Voilà pourquoi il n'y a pas de talent, ni de génie militaire qui n'ait servi une vaste politique. Il n'y a pas de grande gloire d'homme d'État que n'ait dorée l'éclat de la défense nationale. »

Mais l'aspect militaire n'est pas essentiel : l'important, c'est la préoccupation de ne jamais négocier en situation de faiblesse, de ne jamais négocier avec faiblesse. Entre États, le sentiment tient une place réduite. Il faut donc montrer de la force dans les inévitables affrontements. Cette *Realpolitik* a cependant une limite : elle ne s'applique pas pleinement à la France. Lorsque, dans ses *Mémoires de guerre*, le général de Gaulle raconte son entrevue avec le président Truman — qu'il a trouvé un homme fort médiocre —, il explique que l'accueil des États-Unis a été très chaleureux, non pas tellement à cause de sa personne qu'à cause de « l'extraordinaire dilection à l'égard de la France que recèle le fond des âmes ». Le terme emprunté au vocabulaire religieux renvoie à une conviction manifeste. Tous les États sont des monstres froids, mais la France est aimée. Elle a ainsi droit à une place particulière, pas tout à fait indépendamment de sa puissance, mais malgré son manque de puissance. Il vaut mieux qu'elle soit puissante. Elle sera même d'autant plus la France qu'elle sera plus puissante, mais, même non puissante, elle dispose d'un capital d'affection dans le monde dont aucun autre pays ne dispose parce qu'aucun autre pays n'est la France.

Et cette affection se justifie par le rôle d'inspirateur et de guide que la France peut jouer, ce qui conduit à des formulations comme celle du 31 décembre 1967. Présentant à la radio ses vœux à ses compatriotes, le président de la République déclare : « Notre action vise à atteindre des buts liés entre eux et qui, parce qu'ils sont français, répondent à l'intérêt des hommes. » Il faudra revenir sur une telle affirmation dans la mesure même où elle n'a pas surpris les auditeurs : le messianisme national a été exalté par le Général, mais non créé par lui.

Une telle glorification de la France est évidemment ancrée dans une vision de l'Histoire, l'Histoire qui est constamment présente à plusieurs niveaux dans les conceptions politiques du général de Gaulle. Il s'agit d'abord de son histoire personnelle. L'oubli des offenses n'est pas une vertu gaullienne. Si, en juin 1964, il ne va pas en Normandie participer aux cérémonies commémorant le vingtième anniversaire du débarquement, c'est que le souvenir des affrontements décrits dans le premier chapitre est fortement présent. Et peut-être une certaine froideur vis-à-vis des pieds-noirs pendant les dernières années de la guerre d'Algérie trouve-t-elle sa source dans l'attitude des Français d'Algérie à son égard après novembre 1942.

L'Histoire, c'est aussi, et davantage, une vision du présent à partir d'un passé fort lointain. Il peut s'agir de la permanence d'une conception militaire périmée. Ainsi quand, évoquant l'avance de la 1re armée en 1944-1945, il explique dans ses *Mémoires* qu'il s'agit pour elle de conquérir « villes, champs et trophées ». Il s'agit surtout de la propension à figer la géographie dans des formes historiques. Quand il évoque l'autre Allemagne, au-delà de l'Elbe, le général de Gaulle parle volontiers de la Prusse et de la Saxe qui ont pourtant disparu. Habileté diplomatique pour n'avoir pas à choisir entre « Zone d'occupation soviétique », « Allemagne de l'Est » et « République démocratique allemande » ? En partie seulement : les relations avec Konrad Adenauer sont fortement favorisées par le fait que le chancelier allemand est un Rhénan, tandis que le rejet de l'autre État allemand est rendu aisé par le constat que, de l'autre côté, c'est la Prusse. Mais l'Allemagne est aussi un ensemble historique permanent : le voyage triomphal de 1962 est comme le dénouement heureux de *L'Histoire de deux peuples* de Jacques Bainville, ou, mieux encore, comme des retrouvailles après un millénaire de séparation : dans la conclusion de son discours pour le cinquantenaire de la bataille de Verdun, en mai 1966, il évoque « les deux grands pays voisins, faits pour se compléter l'un l'autre », qui « voient maintenant s'ouvrir devant eux la carrière de l'action commune, fermée depuis qu'à Verdun même, il y a mille cent vingt-trois ans, se divisa l'empire de Charlemagne ». Cette vision-là correspond largement à l'idée de nation présente dans le nationalisme de droite. Mais lorsque le général de Gaulle termine sa conférence de presse du 31 janvier 1964 par l'invocation de la liberté, de l'égalité et de la fraternité que la France apporte au monde, il exprime l'expansionnisme idéologique de la Révolution française : le gaullisme assume précisément le double héritage de la nation née sous la direction des rois et de la nation forgée au nom du peuple par les jacobins.

En même temps, l'Histoire présente dans la politique extérieure est celle des décennies à venir. Dès 1959, le conflit entre l'URSS et la Chine est prévu. Et en 1962, à la fin de la guerre d'Algérie, c'est une vision de l'avenir dégagée de toute nostalgie qui fonde l'appel à la coopération substituée à la domination. Pour comprendre les attitudes gaulliennes, sans doute faut-il s'imaginer un chef de l'État Janus, avec une face tournée vers l'Histoire passée, l'autre vers l'Histoire future.

Et à la jonction des deux, l'homme d'exception qu'est le général de Gaulle, incarnation de la France, de la légitimité française depuis le 18 juin 1940, malgré la péripétie qu'a constitué l'absence du pouvoir entre 1946 et 1958. « Au nom de la légitimité que j'incarne depuis vingt ans » : la formule qu'il utilise à la radio dans l'allocution décisive qui aboutit à l'échec du putsch d'Alger en 1960 correspond indubitablement à une conviction.

Mais il y a aussi dans cette volonté d'exception une part très considérable d'attitude délibérée décrite d'avance dans *Le Fil de l'Épée*. Il y notait à propos du caractère : « Un tel chef est distant car l'autorité ne va pas sans prestige, ni le prestige sans éloignement »... « Et, tout d'abord, le prestige ne peut aller sans mystère car on révère peu ce que l'on connaît trop bien. Tous les cultes ont leur tabernacle et il n'y a pas de grand homme pour ses domestiques. Il faut donc que dans les projets, la manière, les mouvements de l'esprit, un élément demeure que les autres ne puissent saisir et qui les intrigue, les émeuve, les tienne en haleine. Non, certes, qu'on doive s'enfermer dans une tour d'ivoire, ignorer les subordonnés, leur demeurer inaccessible. Bien au contraire, l'empire sur les âmes exige qu'on les observe et que chacune puisse croire qu'on l'a distinguée. Mais à la condition qu'on joigne à cette recherche un système de ne point livrer, un parti pris de garder par-devers soi quelque secret de surprise qui risque à toute heure d'intervenir. La foi latente des masses fait le reste. »

Cette part d'attitude pose le problème de la sincérité. On peut citer deux textes, tous les deux dans *Le Salut*. D'abord une entrée dans la foule : « Entre les soldats ravis, le peuple pleurant de joie, et de Gaulle placé au centre de la cérémonie passait ce courant enchanté qui naît d'une grande et commune émotion. » Mais, quelques pages plus haut, on a lu : « Alors me laissant saisir par une émotion calculée… » L'homme d'État est un acteur qui vit son émotion, mais la contrôle et l'utilise.

Un acteur qui joue cependant le rôle qu'il a lui-même tracé et dit un texte qu'il a lui-même écrit. Dans la vie internationale, le général de Gaulle détonne doublement par son style : style du comportement, mais plus encore style du langage. Le goût de l'écriture, de la langue, on en trouve la trace indirecte dans sa notice dans le *Who's who :* alors que son ami Konrad Adenauer laisse mentionner la trentaine de titres de docteur *honoris causa* qui lui ont été conférés aux États-Unis, en Suisse, aux Pays-Bas, la rubrique « Distinctions » est absente dans la notice du général de Gaulle, mais la rubrique « Œuvres » y commence par : « *Une mauvaise rencontre,* pièce en vers, 1906 », donc écrite à l'âge de seize ans. L'amour des mots le conduit au plaisir de faire des mots. Ils provoquent le rire et peuvent avoir des conséquences politiques non prévues : le président de la République est surpris de voir les ministres MRP démissionner après la conférence de presse dans laquelle il a ironisé sur le « volapuck », tant a dû être grand le plaisir gourmand de prononcer un vocable joyeusement absurde et enterré depuis 1880. Plus souvent, le sens du style, le don de la formulation, davantage encore que de la formule, permettent d'exprimer de façon plus frappante et claire ce que les experts lui ont expliqué dans leur jargon. Même quand il s'agit d'un domaine qui n'est pas le sien : ainsi pour la grande déclaration sur l'étalon-or en février 1965.

Le sens d'un destin exceptionnel et le sens des attitudes préservent de l'ambition vulgaire, celle de profiter des avantages du pouvoir. L'ambition est de faire et d'élargir le champ où peut s'exercer la volonté. Passer par-dessus l'accessoire : un texte publié en annexe aux *Mémoires de guerre* permet de mieux comprendre cette visée-là. Edmond Michelet, alors ministre des Armées, a écrit au Général qui vient de quitter le pouvoir pour lui demander comment il voudrait voir régler sa situation matérielle et statutaire. Le 12 avril 1946, la réponse est envoyée : « Depuis le 18 juin 1940, date du jour où je suis sorti du cadre pour entrer dans une voie assez exceptionnelle, les événements qui se sont déroulés ont été d'une telle nature et d'une telle dimension qu'il serait impossible de régulariser une situation absolument sans précédent. A cette situation, il n'y a d'ailleurs été nullement besoin de changer quoi que ce soit pendant les cinq ans, sept mois et trois jours d'une très grande épreuve. Toute solution administrative qu'on tenterait d'y appliquer aujourd'hui prendrait donc un caractère étrange et même ridicule. La seule mesure qui soit à l'échelle est de laisser les choses en état. La mort se chargera un jour d'aplanir la difficulté, si tant est qu'il y en ait une. »

Qu'un tel homme ait suscité admiration et dévouements n'a rien pour étonner. Mais que d'orgueil aussi et de certitudes inébranlables rendant difficiles l'accommodement et même la compréhension, au-dedans et plus encore au-dehors ! Dans le chapitre « Départ » des *Mémoires de guerre*, le général de Gaulle explique quelle était la situation en 1945, au moment où l'Assemblée constituante venait d'être élue, et il écrit : « Après que l'Assemblée eut porté Félix Gouin à sa présidence, il s'agissait pour elle d'élire le président du gouvernement. Je me gardais, bien entendu, de poser ma candidature, ni de rien dire au sujet de mon éventuel programme. On me prendrait comme j'étais ou on ne me prendrait pas. » Treize ans plus tard, il ne dira pas davantage quel est son programme pour sortir de la tragédie algérienne dont les impasses l'ont ramené au pouvoir.

L'Algérie, quatre années de plus

Une participation record : 15 % d'abstentions seulement. 79,2 % de oui. Un résultat sans équivoque : le 28 septembre 1958, les citoyens français plébiscitent plus le général de Gaulle que la Constitution qu'il leur propose et qui est l'objet officiel du vote. Pour qu'il change les institutions, certes. Mais plus encore pour qu'il mette fin à la guerre en Algérie qui dure depuis presque quatre ans. On ne s'imagine guère alors que la partie « gaullienne » de cette guerre sera plus longue que la partie IVe République. On ne sait pas non plus exactement quelle solution on attend du Général. Certes, il existe des Français pour lesquels la notion d'Algérie française est incompatible avec toute politique libérale à l'égard de la majorité musulmane. Et d'autres pour lesquels la naissance d'un État algérien indépendant dominé par cette majorité est la seule issue. Mais la grande majorité éprouve, dans une proportion variable, des souhaits contradictoires et demande au grand homme d'assumer et de résoudre la contradiction. Ainsi avaient procédé les Américains en 1952 lorsque la majorité d'entre eux ont chargé le général Eisenhower d'obtenir la victoire en Corée tout en ramenant de toute urgence « les garçons à la maison », *the boys home*.

Le vote pour le général de Gaulle s'est trouvé facilité par le mystère qui enveloppait sa pensée sur l'Afrique du Nord depuis plusieurs années. Il avait écouté, il avait paru approuver ses visiteurs successifs aux idées pourtant fort opposées. Il avait accepté que des hommes d'une fidélité éprouvée et proclamée à l'égard de sa personne incarnassent les uns la politique libérale (ainsi Christian Fouchet, ministre de Pierre Mendès France et premier négociateur des accords franco-tunisiens, et Jacques Soustelle comme envoyé à Alger du même Mendès France), les autres la politique la plus furieusement hostile à toute évolution : ainsi le général Koenig et Raymond Triboulet, ministres d'Edgar Faure, cherchant à empêcher celui-ci de laisser Gilbert Grandval réaliser à Rabat un programme de compromis, alors que Gilbert Grandval était pourtant lui aussi un gaulliste n'ayant accepté sa mission au Maroc qu'après avoir obtenu l'accord du Général. Quand, en février 1958, après le bombardement de Sakiet, l'ambassadeur Masmoudi est rappelé à Tunis, il obtient, avant son départ, une audience du général de Gaulle : « J'ai cru de mon devoir de rencontrer celui qui incarne la vraie conscience française. » Mais, en même temps, Jacques Soustelle et Michel Debré peuvent croire que le Général pense comme eux et préparer son retour au pouvoir pour lutter contre la politique préconisée par le roi du Maroc et le président Bourguiba.

Le mystère correspond-il à une tactique ? Obtenir tous les soutiens sans se lier vraiment pour faire une politique déterminée à ne révéler que progressivement ? En partie assurément et la part de la ruse dans la conduite des affaires algériennes sera considérable. La ruse, avec son inévitable corollaire qui est la tromperie : que de personnages de haut rang, que d'officiers subalternes abusés par des formules ambiguës, à commencer par le « Je vous ai compris » lancé à la foule du forum d'Alger le 4 juin 1958 : comprendre ne signifie pas du tout nécessairement approuver ! On pourra même se demander rétrospectivement si tant de ruse était nécessaire, s'il fallait vraiment imiter sur une plus grande échelle et dans une affaire plus tragique Edgar Faure manœuvrant ses subordonnés, à commencer par Gilbert Grandval, pour aboutir à une solution au Maroc. Plus de franchise aurait peut-être produit des explosions plus tôt. Mais eussent-elles été de la même ampleur que les déchaînements de 1961-1962 qui ont accéléré sinon provoqué l'exode massif des pieds-noirs ?

Mais la franchise était-elle possible si elle avait consisté à avouer que le but était incertain, que le général de Gaulle lui-même ne voyait pas clairement vers où il voulait se diriger ou du moins jusqu'où il voulait aller dans la voie de l'autonomie algérienne ? Lorsqu'il dit, dans le discours sur le forum, qu'il n'a devant lui, musulmans et non-musulmans confondus, que « des Français à part entière », lorsque, dans la conférence de presse du 5 septembre 1960, près d'un an après le discours annonçant l'autodétermination, il fait le bilan de l'œuvre accomplie pour montrer que « l'égalité complète des droits civiques a été établie en Algérie », ne prolonge-t-il pas la contradiction fondamentale qu'exprimait le préambule de la Constitution de 1946 ?

Seuls, semble-t-il, les admirateurs inconditionnels du Général et ceux qui l'ont haï sans réserve, tel Me Tixier-Vignancour plaidant au procès du général Salan, affirmeront, lorsque la guerre pour empêcher l'autonomie aura abouti à l'indépendance, que Charles de Gaulle savait dès juin 1958 que l'indépendance était au bout de la route qu'il prenait sans la montrer à ses compatriotes. Il est certain qu'il n'a jamais cru à l'Algérie française telle que la souhaitaient ceux qui l'ont ramené au pouvoir. Il est probable qu'il envisageait une sorte d'entité politique spécifique insérée dans la Communauté. Mais l'essentiel est peut-être ailleurs. Le problème algérien était aussi, était sans doute d'abord, une composante négative, stérilisante, de la politique extérieure à pratiquer pour que la France pût vraiment jouer le rôle mondial qui lui revenait.

Le général de Gaulle n'est de toute façon pas porté à estimer hautement l'Organisation des Nations unies. Mais la guerre d'Algérie lui impose de continuer à pratiquer à l'égard de l'ONU la double politique inaugurée par la IVe République. D'une part, on lui dénie toute compétence en la matière, en s'appuyant sur l'alinéa 7 de l'article 2 : « Aucune disposition de la présente charte n'autorise les Nations unies à intervenir dans les affaires qui relèvent essentiellement de la compétence nationale de l'État », et en refusant à l'Organisation le droit d'invoquer l'alinéa 2 de l'article 11 : « L'assemblée générale peut discuter toutes questions se rattachant au maintien de la paix et de la sécurité internationale. » D'autre part, on cherche quand même à empêcher l'accumulation des votes hostiles à New York. On utilise donc un langage conforme aux attentes de la majorité des pays membres, tout en laissant entendre aux Français que ce langage choque, qu'il s'agit d'une feinte : dans la « tournée des popotes » effectuée par le président de la République en Algérie en mars 1960, après la « semaine des barricades », l'idée que les formules utilisées en public depuis le mois de septembre précédent étaient surtout destinées à l'ONU contribue à créer ou à prolonger bien des équivoques. Et on se trouve contraint de stériliser le travail des représentants de la France dans nombre de capitales en limitant leur rôle à la pesée en faveur d'un vote non hostile à l'assemblée générale. De la même façon, les diplomates ouest-allemands en Afrique et en Asie se voient assigner comme seule tâche, jusqu'en 1970, d'empêcher le gouvernement auprès duquel ils sont accrédités de reconnaître l'existence de l'autre État allemand.

La guerre d'Algérie empêche le développement des relations pourtant initialement positives avec le Maroc et avec la Tunisie. Elle explique pour partie la brutalité de la réaction française à Bizerte. Les entretiens du général de Gaulle avec Habib Bourguiba, à Rambouillet, le 27 février 1961, ne marquent qu'en apparence une sorte d'apogée de rapports devenus cordiaux : le président tunisien, dont la faconde n'a pas séduit son interlocuteur, croit à tort l'avoir convaincu d'agir très vite en Algérie. On ne prévoit tout de même pas, alors, que le sang coulera quatre mois plus tard. Le 6 juillet, Bourguiba exige l'évacuation de Bizerte, puis fait attaquer la base. La réplique est vive : sept mille parachutistes français interviennent. Il y a une trentaine de morts français, un millier de morts tunisiens. Le conflit rend improbable, sinon impossible, toute internationalisation du Sahara, comme l'aurait souhaité la Tunisie. Il prive le gouvernement français d'un appui s'exerçant de façon modératrice sur le FLN. Et la Tunisie fait appel au Conseil de sécurité à propos d'une base militaire que la France évacuera deux ans après s'être battue pour la conserver : le 15 octobre 1963, il n'y aura plus un soldat ni un marin français à Bizerte.

Ne se trouve-t-on pas ici dans le droit-fil des attitudes de la IVe République ? Pourquoi qualifier d'indispensable ce qui sera abandonné peu après sans dommage apparent, avec une argumentation inverse de la précédente ? Et lorsque, en décembre 1963, lors de la discussion du budget des affaires étrangères à l'Assemblée nationale, le gouvernement déclarera que la France resterait longtemps à Mers-el-Kébir, une vague de scepticisme balaiera même les bancs de l'UNR. Non sans raison, puisque la base en Algérie sera évacuée en février 1966, alors que son bail — de surcroît renouvelable —, prévu dans les accords d'Évian de 1962, est de quinze ans.

L'Algérie est doublement importante pour la Communauté prévue dans la Constitution de 1958. La structure juridique soumise au référendum est sans doute conçue en fonction de l'évolution algérienne souhaitée. Le fait qu'elle tombe en désuétude avant d'être complètement mise en place est dû pour une large part à la guerre algérienne qui a hâté les indépendances africaines. Dans son hymne national, la Côte-d'Ivoire se félicite d'avoir accédé à cette indépendance sans violence, dans la paix. Les dirigeants algériens ne seront-ils pas en droit de dire que c'est la violence en Algérie qui a profité aux pays d'Afrique noire ? Pourtant, les dirigeants africains ont constamment cherché à intervenir en médiateurs pour que s'arrête la guerre. Mais il ne semble pas que les efforts répétés d'un Félix Houphouët-Boigny aient jamais sensiblement pesé sur l'évolution en Algérie.

La guerre d'Algérie constitue surtout un lourd handicap pour la France dans la politique Est/Ouest, notamment au sein du monde occidental, d'autant plus que le Premier ministre s'en tient longtemps à la thèse la moins acceptable pour les États-Unis, pour la Grande-Bretagne, pour la République fédérale d'Allemagne. Encore en octobre 1960, à l'Assemblée nationale, répliquant à Paul Reynaud qui a dit : « Il n'est pas normal que nous ne remplissions pas nos engagements à l'égard de l'OTAN sous prétexte que nous sommes obligés d'envoyer des divisions en Algérie », Michel Debré déclare : « Il n'est pas possible de comparer l'état de nos divisions en Allemagne et celui des divisions alliées, et prétendre que nous trahissons nos engagements européens. C'est l'état de nos divisions en Algérie qu'il faut comparer avec celui des forces de nos alliés. Soutenir qu'en Algérie nous ne défendons pas l'Occident, c'est reprendre l'argument de nos adversaires. »

En d'autres termes, la France, en Algérie, se bat contre le communisme. Or les autres membres de l'Alliance, à l'exception du Portugal, considèrent que la prolongation de la guerre rejette de plus en plus le FLN vers Moscou et ouvre l'Afrique du Nord, sinon l'Afrique entière, à l'influence de l'URSS. Le 4 septembre 1959, le président Eisenhower a pourtant quitté Paris fort satisfait : au cours de leurs entretiens, le général de Gaulle ne lui a-t-il pas expliqué ce qu'était la politique d'autodétermination qu'il allait annoncer spectaculairement le 16 ? Une politique qui rompait avec celle de la IVe République et répondait aux souhaits américains.

C'est précisément ce que le général Challe ne comprend pas en lançant le putsch d'avril 1961. Au même moment, la *Revue de Défense nationale* publie un article de lui dans lequel il critique assez sévèrement la politique atlantique et européenne du chef de l'État. N'est-il pas en droit de croire que le président Kennedy va accorder son soutien aux putschistes, dès lors que ceux-ci sont « atlantistes » ?

En fait, il méconnaît complètement les priorités américaines. La politique de l'Algérie française, le refus opposé à la naissance d'un État algérien, la guerre continuée contre un nationalisme considéré comme légitime par tous les nouveaux États d'Afrique et d'Asie : que pèse, par comparaison, comme risque pour le monde occidental, la querelle avec de Gaulle sur la structure de l'Alliance ?

La formule de Michel Debré reprend cependant simplement celle que le général de Gaulle a utilisée lui-même, le 29 janvier 1960, à la fin de la « semaine des barricades » : « Il s'agit de ne pas perdre l'Algérie, ce qui serait un désastre pour nous et pour l'Occident. » Fallait-il, pendant la lutte contre les émeutiers d'Alger, aller si loin dans les affirmations destinées à apaiser les Européens d'Algérie d'abord solidaires de l'émeute, puis profondément découragés ?

Le 25 janvier, avait été prononcée une phrase aussi équivoque que le « Je vous ai compris » : « Il s'agit, dit le chef de l'État dans son premier discours radiodiffusé aux Algériens, de faire triompher, dans l'Algérie déchirée, en unissant toutes ses communautés, une solution qui soit française. » Le discours décisif du 29 annonçait qu'il n'y aurait pas de négociation avec le FLN. « Cela, dit le Général, je ne le ferai pas. » Et il lançait un appel final : « Français d'Algérie, comment pouvez-vous écouter les menteurs et les conspirateurs qui vous disent qu'en accordant le libre choix aux Algériens, la France et de Gaulle veulent vous abandonner, se retirer de l'Algérie et la livrer à la rébellion ! »

Ce choix, c'était celui annoncé dans le discours du 16 septembre 1959, quatre mois auparavant. En appelant « francisation » l'intégration, et « sécession » l'indépendance, de Gaulle avait montré clairement sa préférence pour la solution tierce qui n'avait pas de nom dans le discours, mais qui fut appelée « association » dans les commentaires : « Le gouvernement des Algériens par les Algériens, une Algérie [...] appuyée sur l'aide de la France et en union étroite avec elle pour l'économie, l'enseignement, la défense, les relations extérieures. »

Avec qui élaborer les mécanismes du choix ? Le 23 octobre 1958, le général de Gaulle a offert « la paix des braves » à l'adversaire. Comme il l'avait fait dès juin, il attribuait la guerre non à des influences extérieures ou aux agissements de quelques terroristes assassins, mais bien à la misère, à la frustration, à l'humiliation. L'offre méconnaissait cependant une réalité fondamentale : la lutte menée depuis le 1er novembre 1954 était politique. Pourquoi le FLN aurait-il déposé les armes avant d'avoir atteint un résultat politique ?

Le général de Gaulle commettait la même erreur que les dirigeants de la IVᵉ République en Indochine, que Guy Mollet avec son triptyque pour l'Algérie, et que, peu d'années plus tard, les gouvernements américains au Vietnam. Cessez-le-feu, autodétermination, négociations sur le contenu des relations ultérieures : le schéma du général de Gaulle n'était guère différent de celui de 1956, puisqu'il n'admettait pas que la négociation avec l'adversaire pût avoir d'autre but — si même elle devait avoir lieu — que d'arrêter les conditions militaires de la fin des combats, alors qu'il s'agissait bel et bien d'une guerre au bout de laquelle l'armistice a pour double fonction de préciser déjà le cadre de la paix future et d'affirmer la légitimité du signataire adverse, c'est-à-dire son droit et son pouvoir d'engager une communauté politique.

Le triste, le terrible inconvénient de cette affirmation de légitimité, c'est alors de vider le choix ultérieur de toute portée, puisque, en légitimant les négociateurs d'en face, on ôte à ceux qu'ils disent représenter toute envie, toute possibilité de contester cette légitimité lors d'élections ou lors d'un référendum, peut-être « libres », mais assurément privés désormais de tout élément de choix.

A partir de janvier 1960, l'évolution se fait par à-coups, la lenteur de l'infléchissement de la politique pratiquée étant à la fois conséquence et cause des troubles sanglants qui s'ajoutent à la guerre menée contre les nationalistes algériens du FLN. En juin 1960, à Melun, des négociations purement militaires avec celui-ci échouent. Le 10 décembre, un discours du général de Gaulle annonce que les Algériens seront appelés à régler leurs propres affaires et qu'il ne tiendra qu'à eux de « fonder un État ayant son gouvernement, ses institutions et ses lois ». Le 8 janvier 1961, un référendum en France permet de faire approuver la politique d'autodétermination par plus des trois quarts des votants. Fin mars, les négociations prévues avec le FLN sont ajournées parce que le gouvernement français veut introduire dans la négociation le Mouvement nationaliste algérien de Messali Hadj, la plus forte personnalité du nationalisme dans les années trente. Du 22 au 26 avril, le « putsch des généraux » met en danger le régime lui-même. Sachant, comme en janvier 1960, faire preuve de caractère et d'autorité, ne serait-ce qu'en ordonnant à l'armée de tirer sur d'autres militaires — ce que Pierre Pflimlin avait refusé de faire en mai 1958 —, le général de Gaulle défait les rebelles, mais ne peut empêcher la montée de la violence sanglante de l'OAS.

En mai-juin 1961, la première négociation d'Évian échoue. Il en va de même pour celle de Lugrin en juillet, cette fois surtout à cause du Sahara que le FLN voudrait voir considérer comme partie de l'Algérie, conformément non pas au droit des peuples à disposer d'eux-mêmes, mais par référence au système administratif mis en place par le colonisateur. Le 12 juillet cependant, dans un discours télévisé, le président de la République a dit que « la France accepte sans aucune réserve que les populations algériennes [formule plus multiforme que " peuple algérien "] constituent un État entièrement indépendant ». La formule « Il faut négocier, notamment avec le FLN » est bientôt périmée à son tour : on négocie à Évian, en mars 1962, avec le seul FLN qui obtiendra même satisfaction sur le Sahara.

Signés le 18 mars 1962, ratifiés le 8 avril par 90,7 % des suffrages exprimés par les Français, à l'exclusion de ceux d'Algérie, les accords d'Évian comprennent des textes de nature très diverse. L'accord de cessez-le-feu qui entre en vigueur dès le lendemain est signé au nom de l'armée française et des « forces combattantes du FLN », le sigle GPRA (Gouvernement provisoire de la République algérienne) n'étant pas utilisé, alors que les dirigeants de l'autre camp se sont érigés en GPRA dès le 19 septembre 1958. Mais la déclaration générale rend cette appellation superflue. On y lit notamment en effet :

> La formation, à l'issue de l'autodétermination, d'un État indépendant et souverain paraissant conforme aux réalités algériennes et, dans ces conditions, la coopération de la France et de l'Algérie répondant aux intérêts des deux pays, le gouvernement français estime avec le FLN que la solution de l'indépendance de l'Algérie en coopération avec la France est celle qui correspond à cette situation. Le gouvernement français et le FLN ont donc défini d'un commun accord cette solution dans des déclarations qui seront soumises à l'approbation des électeurs lors du scrutin d'autodétermination.
>
> ....
>
> Si la solution d'indépendance et de coopération est adoptée, le contenu des présentes déclarations s'imposera à l'État algérien.

Comment s'étonner alors que le référendum du 1er juillet en Algérie donne 99,72 % des voix à la seule solution proposée et que le FLN, coauteur, avec la République française, de cette proposition, s'installe au pouvoir dans l'Algérie indépendante, le MNA se trouvant d'ailleurs interdit [1] ? L'indépendance prévue à Évian sera complète :

1. La question posée était : « Voulez-vous que l'Algérie devienne un État indépendant coopérant avec la France dans les conditions définies dans la déclaration du 19 mars 1962 ? »

> L'État algérien se donnera librement ses propres institutions et choisira le régime politique et social qu'il jugera le plus conforme à ses intérêts. Sur le plan international, il définira et appliquera en toute souveraineté la politique de son choix.

Le régime social : que pèseront alors les garanties données dans la « Déclaration de principes relative à la coopération économique et financière » : « L'Algérie garantit les droits de la France et les droits acquis des personnes physiques et morales [...] L'Algérie assurera sans aucune discrimination une libre et paisible jouissance des droits patrimoniaux acquis sur son territoire avant l'autodétermination » ? D'autant plus que la plupart des Français d'Algérie ont fui dès avant le 1er juillet, le terrible exode se trouvant délibérément intensifié et aggravé par l'OAS.

1er novembre 1954-1er juillet 1962 : sept ans et neuf mois séparent le début de l'insurrection du référendum sur l'indépendance. Officiellement, il n'y a jamais eu guerre. Aussi attribue-t-on aux officiers et soldats méritants non la croix de guerre, mais une croix de la valeur militaire. Pourtant, ce fut bien une guerre, plus fluctuante dans son évolution que le résultat final, *a posteriori* considéré comme inévitable, ne le laisse croire : à plusieurs reprises, l'ALN, l'Armée de libération nationale, s'est trouvée réduite à quelques groupes épars cherchant à survivre autant sinon plus qu'à vaincre. Il est vrai cependant que cette guerre portait en elle-même son issue : menée pour combattre et éliminer les nationalistes algériens, elle sécrétait chaque jour la nation algérienne.

Ne serait-ce que par les formes prises d'emblée par la répression. Assurément, les moyens de lutte du FLN ont été atroces : attentats aveugles, corps mutilés, massacres massifs, « punitions » barbares infligées non seulement aux « traîtres », mais aux tièdes, aux modérés. La punition non moins aveugle s'abattant sur la population musulmane créait entre celle-ci et le FLN une solidarisation de plus en plus forte. Et la punition, ou même la vengeance, n'a certes pas été le motif exclusif du recours à des méthodes non moins barbares du côté français. Que de mechtas rasées, que d'exécutions sommaires, que de morts dans les camps de regroupement ! L'usage de la torture, présent dès 1954, s'est progressivement généralisé sous la IVe République et s'est maintenu sous la Ve. Les DOP (Dispositif opérationnel de protection), notamment, ont eu des pratiques atroces et systématiques.

Pour assassiner les modérés, c'est-à-dire ceux qui, du côté musulman comme du côté français, refusaient d'envisager l'avenir en termes d'écrasement de l'autre camp, il y eut convergence, surtout en 1961-1962, entre le FLN et l'OAS, l'Organisation armée secrète qui prétendait regrouper les Français — civils et militaires, métropolitains et algériens — désireux de lutter par la violence contre la fin de l'Algérie française, contre un pouvoir considéré comme illégitime parce qu'il se préparait à abandonner un territoire français, une population française. D'autres Français, moins nombreux, ont considéré que le même pouvoir n'était plus légitime puisqu'il s'opposait à la liberté d'un peuple et utilisait des méthodes inhumaines : ils se sont faits « porteurs de valises » du FLN. La guerre d'Algérie a peu à peu ajouté à son caractère de guerre de décolonisation celui d'une guerre civile.

Il n'en avait pas été de même pour l'Indochine ni, malgré les attentats contre des Français libéraux, pour le Maroc et la Tunisie. C'est que l'Algérie a vraiment constitué un cas à part, y compris dans la comparaison internationale, puisque ni la Grande-Bretagne, ni la Belgique, ni les Pays-Bas, ni le Portugal n'ont connu un problème du même ordre que celui du million de pieds-noirs. La guerre d'Algérie a bien été une guerre, puisque, une fois achevée, elle a laissé des vaincus. Des vaincus qui avaient assurément fait preuve d'aveuglement et dont les représentants avaient, pendant un siècle, fait pression sur les gouvernements de Paris pour que le statut des musulmans n'évoluât pas dans le sens de la justice. Mais des vaincus auxquels les Français de la métropole n'étaient guère disposés à appliquer pleinement la prescription du préambule de la Constitution de 1946 : « La nation proclame la solidarité et l'égalité de tous les Français devant les charges qui résultent des calamités nationales. » Et la défaite est bien une calamité nationale ! De plus, en quoi les Français d'Algérie étaient-ils plus coupables de leur sort que ne l'étaient ceux de la métropole, dont les dirigeants, les partis et les syndicats n'avaient assurément pas fait preuve de clairvoyance ni de courage en matière d'Algérie ?

En juillet 1962, on était en droit de croire que la tragédie algérienne laisserait des traces profondes dans la vie publique française et marquerait durablement les esprits. Or, il n'en a rien été ; sauf chez la plupart des pieds-noirs « rapatriés », en fait arrachés à un pays qui était leur patrie plus directement que la France réduite à l'Hexagone. Des débats rétrospectifs de temps à autre, parfois passionnés. Des réminiscences à propos de telle ou telle question de politique intérieure ou extérieure. Mais pas de traumatisme profond se révélant par des clivages significatifs. Et cela, pas vingt ans après, mais dès la fin de la guerre. Pourquoi ce phénomène qui aurait dû surprendre davantage ?

En premier lieu, à cause d'une volonté collective d'oubli. Un oubli qu'on réprouverait s'il était le fait de l'Allemagne ou même des États-Unis à propos du Vietnam. Décrets et lois d'amnistie se sont succédé. L'amnistie qui interdit l'évocation même des actes criminels. Sauf quand il s'agit de les glorifier. Sans doute la justice s'est-elle montré fort inéquitable, y compris au sommet de l'État : fallait-il, après avoir gracié le général Jouhaud, laisser fusiller, le 11 mars 1963, Jean-Marie Bastien-Thiry, coupable de l'attentat manqué du Petit-Clamart accompli contre le général de Gaulle le 22 août 1962 ? Mais, lorsque, le 14 juin 1980, à Toulon, le même général Jouhaud, président d'honneur du Front national des rapatriés, évoque « la mémoire de trois camarades de prison exécutés sur ordre du gouvernement français », et dit qu'ils sont « tombés au champ d'honneur », il glorifie, en nommant le lieutenant Degueldre, non l'ancien maquisard, non l'officier couvert de décorations en Indochine, mais le déserteur d'avril 1961 devenu chef des « commandos Delta » exécutant sur ordre des « opérations ponctuelles », c'est-à-dire des assassinats. Le problème de la signification de l'oubli ressurgira en 1982, sans pour autant remettre vraiment en cause l'apaisement intervenu depuis vingt années.

L'apaisement a aussi été dû pour une part au fait que les Français de la métropole avaient été beaucoup moins sensibles au problème algérien qu'on ne l'avait cru, et que ceux d'entre eux qui avaient participé aux opérations n'avaient guère envie de les évoquer après la fin de la guerre. Mais sa cause la plus immédiate a été le comportement du général de Gaulle : alors que l'indépendance de l'Algérie représentait bel et bien une défaite, il a su préserver les Français du ressentiment et de l'amertume en changeant la signification de l'événement. Il lui suffit pour cela d'affirmer que, loin de se replier, la France devait maintenir son ambition. Simplement, l'ambition s'accomplirait dorénavant non par la domination, mais par la coopération.

Dans la déclaration générale d'Évian, la coopération constituait une contrepartie :

> L'Algérie garantit les intérêts de la France, les droits acquis des personnes physiques et morales dans les conditions fixées par les

précédentes déclarations. En contrepartie, la France accordera à l'Algérie son assistance technique et culturelle, et apportera à son développement économique et social une aide financière privilégiée.

En fait, les droits acquis ne seront nullement respectés et pourtant la coopération, sous la forme d'une assistance française, se développera parce qu'elle aura été définie comme une ambition nationale. Pour l'Algérie comme pour les pays d'Afrique noire, devenus eux aussi indépendants malgré la création en 1958 d'une Communauté se substituant en principe à l'Union française.

Indépendances et dépendances africaines

« Pour que soit peu à peu résolu le plus grand problème du monde, autrement dit l'accession de tous les peuples à la civilisation moderne, de quel poids peut et doit peser la France, à condition qu'elle sache développer ses capacités économiques, techniques et culturelles de manière à prêter une large assistance à d'autres et pourvu que ses pouvoirs publics soient à même d'y appliquer un effort ordonné et prolongé ! Combien est-ce vrai, surtout pour ce qui est des États d'Afrique, Algérie comprise, vis-à-vis desquels notre vocation historique s'exerce désormais par la coopération ! »

Le message à l'Assemblée nationale du 11 décembre 1962 développe un thème que la conférence de presse du 31 janvier 1964 reprendra dans une formule plus lapidaire : « La coopération est désormais une grande ambition de la France. » Mais, avant d'en arriver là, il a fallu transformer profondément dès 1960 le système inventé en 1958. Et le sens même de l'action menée en Afrique aura besoin sans cesse d'être précisé. Lorsque, dans la conférence de presse du 15 avril 1961, le président de la République disait : « C'est un fait, la décolonisation est notre intérêt et, par conséquent, notre politique », évoquait-il le même type d'ambition ?

La mise au point du titre XII de la Constitution, qui devait remplacer le titre VIII de celle de 1946, a été laborieuse. Du 25 au 27 juillet 1958, le congrès de Cotonou vit les partis africains — articulés en Parti du regroupement africain et en Rassemblement démocratique africain — prendre position contre tout projet créant une fédération négatrice des autonomies et demander une confédération multinationale de peuples libres et égaux. Le mot d'ordre était celui de l'indépendance immédiate qui, selon Léopold Senghor, ne devait pas être confondu avec l'idée d'une indépendance « dans l'immédiat ». Le Comité consultatif constitutionnel, chargé de préparer le texte, comprenait des Africains, notamment Senghor lui-même et Philibert Tsiranana, futur chef de la République malgache. Félix Houphouët-Boigny, lui, siégeait au gouvernement comme ministre d'État.

Le titre XII soumis au référendum s'intitule « De la Communauté ». Celle-ci est composée d'États qui « jouissent de l'autonomie », s'administrent eux-mêmes et « gèrent démocratiquement et librement leurs propres affaires ». Cependant, « il n'existe qu'une citoyenneté de la Communauté » et les compétences communautaires définies à l'article 78 ne sont pas gérées de façon égalitaire.

> Le domaine de la compétence de la Communauté comprend la politique étrangère, la défense, la monnaie, la politique économique et financière commune, ainsi que la politique des matières premières stratégiques.
>
> Il comprend en outre, sauf accord particulier, le contrôle de la justice, l'enseignement supérieur, l'organisation générale des transports extérieurs et communs et des télécommunications.
>
> Des accords particuliers peuvent créer d'autres compétences communes ou régler tout transfert de compétence de la Communauté à l'un de ses membres.

La Communauté a des institutions dont les noms, à une exception près, ne correspondent pas aux attributions. Le Conseil exécutif, constitué « par le Premier ministre de la République, les chefs du gouvernement de chacun des États membres de la Communauté et par les ministres chargés, pour la Communauté, des affaires communes », a pour simple tâche d'organiser « la coopération des membres de la Communauté sur le plan gouvernemental et administratif ». Le Sénat est composé de « délégués que le Parlement de la République et des autres membres de la Communauté choisissent en leur sein ». Sa composition n'est pas précisément celle d'un organe confédéral, puisque « le nombre de délégués de chaque État tient compte de sa population et des responsabilités qu'il assume dans la Communauté », ce qu'une décision du 9 février 1959 traduira par la répartition suivante : la République française a 186 membres, les autres États 98 à eux douze ! De toute façon, le Sénat n'a de vrais pouvoirs que dans les domaines où il a reçu « délégation des assemblées législatives des membres de la Communauté » — et il n'y aura jamais aucune délégation de ce genre. Il y a bien une Cour arbitrale pour statuer sur les litiges entre les membres, mais, en décembre 1958, une ordonnance précise qu'elle est composée de

« sept juges nommés pour six ans par le président de la Communauté ».

« Le président de la République, dit l'article 80 de la Constitution, préside et représente la Communauté. » Le chef de l'État français est donc obligatoirement celui de la Communauté, en quelque sorte président de lui-même, comme l'était déjà Vincent Auriol, président de l'Union française comprenant la République. Mais il a en fait tout le pouvoir réel sur cette Communauté. L'article 92 dit qu'il préside le Conseil exécutif. L'ordonnance portant loi organique précise qu'il en arrête l'ordre du jour. C'est lui aussi qui « formule et notifie les mesures nécessaires à la direction des affaires communes », lui encore qui « veille à leur exécution ».

Du 21 au 26 août, le général de Gaulle effectue un périple en Afrique et à Madagascar pour appeler les populations à voter « oui » le 28 septembre, et pour convaincre les dirigeants et militants politiques africains d'une part que ce oui n'exclut pas l'indépendance à terme — encore que l'article 86 semble dire le contraire —, d'autre part que le « non » donnerait bien l'indépendance immédiate, mais au prix d'une rupture non moins immédiate avec la France dont le désengagement du pays indépendant serait complet. Il est accueilli dans l'enthousiasme à Tananarive, à Brazzaville, à Abidjan. A Dakar, des manifestants rompent l'unanimité. Auparavant, à Conakry, il y a eu affrontement avec le chef de gouvernement de la Guinée. Sékou Touré déclara préférer « la pauvreté dans la liberté à la richesse dans l'esclavage ».

Le 29 septembre, la Guinée, seul pays où le non l'ait emporté, accède à l'indépendance. La France cesse toute aide financière et rappelle ses fonctionnaires. On est au début d'un quart de siècle de relations contrastées. Dès décembre 1958, il y a contradiction entre le protocole franco-guinéen sur le maintien de la Guinée dans la zone franc et l'abstention de la France à l'ONU dans le vote sur l'admission du nouveau membre. En mars 1960, la Guinée sortira de la zone franc. Un an plus tard, il y aura enfin un ambassadeur de France à Conakry. Mais, à ce moment, la Communauté, telle qu'elle est définie en 1958, n'existera déjà plus.

> Un État membre de la Communauté peut devenir indépendant. Il cesse de ce fait d'appartenir à la Communauté.
>
> Un État membre de la Communauté peut également, par voie d'accords, devenir indépendant sans cesser de ce fait d'appartenir à la Communauté.

La comparaison des alinéas 2 et 3 de l'article 86 de la Constitution de la Ve République surprend : ne se contredisent-ils pas ? Il se trouve que l'alinéa 3 a en effet été ajouté par la loi constitutionnelle du 4 juin 1960 pour que l'article 86 permette ce qu'il interdisait jusque-là.

A la fin des années cinquante, l'Afrique anglophone évoluait vers l'indépendance. En 1957, la Gold Coast était devenue le Ghana, en absorbant le Togo sous tutelle britannique. Le Togo sous tutelle française, république encore contrôlée par la France en 1956, s'orientait vers la levée de tutelle impliquant l'indépendance. Quand cette indépendance est proclamée en avril 1960, les États de la Communauté ont eux aussi connu une évolution décisive. En 1959, deux regroupements s'étaient effectués en son sein, les uns voulant constituer une fédération ouest-africaine dont l'existence transformerait la Communauté en simple confédération, les autres, notamment la Côte-d'Ivoire, désirant se limiter à une entente de coopération économique entre États.

Le 28 septembre 1959, un an seulement après le référendum, le Mali (Sénégal et Soudan) demanda l'indépendance au sein de la Communauté, suivi par Madagascar. Des accords franco-maliens et franco-malgaches modifièrent profondément la nature même de la Communauté. Il fallait bien accorder aux autres un statut de même nature. Cette fois, cependant, ce fut sans référence aucune à la Communauté qui avait été transformée sans que ces États, les plus fidèles soutiens du statut de 1958, eussent été consultés.

Finalement, l'année 1960 voit le transfert des compétences communautaires aux États, puis la proclamation de leurs indépendances respectives, suivie de leur admission à l'ONU et de la conclusion d'accords de coopération. Le Cameroun, le Togo (les deux anciens territoires sous tutelle), le Sénégal, le Mali (Soudan), la Côte-d'Ivoire, le Dahomey, la Haute-Volta, le Niger, la Mauritanie (l'ancienne Afrique occidentale française), la République centrafricaine, le Congo-Brazzaville, le Gabon, le Tchad (l'ancienne Afrique équatoriale française) et Madagascar : en 1960, quatorze États rejoignent la Guinée dans l'indépendance, mais se lient à la France en matière économique, culturelle, militaire.

Les organes de la Communauté disparaissent sans qu'il y ait révision constitutionnelle supplémentaire. En mars 1961, il est admis que le Sénat de la Communauté n'existe plus. Ses membres français apprennent par lettre du Premier ministre que leur mandat a pris fin. En juillet, la Cour de justice disparaît, en fait sinon en droit, par démission de son président et de ses membres. Le 18 mai 1961, Jean Foyer, secrétaire d'État à la Communauté, est fait ministre de la Coopération. Le secrétaire général pour la Communauté, Jacques Foccart, devient secrétaire général à la présidence de la République pour la Communauté et les Affaires africaines et malgaches.

L'organisation du pouvoir pour les relations avec les pays de l'ancienne Communauté est tout à fait particulière. Le ministère des Affaires étrangères s'occupe en principe des relations diplomatiques avec les États devenus indépendants. Ceux-ci tiennent à ces relations comme preuve de leur indépendance, comme symbole de leur statut normalisé, de leur égalité théorique avec la France. En même temps, ils souhaitent recevoir une aide multiple. Elle sera gérée par le ministère de la Coopération, qui assurera également la tutelle des organismes publics et semi-publics d'aide agissant en Afrique ou pour l'Afrique. En fait, aucun des deux ministères, aucun des deux ministres ne conçoit ni n'exécute directement la politique africaine de la France — et n'a même de véritable droit de regard sur elle. Le pouvoir est à l'Élysée et, à partir des directives du président de la République et en liaison quotidienne et confiante avec lui, il est exercé dans une large mesure par Jacques Foccart.

Né en 1913, entré dans la Résistance métropolitaine dès 1940, et en 1944 au BCRA — le service de renseignement créé pour le général de Gaulle par le colonel Passy et Jacques Soustelle —, il est chargé par le Général de s'occuper des affaires africaines du RPF[1]. Le réseau de relations qu'il crée alors servira de base à son action sous la Ve République. Si, de 1958 à 1969, il suit les activités des services spéciaux, s'occupe de la sécurité du président et intervient dans toutes les situations de crise, son domaine propre est tout de même l'Afrique. Il fait en réalité fonction de ministre : il coordonne l'action africaine des autres ministères et négocie directement avec les chefs d'États africains. Il reçoit aussi bien les ambassadeurs français en Afrique que les ministres africains en visite à Paris (rude tâche puisqu'il y a plus de deux mille de ces passages ministériels par an). Nullement indépendant à l'égard du chef de l'État, il n'est pas une sorte de Kissinger pour l'Afrique. Mais Henry Kissinger, lui, a eu moins de sources particulières d'informations et surtout moins de

1. Nous suivons ici l'analyse « L'anomalie Foccart », de Samy Cohen, *Les Conseillers du Président*, PUF, 1980, pp. 146-169. La citation se trouve p. 154.

moyens d'influence sur la politique interne d'États en principe non soumis à l'action politique du grand pays leur accordant son soutien.

Un soutien à qui, et pour quoi faire ? Un des collaborateurs de Jacques Foccart s'en est expliqué ainsi : « Nous devions soutenir les États nouvellement naissants, sinon tout s'écroulait et se terminait dans un bain de sang. Les Français auraient été jetés en prison. Les gens, surtout les jeunes gens de gauche, ne comprennent pas. Nous avions mis sur pied les institutions du pays. Nous leur avions fourni une aide financière considérable. Il fallait les aider à se maintenir debout, à franchir le gué. Il fallait soutenir l'indépendance de ces pays contre des capitaines qui risquaient de remettre en cause toute la politique de coopération. Que de fois certains chefs d'États ne nous ont-ils pas demandé de les aider à terminer les " fins de mois ", de leur envoyer des enseignants pour commencer la rentrée. »

L'aide peut aussi consister à envoyer l'armée française rétablir ou conforter le pouvoir de chefs d'État. Ainsi au Gabon, en février 1964, où les troupes stationnées à Brazzaville et à Dakar interviennent au Gabon et libèrent le président Léon M'Ba, vainqueur d'un putsch militaire grâce à la France. Ainsi au Tchad où, en août 1968, plusieurs milliers de soldats français répriment, à l'aide de blindés, d'hélicoptères, d'avions d'attaque au sol, une rébellion contre le président François Tombalbaye. La coopération militaire prévue dans les accords conclus avec les États consiste ainsi davantage, au moins par moments, à défendre les hommes qui les dirigent contre leurs ennemis du dedans, plutôt qu'à protéger leur pays contre des attaques du dehors. Et ce n'est certes pas nécessairement parce que l'homme en place s'inspire mieux que les rebelles des principes de la démocratie pluraliste et des droits de l'homme. L'Algérie sert ici de précédent : dans la réalité quotidienne des rapports franco-algériens, qui donc se réfère à la clause d'Évian, « l'État algérien souscrira sans réserve à la Déclaration universelle des droits de l'homme et fondera ses institutions sur les principes démocratiques » ?

L'aide française aux nouveaux États est fort ample. Les coopérants sont environ dix mille, en 1969 comme en 1960, la part des enseignants ne cessant cependant d'augmenter dans ce nombre, passant du quart aux deux tiers. Le pourcentage des apports nets d'aide publique au développement par rapport au produit national brut (apports qui ne concernent l'Afrique et Madagascar que pour un tiers) diminue régulièrement (1,38 % en 1960, 0,67 % en 1968 et en 1969), mais l'effort financier n'est négligeable ni par comparaison internationale ni pour les pays africains eux-mêmes.

Quel est le but de l'aide ? Trois réponses sont possibles. Elles ne sont nullement incompatibles. La première est fournie par le général de Gaulle à la télévision le 14 décembre 1965 : « Cet argent que nous donnons pour l'aide aux pays sous-développés n'est de l'argent perdu à aucun point de vue. Je considère même que c'est un très bon placement. » Pour conclure ainsi, il a parlé de liens culturels, de débouchés pour les exportations françaises et de « notre standing international ». Bien des années plus tard, se défendant contre des accusations concernant son action au Gabon, Jacques Foccart exposera une vision encore plus utilitaire : « Selon une estimation du ministère des Finances du Gabon, pour 1 franc dévolu au Gabon par les subventions de l'aide publique française, qui pour l'essentiel vont à des organismes et à des compagnies françaises, la France retirait, en 1979, 2,8 francs. Sur le plan des investissements privés, l'économie française, en 1979, a retiré environ 717 francs d'un apport initial de 66 francs, soit un retour de 11 francs pour 1 franc investi [1]. »

Mais ce langage assez cynique ne correspond guère à la réalité des années soixante où l'assistance technique, notamment au début l'envoi d'administrateurs mettant en place les services publics et formant leurs successeurs africains, coûte fort cher. Pour justifier le coût global de l'aide, deux autres raisons interviennent : l'intérêt des pays africains pour lesquels, comme le déclare Jean Foyer dans une conférence de presse le 13 mars 1962, « nous avons une certaine responsabilité devant l'Histoire » ; de plus, comme il le dit encore, « la politique que nous poursuivons est tout de même l'un des moyens de rayonnement qui restent à la France ». Ce rayonnement est lié à la présence de la culture française véhiculée par la langue française. Ici, l'Afrique noire tient d'emblée une place particulière, puisque la multiplicité des langues au sein de chaque pays confère un rôle durable au français, alors qu'en Algérie la coopération consistera bientôt en partie à contribuer à une arabisation progressive, en particulier dans l'enseignement.

Dans quelle mesure la finalité du rayonnement français est-elle compatible avec une certaine européanisation de la coopération, la CEE naissante s'étant donné une vocation d'aide aux pays en voie de développement, tout particulièrement en Afrique ? La solidarité européenne doit-elle conduire à une multilatéralisation de l'aide africaine, que ce soit du côté des pays donateurs ou du côté des pays aidés ? Le multilatéralisme n'est de toute façon envisagé qu'avec une double réticence par le gouvernement français : il vaut mieux se

1. *Figaro-Magazine*, 10 déc. 1983.

passer du canal, du filtre des organismes internationaux, et il est préférable d'avoir des relations bilatérales avec chacun des États africains, à la fois pour la commodité et pour l'intensité de l'influence.

La multilatéralisation de l'assistance technique et financière aboutirait aussi à limiter le privilège accordé à l'Afrique francophone par rapport au reste de l'Afrique, à l'Asie et aux pays en développement d'Amérique du Sud. Lorsque, du 21 septembre au 16 octobre 1964, le général de Gaulle effectue un voyage spectaculaire qui le conduit au Venezuela, en Colombie, en Équateur, au Pérou, en Bolivie, au Chili, en Argentine, au Paraguay, en Uruguay et au Brésil, il est certes accueilli avec chaleur, souvent avec enthousiasme, mais il n'a rien de très précis à offrir. Quelles ressources la France pourrait-elle dégager sans léser l'Afrique ? Il pourrait se faire le porte-parole de l'Europe. Mais il préfère le prestige de la seule France et aussi le poids d'un concept dont la nature et la portée n'apparaissent pas très clairement, à savoir la latinité. Ce concept doit-il servir de support à une sorte de coalition politique dirigée contre la domination des États-Unis dans le monde occidental et sur le continent américain ?

7

L'AMBITION ET L'ÉCHEC

> Après la dernière guerre mondiale, notre pays a vu sa puissance et son influence terriblement diminuées par rapport à celles des deux colosses du monde. Encore, jusqu'à l'année dernière, était-il divisé et paralysé par les séquelles d'une colonisation qui eut ses mérites et ses gloires, mais qui, en notre temps, n'était plus que vaine et périmée. Or voici que, ressaisi par le génie du renouveau, en plein développement d'invention, de production, de démographie, pourvu d'institutions solides, dégagé des servitudes coloniales, il se retrouve, pour la première fois depuis un demi-siècle, avec l'esprit libre et les mains libres. Aussi peut-il et doit-il jouer dans l'univers un rôle qui soit le sien.

L'allocution radiotélévisée du 19 avril 1963 indique nettement, un an après la fin de la guerre d'Algérie, trois ans après les indépendances africaines, que des préoccupations en apparence essentielles avaient plutôt constitué des entraves. Mais avoir les mains libres ne suffit pas pour mener une action. Il faut de la force : les contraintes qu'imposent les liens ne sont pas les seules ; ce n'est pas parce qu'elles sont déliées que les mains sont capables de soulever des poids trop lourds. Et il faut un but ou du moins une direction, une visée.

Le but, c'est évidemment, pour Charles de Gaulle, le rang de la France qu'il dirige et incarne. Pas de n'importe quelle France : elle doit bien rechercher la puissance, mais comme pays occidental, c'est-à-dire comme un pays pour lequel la liberté signifie au moins autant celle des citoyens au-dedans que celle de l'action nationale vers le dehors. Il en résulte une première difficulté : l'attitude n'est pas la même selon les circonstances parce que, à des situations différentes, correspondront des attitudes différentes.

Quand une menace précise, physique, vient peser sur les libertés aussi bien que sur l'indépendance nationale, la France, pays occidental, est le solide allié de la grande puissance occidentale qui assume la charge principale de la défense contre la pesée soviétique. Quand, en revanche, celle-ci s'atténue, la France, parce que occidentale, donc parce que en situation d'interconnexion économique, technologique, culturelle avec les États-Unis et non avec l'URSS, doit préserver ou conquérir de l'indépendance face à son grand partenaire.

Pour y parvenir — et aussi pour se hausser le plus possible au niveau des puissances mondiales —, elle cherchera des appuis, cette recherche comportant cependant des difficultés intrinsèques. Rechercher l'appui de l'Europe et surtout de la République fédérale d'Allemagne ? Mais si l'Europe n'est forte qu'en constituant une unité qui, par sa nature, empêcherait la France de l'utiliser à son profit ? Et si, pour l'Allemagne, la permanence et la portée de la menace soviétique sont telles que la coopération avec la France doit exclure toute préoccupation de prise de distance à l'égard des États-Unis ? Rechercher l'appui du tiers monde, à obtenir notamment par l'intermédiaire de l'Afrique francophone ? Mais si cet appui n'est accordé que sur la base d'un anti-impérialisme plus dirigé contre les États-Unis que contre l'Union soviétique, parce que son inspiration est anti-occidentale, donc également antifrançaise ?

Comme le but serait net si la réalité était autre ! Peut-être cependant peut-on la modifier ; peut-être suffit-il de maintenir la visée en attendant qu'elle change. Voici ce que le général de Gaulle propose aux Allemands, en réponse au discours de bienvenue du président Lübke, lors de son arrivée à Bonn, en septembre 1962 :

> L'union, pourquoi l'union ? D'abord, parce que nous sommes ensemble et directement menacés. Devant l'ambition dominatrice des Soviets, la France sait quel péril immédiat courraient son corps et son âme si, en avant d'elle, l'Allemagne venait à fléchir, et l'Allemagne n'ignore pas que son destin serait scellé si derrière elle la France cessait de la soutenir. L'union, ensuite, pour cette raison que l'alliance du monde libre, autrement dit l'engagement réciproque de l'Europe et de l'Amérique, ne peut conserver à la longue son assurance et sa solidité que s'il existe sur l'ancien continent un môle de puissance et de prospérité du même ordre que celui que les États-Unis constituent dans le nouveau monde. Or, un tel môle ne saurait avoir d'autre base que la solidarité de nos deux pays. L'union, encore, dans la perspective d'une détente, puis d'une compréhension internationale, qui permettrait à toute l'Europe, dès lors qu'auraient cessé à l'Est les ambitions dominatrices d'une idéologie périmée,

> d'établir son équilibre, sa paix, son développement, de l'Atlantique à l'Oural, à l'impérative condition que soit pratiquée une vivante et forte communauté européenne à l'Ouest, c'est-à-dire essentiellement une seule et même politique franco-allemande.

L'Europe, la défense et les relations avec l'URSS, le statut politique et économique franco-allemand et européen face aux États-Unis : tout est lié.

Un couple France-Allemagne ?

Le 14 septembre 1958, le général de Gaulle reçoit le chancelier Adenauer à Colombey-les-Deux-Églises. Le premier contact est si bon que quatorze autres rencontres suivront, la dernière en septembre 1963, à un mois du moment où, à quatre-vingt-sept ans, l'interlocuteur allemand quittera le pouvoir exercé depuis 1949. Tout pourtant devrait séparer les deux hommes. L'un a le goût de l'impossible, l'autre le sens du réalisme le plus terre à terre. L'un a le sens du tragique, l'autre a le tragique en horreur. L'un utilise des mots qui, dans la bouche de tout autre Français, paraîtraient emphatiques, parfois ridicules. Le chancelier Adenauer, lui, parle un langage de président de conseil d'administration, avec une véritable répulsion pour le pathétique. L'un est général, l'autre n'a jamais été soldat. Ils sont tous les deux catholiques, mais le catholicisme du Général est plus janséniste, plus sceptique encore sur la nature humaine que le catholicisme plus souriant de Konrad Adenauer.

Ils ont cependant en commun le goût de la politique extérieure et la force de caractère d'en faire une pratique continue dans laquelle les détails ne submergent jamais l'essentiel. Sur le plan humain, leur amitié est largement fondée sur l'admiration constante, profonde que le chancelier porte au Général, tandis que l'affection que le second semble éprouver pour le premier est assurément fonction de la satisfaction ressentie d'être admiré par un homme de cette envergure. Une amitié affirmée, affichée, vantée. Mais, comme auparavant pour le « couple » Adenauer-Schuman, comme ultérieurement pour le « couple » Helmut Schmidt-Valéry Giscard d'Estaing, les sentiments montrés ne correspondent pas nécessairement aux conflits, aux tensions, aux irritations présents dans les rapports réels. Et, surtout, les relations personnelles ne seraient que d'un faible secours en l'absence d'objectifs politiques communs, tandis que leur qualité ne suffit nullement à écarter les obstacles que constituent des objectifs incompatibles.

De septembre 1958 à janvier 1963, malgré bien des difficultés, le couple France-Allemagne s'affirme de plus en plus, notamment au cours de la visite que Konrad Adenauer effectue en France en juillet 1962. L'image des deux hommes côte à côte dans la nef de la cathédrale de Reims prend valeur de symbole. Et du 4 au 9 septembre, c'est le voyage véritablement triomphal du général de Gaulle en République fédérale. A des foules de plus en plus nombreuses, il parle en allemand. A Duisbourg, s'adressant à des ouvriers de la sidérurgie, il déclare : « Aujourd'hui, ce qui se fait dans la Ruhr, ce qui se produit dans les usines modèles comme celle-ci, n'éveille plus dans mon pays que sympathie et satisfaction. » Il prend acte ainsi de l'évolution accomplie dans les années cinquante : la France a intérêt au développement économique allemand. A Ludwigsburg, il parle à des dizaines de milliers de jeunes. Le succès du voyage est tel que le *Spiegel*, pourtant peu francophile, écrit : « De Gaulle est venu en Allemagne comme président des Français. Il repart en empereur d'Europe. » Et une plaisanterie du même type court sur l'Allemagne : « Qui donc succédera à Adenauer ? C'est de Gaulle et il s'installera à Aix-la-Chapelle ! » La séduction du style — du comportement comme du langage — joue plus que le plaisir de s'entendre dire : « Vous êtes un grand peuple. »

Il y a aussi la satisfaction de voir le rapprochement franco-allemand placé dans la perspective d'une longue histoire. Une satisfaction que ne partagent pas un nombre appréciable d'hommes politiques et d'éducateurs qui cherchent à expliquer en Allemagne, depuis 1945, que la guerre déclenchée en 1939 n'a précisément pas été du même type que les affrontements nationaux antérieurs. Le discours à l'Académie militaire de Hambourg les prend quelque peu à contre-pied : « C'est le fait des Français et c'est le fait des Allemands, qui n'ont jamais rien accompli de grand au point de vue national ou au point de vue international, sans que, chez les uns et chez les autres, la chose militaire y ait éminemment participé. »

Au lendemain du voyage, l'idée se développe que le rapprochement entre Bonn et Paris doit se traduire dans un texte. C'est à la demande du chancelier que la déclaration initialement prévue devient un traité, solennellement signé au palais de l'Élysée le 23 janvier 1963. La photo officielle paraît correspondre à une réalité carolingienne : au centre le général de Gaulle ; à ses côtés les deux chefs du gouvernement, Konrad Adenauer et Georges Pompidou, eux-mêmes flanqués des deux ministres des Affaires étrangères,

Maurice Couve de Murville et Gerhard Schröder. Il s'agit d'un traité d'amitié : aucun conflit bilatéral n'est réglé dans le texte, puisqu'il n'existait plus de conflit bilatéral depuis le traité de 1956. Sur des points importants, il se réduit à une simple déclaration d'intentions. Ainsi, en matière de défense, il est dit que :

> Sur le plan de la stratégie et de la tactique, les autorités compétentes des deux pays s'attacheront à rapprocher leurs doctrines en vue d'aboutir à des conceptions communes...

On ne saurait dire plus clairement qu'au moment de la signature les conceptions ne sont pas communes. Mais le traité est créateur d'au moins deux façons. D'une part, le chapitre « Organisation » crée une sorte de mécanisme contraignant de consultation à différents niveaux. Les chefs d'État et de gouvernement se réuniront « en principe au moins deux fois par an », les ministres des Affaires étrangères « au moins tous les trois mois ». « Des rencontres régulières auront lieu entre autorités responsables des deux pays dans les domaines de la défense, de l'éducation et de la jeunesse », cela également à un rythme bimestriel. Les rencontres ordinaires entre les deux chefs de l'exécutif prendront place effectivement deux fois par an, généralement en janvier ou février à Paris, en juillet ou septembre à Bonn, et auront l'allure de véritables conseils de ministres binationaux.

D'autre part, au chapitre « Éducation et jeunesse », il est prévu qu'un « organisme destiné [...] à promouvoir les échanges sera créé par les deux pays, avec à sa tête un conseil administratif autonome. Cet organisme disposera d'un fonds commun franco-allemand »... Le 5 juillet 1963, est signé l'accord créant l'Office franco-allemand pour la jeunesse dont la structure et le financement sont originaux. Les deux gouvernements consacrent des sommes importantes à l'activité de l'Office, dirigé par un conseil d'administration présidé conjointement par les deux ministres compétents et composé de vingt membres : dix Français, dix Allemands, chaque groupe étant composé de quatre représentants de l'État et de six représentants du secteur privé — associations de jeunesse, de fédérations sportives, de syndicats. Ils sont nommés par le gouvernement, mais l'esprit de pluralisme sera respecté. L'administration de l'Office est binationale. A sa tête, un secrétaire général, nommé pour six ans. Quand il est français — ce qui est le cas pour le premier —, son adjoint est allemand et le siège central de l'Office est en Allemagne. Quand son successeur allemand entrera en fonction, il aura un adjoint français et le siège doit être transféré en France.

Original dans sa structure et par son financement, l'OFAJ reprend et développe le travail franco-allemand entamé au lendemain de la guerre. Son action initiale sera facilitée par deux facteurs extérieurs. Le prestige du général de Gaulle convertit à la nécessité de la compréhension franco-allemande des millions de Français encore réticents. Et la détérioration du climat régnant entre les deux États assure paradoxalement l'indépendance de l'Office, les deux gouvernements ne cherchant pas à l'utiliser comme instrument d'une politique devenue beaucoup moins chaleureuse.

Le traité de l'Élysée a en effet été signé neuf jours après la conférence de presse au cours de laquelle le président de la République a rejeté de façon unilatérale la candidature britannique à la Communauté européenne. Pour une bonne part parce qu'il estimait que la Grande-Bretagne serait en Europe le cheval de Troie des États-Unis. Or ce rôle-là, n'est-ce pas la République fédérale qui le tient ? Le 8 mai, lors du débat à Bonn sur la ratification du traité, acceptée à l'unanimité, est adopté, également à l'unanimité, un préambule qui déclare le Bundestag

> décidé à servir par l'application de ce traité les grandes tâches qui dirigent la politique allemande et que la République fédérale préconise depuis des années, en commun avec les quatre autres alliés. Ces tâches sont : le maintien et la consolidation de l'entente entre les peuples libres — avec une coopération particulièrement étroite entre l'Europe et les États-Unis —, l'application du droit à l'autodétermination au peuple allemand et le rétablissement de l'unité allemande, la défense commune dans le cadre de l'OTAN et l'intégration des forces des pays appartenant à cette alliance, l'unification de l'Europe en suivant la voie amorcée par la création des Communautés européennes et en incluant l'Angleterre...

Bref, un inventaire de tout ce qui est supposé aller à l'encontre de la politique du général de Gaulle. Dans sa conférence de presse d'octobre 1966, celui-ci évoquera le traité et parlera du « préambule unilatéral qui en changeait tout le sens ». Dès son message du 31 décembre 1963, la déception s'exprime dans une simple formule : alors qu'il parle par ailleurs d'actions accomplies, il dit que c'est « en tentant d'établir sur une base nouvelle » les rapports avec l'Allemagne qu'il a contribué à « dégager la voie qui mène à l'Europe unie ».

A ce moment Konrad Adenauer est déjà remplacé par Ludwig

Erhard, mais cette discontinuité-là n'est que la seconde. Le nouveau chancelier garde le ministre des Affaires étrangères que son prédécesseur a pris dans le gouvernement qu'il a formé en novembre 1961. Les rapports de Gerhard Schröder avec son collègue et avec le président français sont mauvais de bout en bout, c'est-à-dire jusqu'à la chute du gouvernement Erhard en novembre 1966. Le chancelier lui-même, peu intéressé par la politique mondiale, peu disert dans les relations personnelles, n'est pas pour le président français un partenaire de stature suffisante.

Pourtant Gerhard Schröder est le premier, en République fédérale, à adopter vis-à-vis de l'Union soviétique et plus encore à l'égard des autres pays de l'Europe de l'Est une attitude moins abrupte, moins marquée par le refus et le juridisme. Assurément il n'accepte pas plus qu'Adenauer la position du général de Gaulle indiquant dans sa conférence de presse de mars 1959 que le peuple allemand ne doit pas remettre en cause « ses actuelles frontières du nord, du sud, de l'est et de l'ouest », ce qui équivaut à une acceptation de la ligne Oder-Neisse. Mais la position de Gerhard Schröder vers l'Est ne devrait pas déplaire au président français. Seulement, en même temps, les protestants Schröder et Erhard paraissent trop favorables à la Grande-Bretagne, trop épris de libre-échange mondial et surtout trop soumis aux États-Unis. Qu'il s'agisse de l'affaire de la force multilatérale en 1963-1964 ou du soutien inconditionnel donné en 1965 à la politique vietnamienne du président Johnson, les causes de friction sont multiples. D'autres, moins politiques, s'y ajoutent. Ainsi, en avril 1965, l'échec de la coordination entre les deux systèmes de télévision, le Secam français et le PAL allemand.

Le général de Gaulle prend l'habitude de bousculer quelque peu le partenaire allemand. Lorsque, en décembre 1966, la grande coalition s'installe à Bonn, avec le chrétien-démocrate Kurt George Kiesinger comme chancelier et le socialiste Willy Brandt aux Affaires étrangères, le climat s'améliore, mais le ton adopté du côté français n'est particulièrement chaleureux ni au début ni à la fin de la période 1966-1969. En décembre 1966, le dialogue Paris-Bonn sur le stationnement des troupes françaises en Allemagne, maintenant que la France a quitté la structure militaire de l'OTAN, n'est guère agréable pour les Allemands. « Quel va être le statut juridique de ces troupes sur la base des textes antérieurs ? » demande en substance une note de Willy Brandt. « Voulez-vous que nous restions, oui ou non ? Si c'est non, nous partons. Si c'est oui, ne parlons plus de positions juridiques périmées », réplique en gros Maurice Couve de Murville. Et le gouvernement de Bonn, désireux de voir la France engagée sur le sol allemand, s'incline. En août 1968, c'est à la politique de la République fédérale que le général de Gaulle attribuera une large part de responsabilité dans l'invasion de la Tchécoslovaquie par l'URSS et ses alliés. Et à l'automne, la puissance du mark face aux problèmes de la monnaie française fait renaître des craintes et des ressentiments à Paris.

Contradictions européennes

Lorsque le Général revient au pouvoir, les institutions des deux Communautés créées par les traités de Rome sont en place depuis quelques mois. Le 1er janvier 1958, l'Allemand Walter Hallstein est devenu président de la Commission de la CEE qui siège à Bruxelles. L'un des deux vice-présidents est Robert Marjolin, tandis que la Commission de l'Euratom est présidée par un autre Français, Louis Armand. En mars, la nouvelle Assemblée européenne, installée à Strasbourg, a porté Robert Schuman à sa présidence. Il reste à créer l'économie communautaire. Or, si le processus qui doit aboutir à la disparition complète des obstacles aux échanges entre les Six peut commencer, comme prévu, le 1er janvier 1959 par un premier abaissement des droits de douane à l'intérieur du Marché commun, c'est que, le 28 décembre, la France dirigée par le général de Gaulle s'est mise en mesure de participer pleinement à cette Europe naissante : les mesures Pinay/Rueff, par la seule dévaluation pleinement réussie de l'après-guerre, permettent à la monnaie nationale d'affronter l'ouverture européenne que traduit l'instauration de la convertibilité externe du franc.

Le désarmement douanier progresse ensuite à un rythme tel que l'Union douanière est achevée le 1er juillet 1968, avec dix mois d'avance sur le calendrier prévu par le traité. Les droits de douane sont donc complètement éliminés à l'intérieur de la Communauté et le tarif extérieur commun est mis en place. Au même moment la CEE achève l'organisation commune des produits agricoles pour 90 % des productions, les principes de la politique agricole commune ayant été adoptés en 1962 et traduits dans la réalité à partir de 1964. En 1968 est également franchie la dernière étape vers la libre circulation des travailleurs.

Sur le plan institutionnel, un traité de fusion des Exécutifs créant un Conseil unique et une Commission unique pour la CECA, née du plan Schuman, la CEE et l'Euratom entre en vigueur le 1er juillet 1967. La nouvelle Commission de quatorze membres est présidée par le Belge Jean Rey, l'un des vice-présidents étant Raymond

Barre, professeur d'économie, ancien directeur de cabinet du ministre de l'Industrie. Vers le dehors, la CEE montre sa cohésion dans la grande négociation commerciale mondiale qu'est le Kennedy Round puisqu'elle y parle d'une seule voix, celle de Jean Rey. Et elle parvient à conclure des accords d'association qui font pleinement d'elle une entité internationale : avec la Grèce en 1961 — mais cet accord-là, entré en vigueur le 1er novembre 1962, sera « gelé » pendant le « régime des colonels » d'avril 1967 à septembre 1974 —, avec la Turquie, associée à partir du 1er décembre 1964 et surtout avec dix-sept États africains et Madagascar : l'accord de Yaoundé, signé le 20 juillet 1963, marque le début d'une véritable politique économique africaine commune de la CEE.

Pourtant, au cours des mêmes années, l'Europe se trouve presque constamment en situation d'affrontement interne ou même de crise, qu'il s'agisse, en 1961-1962 et en 1965-1966, de son développement institutionnel ou, en 1963 et 1967, de son élargissement. Pour la majorité des Français, le général de Gaulle doit être largement crédité des progrès accomplis ; sa volonté d'unification européenne apparaît évidente ; les tensions naissent des réticences sinon des manœuvres des autres pays. Pour ceux-ci, c'est bien le Général qui est à l'origine des crises que provoque son désir de freiner sinon de bloquer la marche de l'Europe vers son unité et son agrandissement. En fait, chaque gouvernement et les groupes nationaux soutenant sa politique font comme si leur propre attitude ne comportait pas des contradictions fondamentales.

Du côté allemand, du côté belge, du côté néerlandais, le désir de voir l'Europe politique progresser par le renforcement des pouvoirs de la Commission et par le développement du vote majoritaire au Conseil devrait être incompatible avec la volonté de faire entrer la Grande-Bretagne dans la Communauté, puisque les gouvernements britanniques, même quand ils expriment le vif souhait d'être admis, refusent l'idée de supra-nationalité et acceptent tout au plus d'appliquer le traité de Rome dans son état initial. Du côté français, la contradiction est double. D'une part, les représentants de la France sont contraints de tenir de façon crédible un raisonnement assez étrange : la Grande-Bretagne doit rester à la porte puisqu'elle refuse une forme d'intégration politique européenne — que la France refuse d'ailleurs aussi ! D'autre part, il doit être bien entendu que, si la France rejette toute limitation institutionnelle à sa souveraineté, elle accepte, elle réclame même la mise en place de mécanismes contraignants, notamment en matière agricole, ces mécanismes ne devant en aucune façon être considérés comme des atteintes au libre pouvoir de décision national — alors qu'à l'évidence ils sont instaurés pour limiter ce pouvoir.

Une autre contradiction apparaît dès les difficiles négociations sur l'« avant-projet de traité instituant une Union d'États » soumis par Christian Fouchet le 19 octobre 1961 à la commission intergouvernementale qu'il préside. La Belgique et les Pays-Bas souhaitent une Europe politiquement très structurée, mais craignent en même temps que, sous l'impulsion du général de Gaulle, cette Europe se sépare des États-Unis et affaiblisse l'organisation atlantique. De plus, sans la Grande-Bretagne ne serait-elle pas dominée par le couple France-Allemagne imposant sa volonté aux « petits » ? Le président français, de son côté, souhaite que l'Europe soit assez unitaire pour pouvoir prendre ses distances à l'égard du dominateur américain, tout en redoutant une structure qui entraverait la liberté d'action de la France.

Le « plan Fouchet » consiste en un projet de traité établissant une Union d'États. Les Hautes Parties contractantes se diraient « désireuses d'accueillir parmi elles les autres pays d'Europe prêts à accepter les mêmes responsabilités et les mêmes obligations ». L'Union serait « indissoluble ». Elle aurait pour but notamment de parvenir « à l'adoption d'une politique étrangère commune » et « d'une politique commune de défense ». L'institution principale serait un Conseil des chefs d'État ou de gouvernement adoptant, « à l'unanimité, les décisions nécessaires à la réalisation des buts de l'Union ». L'Assemblée parlementaire européenne et la Commission politique européenne n'auraient que des attributions mineures. Après d'âpres débats sur une version modifiée présentée le 15 décembre, le plan Fouchet II (en fait le troisième) mis en discussion le 18 janvier ne dit plus les signataires que « disposés » à accueillir d'autres membres et n'attribue plus comme but à l'Union que de « rapprocher, de coordonner et d'unifier la politique des États membres dans les domaines d'intérêt commun : politique étrangère, économie, culture, défense ». La règle d'unanimité vaut toujours. Ce troisième texte surprend les partenaires et provoque un vif débat dans la presse internationale. Pendant trois mois encore, négociations et réunions se multiplient, les chances d'aboutir diminuant constamment. Le 17 avril 1962 une ultime négociation à Paris entre les six ministres des Affaires étrangères est suspendue *sine die*. Dans les déclarations publiques qui suivent, chacun attribue la responsabilité de l'échec à l'autre, en jetant un voile sur ses propres contradictions. Mais un accord de principe était tout de même intervenu entre quatre des six pays, le non ultime provenant du Belge Paul-Henri Spaak, déjà interlocuteur principal de Pierre Mendès France à la conférence de Bruxelles en août 1954, et du Néerlandais Joseph Luns, principal adversaire du général de Gaulle au sein de l'Europe des Six. Un adversaire semblable par la taille physique et par le souci d'assurer l'égalité du moins grand face au grand, pour les Pays-Bas face à la France en Europe, comme pour la France face aux États-Unis dans l'Alliance atlantique.

Le 15 mai, la vivacité de ton de la conférence de presse tenue par le général de Gaulle provoque la démission des ministres MRP du récent gouvernement Pompidou (Pierre Pflimlin, Maurice Schuman, Robert Buron, Paul Bacon, Joseph Fontanet), tandis que les ministres indépendants, autour de Valéry Giscard d'Estaing, jeune ministre des Finances, restent dans le cabinet malgré les injonctions de leur groupe parlementaire. La référence à l' « esperanto ou volapük intégré » qui, dans une Europe supranationale, remplacerait les langues de Dante, de Goethe, de Chateaubriand, joue moins que l'affirmation que le vrai fédérateur de « cette Europe intégrée, comme on dit » « ne serait pas européen », c'est-à-dire que ce serait une Europe américaine, surtout si elle était élargie.

Et c'est bien le problème de la Grande-Bretagne qui est, en 1962, au cœur du débat. Elle a posé sa candidature à la CEE le 2 août 1961, quelques jours après l'Irlande et un jour avant le Danemark. L'échec des négociations compliquées avec les trois candidats sera officiellement acquis le 29 janvier 1963. En fait, c'est la conférence de presse du 14 qui met fin à la première candidature britannique, malgré la visite du Premier ministre Macmillan à Rambouillet le 15 décembre, malgré la signature le 29 novembre d'un accord franco-britannique pour la construction d'un avion de transport supersonique. Parmi les motifs immédiats du non du Général figurent indubitablement les décisions prises le 21 décembre aux Bahamas par Harold Macmillan et John Kennedy en matière d'armement nucléaire : la Grande-Bretagne paraît se soumettre davantage encore à la direction américaine, au lieu d'apporter sa force atomique à une éventuelle Europe indépendante des États-Unis.

L'attitude du président de la République sera résumée dans une excellente caricature allemande qui paraîtra en février 1967[1], au moment où se prépare la seconde candidature britannique annoncée le 2 mai et rejetée de nouveau unilatéralement par une conférence de presse, le 27 novembre : dans une maison close, on voit le général de Gaulle en habit, flûte de champagne à la main, l'air méprisant ;

1. *Deutsches Panorama,* 16/2/1967.

devant lui, une fille apeurée ayant les traits de Harold Wilson, le successeur travailliste de Macmillan, a déjà enlevé jupe et jupons marqués « Acceptation inconditionnelle des traités », « Renonciation à un équilibre de puissance en Europe », « Liens avec le Commonwealth », il lui reste le slip « Politique proaméricaine » et le soutien-gorge « Intérêts agricoles britanniques » sur lequel elle porte la main ; la légende est simple : « Davantage ? — Tout ! »

Mais le refus de 1967 attirera moins l'attention que celui de 1963 puisqu'il viendra après des décisions plus spectaculaires : le retrait de l'organisation militaire de l'OTAN en 1966, lui-même précédé de la crise institutionnelle européenne de 1965. Le 30 juin 1965, en effet, Maurice Couve de Murville, qui préside la réunion des ministres négociant sur le financement de la politique agricole commune, déclare la réunion close sur un échec. Le gouvernement français est décidé de pratiquer une « politique de la chaise vide » (rappel de l'ambassadeur auprès des Communautés européennes, non-participation aux institutions communautaires, notamment au Conseil de la CEE). Aux yeux des cinq partenaires, ce boycottage viole l'article 5 du traité de Rome disant que « les États membres prennent toutes mesures générales et particulières propres à assurer l'exécution des obligations découlant du présent traité ou résultant des actes des institutions de la Communauté ; ils facilitent à celle-ci l'accomplissement de sa mission ».

Les griefs français ne portent pas seulement sur la politique agricole. Ils concernent la place protocolaire et politique que veut tenir la Commission présidée par Walter Hallstein et l'application du principe de la décision majoritaire au sein du Conseil. En effet l'article 145 donne à celui-ci « un pouvoir de décision », l'article 148 précisant que « sauf dispositions contraires du présent traité, les délibérations du Conseil sont acquises à la majorité des membres qui le composent ».

Même quand il voulait être aimable à l'égard de la Commission, le général de Gaulle ne lui a jamais reconnu le statut prévu par le traité. Ainsi, à la conférence de presse du 31 janvier 1964, il a déclaré que la Commission avait, dans la négociation agricole de décembre, « accompli objectivement des travaux d'une grande valeur » et offert « aux négociateurs des suggestions bien étudiées », mais qu'on avait « bien vu que le pouvoir et le devoir exécutifs n'appartiennent qu'aux gouvernements ». Il en avait conclu : « Ainsi ressort, une fois de plus, l'impropriété tendancieuse de conception et de terme par laquelle un certain langage intitule "exécutive" une réunion, si qualifiée qu'elle soit, d'experts internationaux » ! En 1965, il s'agit d'imposer à la Commission un véritable code de conduite. Quand, en janvier 1966, la France reprend sa place au Conseil, elle obtient satisfaction sur plusieurs points de ce catalogue. Et en 1967 Walter Hallstein renoncera, puisque *persona non grata* à Paris, à se porter candidat à la présidence de la Commission unique des trois communautés.

L'arrêt de la politique de la chaise vide est dû en partie au résultat de l'élection présidentielle du 5 décembre où le général de Gaulle a été mis en ballottage par les votes qui se sont portés sur Jean Lecanuet et qui provenaient en particulier d'agriculteurs inquiets de voir la politique agricole bloquée par la rupture du 30 juin. La querelle du vote majoritaire est réglée par une déclaration commune signée à Luxembourg le 30 janvier 1966.

> § I — Lorsque, dans le cas de décision susceptible d'être prise à la majorité sur proposition de la Commission, des intérêts très importants d'un ou plusieurs partenaires sont en jeu, les membres du conseil s'efforceront dans un délai raisonnable d'arriver à des solutions qui pourront être adoptées par tous les membres du conseil dans le respect de leurs intérêts et de ceux de la Communauté, conformément à l'article 2 du traité.
>
> § II — En ce qui concerne le paragraphe précédent, la délégation française estime que, lorsqu'il s'agit d'intérêts très importants, la discussion devra se poursuivre jusqu'à ce que l'on soit parvenu à un accord unanime.
>
> § III — Les six délégations constatent qu'une divergence subsiste sur ce qui devrait être fait au cas où la conciliation n'aboutirait pas complètement.
>
> § IV — Les six délégations estiment néanmoins que cette divergence n'empêche pas la reprise selon la procédure normale des travaux de la Communauté.

S'agit-il d'un compromis ? Cette appellation ultérieure du texte n'apparaît pas très exacte. Il s'agit plutôt de l'acceptation du désaccord qui existait antérieurement. Simplement, l'habitude s'instaurera de mettre le plus souvent l'article 148 du traité entre parenthèses dans la perspective de l'interprétation française inscrite dans l'article 11, c'est-à-dire de l'exigence de l'unanimité, donc du droit de veto accordé à chaque partenaire.

Le financement de la politique agricole commune, très favorable à l'agriculture française, finit par être mis en place et la CEE poursuit sa route. Mais la tactique du général de Gaulle laissera des traces : on peut donc obtenir des résultats favorables à une cause nationale en exerçant une forte pression, sinon un chantage sur les autres partenaires ! On peut donc tenir une sorte de langage à la Samson : « Si vous ne donnez pas ce que je veux, je fais s'écrouler l'édifice — et vous tenez plus à son existence que moi ! » Une fois entrée dans la CEE, la Grande-Bretagne saura se souvenir d'une telle attitude.

Mais la tactique est au service d'une stratégie. Certes, il y a ce que François Mauriac a appelé « le plaisir d'exaspérer [1]». Mais la clé du comportement est donnée par Georges Pompidou dans un discours sur les relations franco-américaines prononcé le 24 février 1964 devant l'American Club de Paris. Il y définit la place de la France « qui par sa géographie et son histoire est condamnée à jouer le rôle de l'Europe ».

« Premier pays continental à prendre conscience de la possibilité d'avoir une politique indépendante », la France a en quelque sorte pour mission d'assumer une fonction que ses partenaires européens n'ont pas comprise. C'est à la France de définir ce qui est bon pour l'Europe. Une telle conception exclut évidemment par définition tout conflit entre visées françaises et visées européennes. L'idée que les autres pays européens s'offusquent de se voir réduits au rôle de troupeau pas très intelligent conduit par un berger inspiré ne transparaît pas dans le texte du Premier ministre du général de Gaulle, alors que son discours proclame la nécessité pour l'Europe de rejeter sa dépendance à l'égard du guide d'outre-Atlantique.

S'il fallait résumer la dialogue entre le général de Gaulle et ses partenaires antagonistes de Bruxelles, de La Haye et aussi de Bonn, on pourrait lui donner une forme simple : « Vous voulez, messieurs, que l'Europe ait un corps, mais c'est pour lui donner une âme américaine — Et vous, Général, vous voulez qu'elle ait une âme, mais à condition que celle-ci soit française et qu'il n'y ait pas de corps. »

La bombe, l'OTAN et l'URSS

Le corps de l'Europe était de toute façon supposé se développer seulement à partir de l'économie et non à partir de la défense. Certes, après l'échec de la CED à six, l'UEO à sept avait reçu en principe quelques attributions militaires, notamment en matière de contrôle des armements. Mais qui avait jamais sérieusement songé à faire

1. *Le Figaro littéraire* du 11 décembre 1967.

fonctionner le mécanisme supranational prévu à l'article 3 du protocole relatif à ce contrôle ?

> Lorsque la fabrication des armes atomiques, biologiques et chimiques dans les territoires continentaux des Hautes Parties Contractantes qui n'auront pas renoncé au droit de produire ces armements aura dépassé le stade expérimental et sera entré dans la phase de production effective, le niveau des stocks que les Hautes Parties Contractantes intéressées seront autorisées à détenir sur le continent européen sera fixé par le Conseil de l'Union de l'Europe occidentale à la majorité des voix.

En octobre 1954, la décision française de fabriquer des armes atomiques n'était pas encore prise. En 1956, contrairement au souhait de Jean Monnet, qui croyait que l'intégration européenne renforcerait la France plus que la possession de l'arme nucléaire, tout fut fait pour que l'atome « militaire » échappât au contrôle de la Communauté atomique en voie d'élaboration. Félix Gaillard, le général Ailleret, Pierre Guillaumat, administrateur général et délégué de gouvernement au Commissariat à l'énergie atomique de 1951 à 1958, y parvinrent. Lorsque, en 1963, le général de Gaulle ouvre une crise à l'Euratom en refusant d'accepter le budget et fait remplacer à la présidence de la Communauté le très « européen » Étienne Hirsch par Pierre Chatenet, ancien ministre de l'Intérieur dans le gouvernement Debré, il ne s'agit plus d'armements, mais simplement de l'avance française en matière de recherche et de fabrication de centrales civiles, avantages qu'il convenait de ne pas partager sans contrepartie avec des partenaires.

« Hourra pour la France ! Depuis ce matin, elle est plus forte et plus fière. Du fond du cœur, merci à vous et à ceux qui ont, pour elle, apporté ce magnifique succès. Signé : de Gaulle. » Tel est le télégramme que le président de la République envoie le 13 février 1960 à Pierre Guillaumat, devenu en juin 1958 ministre des Armées et, à ce titre, responsable de l'opération « Gerboise bleue », c'est-à-dire de l'explosion de la première bombe atomique française à Reggane, dans le Sahara. Une explosion décidée par le gouvernement Gaillard dans une perspective à la fois semblable et différente.

L'arme atomique est évidemment un instrument de la politique militaire. Mais une politique militaire peut avoir deux aspects certes liés, mais dissemblables. Elle est dans tous les cas une politique de défense. Elle peut être aussi l'instrument d'une diplomatie d'ensemble. L'armée suisse est supposée dissuader tout adversaire potentiel d'agresser le pays ; elle ne sert pas d'argument ni d'atout à la diplomatie suisse dans la vie internationale. La Bundeswehr contribue à la défense de la République fédérale. Elle ne constitue pas en elle-même un instrument de pression en matière non militaire.

La situation de la France était déjà différente sous la IVe République. Les dirigeants qui ont voulu la bombe souhaitaient renforcer le prestige de la France et lui donner une place au moins équivalente à celle de la Grande-Bretagne dans l'Alliance atlantique. Mais ils voyaient surtout que les États-Unis étaient moins disposés à garantir automatiquement la sécurité des Européens en recourant à la contre-menace nucléaire, depuis que l'Union soviétique pouvait à son tour détruire les villes américaines. L'arme atomique française ne devait pas permettre un affrontement avec l'URSS, mais, par la montée des enchères en cas de menace en Europe, rendre plus crédible l'escalade, donc plus efficace la dissuasion exercée par la puissance américaine même plus hésitante : c'est bien l'idée de défense qui est au cœur de la conception d'un armement français servant de « détonateur » potentiel d'un conflit entre les Grands, donc d'instrument d'une influence française sur le mécanisme de la dissuasion américaine.

Pour le général de Gaulle, l'arme atomique est certes un élément clé de la politique de défense, mais elle est aussi, elle est peut-être surtout un atout diplomatique. Face à l'adversaire potentiel, assurément. Mais aussi face aux États-Unis au sein de l'Alliance. Et sans doute face à la puissance économique allemande au sein de l'Europe. Par-dessus tout, elle est signe d'indépendance. Et seule l'indépendance permet et garantit le rang. L'exposé des motifs de la loi-programme d'armement pour 1965-1970 est fort claire sur ce point :

> Quelles que soient notre fidélité à nos alliances et notre confiance en nos alliés, nous en remettre à certains d'entre eux de déclencher cette riposte serait en fait, malgré les artifices de présentation dont cette démission pourrait être couverte, nous placer sous leur dépendance. Or il faut que notre politique puisse s'exercer selon nos intérêts et notre génie national. En sauvegardant son indépendance, la France n'agit pas à des fins purement égoïstes ; elle continue à mettre son influence et ses forces au service de la coopération et de la paix.

Deux idées sont sous-jacentes à cet alinéa. L'une est militaire : puisque la dissuasion américaine est devenue moins efficace et puisque le risque est grand, face à l'horreur atomique, que chacun n'accepte de mourir que pour soi, il convient d'avoir un armement nucléaire aussi développé, aussi varié que possible. L'autre est politique : le fait d'être une puissance atomique accroît l'influence de la France. Sur le premier point, le même texte fixe un objectif très ambitieux : il est certes admis que « l'action de nos forces serait en principe conjuguée avec celle de nos alliés », mais « nous devons être simultanément en mesure de détruire dans les plus brefs délais les objectifs ennemis au moyen des armes nucléaires les plus puissantes ; de nous opposer aux tentatives d'invasion ennemies ; de maintenir la cohésion et la volonté de résistance de la nation ». Dans la doctrine établie par Pierre Messmer, cette visée-là serait atteinte grâce à la DOT, la Défense opérationnelle du territoire, tandis que, pour la visée politique, la force nucléaire stratégique doit être complétée par l'existence d'une force d'intervention « classique » efficace.

Or les nécessités financières réduisent, au cours des années soixante, la part du non-nucléaire. Il en résulte une difficulté centrale pour l'utilisation politique de la force militaire. Ainsi, lors de la crise internationale provoquée en 1967 par la guerre des Six Jours, les États-Unis et l'URSS jouent un rôle non pas en tant que puissances atomiques, mais comme puissances navales. La 6e flotte américaine et la flotte soviétique passée de la mer Noire en Méditerranée sont présentes. La flotte française, elle, n'existe guère comme instrument politique : sa puissance est limitée, et son développement prévu la destine essentiellement à assurer la protection des futurs sous-marins nucléaires. Et la force atomique française est sans utilité au Proche-Orient : trop faible pour servir crédiblement d'arme diplomatique contre un Grand, elle est beaucoup trop forte pour une intervention politique dans un conflit entre des petits, car la menace de son emploi ne serait pas crédible à cause même de sa démesure.

Il n'empêche que le président de la République, que l'article 5 de la Constitution fait « le garant de l'indépendance nationale », dispose bel et bien, à mesure que les années passent, d'un armement nucléaire qui n'a plus rien de la « bombinette » souvent raillée au-dehors : les SNLE (Sous-marins nucléaires lanceurs d'engins) s'ajouteront aux premiers Mirage IV et aux rampes de lancement enterrées en Provence au plateau d'Albion. Et c'est bien le président qui en dispose. Le décret du 14 janvier 1964 « relatif aux forces aériennes stratégiques » tranche nettement entre deux interprétations possibles de la Constitution :

> Art. premier — La mission, l'organisation et les conditions d'engagement des forces aériennes stratégiques sont arrêtées en Conseil de défense.

Art. 2 — Le Premier ministre assure l'application des mesures générales à prendre en vertu de ces décisions.

Le ministre des Armées est responsable de l'organisation, de la gestion et de la mise en condition d'emploi des forces aériennes stratégiques et de l'infrastructure qui leur est nécessaire.

A ce titre, le commandant des forces aériennes stratégiques relève directement du ministre des Armées.

....

Art. 5 — Le commandant des forces aériennes stratégiques est chargé de l'exécution des opérations de ces forces sur ordre d'engagement donné par le président de la République, président du Conseil de défense et chef des armées.

Contre qui est-il susceptible de les engager ? Aucun doute ne devrait être permis quand on connaît les objectifs nullement secrets des fusées unidirectionnelles du plateau d'Albion : elles sont destinées à détruire des villes russes et doivent donc dissuader une potentielle agression de l'URSS. Mais que doit signifier alors l'article du général Ailleret intitulé « Défense " dirigée " ou défense " tous azimuts " ? » que publie la *Revue de Défense nationale* en décembre 1967 ? Sa proposition, non chiffrée et non chiffrable, de doter la France dans les vingt ans d' « un système de défense, qui ne soit dirigé contre personne, mais mondial et tous azimuts » et « qui, au cours des crises qui peuvent dans l'avenir ébranler le monde, mettrait la France en mesure de déterminer librement son destin », n'attire l'attention et ne passe pour un ballon d'essai du chef de l'État que, parce qu'à ce moment, ce dernier paraît disposé à pousser fort loin la crise qu'a fait naître, l'année précédente, la sortie de la France de l'organisation militaire de l'Alliance atlantique.

Dès son retour au pouvoir, le général de Gaulle a voulu transformer le système de l'OTAN. Le mémorandum — dont l'existence et la substance, mais non le contenu exact furent rapidement connus — qu'il adressa le 17 septembre 1958 au président Eisenhower et au Premier ministre Macmillan montrait quelle était la visée la plus immédiate pour l'ambition de la France : étendre le champ de compétence de l'Alliance « qui se limite à la sécurité de l'Atlantique Nord, comme si ce qui se passe, par exemple, au Moyen-Orient ou en Afrique, n'intéressait pas immédiatement et directement l'Europe, et comme si les responsabilités indivisibles de la France ne s'étendaient pas à l'Afrique, à l'océan Indien et au Pacifique, au même titre que celles de la Grande-

Bretagne et des Etats-Unis » ; pour ce faire, il faudrait cependant changer la structure interne de l'OTAN, ou bien lui en superposer une autre :

> La France ne saurait donc considérer que l'OTAN, sous sa forme actuelle, satisfasse aux conditions de la sécurité du monde libre et, notamment, de la sienne propre. Il lui paraît nécessaire qu'à l'échelon politique et stratégique mondial soit instituée une organisation comprenant : les États-Unis, la Grande-Bretagne et la France. Cette organisation aurait, d'une part, à prendre des décisions communes dans les questions politiques touchant à la sécurité mondiale, d'autre part, à établir et, le cas échéant, à mettre en application les plans d'action stratégique, notamment en ce qui concerne l'emploi des armes nucléaires...

La réponse du président américain est envoyée le 20 octobre. Pendant de longues années — et même après sa publication dans une revue à l'automne de 1966 —, il y aura de nombreuses affirmations du côté français selon lesquelles Eisenhower n'aurait jamais répondu ou n'aurait répondu que par quelques platitudes. Or, s'il est vrai que la vision idyllique qu'un alinéa donne du mécanisme de consultation au sein de l'OTAN ne correspond guère à une réalité politique substantielle, la lettre met fortement l'accent sur un point essentiel : « Nous ne sommes pas à même d'adopter un système qui donnerait à nos autres alliés ou à d'autres pays du monde libre l'impression que des décisions fondamentales affectant leurs propres intérêts vitaux sont prises sans leur participation. » Par ailleurs, le président rappelle toute la difficulté qu'il y a à étendre la zone couverte par le traité de l'Atlantique Nord et se déclare prêt à explorer l'affaire par les voies appropriées. Il n'y aura jamais de proposition française précise. Non que la visée ne demeure pas, mais la phrase du général Eisenhower rend la réplique à peu près impossible à quiconque parle d'une Europe fondée sur l'égalité de ses membres.

Le général de Gaulle n'escomptait certainement pas un résultat immédiat. Il s'agissait plutôt de prendre date. De petits gestes suivent, comme celui du 11 février 1959 : il est annoncé qu'en temps de guerre la flotte française sera soustraite au commandement atlantique. Mais de 1958 à 1962, deux données se conjuguent pour rendre peu utile le déclenchement d'une crise au sein de l'Alliance. La guerre d'Algérie se prolonge et rend impossible une réorganisation en profondeur du système militaire français, tout en requérant de bonnes relations au sein de l'Alliance. Et celle-ci prend valeur positive à la fois quand l'URSS est menaçante et quand elle semble se rapprocher des Occidentaux.

En novembre 1958, Khrouchtchev menace de changer unilatéralement le statut de Berlin. Alors que le gouvernement britannique est tenté d'accepter une négociation dont le seul aboutissement pourrait être un compromis, donc un recul occidental, le général de Gaulle, en plein accord avec le chancelier Adenauer, insiste pour un ferme refus commun, précisément parce que les Occidentaux sont en situation de faiblesse. Et en août 1961, lors de l'érection du mur de Berlin, il déplore devant son partenaire allemand la rapide résignation américaine. A ce moment, ce n'est certes pas un excès d'intransigeance qu'il reproche à l'allié d'outre-Atlantique. Auparavant, en mai 1960, il a appuyé le président américain lorsque celui-ci a refusé de se plier aux injonctions de Khrouchtchev à la conférence de Paris.

L'échec de cette conférence dès son ouverture — la raison ou le prétexte en étant l'affaire de l'avion espion américain au-dessus de l'URSS — a pourtant constitué une grave déception pour le général de Gaulle. Si elle avait pu se dérouler, elle aurait marqué pour lui un véritable triomphe diplomatique. Après avoir accueilli le leader soviétique pendant une semaine en France au mois de mars, il avait été écouté avec respect par le Parlement britannique le 5 avril, puis avait fait une grande impression au Congrès américain le 25. A la rencontre au sommet, il arrivait donc comme ami des États-Unis et de la Grande-Bretagne, comme interlocuteur de l'URSS et, de surcroît, comme chargé de la confiance du chancelier Adenauer. Et la conférence s'ouvrait à Paris et sous sa présidence. Mais elle fut aussitôt interrompue.

Deux ans et demi plus tard, la crise provoquée par la présence de missiles soviétiques à Cuba voit encore une fois le général de Gaulle se montrer plus immédiatement, plus pleinement solidaire des États-Unis, en l'occurrence de John Kennedy, que les autres partenaires atlantiques. Mais l'issue positive de la crise entraîne un mouvement de désolidarisation parce qu'elle permet une plus forte affirmation d'indépendance au sein de l'Alliance.

Lorsque, le 28 octobre 1962, Khrouchtchev annonce le démantèlement des rampes de lancement soviétiques installées sur la grande île proche des États-Unis, on est soulagé parce que la menace d'une guerre atomique semble passée et on est admiratif parce que le président américain paraît avoir remarquablement joué la partie de poker. Au niveau des gouvernements, les conséquences qu'on tire de la crise sont cependant fort contrastées. L'Union soviétique cesse de se vouloir menaçante, d'autant plus que Kennedy a tout fait pour qu'elle ne perde pas la face et pour maintenir sa politique d'ouverture. Il en résulte une nouvelle entrée dans la détente.

Mais en résulte-t-il que les États-Unis jouissent désormais d'une supériorité reconnue sur l'Union soviétique ? Dirigeants américains et allemands ne le pensent pas. Leur raisonnement est en gros le suivant : Kennedy n'a pas menacé Khrouchtchev de représailles atomiques s'il n'enlevait pas les bases de missiles ; il l'a menacé d'une intervention des forces classiques. A cette menace-là, Khrouchtchev n'avait rien à opposer. Il n'avait pas de marine et d'aviation dans les Caraïbes et une contre-menace atomique n'aurait pas été crédible, puisqu'elle aurait impliqué un risque de suicide pour un objectif aussi éloigné de l'URSS que Cuba. Or, à Berlin, la situation était et demeure inverse. Pour un point aussi éloigné des États-Unis et en présence d'une supériorité soviétique aussi éclatante, c'est l'Occident qui est en situation de faiblesse et tout doit continuer à être fait pour persuader les Soviétiques du sérieux de l'engagement américain et des risques d'escalade à la moindre intervention à l'Ouest.

Pour le général de Gaulle, au contraire, c'est bien la surpuissance américaine que démontre le dénouement de la crise de Cuba. Surpuissance si bien reconnue par l'URSS qu'il n'existe plus de véritable menace soviétique, ce qui doit permettre à la politique française d'ouvrir vers l'Est et de se montrer plus dure à l'Ouest. Après la fin de la guerre d'Algérie en juin, la crise des missiles devient ainsi le second élément permettant en 1962 de prendre des positions plus tranchées au sein de l'Alliance.

De plus, la politique militaire américaine apparaît la même année comme particulièrement unilatérale et autoritaire. En mai, le secrétaire d'État à la Défense, Robert McNamara, a fait connaître la nouvelle doctrine stratégique de la « réponse flexible », décidée sans consultation atlantique et paraissant comporter une moindre garantie pour les pays d'Europe. En décembre, la Grande-Bretagne se trouve traitée sans ménagement pour l'aide à l'équipement de ses sous-marins porteurs d'engins nucléaires. L'accord de Nassau entre Kennedy et Macmillan apparaît au général de Gaulle comme une capitulation britannique à laquelle les deux pays cherchent à associer la France en la réduisant à un rang encore inférieur à celui de la Grande-Bretagne. Au printemps de 1963, le préambule du Bundestag vient montrer que l'amitié franco-allemande ne constitue pas le soutien souhaité pour un rehaussement du statut de la France. Le rapprochement américano-soviétique, manifesté en août par la signature du traité d'interdiction partielle des essais nucléaires, paraît montrer les dangers de la détente quand on est en situation de dépendance : les deux Supergrands s'entendent en l'absence, sinon au détriment des alliés atlantiques des États-Unis, y compris des deux autres Grands que sont supposées être la Grande-Bretagne et la France.

Comme, de surcroît, en 1964 et 1965, la politique américaine paraît de plus en plus critiquable au général de Gaulle — depuis l'affaire de la force multilatérale atlantique jusqu'à la politique vietnamienne en passant par la politique monétaire et le débarquement à Saint-Domingue —, il fait de 1966 l'année à la fois de la sortie de l'organisation militaire de l'Alliance et d'un rapprochement spectaculaire avec l'Union soviétique.

Le 21 février 1966, dans une conférence de presse à l'Élysée, le général de Gaulle décrit les « conditions nouvelles » qui font que le « monde occidental n'est plus aujourd'hui menacé comme il l'était à l'époque ou le protectorat américain fut organisé en Europe sous le couvert de l'OTAN : garantie de sécurité diminuée du fait de la puissance nucléaire soviétique, moindre risque de conflit en Europe, risque accru d'extension à l'Europe de confits dans lesquels sont engagés les États-Unis avant-hier en Corée, hier à Cuba, aujourd'hui au Vietnam », enfin développement de la puissance atomique française. Il proclame : « La volonté qu'a la France de disposer d'elle-même, volonté sans laquelle elle cesserait bientôt de croire en son propre rôle et de pouvoir être utile aux autres, est incompatible avec une organisation de défense où elle se trouve subordonnée. Par conséquent, sans revenir sur son adhésion à l'Alliance atlantique, la France va, d'ici au terme ultime prévu pour ses obligations et qui est le 4 avril 1969, continuer à modifier successivement les dispositions actuellement pratiquées, pour autant qu'elles la concernent. »

Cette dernière phrase se révélera doublement inexacte. En fait, il n'y aura jamais dénonciation du traité et la France demeurera membre de l'Alliance, y compris de son organisation politique, notamment de son Conseil des ministres. En revanche, c'est d'un coup, de façon unilatérale et sous la forme d'ultimatums adressés à ses alliés que la France va faire quitter son sol aux militaires et aux civils de ses partenaires et annuler toute une série d'accords conclus sous la Ve comme sous la IVe République.

Le 7 mars, une lettre — rapidement rendue publique — du président de la République au président des États-Unis traduit dans un langage un peu plus diplomatique le contenu de la conférence de presse :

> Cher Monsieur le Président,
>
> Notre Alliance atlantique achèvera dans trois ans son premier terme. Je tiens à vous dire que la France mesure à quel point la solidarité de défense ainsi établie entre quinze peuples libres de l'Occident contribue à assurer leur sécurité, et notamment quel rôle essentiel jouent à cet égard les États-Unis d'Amérique. Aussi la France envisage-t-elle dès à présent de rester, le moment venu, partie au traité signé à Washington le 4 avril 1949 [...]
>
> Cependant la France considère que les changements accomplis ou en voie de l'être depuis 1949 en Europe, en Asie et ailleurs, ainsi que l'évolution de sa propre situation et de ses propres forces, ne justifient plus pour ce qui la concerne les dispositions d'ordre militaire prises après la conclusion de l'Alliance soit en commun sous la forme de conventions multilatérales soit par accords particuliers entre le gouvernement français et le gouvernement américain.
>
> C'est pourquoi la France se propose de recouvrer sur son territoire l'entier exercice de sa souveraineté, actuellement entamé par la présence permanente d'éléments militaires alliés ou par l'utilisation qui est faite de son ciel, de cesser sa participation aux commandements intégrés et de ne plus mettre de forces à la disposition de l'OTAN.

Les « très cordiaux sentiments » dont il assure le destinataire ne se traduisent guère dans les aide-mémoire remis les 10 et 29 mars aux quatorze gouvernements des pays membres de l'OTAN dont les États-Unis. Dans le second, on lit notamment que l'affectation au commandement allié des forces terrestres et aériennes françaises stationnées en Allemagne prendra fin le 1er juillet suivant, que le personnel d'encadrement et les auditeurs français du Collège de l'OTAN [institut interallié d'études militaires supérieures] seront retirés après la session d'études en cours. Il fixe surtout des dates précises pour des évacuations qui prennent ainsi l'allure d'une expulsion :

> Le retrait des éléments français affectés aux états-majors alliés (commandement suprême et Centre-Europe) ainsi qu'au collège de l'OTAN entraîne le transfert hors du territoire français des sièges de ces organismes.
>
> Il apparaît qu'un délai d'un an permettrait de prendre les mesures nécessaires à cet effet et qu'au 1er avril 1967 toute l'opération pourrait avoir été menée à terme.
>
> En conséquence, le gouvernement français, en vertu de l'article 16 du protocole du 28 août 1952 sur le statut des quartiers généraux, va

notifier au gouvernement des États-Unis la dénonciation de ce protocole, qui cessera d'être en vigueur le 31 mars 1967...

Des paragraphes sont ajoutés au texte adressé aux États-Unis :

> [...] Il apparaît que, d'une manière générale, la même date du 1er avril 1967 serait appropriée pour mener à leur terme les opérations nécessaires, comme le transfert de l'état-major des forces américaines en Europe (camp des Loges), et de diverses installations de l'armée et de l'aviation des États-Unis. Des délais plus longs pourraient être envisagés pour résoudre certains problèmes complexes, comme ceux que pose notamment l'existence des entrepôts de Déols-La Martinerie, près de Châteauroux (Indre). Il y aurait lieu également de prévoir des dispositions particulières, si le gouvernement des États-Unis en exprime le désir, pour les conditions dans lesquelles pourrait continuer à fonctionner le pipe-line qui fait l'objet de l'accord du 30 juin 1953...

En mai le gouvernement américain publie, avec l'accord du gouvernement français, les textes des accords franco-américains signés de 1953 à 1961 et tenus secrets jusqu'alors. La plupart prévoyaient qu'ils resteraient en vigueur « pendant la validité du traité de l'Atlantique Nord, à moins que les deux gouvernements ne décident auparavant de le dénoncer par accord mutuel ». Celui du 8 décembre 1958 sur le système de communications et de dépôts de l'armée de terre américaine concluait :

> Le présent accord restera en vigueur aussi longtemps que le traité de l'Atlantique Nord [...] Les parties se consulteront à la demande de l'une d'elles en vue de réviser l'accord pour l'adapter aux circonstances nouvelles qui pourront se présenter. Si les parties ne peuvent se mettre d'accord pour réaliser les modifications jugées nécessaires par l'une d'entre elles dans le délai d'un an après la demande de révision, la partie intéressée pourra dénoncer l'accord avec un préavis d'un an.

Aucune indemnité n'est proposée pour les installations fixes dont la France profiterait, y compris pour l'immeuble où siège le secrétariat général de l'OTAN et qui fournira ultérieurement ses locaux à l'université Paris-Dauphine. La vente du bâtiment sera conclue en mars 1968. C'est en décembre 1974 qu'un accord conclu entre les présidents Gerald Ford et Valéry Giscard d'Estaing fixera à cent millions de dollars la somme globale à verser pour l'ensemble des biens immobiliers laissés en France et estimés en février 1968 au sextuple de cette somme.

La réaction des États-Unis et des treize autres alliés est toute d'acceptation. Certes, dans sa réponse du 29 mars, Lyndon Johnson déplore le caractère unilatéral de la décision, affirme, après consultation des autres gouvernements, que « les quatorze autres membres de l'OTAN n'ont pas le même point de vue de leurs intérêts que celui exprimé en ce moment par le gouvernement français », et note : « Votre point de vue selon lequel la présence de forces militaires alliées sur le sol français porte atteinte à la souveraineté française me laisse perplexe. Ces forces s'y trouvent à l'invitation de la France, selon un plan commun pour aider à assurer la sécurité de la France et de ses alliés. » Mais on s'incline devant la décision française et les évacuations demandées sont effectuées dans les délais fixés.

En France, la décision de mars entraîne, du 13 au 20 avril, le plus sérieux des débats parlementaires de la Ve République portant sur la politique extérieure. Les discours du Premier ministre Georges Pompidou et du ministre des Affaires étrangères développent avec précision les thèses du président de la République. « En définitive, déclare M. Couve de Murville, il s'agit d'une transformation des rapports entre les États-Unis et l'Europe. » Les deux orateurs évoquent le danger que courraient les membres de l'OTAN d'être entraînés dans une guerre nucléaire commencée en Asie. A quoi René Pleven réplique :

> A supposer qu'éclate un conflit sino-américain en Asie, pourquoi l'OTAN y serait-elle impliquée, alors que la zone couverte par le traité s'étend seulement à l'Europe et à l'Atlantique Nord ? L'OTAN a-t-elle été attirée dans la guerre de Corée ? Et lorsque nous étions nous-mêmes engagés en Indochine, l'OTAN n'y a pas été pour cela entraînée.
>
> Et puisque vous ne cessez de dire que l'arme atomique n'a de vertu que dissuasive, que depuis que la Russie s'est dotée d'un armement nucléaire capable de frapper directement les États-Unis, les Américains n'emploieront plus cette arme au profit d'aucun de leurs alliés, comment pouvez-vous prétendre à la fois que, par crainte de représailles, les États-Unis ne l'utiliseront pas pour protéger l'Europe, mais qu'ils pourraient l'employer pour défendre le Sud-Vietnam ou pour attaquer la Chine ?

Une critique centrale est énoncée par Guy Mollet : « La garantie la plus sérieuse de l'engagement américain, et par là même de la non-agression contre l'Europe, repose sur la présence physique des Américains sur notre continent », formule qui sera complétée ainsi par Maurice Faure : « Le gouvernement français demande le départ des troupes américaines de France. Si tous nos partenaires européens de l'OTAN prenaient la même mesure, quelles forces américaines resteraient sur le continent ? [...] Si le pacte atlantique avait existé en 1940, la situation aurait certainement été meilleure, mais si l'OTAN avait existé il n'y aurait pas eu la guerre. »

En fait, jamais le général de Gaulle n'a exprimé le souhait de voir les troupes américaines quitter l'Europe. Ce qui vaut pour la France ne vaut pas pour l'Allemagne et comme la République fédérale se trouve heureusement située entre la France et l'URSS, le mécanisme de la protection américaine par la présence des troupes sur le sol européen demeure en place, le voisin allemand se trouvant de surcroît placé en état d'infériorité de statut par cette même présence.

Comme la mise en route des décisions françaises coïncide avec l'annonce d'un voyage du général de Gaulle en Union soviétique, l'inquiétude est vive chez les autres Occidentaux de voir la France sinon changer de camp, du moins faire des concessions unilatérales à l'URSS. Or, lorsque le 20 juillet, trois semaines après le retour du séjour en Union soviétique, le Général est reçu à Bonn pour l'habituel sommet franco-allemand, c'est par référence à une attitude rétrospective feinte et avec un soulagement réel que le chancelier Erhard lui dit, dans son toast de fin de banquet : « Nous attendions votre voyage à Moscou avec espoir et intérêt, mais sans appréhension. Le peuple allemand vous fait confiance et vous avez justifié cette confiance. » Et de remercier son hôte d'avoir rejeté à Moscou « la conception de l'existence de deux États allemands ».

De fait, il ne s'agit pas, pour le général de Gaulle, de « désoccidentaliser » son pays. Il s'agit de profiter de la détente pour prendre la tête d'une politique d'ouverture qui doit permettre de rehausser le statut et la stature de la France tout en avançant vers la réalisation de la vision qu'il a exposée dans sa conférence de presse du 4 février 1965 :

> Il s'agit que la Russie évolue de telle façon qu'elle voie son avenir, non plus dans la contrainte totalitaire imposée chez elle et chez les autres, mais dans le progrès accompli en commun par des hommes et par des peuples libres. Il s'agit que les nations dont elle a fait ses satellites puissent jouer leur rôle dans une Europe renouvelée [...] Il s'agit que les six États qui, espérons-le, sont en voie de réaliser la Communauté économique de l'Europe occidentale, parviennent à s'organiser dans le domaine politique et dans celui de la défense afin

de rendre possible un nouvel équilibre de notre continent. Il s'agit que l'Europe, mère de la civilisation moderne, s'établisse de l'Atlantique à l'Oural dans la concorde et dans la coopération en vue du développement de ses immenses ressources et de manière à jouer, conjointement avec l'Amérique, sa fille, le rôle qui lui revient quant au progrès de deux milliards d'hommes qui en ont terriblement besoin.

Comme la transformation du régime soviétique n'est pas précisément en train de s'effectuer, les négociations menées au cours du voyage en URSS, qui se déroule du 20 juin au 1er juillet 1966, ne peuvent aboutir qu'à des accords bilatéraux limités concernant surtout l'économie. Mais le climat est à la cordialité, le général de Gaulle insistant le plus souvent sur le passé des relations franco-russes. L'allocution prononcée à la télévision de Moscou le 30 juin commence par la phrase : « La visite que j'achève de faire à votre pays, c'est une visite que la France de toujours rend à la Russie de toujours », et s'achève par : « Vive l'Union soviétique ! Vive l'amitié de la Russie et de la France ! » La formule centrale de l'allocution, celle qui sera sans cesse reprise ensuite, est autre : « Il s'agit de mettre en œuvre successivement la détente, l'entente et la coopération dans notre Europe tout entière. » Une Europe allant jusqu'à l'Oural. Mais le président de la République a pu s'assurer lui-même que cette chaîne montagneuse sépare sans doute l'Europe de l'Asie, mais n'interrompt nullement la continuité de l'Union soviétique, puisqu'il s'est rendu en Sibérie, s'adressant aux savants qui travaillent dans le centre scientifique qu'est Academgorod, l'ancienne Novosibirsk.

La déclaration finale annonce « la création d'une commission mixte permanente franco-soviétique, composée de représentants d'un rang élevé », « chargée d'examiner de façon régulière les problèmes pratiques posés par l'exécution des accords commerciaux, économiques et technico-scientifiques existants » et de rechercher le développement des échanges qu'ils impliquent. Le rang de la France se trouve affirmé par la décision « d'établir entre le Kremlin et l'Élysée une ligne de communication directe », à l'image du « téléphone rouge » existant entre le Kremlin et la Maison-Blanche. Et les seules formules politiques précises visent les États-Unis : « Les deux gouvernements sont d'accord pour penser que les problèmes de l'Europe doivent être considérés d'abord dans un cadre européen » ; l'aggravation de la guerre au Vietnam constitue une « menace pour la cause de la paix », son règlement impliquant la fin de « toute intervention étrangère ».

En décembre 1966, M. Kossyguine, président du Conseil des ministres de l'URSS, séjourne plus d'une semaine en France et visite des entreprises industrielles et des centres scientifiques à Toulouse, à Lyon, à Grenoble. En janvier 1967, la première réunion à Paris de la « grande Commission » sous la présidence de Michel Debré, ministre de l'Économie, et de M. Kiriline, vice-président du Conseil des ministres de l'URSS, confirme que la coopération technologique constitue pour les deux gouvernements un aspect essentiel des nouveaux rapports, cette coopération ayant pour la France l'avantage d'être égalitaire, alors qu'il y a inégalité technologique dans les relations avec l'autre Grand. En dehors de la livraison par la Régie Renault de deux chaînes de fabrication de carrosseries et de l'appel prévu à la collaboration d'ingénieurs français pour la construction projetée d'une usine marémotrice à Mourmansk, il s'agit surtout de faire accepter par l'URSS le système français de télévision en couleurs.

L'amélioration des relations avec l'Union soviétique doit permettre d'intensifier les contacts avec « les nations dont elle a fait ses satellites », mais ces contacts ne doivent pas inquiéter Moscou : les relations franco-soviétiques sont prioritaires et il ne s'agit pas de favoriser des velléités d'indépendance chez les pays du pacte de Varsovie. C'est avec la Roumanie, dont le gouvernement prend quelque distance à l'égard de l'URSS en politique internationale, que la République fédérale d'Allemagne établit des relations privilégiées en 1966, aboutissant à un échange d'ambassadeurs en février 1967, malgré la « doctrine Hallstein » empêchant d'avoir des rapports normaux avec un État ayant reconnu l'autre État allemand. Le général de Gaulle, lui, ne se rend en Roumanie qu'en mai 1968, après avoir stabilisé ses rapports avec l'URSS. Et quand il voyage en Pologne, du 3 au 8 juillet 1967, il s'est bien gardé de prononcer des paroles provocatrices. Dans *Le Figaro* du 7, le dessinateur Faizant le montrait descendant d'avion à Varsovie vers une foule criant « Vive la Pologne libre ! » (en imitation du récent « Vive le Québec libre ! » du Général) ; alors, portant le doigt à la bouche, de Gaulle fait « chut ! ».

Pourtant, ses visites, tant en Pologne qu'à Bucarest, sont comprises par la population comme des signes d'ouverture et de détente. La chaleur de l'accueil n'est pas artificielle. Mais le 20 août 1968 il apparaît clairement que « la détente, l'entente et la coopération » ne changent rien ni à la nature de l'Union soviétique ni à son emprise sur ses satellites. L'invasion de la Tchécoslovaquie d'Alexandre Dubček constitue un terrible rappel à une réalité incontournable. Le communiqué que la présidence de la République publie le lendemain de l'entrée des troupes soviétiques, est-allemandes, hongroises et bulgares ne manque pas de surprendre, moins en France qu'aux États-Unis :

> L'intervention armée de l'Union soviétique en Tchécoslovaquie montre que le gouvernement de Moscou ne s'est pas dégagé de la politique des blocs, qui a été imposée à l'Europe par l'effet des accords de Yalta, qui est incompatible avec le droit des peuples à disposer d'eux-mêmes et qui n'a pu et ne peut conduire qu'à la tension internationale. La France, qui n'a pas participé à ces accords et qui n'adopte pas cette politique, constate et déplore le fait que les événements de Prague, outre qu'ils constituent une atteinte aux droits et au destin d'une nation amie, sont de nature à contrarier la détente européenne.

L'obsession américaine

Le thème de Yalta est amplement développé dans la conférence de presse du 9 septembre suivant, avec une nouvelle évocation, encore plus excessive que les précédentes, du refus d'alors de rencontrer le président américain : « Je ne me suis pas rendu aux entretiens auxquels me convoquait spectaculairement Roosevelt. » C'est qu'il s'agit, en cet été de 1968, de montrer que les États-Unis sont coresponsables de la domination brutale de l'URSS en Europe de l'Est. Une domination qui empêche la dissolution du bloc occidental, donc l'indépendance de la France face à son puissant allié. L'invasion de la Tchécoslovaquie marque bien la fin de la tentative du général de Gaulle de prendre appui sur l'Union soviétique pour marquer cette indépendance-là. Dans son allocution radiotélévisée du 31 décembre 1966, il a été jusqu'à déclarer : « En Europe, la guerre froide qui durait depuis vingt ans est en train de disparaître [...] La France, qui a recouvré son indépendance et qui s'en donne les moyens, va donc continuer à agir dans le sens d'un rapprochement continental. Elle le fera en pratiquant avec la Russie soviétique d'amicales et fécondes relations [...] »

On était loin des relations cordiales avec Eisenhower en 1959, avec Kennedy en 1961 — une cordialité qui allait pourtant se trouver restaurée avec Nixon au début de 1969. En fait, il y avait toujours eu recherche d'un point d'appui face aux États-Unis : la tentative d'en trouver un auprès de l'Union soviétique était la troisième. La première, c'était la constitution du « môle européen » de l'Alliance atlantique avec le soutien allemand. La conférence de presse du 28 octobre 1966 en a rétrospectivement constaté l'échec : « Ce n'est pas notre faute si les liens préférentiels, contractés en dehors de nous et sans cesse resserrés par Bonn avec Washington, ont privé d'inspiration et de substance cet accord franco-allemand. » Il aurait dû être clair, dès le départ, que la République fédérale souhaitait n'avoir pas à choisir entre Paris et Washington et que, si on voulait l'y forcer, elle choisirait, au nom de la sécurité, le lien avec les États-Unis.

Le second point d'appui envisageable, c'était la République populaire de Chine. Après des contacts préparatoires, assurés notamment par Edgar Faure en octobre 1963, les deux États ont fait connaître le 27 janvier 1964 leur intention d'établir entre eux des relations diplomatiques. A ce moment, les relations entre Pékin et Moscou étaient fort mauvaises et l'on pouvait imaginer que la France pourrait tenir, au sein du monde occidental, une place un peu comparable à celle de la Chine au sein du monde communiste : un lien privilégié entre de Gaulle et Mao Tsé-toung tendrait à imposer l'idée d'une similitude dans la stature internationale. Mais, malgré nombre de contacts et de gestes — dont les entretiens entre les dirigeants chinois, en particulier Mao Tsé-toung, et André Malraux à Pékin en juillet-août 1965 —, le point d'appui chinois ne donna guère de résultat et fut rapidement remplacé par la recherche du point d'appui soviétique. Et, cette fois, il ne s'agissait pas seulement de viser un rééquilibrage de l'Alliance atlantique : de 1965 à 1967, le général de Gaulle a cherché à donner à la puissance mondiale qu'étaient les États-Unis une sorte de réplique mondiale, qu'il s'agît d'Amérique centrale ou d'Amérique du Nord, du Vietnam ou du Moyen-Orient.

La première prise de position diplomatique spectaculaire contre une action américaine a pour objet l'intervention des États-Unis à Saint-Domingue en avril-mai 1965. Le triumvirat de généraux qui y exerçait le pouvoir a été renversé par des colonels partisans de l'ancien président Juan Bosch. Une partie de l'armée s'oppose à eux. Le président Johnson décide de faire intervenir les « marines » et d'empêcher le retour de Juan Bosch à Saint-Domingue : sans doute celui-ci et son Parti révolutionnaire ne sont-ils pas communistes, mais ils subiraient une influence castriste. Au Conseil de sécurité, le représentant du gouvernement travailliste britannique soutient assez mollement ce point de vue américain, tandis que la déclaration de l'ambassadeur Roger Seydoux s'en distancie nettement. Le 6 mai, le général de Gaulle fait annoncer à la suite d'un Conseil des ministres que « la France désapprouve l'intervention des États-Unis et souhaite le retrait des troupes américaines ». Deux semaines plus tard, le Conseil de sécurité vote à l'unanimité, moins l'abstention des États-Unis, une brève résolution présentée par la France demandant simplement que la trêve intervenue à Saint-Domingue se transforme en cessez-le-feu permanent. Dans l'affaire, la France apparaît comme le porte-parole du tiers monde et comme un adversaire mesuré de l'interventionnisme des États-Unis contre les gouvernements qui leur déplaisent sur le continent américain.

En revanche, deux ans plus tard, les déclarations du général de Gaulle à Montréal, puis après son retour du Canada, choquent davantage — y compris en France où les sondages montrent qu'exceptionnellement une prise de position du président de la République ne rencontre pas une approbation majoritaire. Devant la foule qui l'acclame, le 24 juillet 1967, le Général évoque les accords qu'il vient de signer avec le gouvernement du Québec « pour que les Français de part et d'autre de l'Atlantique travaillent ensemble à une même œuvre française », formule étonnante qui passe pourtant presque inaperçue parce que suivie d'un « Vive le Québec libre ! », jeté après un temps d'arrêt avant l'adjectif pour mieux le mettre en relief. Le lendemain, le Premier ministre du Canada, le libéral Lester Pearson, affirme, dans un communiqué : « Je suis sûr que les Canadiens, dans toutes les parties de notre pays, ont été heureux de ce que le président français reçoive un accueil aussi chaleureux au Québec. Cependant certaines déclarations faites par le président tendent à encourager la faible minorité de notre population qui cherche à détruire le Canada et, comme telles, elles sont inacceptables pour le peuple canadien et son gouvernement. » Aussitôt, le général de Gaulle, trouvant que cet « inacceptable » est inacceptable, interrompt son voyage canadien. Il rentre en France le 26 après un dernier discours à l'université de Montréal dans lequel il a montré le Québec « voisin d'un État colossal et dont les dimensions mêmes mettent en cause votre propre identité ».

Le lien est clair : l'affirmation du caractère français constitue une façon de s'en prendre à la puissance américaine au nom d'une vocation canadienne de la France. Dans la conférence de presse du 10 août, le général de Gaulle présente ainsi son discours de Montréal : « L'unanime et indescriptible volonté d'affranchissement que les Français du Canada ont manifestée autour du président de la République française stupéfie et indigne les apôtres du déclin. » Et le 27 novembre, il précise : « Que le Québec soit libre, c'est, en effet, ce dont il s'agit. [...] le mouvement national des français canadiens [...] un changement complet de l'actuelle structure canadienne, telle qu'elle résulte de l'acte octroyé il y a cent ans par la reine d'Angleterre [...] Cela aboutira forcément, à mon avis, à l'avènement du Québec au rang d'un État souverain », notamment pour « faire face à l'envahissement des États-Unis ».

A la population de Montréal, de Gaulle a lancé : « Si vous saviez à quel point, elle [la France] se sent obligée à concourir à votre marche en avant, à votre progrès ! » Mais les moyens de la France sont fort limités et il n'y aura pas pléthore d'investissements français au Québec. La création d'un Office franco-québecois pour la jeunesse symbolisera une préoccupation plus qu'une politique systématique à laquelle seraient affectées d'amples ressources spécifiques.

L'attitude prise à propos du Québec tient de la provocation délibérée, moins à l'égard des États-Unis que face à l'ensemble canadien. Les attaques directement portées contre les États-Unis à propos du Vietnam sont d'une autre nature. La critique à l'égard de la politique américaine s'exprime encore avec modération en 1963. Elle s'accentue en 1965 et se fait particulièrement vive de ton et de contenu en 1966, à la fois parce que le général de Gaulle a changé de stratégie à l'égard des États-Unis et parce que ceux-ci s'enfoncent de plus en plus dans la guerre en ayant recours à des moyens sans cesse plus amples et plus destructeurs, ce qui contribue à accentuer le changement de la stratégie gaullienne.

1965 est l'année où le nombre de militaires américains présents au Sud-Vietnam passe de 23 000 à 184 000. Ils seront 385 000 à la fin de 1966, 485 000 à la fin de 1967, le maximum étant atteint en avril 1969 avec 543 000 hommes. Les deux premiers conseillers militaires à être tués sont morts en juillet 1959. En décembre est né, pour combattre le régime de Diêm, le Front national de libération du Sud-Vietnam. En novembre 1961, le président Kennedy a décidé de renforcer l'aide américaine, sans encore engager de troupes. Mais l'engrenage est en place — celui de la guerre et celui de l'engagement politique américain dans la politique sud-vietnamienne. Le coup d'État contre Diêm et la mort du président, pourtant mis en place par les États-Unis, se produisent trois semaines avant l'assassinat de Kennedy. Pour en finir, le président Johnson croit qu'il faut vaincre le Vietnam du Nord. Le 7 août 1964, le Congrès américain vote la résolution sur l'Asie du Sud-Est qui lui donne toute liberté d'action. Le 7 février commencent les bombardements sur le Nord-Vietnam, terriblement intensifiés à partir du 2 mars. La plus grande escalade, répondant en principe à l'accroissement des infiltrations des Nord-Vietnamiens au Sud, se produit à la fin de juin 1966.

Les alliés européens des États-Unis ont, devant l'enlisement américain, des réactions fort différentes. Le soutien le plus ferme, le plus inconditionnel vient d'Allemagne. Le soutien public du gouvernement britannique est moins ferme et les tentatives d'intervention de Harold Wilson sont plus sérieuses. En février 1965, il est fort mal reçu quand il téléphone au président Johnson en lui proposant d'aller s'entretenir avec lui. Le 21 juin 1966, il déclare aux Communes qu'il est hostile à des bombardements dans la région de Hanoi et de Haiphong. Le 29, c'est très précisément cette escalade-là des bombardements qui commence. En février 1967, les deux pays ayant présidé la conférence de Genève, en l'occurrence Harold Wilson et le Premier ministre soviétique Kossyguine, en visite à Londres, cherchent en vain à faire reculer la date de la reprise des bombardements, suspendus à l'occasion du Nouvel An [Têt] vietnamien, pour effectuer un sondage à Hanoi. En février 1968, nouvelle rebuffade de Johnson à Wilson.

Pour le gouvernement français, il n'y a pas invasion du Sud par le Nord, ni interpénétration entre le FNL et le Nord ; il y a révolte au Sud contre un gouvernement d'oppression. A bien des égards, le dialogue franco-américain reprend, en les inversant, les thèmes de la première période de la guerre d'Indochine, menée alors par la France.

Il se trouve surtout que c'est précisément le souvenir de cette période initiale qui nourrit un reproche essentiel adressé par les dirigeants français aux dirigeants américains. Hô Chi Minh, vu de Washington, est un chef communiste mondial. Vu de Paris, c'est un homme qu'on connaît comme formé en France, ouvert à la France, trompé par la France en 1946. L'inamovible ministre des Armées, Pierre Messmer, a été au Tonkin en 1945 et, en 1946, s'est trouvé secrétaire général du Comité interministériel de l'Indochine. L'un des journalistes les plus écoutés pour les affaires vietnamiennes, Jean Lacouture, a été attaché de presse à l'état-major du général Leclerc en Indochine en 1945. De décembre 1962 à janvier 1966, le ministre des Anciens Combattants est Jean Sainteny, celui-là même qui a signé avec Hô Chi Minh l'accord de mars 1946 et qui a été envoyé en mission auprès de lui par Pierre Mendès France en 1954. Les deux échanges de lettres entre de Gaulle et Hô Chi Minh en 1966 ne sont pas séparables de ce contexte.

Le 8 février, le président de la République française répond publiquement à une lettre que le président de la République du Vietnam du Nord lui a adressée le 24 janvier. Il y dit notamment :

> Vous savez que, depuis longtemps, la France a fait connaître ses vues sur la manière dont devrait être rétablie la paix, c'est-à-dire par le retour à l'exécution des accords de Genève ; l'indépendance du Vietnam étant garantie par la non-intervention de toute puissance extérieure sous quelque forme que ce soit, et en contrepartie par une politique de stricte neutralité de la part des autorités vietnamiennes [...]
>
> [...] Vous ne pouvez douter, monsieur le Président, de la vigilance et de la sympathie avec lesquelles, depuis l'origine, et plus encore depuis un certain temps, la France suit le drame vietnamien, attachée qu'elle reste au Vietnam par l'histoire, par les affinités humaines et par les liens de toutes sortes qui subsistent entre elle et lui, et convaincue qu'une meilleure compréhension entre Vietnamiens et Français, au lendemain de la guerre mondiale, aurait prévenu les cruels événements qui déchirent votre pays.

En juin-juillet, Jean Sainteny séjourne en Asie et s'entretient à Hanoi avec Hô Chi Minh auquel il remet une lettre du général de Gaulle : « Vous connaissez M. Sainteny de longue date. Je tiens à vous dire qu'il a toute mon estime et ma confiance... » La réponse dit : « M. Sainteny est et sera toujours bienvenu chez nous comme un vieil ami. » Quand Hô Chi Minh mourra, le 3 septembre 1969, Jean Sainteny sera envoyé par le président Pompidou pour représenter la France aux obsèques et déclarera avant son départ : « Il n'est pas paradoxal de dire que l'homme qui vient de s'éteindre, s'il fut l'implacable adversaire de la tutelle française et le " naufrageur " de notre empire colonial, était resté un ami de la France. »

Aussi n'est-il pas étonnant que Jean Sainteny puisse servir d'intermédiaire dans une éventuelle négociation. Il en est question en janvier 1967, mais le général de Gaulle ne veut pas qu'il serve d'intermédiaire pour un simple contact entre responsables américains et nord-vietnamiens. Comme les temps ne sont pas mûrs pour une vraie négociation, il vaut mieux s'abstenir. Il est vrai que la tentative suit de peu le voyage du général de Gaulle lui-même au Cambodge et son spectaculaire discours au stade de Phnom Penh dans lequel il ne s'est pas précisément donné l'allure d'un médiateur en rejetant toutes les responsabilités sur les États-Unis : « Tandis que votre pays [le Cambodge] parvenait à sauvegarder son corps et son âme, parce qu'il restait maître chez lui, on vit l'autorité politique et militaire des États-Unis s'installer à son tour au Vietnam du Sud, et du même coup, la guerre s'y ranimer sous la forme d'une résistance nationale. » La guerre est sans issue : « S'il est invraisemblable que l'appareil guerrier américain vienne à être anéanti sur place, il n'y a d'autre part aucune chance pour que les peuples de l'Asie se soumettent à la loi de l'étranger venu de l'autre rive du Pacifique. »

Le lendemain, 2 septembre, une déclaration commune franco-cambodgienne réaffirme que « en dépit des différends qui ont divisé et divisent encore les Vietnamiens, c'est essentiellement l'intervention étrangère qui, en transformant une guerre civile en conflit international, a donné aux hostilités leurs dimensions présentes ». Dans le message de Nouvel An du 31 décembre 1966, la formulation est encore plus dure dans son caractère unilatéral : « Guerre injuste, car elle résulte en fait de l'intervention armée des États-Unis sur le territoire du Vietnam. Guerre détestable, puisqu'elle conduit une grande nation à ravager une petite. »

Faut-il comprendre alors que la nation vietnamienne englobe le Nord et le Sud, Hô Chi Minh représentant l'unité nationale et le pouvoir de Saigon, héritier indirect de celui de Bao Dai, se trouvant illégitime et n'ayant sa source que dans le soutien américain ? C'est la thèse de toute une partie de la gauche contestataire aux États-Unis même et en Europe. Alors que, en Allemagne fédérale, la soumission à la conception américaine de la guerre, du côté de l'opposition socialiste comme de la part du chancelier Erhard, exacerbe l'inimitié à l'égard de la société dans son ensemble (c'est la lutte contre la guerre du Vietnam qui constitue le point de départ de la montée d'Ulrike Meinhof vers le terrorisme), en France, l'attitude du général de Gaulle désamorce quelque peu l'hostilité de la partie de la gauche pour laquelle l'anti-impérialisme se réduit à l'antiaméricanisme. Mais, pas plus qu'en 1960-1962 à propos de l'Algérie le président de la République n'accepte de voir sa cause se confondre avec une autre, fût-elle voisine. En 1967, Jean-Paul Sartre, qui signe en tant que « président du tribunal Russell », demande fort respectueusement au président de la République de laisser ce « tribunal », destiné à juger les crimes de guerre américains au Vietnam, siéger librement en France, alors que les autorités françaises viennent d'interdire l'entrée à l'un de ses membres. Le général de Gaulle lui répond publiquement le 19 avril :

> Les animateurs du « tribunal Russell » se proposent de critiquer la politique des États-Unis au Vietnam. Il n'y a là rien qui puisse porter le gouvernement à restreindre leur liberté normale de réunion et d'expression. Au demeurant, vous savez ce que le gouvernement pense de la guerre au Vietnam et ce que j'en ai dit moi-même publiquement et sans équivoque. Indépendamment du fait que la plume et la parole sont libres chez nous, il ne saurait donc être

question de tenir en lisière des particuliers dont, au surplus, les thèses sont, sur ce sujet, voisines de la position officielle de la République française.

Aussi bien, n'est-ce ni du droit de réunion, ni de la liberté d'expression qu'il s'agit, mais du devoir — d'autant plus impérieux pour la France qu'elle a sur le fond pris le parti que l'on sait — de veiller à ce qu'un État avec lequel elle est en relation, et qui, malgré toutes les divergences, demeure son ami traditionnel, ne soit pas, sur son territoire, l'objet d'une procédure exorbitante du droit et des usages internationaux. [...]

[...] J'ajouterai que, dans la mesure où certaines des personnes rassemblées autour de lord Russell peuvent avoir un crédit moral, à défaut d'une magistrature publique, il ne semble pas qu'elles donnent plus de poids à leurs avertissements en revêtant une toge empruntée pour la circonstance.

L'ironie discrète du dernier alinéa ne contrebalance pas la fermeté du message. L'attitude à l'égard de l'« ami traditionnel » va d'ailleurs se modifier. Le 3 mars 1968, le président Johnson annonce la cessation unilatérale et immédiate des bombardements du Nord-Vietnam. Le 9 avril, une déclaration du général de Gaulle est rendue publique à l'issue d'un Conseil des ministres. Il y est dit que, « pour le président des États-Unis, le fait de prescrire publiquement l'arrêt des bombardements du Vietnam du Nord, bien que cet arrêt ne soit ni général, ni inconditionnel, paraît être un premier pas dans la bonne direction de la paix et par conséquent un acte de raison et de courage politique ».

Abandonnant son attitude de condamnation unilatérale — ou n'ayant plus de motif pour la maintenir —, le gouvernement peut désormais intervenir dans le conflit sinon comme médiateur, du moins comme courtier. C'est à Paris que les antagonistes décident de se rencontrer. Leur première réunion — la dernière n'aura lieu que le 27 janvier 1973 — se déroule le 13 mai 1968 dans les salles de conférence de l'ancien hôtel Majestic sur la rive droite, pendant que, sur la rive gauche, au quartier Latin, s'élèvent des barricades étudiantes. L'issue de la longue négociation apparaît incertaine. On peut cependant entrevoir dès 1968 qu'entre la thèse américaine (l'agresseur est uniquement le Nord) et la thèse française (il s'agit simplement d'une révolte au Sud aidée par le Nord), il y a place pour une vérité intermédiaire : l'« aide » du Nord est si complète que le Sud sera purement et simplement annexé au Nord.

En 1968, la guerre continue, mais sa fin paraît — à tort — proche. En 1967, elle a atteint une intensité particulière. Menace-t-elle pour autant directement la paix du monde, alors que l'URSS et les États-Unis cherchent manifestement à éviter l'affrontement entre Grands ? Le général de Gaulle ne répond pas seulement par l'affirmative ; il considère que la guerre du Vietnam est contagieuse. « Un conflit contribue à en susciter un autre. La guerre déclenchée au Vietnam par l'intervention américaine [...] ne peut manquer de répandre le trouble, non seulement sur place, mais plus loin » : telle est la considération qui, dans la déclaration lue après le Conseil des ministres du 21 juin 1967, précède la condamnation de « l'ouverture des hostilités par Israël ». La responsabilité de la guerre des Six Jours serait donc également américaine.

Israël, « notre ami et notre allié » : le toast porté à David Ben Gourion presque exactement six ans plus tôt, le 7 juin 1961, n'aurait pas dû cacher deux réalités aux dirigeants israéliens. D'une part, l'amitié et l'alliance avaient été en partie les produits de la guerre d'Algérie ; une fois celle-ci terminée, les liens anciens de la France avec le monde arabe se trouveraient rétablis. D'autre part, le général de Gaulle ne pouvait accepter qu'une partie des relations extérieures échappât à son contrôle. Or, en 1958, la coopération militaire franco-israélienne était devenue si intime qu'elle se passait entre les deux ministères de la Défense et les deux états-majors. Dans sa conférence de presse du 27 novembre 1967, le chef de l'État devait dire : « La Ve République s'était dégagée vis-à-vis d'Israël des liens spéciaux et très étroits que le régime précédent avait noués avec cet État. »

La phrase ne soulève qu'un intérêt limité, car elle a été précédée par un historique qui transforme cette conférence de presse en éclat politique — cette fois aussi bien de politique intérieure que de politique extérieure :

> Certains même redoutaient [en 1947-1948] que les Juifs, jusqu'alors dispersés, mais qui étaient restés ce qu'ils avaient été de tout temps, c'est-à-dire un peuple d'élite, sûr de lui-même et dominateur, n'en viennent, une fois rassemblés dans le site de leur ancienne grandeur, à changer en ambition ardente et conquérante les souhaits très émouvants qu'ils formaient depuis dix-neuf siècles...

Même si, finalement, il est question des « abominables persécutions qu'ils avaient subies pendant la Seconde Guerre mondiale », la formule « les malveillances qu'ils provoquaient, qu'ils suscitaient plus exactement, dans certains pays et à certaines époques » semble accentuer encore une vision pour le moins contestable du tragique destin juif. Nombre de gaullistes trouvent justifiée l'extraordinaire caricature de Tim, parue dans *Le Monde* daté du 3 décembre : elle montre un détenu portant la tenue des camps de concentration appuyant fièrement un pied sur le barbelé qui l'enferme ; la légende dit simplement : « Peuple d'élite, sûr de lui et dominateur. »

Le 18 mai, l'Égypte a demandé et obtenu le retrait des « casques bleus » de l'ONU stationnés depuis 1957 à Gaza et à Charm el-Cheikh. Le 22, le colonel Nasser, maître de cette ville qui commandait l'entrée du golfe d'Akaba au fond duquel se trouvait le port israélien d'Eliath, annonçait qu'il en interdisait l'accès à tout navire israélien et à tout bateau transportant des produits stratégiques, dont le pétrole, à destination d'Israël. Le 24 mai, à l'issue du Conseil des ministres, le ministre français de l'Information lisait une déclaration exprimant la « préoccupation » du gouvernement sur le problème de la navigation dans le golfe d'Akaba et ajoutait : « Le gouvernement poursuivra ses efforts auprès des pays concernés pour les dissuader de toute action de nature à porter atteinte à la paix dans cette région. Son action tend, d'autre part, à obtenir que se concertent les quatre puissances qui portent une responsabilité particulière dans la sauvegarde de la paix. » Le même jour, le général de Gaulle recevait le ministre des Affaires étrangères d'Israël, Abba Eban, et demandait que son pays n'ouvrît pas les hostilités. Le 2 juin, une nouvelle déclaration du gouvernement français annonçait une sorte de « neutralité active » : « La France n'est engagée à aucun titre ni sur aucun sujet avec aucun des États en cause. De son propre chef, elle considère que chacun de ces États a le droit de vivre. Mais elle estime que le pire serait l'ouverture des hostilités. En conséquence, l'État qui, le premier et où que ce soit, emploierait les armes, n'aurait ni son approbation, ni, à plus forte raison, son appui. » Le blocus du golfe d'Akaba n'était donc pas considéré comme un acte de guerre.

Du 5 au 10 juin, la guerre des Six Jours voyait Israël l'emporter de façon écrasante sur tous les fronts, grâce notamment à ses avions de fabrication française. Mais dès le 5, le gouvernement français avait annoncé sa décision de suspendre toute livraison de matériel militaire à huit pays du Proche-Orient, Israël se trouvant le seul directement atteint puisque particulièrement tributaire du matériel français. Le 21 juin, la déclaration qui se réfère à la guerre du Vietnam et « condamne l'ouverture des hostilités par Israël » ajoute que la France « ne tient pour acquis aucun des changements réalisés sur le terrain par l'action militaire ». Aux Nations unies, au début de juillet, deux motions s'opposent, celle présentée par les pays latino-américains qui prie Israël de retirer ses troupes, mais parle de la nécessité de garantir la libre navigation et l'inviolabilité des territoires, et celle que présente la Yougoslavie demandant simplement à Israël de retirer immédiatement ses troupes. La délégation française s'abstient sur l'une, vote et fait voter pour l'autre. Aucune des deux résolutions n'obtient la majorité requise des deux tiers. Sauf la France, tous les pays de l'OTAN ont soutenu la proposition latino-américaine. Les pays africains francophones se sont dispersés dans les deux scrutins.

L'attitude de la France apparaît ainsi comme anti-israélienne. Est-ce seulement parce que Israël a ouvert les hostilités armées ? Ou parce qu'il est soutenu par les États-Unis ainsi exposés à l'hostilité des pays arabes dont les relations avec la France peuvent encore être améliorées ? Le général de Gaulle a certes indiqué au ministre israélien qu'il ne laisserait pas détruire Israël, mais son interlocuteur aurait pu lui demander avec quels moyens il aurait sauvé l'État si vulnérable de par sa configuration. Qui donc garantissait sa survie sinon les États-Unis ?

Mais ne s'agit-il pas surtout, pour le général de Gaulle, de prendre précisément ses distances par rapport à Washington, pendant que la demande constante d'action à quatre correspond au désir de ne pas voir une éventuelle amélioration des relations américano-soviétiques aboutir à une action à deux excluant la France ? C'est en mettant les deux Grands sur le même plan qu'on justifie le mieux les décisions françaises et qu'on attribue le mieux une place particulière à la France dans le monde. La conférence de presse du 10 août 1967 est fort claire à cet égard :

> Dès lors que l'Amérique et l'Union soviétique, colossales par leurs dimensions, leur population, leurs ressources, sont partout et dans tous les domaines en rivalité permanente, chacune a naturellement constitué autour d'elle un bloc d'États qui lui sont directement liés, sur lesquels elle exerce son hégémonie et auxquels elle promet sa protection [...] En se retirant de l'OTAN, la France, pour sa part, s'est dégagée d'une telle sujétion.
>
> Parce que [...] dans l'hypothèse d'une guerre entre les deux géants, guerre que, peut-être, sans se frapper directement l'un l'autre, ils viendraient à se livrer par Europe interposée, la France ne serait pas automatiquement l'humble auxiliaire de l'un d'eux et se ménagerait la chance de devenir autre chose qu'un champ de bataille pour leurs corps expéditionnaires et une cible pour leurs bombes alternées ; parce que, enfin, la France, en quittant le système des blocs, a peut-être donné le signal d'une évolution générale vers la détente internationale, elle apparaît aux dévots de l'obédience atlantique

comme condamnée à ce qu'ils appellent l'isolement, alors que, dans l'univers, une masse immense l'approuve et lui rend justice.

L'argument du champ de bataille et de la cible deviendra un argument pacifiste allemand à la fin des années soixante-dix. Mais la volonté d'affirmer l'indépendance, en particulier pour servir de porte-parole aux non-engagés, est en 1967 et demeurera une spécificité française. Encore faudrait-il pouvoir assurer seul sa sécurité et surtout se dégager de la dépendance dans le domaine où les interdépendances transatlantiques sont particulièrement fortes, à savoir pour l'économie, notamment pour la monnaie.

« *Économique et sociale* »

Mais est-ce bien en termes de dépendance qu'il convient de parler de l'évolution économique des années soixante ? La période gaullienne est marquée par un double paradoxe. La priorité de la politique extérieure est sans cesse affirmée et jamais le développement de la prospérité interne n'a été aussi rapide, aussi constant. La France est plus que jamais conçue et présentée comme une entité à part, comme une personne dont l'individualité est à renforcer, pendant que l'ouverture des frontières s'accélère et que l'européanisation, la mondialisation de l'économie nationale est acceptée, favorisée.

La nation la plus sourcilleuse dans sa revendication permanente d'indépendance vit une croissance sans précédent grâce à une interdépendance sans cesse intensifiée, qui hâte sa prospérité grâce à son insertion accentuée dans la prospérité générale du monde occidental : n'y a-t-il pas contradiction ? La réponse sera doublement négative. D'une part, il n'existe qu'une relation causale limitée entre le développement économique et les aspirations du pouvoir politique : l'essor de la « société de consommation » est amorcée dans les années cinquante, et se prolongera dans les années soixante-dix, avant de se briser sous l'effet d'une crise qui n'aura rien de spécifiquement français. D'autre part, la stabilité politique qui caractérise la Ve République par rapport à ses devancières et le souci d'étayer la puissance de la France sur sa modernisation constituent à la fois des facteurs de développement économique et des composantes de l'ambition nationale.

L'acceptation de l'ouverture sur l'Europe favorise l'expansion industrielle allemande, mais aussi le développement industriel français. La mise en place des mécanismes de la politique agricole commune donne à l'agriculture française des garanties de prix et de débouchés qui accélèrent considérablement sa modernisation et son expansion. Le succès de la négociation du Kennedy Round traduit et symbolise la montée en puissance de l'économie européenne — dont font partie et la France industrielle et la France agricole.

Mais cette puissance n'est-elle pas quelque peu factice ? Voulue au départ par les États-Unis pour empêcher la mainmise de l'URSS sur une Europe occidentale dispersée et pauvre, ne demeure-t-elle pas sous contrôle américain, à la fois parce que les États-Unis ont politiquement intérêt à ne pas trop laisser la force économique européenne se traduire en force politique, et parce que l'économie américaine dispose encore de nombre de moyens pour dominer — volontairement ou non — l'européenne ? Et, au cœur de l'Europe des Six, la montée économique allemande ne place-t-elle pas la France en situation d'infériorité, malgré les différences de statut et d'armement favorables à une primauté française ?

La dramatisation des difficultés transatlantiques en matière économique est principalement, mais non exclusivement française. La montée économique de l'Europe, sa croissance nettement plus rapide que celle des États-Unis, rend aussi l'inégalité plus difficile à accepter. Quand l'écart diminue, le désir de le faire disparaître entièrement se trouve renforcé. Si l'interdépendance apporte des avantages à tous, tout ce qui la rend asymétrique apparaît comme un défi, comme une incitation à rétablir ou à créer une relation plus équilibrée.

Il n'y a ainsi rien de paradoxal dans la simultanéité de l' « américanisation » et de l'antiaméricanisme. La diffusion des modes vestimentaires et alimentaires, de styles de divertissement (musique de danse, chant, cinéma, puis télévision), des méthodes de gestion, va de pair avec la sensation d'une domination qu'il faut d'autant plus dénoncer qu'elle est ressentie à tous égards comme étrangère. En même temps, la notion d'américanisation permet d'attribuer à une influence nocive du dehors tout ce qui est ressenti comme négatif dans les retombées sociales du développement économique. Et pendant qu'ingénieurs et gestionnaires vont se perfectionner aux États-Unis, pendant que le MIT, le *Massachusetts Institute of Technology*, et la *Harvard Business School* font de Cambridge (Massachusetts) un haut lieu d'initiation pour jeunes Européens ambitieux, la crainte d'une infériorité technologique grandissante se répand en Europe, tout particulièrement en France.

La politique industrielle du général de Gaulle a pour objet principal la conquête sinon de l'égalité, du moins d'un rééquilibrage technologique, souvent conçu comme une opération de prestige. La façon dont les avancées techniques françaises sont combattues ou méprisées aux États-Unis n'est pas seulement ressentie par le chef de l'État. L'avion Caravelle, né sous la IVe République, n'a finalement pas accès au marché américain. Le procédé français de télévision en couleurs n'est guère examiné outre-Atlantique, alors qu'il est adopté par l'URSS. Dans les domaines les plus variés, il s'agit de faire mieux que les États-Unis ou du moins de faire aussi bien. C'est dans cet esprit qu'est conçu le projet de l'avion de transport supersonique. L'accord prévoyant la fabrication franco-britannique du Concorde traduit l'idée de prestige et d'avant-garde, plus qu'une attitude de rivalité proprement commerciale, le raisonnable projet d'une solide mais peu spectaculaire Super-Caravelle se trouvant écarté. La « guerre des ordinateurs » s'engage, de façon d'abord peu visible, lorsque les États-Unis refusent, en 1963, de vendre à la France une machine considérée comme indispensable pour les calculs permettant le développement de la « force de frappe ». Le plan Calcul, préparé en 1966, doit permettre à la France de disposer de son propre système d'ordinateurs, tandis que le lancement, le 29 mars 1967, du *Redoutable*, premier sous-marin nucléaire français, tend à démontrer qu'on peut se passer du soutien américain.

Tandis que l' « exode des cerveaux » affecte surtout la Grande-Bretagne à cause de la communauté linguistique anglo-américaine, c'est précisément le problème de la langue qui est vécu en France comme une retombée particulièrement nocive de la prédominance économique américaine. En Allemagne, la pénétration dans le langage courant de tout un vocabulaire américain est également dénoncé. L'allemand n'est cependant pas supposé être langue universelle, alors que l'ambition mondiale de la France est prioritairement culturelle, la langue devant constituer le support indispensable de la culture. La notion de francophonie est bel et bien d'ordre politique. Qu'il s'agisse de la domination de l'anglais dans les organisations internationales, du Québec, de l'Afrique occidentale et équatoriale, de l'Amérique latine ou de la Roumanie, partout on liera le prestige et l'influence au maintien ou au développement de la présence linguistique française. Pour mieux dénoncer l'influence néfaste sur la langue, pour mieux s'insurger contre la suprématie économique et politique, on peindra sous des traits effrayants la culture et la société américaines. Peu importe alors la réalité culturelle et scientifique des États-Unis, la présence massive américaine dans les sciences exactes et plus encore dans les sciences humaines. Peu importe que le présent et le passé de la France soient souvent connus sous leurs aspects les plus positifs grâce à des sociologues ou à des historiens américains ! La lutte pour la langue demeurera liée à une sorte de mépris culturel ayant lui-même une dimension politique : la supériorité culturelle supposée doit compenser l'infériorité économique pour rétablir l'égalité.

Le thème le plus débattu dans les années soixante porte sur l'implantation d'entreprises américaines en Europe. Il se confond pour une large part avec la discussion économique et idéologique sur « les multinationales », ce qui crée de la confusion plutôt que de la clarté. D'abord parce que les grandes entreprises à capitaux vraiments multinationaux sont rarement américaines. Ainsi, Royal Dutch-Shell et Unilever, toutes deux anglo-néerlandaises, sont plus multinationales que la General Motors. Ensuite parce que le cas des grandes entreprises ayant des filiales (sous régie directe ou relativement autonomes) dans plusieurs pays n'est pas spécifiquement américain : Péchiney, Philips, Bayer, ne sont fondamentalement différentes de leurs homologues américaines, pas plus que Renault, Fiat ou Volkswagen ne le sont de Ford. Enfin et surtout parce que l'implantation massive d'entreprises américaines pose, en Europe occidentale, des problèmes particuliers tenant à la nature des rapports de puissance et d'interinfluence avec les États-Unis : c'est le caractère américain, donc national, de ces entreprises qui est en cause.

Les controverses n'ont cependant rien d'artificiel. Elles correspondent à l'implantation massive d'entreprises américaines en Europe. Il y avait un millier de filiales dans l'Europe des Six en 1950. Alors qu'elles n'étaient que mille deux cents en 1957, elles sont plus de quatre mille en 1966. La valeur d'inventaire des investissements directs américains en France passe de 464 millions de dollars à la fin de 1957 à 1 240 millions à la fin de 1963, 1 904 millions à la fin de 1967, 2 590 à la fin de 1970. La suppression des barrières et limitations de toutes sortes à l'intérieur de la CEE rend l'espace industriel européen particulièrement attrayant. Or un tel attrait est beaucoup mieux perçu par les entreprises américaines que par les entreprises françaises et même par les allemandes.

Les firmes étrangères créent des emplois. Mais comme le centre ultime de décision se trouve outre-Atlantique, c'est sans aucun égard pour la situation de l'emploi dans le pays, dans la région d'accueil, qu'elles licencieront une partie ou la totalité de leur personnel autochtone. Elles favorisent les exportations, mais la stratégie d'ensemble peut mettre soudain en veilleuse une entreprise exportatrice. Le transfert technologique vers l'Europe permet un accroissement plus rapide de la productivité, du produit national et de la prospérité des pays européens. Mais les sommes qu'ils doivent payer pour les brevets sont considérables. De plus, la dépendance technologique ainsi créée menace à la fois la sécurité des approvisionnements et la liberté de décision des pouvoirs publics dans leur politique industrielle, la gravité du phénomène venant de ce que les entreprises américaines s'installent dans des secteurs aussi importants que le pétrole, la construction automobile et aéronautique, l'industrie chimique, l'électronique, la banque. Avantages et inconvénients sont appréciés de façon différente selon les pays, et, dans certains d'entre eux, notamment en France, selon les moments et aussi selon les rôles qu'on remplit, on pourra dénoncer les périls en tant que ministre ou en tant que dirigeant d'un parti d'opposition, tout en s'activant pour obtenir l'installation d'une entreprise américaine en tant que maire d'une ville ou député d'une région.

Dans le débat français, toute une série d'attitudes se conjuguent pour fonder la dénonciation de l'invasion des capitaux, cependant plus limitée qu'ailleurs : les accusations globales d'impérialisme portées à gauche contre les États-Unis, le protectionnisme traditionnel, la volonté gaulliste d'indépendance et le soutien général accordé à l'idée de planification, l'entreprise étrangère étant supposée entraver par son existence même l'exécution du Plan. La dénonciation va cependant de pair avec la susceptibilité. Il en résulte une position contradictoire qui revient un peu à se plaindre dans tous les cas : si une entreprise américaine investit en France, c'est un signe d'impérialisme ; si elle va investir ailleurs, il s'agit d'une insupportable discrimination contre la France !

En partie fondées, en partie très excessives, les critiques sont continues, alors que la politique gouvernementale ne l'est pas. Du moins pas dans sa tonalité, car la doctrine est constante : les investissements américains sont utiles s'ils se produisent dans les secteurs importants pour le développement global de l'économie et surtout de l'industrie françaises. Jusqu'en 1962, il n'y a guère de restriction. Un bureau d'accueil est crée au sein du ministère des Finances pour favoriser les investissements et les orienter vers les régions à développer. Un traité d'établissement est conclu avec les États-Unis accordant un régime très favorable aux entreprises américaines. En quelques mois, en 1962-1963, une série d'événements modifie la situation au moment même où, de toute façon, le général de Gaulle durcit son attitude face aux États-Unis. Des licenciements massifs ont lieu dans la fabrique de réfrigérateurs de la General Motors, à Gennevilliers, dans la banlieue de Paris, et dans l'usine de machines à écrire de la Remington Rand, à Calluire près de Lyon. La firme américaine Libby annonce qu'elle va installer dans le Languedoc une fabrique de conserves de fruits qui passerait des contrats à long terme avec les agriculteurs de la région. Chrysler, troisième producteur d'automobiles des États-Unis, porte sa participation chez Simca de 25 à 63 % et prend donc le contrôle de l'entreprise. A partir de 1963 également se déroulent des négociations compliquées dans l'industrie des ordinateurs dont le premier enjeu est la prise de participation de la General Electric dans l'entreprise Bull.

Aux hommes d'affaires américains, le Premier ministre Georges Pompidou et l'ambassadeur Hervé Alphand exposent en 1963, l'un à Paris, l'autre à Washington, le point de vue gouvernemental : les investissements demeurent les bienvenus, mais il y a des secteurs à protéger et dans aucun secteur industriel ou géographique il ne doit y avoir situation dominante du capital étranger. La politique sélective est renforcée en 1965, puis relâchée parce qu'elle a des conséquences négatives trop fortes. A partir de 1966, le nouveau ministre de l'Économie, Michel Debré, se fait plus accueillant. L'important décret du 27 janvier 1967 prévoit que la constitution en France d'investissements directs est soumise à déclaration auprès du ministre de l'Économie et des Finances. Pendant les deux mois qui suivent la déclaration, celui-ci « peut demander l'ajournement des opérations envisagées. Il peut toutefois renoncer au droit d'ajournement avant l'expiration de la période de deux mois ».

L'industrie n'est pas seule en cause. La rivalité agricole entre la CEE et les États-Unis se traduit par des accusations réciproques dès le début des années soixante. Mais l'antagonisme demeure limité par comparaison avec son intensification au cours de la décennie suivante. Le conflit monétaire, lui, prend de l'ampleur. Il n'a rien de spécifiquement franco-américain, puisqu'il concerne l'ensemble des pays européens. Il existe même une tension germano-américaine particulière en 1966 lorsque le gouvernement de Bonn cherche en vain à diminuer ses achats d'armes et d'équipements aux États-Unis, achats destinés à diminuer le déficit américain dû au stationnement des troupes américaines en Allemagne. Et, en novembre 1967, la forte dévaluation de la livre se fait dans un climat anglo-américain détestable. Mais c'est le général de Gaulle qui transforme un conflit compliqué en un affrontement public simplifié.

Dans sa conférence de presse du 4 février 1965, il rappelle ce qu'avait été dans l'entre-deux-guerres le principe du *Gold Exchange Standard,* du rôle des monnaies de réserve, livre et dollar, convertibles en or. Le second après-guerre a vu les États-Unis devenir à peu près seuls détenteurs des réserves d'or mondiales. Mais « les monnaies des États de l'Europe occidentale sont aujourd'hui restaurées, à tel point que le total des réserves d'or des Six équivaut aujourd'hui à celui des Américains ». Après avoir donné une analyse mesurée de ton, mais sévère de contenu, des avantages retirés par les États-Unis de la convertibilité du dollar et de sa situation de monnaie de réserve, le président de la République déclare :

> Pour toutes ces raisons, la France préconise que le système soit changé. Nous tenons donc pour nécessaire que les échanges internationaux s'établissent [...] sur une base monétaire indiscutable et qui ne porte la marque d'aucun pays particulier [...] Quelle base ? En vérité, on ne voit pas qu'à cet égard il puisse y avoir de critère, d'étalon, autre que l'or.

Il prononce la formule de la « restauration de l'étalon or », dont Jacques Rueff, son conseiller, s'est fait l'apôtre. Seulement, une telle restauration entraînerait des conséquences économiques si funestes pour tous par une énorme contraction des liquidités internationales que, le 24 avril 1968, un communiqué du ministre de l'Économie et des Finances dira : « M. Michel Debré a également abordé le problème de l'étalon or : “ Aucune voix officielle n'a jamais, en France, demandé le retour à l'étalon or. Résumer ainsi la position française, c'est la caricaturer, la dénaturer... ” ».

En fait, la critique du système monétaire international rencontre plus d'écho que ne veulent l'admettre les dirigeants américains, mais elle n'est acceptée que dans la mesure où elle ne prend pas l'allure d'un moyen particulier d'une lutte antiaméricaine globale et où elle ne consiste pas à proposer une solution impossible. Or l'offensive gaullienne, en réalité fort prudente, apparaît vive parce que la France se met à convertir ses dollars en or, entamant ainsi les réserves américaines. Alors qu'elle fait partie du « pool de l'or », mécanisme mis en place en octobre 1961 avec l'Allemagne fédérale, la Grande-Bretagne, l'Italie, la Belgique, les Pays-Bas et la Suisse pour contribuer à la stabilisation du marché de l'or, elle s'en retire en juin 1967, peu de semaines après que la Banque fédérale allemande a pris l'engagement, elle, de ne pas convertir ses dollars en or. La décision de retrait, gardée secrète, est révélée dans un article du *Monde* du 21 novembre, au moment où est mis en place un nouveau mécanisme pour régler le problème des liquidités.

Ce sont les droits de tirage spéciaux (DTS), dont les principes ont été formulés dans un long texte à la session du FMI à Rio de Janeiro en octobre 1967 et seront appliqués après leur adoption par le conseil d'administration du FMI le 31 août 1968. Comme le nouveau système tend à remplacer l'or et que, de plus, les décisions de création de droits de tirage doivent être prises à la majorité de 85 %, ce qui donne un droit de veto aux États-Unis (mais aux Européens aussi, s'ils unissent leurs voix), le général de Gaulle s'oppose vivement aux DTS. Le gouvernement français refuse donc l'arrangement. Pourtant, un peu plus d'un an plus tard, en décembre 1969, Georges Pompidou ratifiera l'accord. Ce ne sera pas le signe d'un abandon du gaullisme, mais l'une des conséquences de la situation changée de la France.

En effet, si la situation de la France apparaissait encore comme relativement solide en mars 1968, au moment où une forte vague de spéculation internationale sur l'or aboutit à l'instauration d'un double marché du métal mettant fin au « pool », il n'en est plus de même à l'automne lorsque se produit une nouvelle crise monétaire : cette fois, la spéculation se porte sur le mark au détriment du franc que tout le monde se met à fuir. C'est que la révolte des étudiants et les grandes grèves de Mai 1968 ont eu des conséquences profondes. Dans un premier stade, elles ont accéléré fortement l'inflation en France par la hausse des salaires intervenant comme suite aux accords de Grenelle entre gouvernement, patronat et syndicats, en même temps que les réserves d'or accumulées pendant les années prospères ont fondu rapidement, à la fois parce que la production avait été pratiquement arrêtée pendant trois semaines et parce que les possédants français avaient pris peur et joué contre le franc.

La situation a bien paru se redresser grâce à la victoire éclatante du général de Gaulle aux élections du 30 juin, grâce aussi aux mesures de contrôle des changes adoptées ensuite, grâce enfin, de façon moins visible, à l'assistance des banques centrales du groupe des Dix. Mais la crise monétaire d'octobre-novembre ne semble laisser que deux issues : la dévaluation du franc dont de Gaulle ne veut pas, et la réévaluation du mark que souhaitent les États-Unis et qui paraît inacceptable au gouvernement allemand à la veille d'une année électorale, exportateurs et paysans se trouvant menacés par une telle réévaluation. Pour la première fois, la République fédérale résiste vraiment à la pression de Washington, mais cette attitude n'est pas favorable à une « Europe européenne », puisque le général de Gaulle ne voit pas d'intérêt à accepter les propositions de soutien au franc que propose Karl Schiller, le ministre allemand des Finances — dans un style qui les rend de toute façon psychologiquement peu acceptables. Finalement, Bonn prend des mesures techniques qui évitent pour le moment la réévaluation, tandis que le général de Gaulle décide de façon particulièrement spectaculaire, le 23 novembre 1968, de ne pas effectuer une dévaluation que tout le monde croyait pratiquement faite et de la remplacer par des mesures restrictives économiques et monétaires.

Mais cette décision est en réalité une sorte de dernier sursaut. A la fin de novembre 1968, la politique globale du général de Gaulle est pratiquement détruite. D'une part, les bases matérielles de sa politique offensive à l'égard des États-Unis ont été pour le moins ébranlées. En 1960, la Banque de France ne possédait que pour 1,6 milliard de dollars d'or, alors qu'il y en avait pour 17,8 milliards à Fort Knox. En 1967, le rapport était passé de 5,2 à 12,1. En 1969, il ne sera plus que de 3,5 à 11,9.

D'autre part, il est clair désormais que l' « Europe européenne » devra terriblement tenir compte de la puissance économique allemande. S'il n'y a plus soumission de la République fédérale aux États-Unis, faut-il vraiment marcher avec les Allemands, c'est-à-dire avec le mark contre le dollar ? Ne vaut-il pas mieux renoncer à l' « Europe européenne » et prévoir l'entrée de la Grande-Bretagne « anglo-saxonne » pour faire équilibre au poids allemand ? Si Georges Pompidou peut ouvrir la porte à la candidature britannique peu de temps après son accession à la présidence de la République en juin 1969, c'est que le général de Gaulle aura déjà esquissé une manœuvre dans ce sens par l'entretien qu'il accorde le 4 février 1969 à l'ambassadeur de Grande-Bretagne, Christopher Soames, entretien qui donnera lieu à une cascade d'incidents diplomatiques.

Mais là n'est sans doute pas l'essentiel. Le triomphe électoral du 30 juin n'a pas été dû à la politique extérieure, mais à un sursaut contre le désordre intérieur. Et malgré ce triomphe, les « idées de Mai » l'ont emporté sur un point central : la critique globale de la société a certes provoqué des répliques et les Français ont montré qu'ils tenaient à préserver les acquis de cette société, mais le débat national porte bel et bien sur des réalités qui ne sont pas spécifiquement françaises. « Société de consommation », « société postindustrielle », confrontation entre autorité et liberté, entre pouvoir économique et autonomies collectives, entre pouvoir politique et autonomies individuelles — où donc insérer l'idée de la politique extérieure comme seule politique véritable ? Comment, de surcroît, continuer à traiter l'économie comme un moyen, alors que sa pesanteur paraît s'imposer en force à la politique à la fois en France et dans la vie politique internationale, tout particulièrement au sein du monde occidental ?

Le général de Gaulle perçoit-il cette évolution ? Il cherche à garder la confiance de ses compatriotes en leur tenant un langage inhabituel pour lui. Peut-être ce changement de style contribue-t-il à sa défaite au vote du 27 avril 1969, puisque son ascendant sur les Français est directement lié à la voix qu'il prête à la France vers le dehors. En tout cas, la déclaration exposant les motifs du projet de la loi sur la régionalisation soumis à référendum, document envoyé à chaque électeur, évoque la vie des Français, mais non la place de la France dans le monde. Et le général de Gaulle y emploie la formule : « Notre époque qui est essentiellement économique et sociale. »

L'échec — qui entraîne une démission immédiate pleine de dignité — est-il aussi celui d'une politique extérieure ? Un bilan rétrospectif ne sera possible qu'après examen des politiques pratiquées et des résultats obtenus ou manqués par ses trois successeurs qui se voudront tous, dans une large mesure, ses continuateurs. Mais certains aspects de ce bilan apparaissent clairement dès 1969.

L'Europe renforçant la voix de la France dans le monde, en particulier grâce à l'appui allemand, n'est pas construite. Sans doute eût-il mieux valu que le président de la République cherchât à profiter de son prestige pour dominer un ensemble européen mieux structuré, moins limité à une juxtaposition d'États préservant le principe sacro-saint de la souveraineté française. Lorsque, le 30 mai 1967, pour le dixième anniversaire des traités, l'Europe des Six se réunit à Rome, le général de Gaulle est sans conteste la figure dominante des cérémonies, une sorte de souverain majestueux d'un ensemble européen inachevé. Et cela non pas à cause de ses refus, à cause du brutal dédain qu'il montre publiquement à Walter Hallstein, président de la Commission, mais malgré ce refus, malgré ce dédain : qu'eût-ce été s'il avait de surcroît fait figure de créateur sachant donner une consistance durable à la cause communautaire ?

Face aux deux plus grandes puissances, l'aboutissement des années 1958-1969 constitue presque un retour à la situation de départ, sauf pour la sortie définitive de l'organisation militaire de l'alliance. Dans une atmosphère mondiale de détente que commence à utiliser le gouvernement de Bonn, les relations avec l'URSS restent positives, mais depuis l'invasion de la Tchécoslovaquie, il est clair que ses dirigeants n'acceptent aucune évolution libérale ; or, c'est sur l'hypothèse d'une telle évolution que le général de Gaulle a édifié sinon sa stratégie du moins son langage public en 1966-1967. Cet insuccès-là contribue, avec la fin entrevue de la guerre au Vietnam et avec le départ de Lyndon Johnson, à l'apaisement de la tension avec les États-Unis. Un apaisement que traduit la cordialité réelle des entretiens avec Richard Nixon, au pouvoir depuis janvier, au cours d'une tournée en Europe qui l'a conduit à Paris le 28 février 1969.

L'attitude d'opposition à la puissance occidentale dominante a cependant créé une image particulièrement positive de la France du général de Gaulle dans la mesure où l'anti-impérialisme du Sud vise fondamentalement les États-Unis. Un anti-impérialisme qui n'est nullement l'apanage en Europe d'une extrême gauche marxisante. Ainsi l'Église catholique a condamné vigoureusement l'injustice fondamentale de la relation Nord-Sud. Depuis l'encyclique *Pacem in terris* de Jean XXIII en avril 1960 jusqu'à l'encyclique *Populorum progressio* de Paul VI en mars 1967, en passant par le document conciliaire central *Gaudium et Spes* en décembre 1965, la dénonciation de l'« impérialisme international de l'argent » (formule utilisée par Paul VI) se fondait surtout sur l'exemple de l'Amérique latine. Le général de Gaulle, appuyé en politique intérieure sur l'ensemble de l'électorat de droite, voit ainsi son prestige mondial fondé pour une bonne part sur une attitude considérée comme de gauche.

Un prestige si exceptionnel que le président Kennedy a déclaré que tout ce que disait le général de Gaulle était important. Mais un prestige parfois établi sur la seule *nuisance value*, sur la capacité d'empêcher ou même de détruire. Un prestige qui est encore en 1969 et qui demeurera dans la suite un objet de malentendu entre la France et les États-Unis, entre la France et ses partenaires européens. « Prestige pour quelles fins ? » demandent-ils. « Et si le prestige constituait sa propre fin ? » semble-t-on souvent répondre du côté français. Mais le rang, est-ce seulement de paraître ? Le général de Gaulle a défini l'ambition en fonction d'actions et d'accomplissements. Si c'est à ceux-ci qu'il faut mesurer, en avril 1969, les résultats obtenus, c'est bien d'échec qu'il convient de parler.

8

GEORGES POMPIDOU : TOURNANTS VERS LA CRISE

> Les peuples heureux n'ayant pas d'histoire, je souhaiterais que les historiens n'aient pas trop de choses à dire sur mon mandat. Pas de guerre, pas de révolution, notamment. Je souhaiterais en revanche qu'on lise dans les manuels d'histoire que, de 1969 à 1976, la France a connu une période d'expansion, de modernisation, d'élévation du niveau de vie ; que, grâce au progrès économique et social, elle a connu la paix extérieure, que l'étranger l'a respectée parce qu'il voyait en elle un pays transformé, économiquement fort, politiquement stable et dont l'action extérieure était entièrement tournée vers la paix et le rapprochement des peuples [...] Que mon nom soit mentionné ou ne le soit pas n'est pas très important [...]

Ainsi répondait Georges Pompidou, interrogé, peu après son élection du 15 juin 1969, sur la façon dont il souhaiterait voir qualifier sa présidence [1]. En avril 1970, dans un entretien accordé à une revue, on lui pose la question : « Un pays doit-il plutôt chercher à être heureux ou puissant ? » Il dit alors : « [...] Notre situation géographique, nos dimensions font que nous ne pouvons pas vivre repliés sur nous-mêmes, ou alors nous dégringolerons parce que nous n'avons pas en nous les ressources nécessaires [...] La France ne peut trouver l'élévation de son niveau de vie, la prospérité, et donc tout de même une des sources fondamentales du bonheur, que par l'ouverture sur l'extérieur, et à ce moment-là elle ne peut pas se désintéresser de cet extérieur, et donc du rôle qu'elle y joue, du rapport des forces, des pressions qu'elle subit, de la façon dont elle s'en défend, etc., ce qui fait que pour moi, et pour la France, je ne

1. Cité en conclusion de l'avant-propos d'Édouard Balladur aux *Entretiens et discours 1968-1974*, t. I, Plon, 1975, p. 21. Citation de l'interview de *Réalités*, p. 90.

crois pas qu'il y ait de bonheur en dehors d'un certain degré de puissance [...] »

Non, on ne passe pas de Don Quichotte à Sancho Pança. Mais il est vrai que le successeur du général de Gaulle — dont il fut le collaborateur pendant vingt-quatre ans, finalement, de 1962 à 1968, comme Premier ministre — n'aime guère ni l'éclat ni les éclats. Il n'en est pas moins capable de décisions brusques, comme l'interruption du séjour aux États-Unis en 1970, ou d'attitudes de défi, comme celles qu'il laisse prendre à son ministre des Affaires étrangères à l'automne de 1973. Le goût de la discrétion l'emporte cependant le plus souvent. Par exemple dans la négociation secrète conduite pour préparer l'entrée de la Grande-Bretagne dans la CEE. Ou pour faciliter la longue négociation américano-vietnamienne à Paris : « Je puis vous dire maintenant, révèle-t-il à la conférence de presse du 21 septembre 1972, que nous y avons été, et que j'y ai même personnellement été pour beaucoup et que, chose curieuse en France, le secret a été parfaitement gardé. Comme quoi il n'est pas mauvais d'avoir un président de la République secret [...] »

Son attitude envers le monde extérieur est marquée par une sorte de tension permanente. La compréhension des contraintes qu'impose et des chances qu'offre l'environnement européen et mondial est entravée par l'ignorance des pays étrangers qu'il n'a guère visités avant son élection et dont il ignore la langue. Comme banquier, puis comme homme de gouvernement, il a acquis le sens de l'économie transnationale. Comme agrégé de lettres passionné de littérature française, comme homme du Massif central pour qui l'environnement s'arrête aux autres régions de la France, il garde des incompréhensions et des méfiances peu propices au complet désarmement psychologique entre partenaires. Sensible à l'avant-garde, dans les techniques comme dans l'art, il croit en même temps si fortement aux permanences des peuples et des cultures que son scepticisme devant les changements possibles ou même souhaitables peut devenir conservatisme.

Comme président de la République, Georges Pompidou suit l'exemple de son prédécesseur : la politique extérieure est de son domaine. Les Premiers ministres successifs, Jacques Chaban-Delmas, puis, à partir de juillet 1972, Pierre Messmer, n'ont pas à en connaître. Le ministre des Affaires étrangères pas tellement non plus, du moins tant que le poste est occupé par un homme qui n'a pas été son collaborateur direct : Maurice Schumann, disert et cordial, pourtant habitué du Quai d'Orsay où il a été secrétaire d'État avec Robert Schuman et Georges Bidault, est à peine informé de la négociation avec Londres et n'a guère de prise sur les grandes orientations dont le président décide avec ses conseillers et qu'il fait parfois appliquer par eux. La coordination et le suivi de la politique européenne concrète incombe à Jean-René Bernard, qui occupe simultanément deux fonctions : depuis 1967, secrétaire général de l'important SGCI, le Comité interministériel pour les questions de coopération économique européenne — responsabilité qu'il exercera jusqu'en 1977, en principe sous la tutelle du ministre de l'Économie et des Finances —, il est en même temps auprès du président comme conseiller technique chargé des Affaires économiques et financières, puis, à partir de mai 1973, comme secrétaire général adjoint de la présidence. Et c'est le secrétaire général de l'Élysée, Michel Jobert, qui, en 1971-1972, a une trentaine d'entretiens à Paris avec Christopher Soames et va parfois en fin de semaine à Londres pour parfaire la négociation avec le Premier ministre britannique Edward Heath.

Tant que Michel Jobert parle avec ses interlocuteurs étrangers comme secrétaire général de l'Élysée, ce conseiller à la Cour des comptes, habitué des cabinets ministériels[1], leur apparaît comme un interlocuteur courtois et compréhensif. Devenu ministre des Affaires étrangères en avril 1973, il change rapidement de style. L'intransigeance traduite en ironie agressive, le goût de l'affrontement sinon de la provocation : attitude simulée au nom d'une politique imposée par un président transformé par la maladie ? Révélation d'un tempérament jusque-là dissimulé ? Transformation de la personnalité sous la pesée soudaine d'une fonction agréablement exposée à la vue de tous, presse et télévision en tête ? Volonté de s'appuyer sur des passions populaires savamment entretenues pour favoriser une ambition née précisément de la maladie présidentielle ? En tout cas, il y aura rupture de ton dans la politique extérieure de Georges Pompidou en 1973-1974, lorsque Michel Jobert parlera et agira en son nom. La situation née de la crise d'octobre y sera évidemment pour beaucoup, elle aussi.

La dominante monétaire

« Dès ma prise de fonction, j'ai considéré le problème de la monnaie comme le plus important et le plus urgent » : on est le

1. Notamment à celui de Pierre Mendès France, ministre des Affaires étrangères, à celui de Robert Lecourt, ministre de la Coopération en 1959-1961, et à celui de Georges Pompidou, Premier ministre de 1963 à 1968, comme directeur adjoint puis, à partir de 1966, comme directeur.

8 août 1969 ; à l'issue d'un Conseil des ministres extraordinaire, une dévaluation du franc vient d'être annoncée et une déclaration présidentielle est lue par le secrétaire d'État porte-parole du gouvernement. « Nous devons, dit-elle encore, fonder notre puissance économique, source de notre progrès social et garantie de notre indépendance, sur des données vraies, en procédant au constat de la valeur réelle du franc. »

L'opération est remarquablement conduite. La France est en vacances, la Bourse est fermée le samedi et, de toute façon, la surprise est d'autant plus complète qu'aucune pression spéculatrice particulière ne s'exerçait sur la monnaie française. Mais dévaluer, moins de quatre mois après le départ du général de Gaulle, n'est-ce pas critiquer le refus catégorique du 23 novembre précédent ? Les membres du gouvernement précédent sont divisés : Jean-Marcel Jeanneney, qui avait alors conseillé le « non », croit qu'il y a bien désaveu rétrospectif ; Michel Debré, alors ministre des Affaires étrangères, maintenant ministre de la Défense nationale, affirme que la dévaluation est devenue nécessaire. Hors de France, la surprise — ni les partenaires de la CEE, ni le Fonds monétaire international n'ont été consultés — se teinte de satisfaction : le taux de 12,5 % soulage le mark et paraît permettre au gouvernement allemand d'en éviter la réévaluation.

En effet, la monnaie française fait partie d'un système international en ébullition. Dès avril, le ministre allemand des Finances, Franz Josef Strauss, a proposé un réalignement général, idée rejetée alors tant à Paris qu'à Washington. Le 9 mai, la pression sur le mark a atteint un point culminant : l'équivalent de 17 milliards de DM ont afflué en Allemagne dans l'espoir d'une réévaluation probable après les élections législatives du 24 septembre. La dévaluation française se situe donc à quelques semaines de celles-ci. La victoire des socialistes et des libéraux connue, le chancelier Kiesinger, en place pour les affaires courantes, laisse flotter le mark. A peine installé, le gouvernement Brandt décide le 24 octobre une réévaluation particulièrement forte — 9,29 % —, pour faire cesser la spéculation. Les capitaux refluent en effet d'Allemagne — mais avec un si beau gain spéculatif que rien ne dit que tout ne recommencera pas.

C'est ce qui se produit au printemps de 1971, au moment où se manifeste une sorte de nouveau conflit triangulaire : une brutale politique américaine est refusée par Bonn, Paris refusant de son côté de faire cause commune avec le mark. Pour le secrétaire d'État au Trésor, John Connally, tout est simple : les États-Unis en ont assez de jouer le rôle d'Atlas soutenant l'édifice occidental ; il est temps que les Européens partagent le fardeau. S'ils n'agissaient pas pour aider les États-Unis à résoudre leurs problèmes monétaires, le gouvernement américain agirait unilatéralement pour les y contraindre. Du côté allemand, toute préoccupation même justifiée — notamment la poussée inflationniste due aux hausses de salaires, aux hausses des matières premières et aux hausses des taux d'intérêt — passe au second plan devant la panique créée par un nouvel et formidable afflux de dollars cherchant à se transformer en marks. Le 9, le mark devient « flottant », c'est-à-dire que sa parité est établie par le marché, la Bundesbank n'intervenant en principe plus pour le maintenir à un taux déterminé. Auparavant, le gouvernement allemand a proposé au gouvernement français de laisser flotter ensemble les monnaies européennes. Devant le refus français, il décide d'agir seul. Le florin hollandais fait comme le mark. La Belgique installe un système de double marché, tandis que la livre, la lire et le franc français, peu menacés, restent à leur parité par rapport au dollar. Entre autres conséquences, le projet d'unification monétaire de l'Europe semble voler en éclats.

En réalité, le problème central est celui de la politique des États-Unis. Sous la pression des problèmes économiques et financiers créés par la guerre du Vietnam et aussi parce que la politique globale de détente diminue la préoccupation d'apporter un soutien politique à l'Europe occidentale face à l'URSS, une sorte de renversement des priorités américaines s'est effectué à partir de 1969 : on n'acceptera plus de payer un coût économique pour aider politiquement une Europe de toute façon devenue une rivale commerciale de taille. La priorité désormais, ce sera la santé interne des États-Unis. La décision qui traduit et symbolise cette évolution crée une véritable coupure dans l'histoire économique de l'après-guerre : le 15 août 1971, le président Nixon et John Connally prennent, sans participation directe de Henry Kissinger ni du Département d'État, des mesures véritablement offensives. L'une est la fin officielle de la convertibilité du dollar en or ou en tout autre instrument de réserve, même pour les banques centrales. L'autre consiste dans la création d'une surtaxe de 10 % sur les importations soumises à droits de douane, mesure provisoire pour compenser « les taux de change déloyaux [*unfair*] ». C'est un ultimatum aux autres pays industriels : ils devront réévaluer, étant admis que le dollar, lui, ne saurait être dévalué !

Les premières réactions sont très différenciées. La République fédérale propose de faire flotter toutes les monnaies européennes par rapport au dollar, tout en maintenant entre elles des rapports de valeur fixe. Le gouvernement français refuse et décide de garder la même parité qu'avant le 15 août. Mais une sorte de front européen se constitue tout de même, d'autant plus que la Grande-Bretagne, pour la première fois, s'aligne avec les pays du Marché commun dans lequel elle va entrer. A Rome, les 30 novembre et 1er décembre, John Connally doit faire face à une demande générale de dévaluation du dollar. Avant la négociation finale, l'accord entre Européens achoppe sur un conflit entre les deux ministres des Finances de France et d'Allemagne, Karl Schiller et Valéry Giscard d'Estaing. Le différend est aplani au cours de la rencontre Brandt-Pompidou du 5 décembre et c'est en porte-parole de l'Europe que le président français va rencontrer le président américain aux Açores et obtenir officiellement ce qui est pratiquement acquis : la dévaluation du dollar par rapport à l'or et la suppression de la surtaxe de 10 %.

Le groupe des Dix prendra les décisions finales le 18 décembre au Smithsonian Institute, à Washington. Le dollar est dévalué par rapport à l'or. Toutes les monnaies se trouvent revalorisées par rapport à la monnaie américaine, mais à des taux différents : 8,57 % pour le franc et la livre, 13,58 % pour le mark, ce qui dévalue une nouvelle fois la monnaie française par rapport à l'allemande, au bénéfice des exportations vers l'Allemagne, mais au détriment du sentiment d'égalité de puissance au sein de l'Europe. La taxe de 10 % peut donc être supprimée, mais les États-Unis ne rétabliront nullement la convertibilité du dollar. De plus, les grands mouvements spéculatifs continueront à n'être entravés par rien. En fait, malgré l'apparence d'un règlement durable, notamment par le retour à des parités fixes, rien n'est résolu par l'accord du Smithsonian. Le système de Bretton Woods, instauré en 1944, n'a plus guère d'existence réelle et n'a pas été remplacé, faute sans doute d'une volonté politique commune, notamment chez les Européens qui s'accordent en fait seulement sur des mesures techniques à court terme. La primauté du dollar affaibli paraît demeurer du même ordre que celle qu'exerçait le dollar fort.

« Je voudrais que les Français comprennent que leur niveau de vie est lié, pour une bonne part, à la solution du problème monétaire international, même si l'on parle du dollar, du yen ou du mark plus que du franc [...] Ce que je voudrais, c'est que les Français se rendent compte que notre activité économique dépend largement des échanges internationaux. »

Le souhait exprimé par Georges Pompidou au cours de sa longue et dense conférence de presse du 23 septembre 1971, il sait bien qu'il est loin d'être exaucé. Le 10 septembre, *France-Soir* a publié un sondage de l'IFOP effectué après les décisions américaines du 15 août. Si 62 % des interrogés estiment que la crise du dollar et ses conséquences constituent un événement important, 27 % seulement pensent que « cette crise risque d'avoir des conséquences graves » pour leur niveau de vie, 16 % (23 % des salariés) pour l'activité de leur entreprise, 12 % pour leur emploi, leur travail, contre 61 % qui ne le pensent pas (19 % et 69 % chez les seuls salariés) : la prise de conscience des interdépendances économiques n'est décidément pas accomplie en 1971 ! Contrairement à leur président, les Français se rendent mal compte de ce que le développement national est largement dû à la mondialisation de l'économie française, cette mondialisation rendant en même temps la France plus immédiatement vulnérable qu'en 1930 en cas de crise internationale.

Comment faire pour renforcer une présence économique mondiale au bénéfice de l'expansion interne, celle-ci conditionnant à son tour la stature internationale ? La réponse de Georges Pompidou n'est contradictoire qu'aux yeux de ceux pour qui libéralisme et étatisme sont incompatibles : il s'agit à la fois de jouer le jeu des frontières ouvertes et de faire intervenir la puissance publique pour que s'effectuent les concentrations industrielles nécessitées par la concurrence internationale, pour que l'agriculture elle aussi devienne porteuse de présence au-dehors. En 1974, grâce en particulier à la politique agricole européenne, l'agriculture fournira en valeur un cinquième des exportations françaises. Que ce soit dans le domaine du pétrole, ou dans la sidérurgie, l'État pousse au développement dans et par la concentration. En même temps, contrairement à l'exigence présentée par le premier secrétaire du Parti socialiste dans une lettre envoyée au Premier ministre le 10 juillet 1973 et immédiatement publiée, la France participera à la négociation entamée à Tokyo pour une nouvelle libéralisation du commerce mondial. « Il ne faut pas aller à Tokyo », écrit François Mitterrand, parce que, tout particulièrement en période de crise du système monétaire, l'économie française est moins capable que l'américaine de résister aux chocs : comme « les chiens du capitalisme multinational sont lâchés », « c'est de l'indépendance nationale qu'il s'agit ». Georges Pompidou préfère ne pas mettre la France à l'écart du Nixon Round (appelé ensuite Tokyo Round).

Cependant, deux dimensions de l'action économique extérieure font problème, l'une pour des raisons d'efficacité, l'autre pour des raisons de politique et aussi de morale. Jusqu'où aller dans l'investissement créateur de prestige lorsque la rationalité économique n'est pas évidente ? L'avion supersonique constitue le cas le plus visible : le prototype de Concorde a volé pour la première fois le 2 mars 1969 ; les commandes ne viennent que lentement ; faut-il persévérer alors qu'en mars 1971, à Washington, le Sénat a enterré comme non rentable le projet américain d'un avion analogue ? Le développement de l'énorme complexe sidérurgique de Fos-sur-Mer est moins soumis à un débat public parce que l'acier est pour tout le monde un élément indiscutable de la puissance nationale. L'échec en sera plus coûteux encore.

La politique et la morale interviennent à propos d'un des postes les plus bénéficiaires de la balance commerciale française, à savoir la vente d'armements. Écrivant à un évêque, en mai 1973, Georges Pompidou affirme[1] : « C'est une grave erreur de croire que la France vend des armes pour des raisons économiques, diminution du prix de revient ou équilibre du commerce extérieur. Il s'agit là d'un argument mineur qu'utilisent naturellement les industriels et les financiers, mais qui, politiquement, n'est pas déterminant. S'il n'y avait que cet aspect des choses, la France serait prête à cesser de vendre des armes et à en subir le poids. » La vraie raison serait d'aider nombre de pays à se rendre indépendants. En fait, les arguments rejetés expliquent largement une progression qui fait de la France le troisième fournisseur mondial d'armes, bien après les États-Unis et l'URSS, mais loin avant la Grande-Bretagne. Et, en 1970, l'annonce d'un accord avec la Libye portant sur la livraison de cinquante avions Mirage n'est décidément pas considérée comme un acte de paix dégagé de toute préoccupation commerciale.

Avec Heath et contre Brandt ?

Même si Georges Pompidou n'avait pas attaché une grande importance à la CEE, les conditions de son élection et la composition des forces politiques dont le soutien lui était nécessaire l'y auraient contraint. Pour vaincre au second tour Alain Poher, fortement implanté au centre comme Européen fidèle à l'héritage de Robert Schuman, il lui fallait se montrer lui aussi ouvert sur l'Europe, sans inquiéter pour autant les gaullistes sourcilleux. Le gouvernement Chaban-Delmas apparut d'emblée comme particulièrement « européen » : le Premier ministre et le ministre des Affaires étrangères

1. *Entretiens et discours*, pp. 378-379.

représentaient la frange du gaullisme la plus mêlée aux affaires européennes (Maurice Schumann venant de surcroît du MRP, dont il avait été le président), et quatre autres ministres étaient membres du Comité d'action pour les États-Unis d'Europe de Jean Monnet : Valéry Giscard d'Estaing aux Finances, René Pleven — le « père » de la CED — à la Justice, Jacques Duhamel à l'Agriculture, Joseph Fontanet au Travail.

Le second président de la République veut de toute façon donner une place prioritaire à la politique européenne, mais nullement pour retrouver l'inspiration des années cinquante. Sans être aussi agressif de ton que son prédécesseur, il caricature quelque peu la visée antérieure de ses ministres en déclarant, dans le discours qu'il prononce à Strasbourg le 22 juin 1970 : « A des époques récentes et qui paraissent incroyablement lointaines, on a eu parfois de l'Europe une vision idyllique où les peuples confondus prospéraient en paix sous l'autorité de sages, étrangers à toutes préoccupations nationales [...] De quelle Europe peut-il dès lors s'agir, sinon d'une Europe d'États souverains qui acceptent librement d'abaisser les barrières qui les séparent, d'harmoniser progressivement leur politique agricole, monétaire, industrielle, sociale, pour avancer avec réalisme, c'est-à-dire avec précaution et par degrés, vers une union qui, lorsqu'elle sera suffisamment entrée dans les faits, mais alors seulement, pourra avoir sa propre politique, sa propre indépendance, son propre rôle dans le monde ? »

Voilà une perspective prudente qui ne peut effrayer personne, même pas la Grande-Bretagne à laquelle il s'agit d'ouvrir la porte. « Quand je suis arrivé, dira Georges Pompidou en 1971 [1], l'Europe était dans l'impasse, en réalité. Nos partenaires de l'Europe des Six ne supportaient plus que l'Angleterre reste en dehors. » Pendant la première année du mandat présidentiel, le souhait des Cinq a été rendu moins pressant par les réticences européennes du Parti travailliste et de son Premier ministre Harold Wilson, candidat sans passion à la CEE au nom de son pays. Mais le 18 juin 1970, les conservateurs remportent un surprenant succès électoral et le nouveau chef de gouvernement est Edward Heath, négociateur déçu mais tenace du temps du général de Gaulle, demeuré le partisan britannique le plus convaincu de l'utilité, de la nécessité de l'entrée dans le Marché commun. Aussi les négociations qui s'engagent le 30 juin entre les Six et les quatre pays candidats — outre la Grande-Bretagne, l'Irlande, le Danemark et la Norvège — sont-elles, malgré

1. Entretien télévisé avec Jean Ferniot, le 24/6/1971.

les difficultés à surmonter, fondées cette fois sur une volonté commune d'aboutir.

Les Six négocient au nom d'une Communauté en train de bouger. En effet, le 1er décembre 1969, s'est réunie à La Haye une « conférence au sommet » européenne, dont la France avait proposé la tenue en juillet. Elle rassemblait cinq chefs de gouvernement et le président de la République française, et incarnait donc une autorité supérieure à celle du Conseil des ministres prévu par le traité de Rome. Dans son discours introductif, Georges Pompidou définissait les trois problèmes à affronter : « Celui de l'achèvement, c'est-à-dire du passage à la période définitive et de l'adoption d'un règlement financier [agricole] définitif ; celui de l'approfondissement qu'on appelle aussi développement [...] ; celui de l'élargissement. »

Le communiqué final montre, sans le dire expressément, que « les règlements financiers agricoles définitifs » ont constitué un préalable français à l'ouverture de négociations avec la Grande-Bretagne. Il est annoncé qu'ils seront « arrêtés à la fin de l'année 1969 ». Ce sera en effet le cas, après une négociation-marathon commencée le vendredi 19 décembre et achevée le lundi 22 à une heure du matin : l'accord se fait pour que, à l'issue d'une période transitoire au cours de laquelle les ressources de la politique agricole commune viendront encore en partie de contributions budgétaires des États, le régime définitif commence le 1er janvier 1975. Les dépenses de la Communauté seront alors couvertes exclusivement par des ressources propres : prélèvements agricoles, droits de douane, recettes provenant de la TVA ; le rôle de l'Assemblée parlementaire de Strasbourg se trouvera alors accru puisqu'elle aura à voter le budget communautaire.

Le communiqué de La Haye a prévu également un « processus d'intégration » pour « la création par étapes d'une Union économique et monétaire ». En mars 1970, deux comités sont créés dans ce but. Présidé par un haut fonctionnaire belge, le comité Davignon voit son rapport sur la coopération politique adopté dès octobre, sans qu'il en résulte ni remous ni grands espoirs, puisque les propositions sont modestes sans être négligeables : il s'agit de mettre en place un mécanisme de consultations discret, utile, limité, fort en retrait sur ce que prévoyait la version la plus édulcorée du plan Fouchet. Présidée par le Premier ministre et ministre luxembourgeois des Finances Pierre Werner, l'autre Commission se voit confier la mission beaucoup plus ambitieuse de préparer l'Union proprement dite. Bien que, d'emblée, il y ait divergence sur la définition du moteur (les mécanismes monétaires, disent Valéry Giscard d'Estaing et son collègue belge, les politiques économiques, disent le Néerlandais et l'Allemand), le Conseil des ministres de la Communauté peut adopter définitivement un plan en trois étapes le 22 mars 1971. Le 20 octobre 1972, une nouvelle conférence au sommet, réunie à Paris, aboutit à une longue déclaration fort détaillée qui évoque aussi bien la politique régionale que celle de l'énergie, la politique étrangère aussi bien que la politique industrielle, scientifique et technique. Elle prévoit surtout que l'Union économique et monétaire sera entièrement réalisée « au plus tard au 31 décembre 1980 ».

Le sommet de Paris se situe entre la signature du traité de Bruxelles, le 22 janvier 1972, par lequel les Six devenaient Dix, et la mise en route de la Communauté élargie, le 1er janvier 1973. Une communauté réduite à neuf, la majorité des Norvégiens ayant entre-temps dit non par référendum à la ratification, alors que la Chambre des Communes avait donné une sorte de solennelle autorisation préalable, le 28 octobre 1971, par une majorité presque inespérée de 356 voix (dont 282 conservateurs et 69 travaillistes) contre 244 (dont 39 conservateurs et 199 travaillistes).

En France, le traité de Bruxelles aurait été approuvé sans difficulté par le Parlement si le président de la République n'avait décidé d'avoir recours à une procédure exceptionnelle fondée sur l'article 11 de la Constitution lui permettant de soumettre au référendum un projet de loi « tendant à autoriser la ratification d'un traité qui, sans être contraire à la Constitution, aurait des incidences sur le fonctionnement des institutions ». Lorsque Georges Pompidou annonce sa décision, à la fin d'une longue conférence de presse tenue le 16 mars 1972, l'effet de surprise est complet. Sans doute se plaît-il à jeter le trouble dans l'opposition, communistes et socialistes étant profondément divisés sur l'Europe. Mais il s'agit aussi et surtout pour lui d'asseoir son autorité et son prestige national et européen par un geste spectaculaire qui doit aboutir à un soutien populaire massif à sa politique extérieure.

Or le 23 avril au soir, la déception est grande. Certes, les oui sont deux fois plus nombreux que les non, et 67,7 % des suffrages exprimés constituent une majorité appréciable. Mais les abstentions ont représenté 39,6 % des inscrits et 7 % des votants ont déposé un bulletin blanc ou nul, alors que les pourcentages habituels étaient respectivement aux environs de 20 et de 2 %. Au total, seulement 36,1 % des inscrits ont voté oui : quel échec ! Du moins est-ce cette interprétation-là que Georges Pompidou semble faire sienne. En juillet, le choix de Pierre Messmer traduira un recul de la ferveur européenne du président, dans la mesure où le nouveau Premier ministre est un gaulliste orthodoxe. En fait, le résultat du référendum est constitué d'un ensemble d'éléments fort peu surprenants : l'hostilité du PC et l'appel à l'abstention du Parti socialiste ont joué, mais plus encore le faible pouvoir mobilisateur de la question posée. Dire oui ou non à l'entrée de la Grande-Bretagne dans la CEE, cette entrée paraissant de surcroît acquise de toute façon, voilà qui ne pouvait guère soulever la passion. Il eût fallu soit offrir un choix plus dramatique, soit mieux présenter le vote comme un engagement en faveur d'une solidarité englobant et dépassant la solidarité nationale. Mais cette présentation-là n'aurait correspondu ni à la réalité de l'Europe en préparation, ni aux idées de Georges Pompidou.

L'Europe des Neuf entre dans les faits avec la constitution de la nouvelle Commission de la CEE élargie à treize membres. Elle est présidée par François-Xavier Ortoli dont la carrière est spectaculairement « franco-européenne » : inspecteur des finances, il s'est trouvé en 1958, à trente-trois ans, directeur général du marché intérieur à la Commission présidée par Walter Hallstein, puis, en 1962, directeur du cabinet de Georges Pompidou, Premier ministre, commissaire général au Plan en 1966, ministre de 1967 à 1969, notamment ministre de l'Économie et des Finances dans le gouvernement Couve de Murville, puis ministre du Développement industriel et scientifique dans le gouvernement Chaban-Delmas, avant de retourner à Bruxelles, cette fois comme successeur indirect de Walter Hallstein. Le vice-président britannique, chargé des relations avec les pays industriels, donc de la négociation du Nixon Round, est l'artisan de l'entrée de la Grande-Bretagne, sir Christopher Soames.

Un an plus tard, celui-ci aura des relations difficiles avec son propre pays. Le 28 février 1974, en effet, le Labour Party remportera les élections après avoir montré une hostilité accrue à la CEE. Le 1er avril, James Callaghan, le ministre des Affaires étrangères du gouvernement Wilson, demandera une « renégociation fondamentale du traité d'adhésion ». Ce sera la veille de la mort de Georges Pompidou. La nouvelle attitude britannique n'aura constitué pour celui-ci qu'un sujet d'irritation de plus à propos d'une Europe finalement peu conforme à sa visée initiale.

L'élargissement est accompli pour « amarrer la Grande-Bretagne à l'Europe ». La formule qu'utilise Georges Pompidou dans la conférence de presse de mars 1972 reprend un mot qui a beaucoup servi pendant les deux décennies précédentes : l'Europe devait permettre d'amarrer la République fédérale d'Allemagne à l'Occident. Est-ce donc chose si bien faite que l'Europe qui s'ouvre à la Grande-Bretagne constitue une unité assurée sinon homogène ? Une unité au sein de laquelle les dirigeants français considéreraient le problème allemand comme résolu ?

En réalité, ce n'est pas le cas. L'ouverture à la Grande-Bretagne ne se serait sans doute pas produite s'il n'y avait eu à Paris la sensation désagréable d'une montée de la puissance allemande au sein de l'Europe. Même la volonté d'aboutir à une Europe forte pour s'affirmer face aux États-Unis s'en trouve entamée : est-ce simple hasard si, au cours des chocs monétaires successifs, le franc se comporte comme le dollar et non comme le mark ? Ainsi lorsque la monnaie allemande devient flottante en mai 1971 ou encore lorsque, en février 1973, un « accord fondamental » franco-allemand sur les modalités techniques de la marche vers l'Union économique et monétaire n'empêche pas le maintien des divergences sur le comportement souhaitable des monnaies.

Les facteurs humains s'ajoutent aux préoccupations politiques : la coopération personnelle est facile entre Edward Heath et Georges Pompidou, beaucoup plus compliquée entre celui-ci et Willy Brandt, devenu chancelier le 21 octobre 1969. Le « mariage » franco-allemand devient une sorte de ménage à trois. Un ménage où un certain soupçon s'installe entre les époux unis par le traité de l'Élysée.

En principe cependant, il ne devrait pas exister de problème. Au moins deux données nouvelles viennent renforcer ou confirmer le poids politique de la France face à sa voisine monétairement et économiquement si puissante. Dès le 28 novembre, malgré les réserves de l'opposition chrétienne-démocrate, le gouvernement de Bonn fait signer, par ses ambassadeurs à Washington, Londres et Moscou, le traité de non-prolifération atomique. Signé au départ le 1er juillet 1968 par les États-Unis, l'Union soviétique et la Grande-Bretagne, le traité reçoit ainsi sa quatre-vingt-treizième adhésion. Il n'impose que des obligations légères aux puissances nucléaires, notamment l'interdiction d'aider de nouveaux pays à fabriquer ou à posséder des armes atomiques. Les autres États signataires s'engagent, eux, à ne pas en fabriquer, à ne pas en posséder, à n'en accepter la mise à leur disposition directe ou indirecte de la part de personne. L'utilisation civile de l'énergie atomique leur est permise, mais il est clair que le traité établit une nette distinction entre deux catégories de pays, la République fédérale se rangeant délibérément et définitivement dans celle des non-nucléaires, moins prestigieux, sinon moins influents.

Et quand la politique d'ouverture à l'Est de Willy Brandt et de Walter Scheel, vice-chancelier, ministre des Affaires étrangères et président du Parti libéral, se traduit par des traités avec la Pologne, avec l'URSS, puis avec l'État est-allemand, les textes et les documents d'accompagnement contiennent nombre de passages rappelant la permanence des « droits et responsabilités des quatre puissances ». Le 17 mai 1972, le Bundestag adopte même à l'unanimité une résolution qui affirme :

> Les droits et responsabilités des quatre puissances en ce qui concerne l'Allemagne dans son ensemble et Berlin ne sont pas touchés par les traités. Le Bundestag tient pour essentiel le maintien de ces droits et responsabilités, étant donné que le règlement définitif de la question allemande dans son ensemble est encore à venir.

Pour Berlin, il n'y a même pas de participation allemande à la négociation et à la fixation du statut réaménagé. Le 3 septembre 1971, ce sont les quatre gouvernements « représentés par leurs ambassadeurs, qui ont tenu une série de séances dans le palais précédemment occupé par le Conseil de contrôle allié dans le secteur américain de Berlin, agissant sur la base de leurs droits et responsabilités quadripartites et des accords et décisions correspondantes au terme de la guerre et de l'après-guerre », qui ont signé un bref accord complété par de longs documents annexes. La France est vraiment toujours l'un des quatre Grands décidant du sort d'une Allemagne demeurant pour une part un objet, ou du moins un ensemble de deux États à la souveraineté limitée et d'une ville divisée plus directement soumise aux pouvoirs maintenus des anciens vainqueurs.

L'*Ostpolitik* n'en provoque pas moins une sorte de nouvelle méfiance chez les partenaires de la République fédérale, à Washington comme à Paris. Officiellement, le soutien accordé à Willy Brandt est total, au point de prendre parfois l'allure d'une intervention dans les affaires intérieures allemandes, puisque la politique gouvernementale est très vigoureusement combattue par les chrétiens-démocrates. A Bonn, le 4 juillet 1970, le président de la République déclare au chancelier : « Dans votre entreprise de rapprochement avec l'Est, la France vous appuie et salue votre courage et votre sens des réalités ; cette entreprise est capitale pour l'avenir de l'Europe. » Au cours de la conférence de presse de septembre 1971, le ton est différent, mais l'approbation est maintenue : « Pourquoi certains veulent-ils que je m'inquiète des entretiens entre M. Brejnev et le chancelier Brandt ? Pourquoi nous inquiéterions-nous ? M. Brandt était déjà allé à Moscou, il a refait le voyage russe. On peut imaginer que le traité de coopération franco-allemand ou d'ailleurs le protocole franco-soviétique auraient pu justifier un peu plus d'information préalable, mais qu'est-ce que cela aurait changé au fond ? Pourquoi verrions-nous d'un mauvais œil la République fédérale admettre la frontière Oder-Neisse sur laquelle nous avons pris position depuis longtemps ? Pourquoi verrions-nous d'un mauvais œil la République fédérale se diriger vers la reconnaissance de la RDA, quels que soient les termes qu'on emploie, dès lors que nous n'avons jusqu'à ce jour été sur la réserve que par amitié vis-à-vis de la République fédérale et pour lui laisser l'initiative d'un acte qui la concerne infiniment plus que nous ? »

En fait, il y a bien inquiétude. Et irritation aussi. Tant que la République fédérale n'avait pas assoupli son attitude vers l'Est, la France devait l'encourager et avait intérêt à le faire, puisque Paris servait d'intermédiaire entre Bonn et Varsovie, entre Bonn et Moscou, en garantissant aux dirigeants polonais et soviétiques la bonne volonté des dirigeants allemands. Mais une fois l'*Ostpolitik* nouvelle lancée, le rôle de la France s'amenuisait, d'autant plus que la République fédérale était à un double égard un interlocuteur plus intéressant : à cause de sa capacité économique, mais aussi parce qu'elle avait à offrir ce à quoi l'Est aspirait depuis longtemps, à savoir l'acceptation, donc la stabilisation des frontières établies en 1945. Certes le général de Gaulle avait renouvelé en 1959 l'affirmation de décembre 1944 sur le caractère permanent de la ligne Oder-Neisse. Mais il s'agissait d'une frontière polono-allemande : c'était donc l'acceptation allemande qui importait. Et seule la République fédérale pouvait, en acceptant l'existence d'un autre État allemand, ouvrir à la RDA l'accès à une vie internationale normalisée.

Bonn, interlocuteur privilégié, inquiète parce que le spectre d'un accord germano-soviétique antioccidental ressurgit à Paris, de même que le spectre d'un nouvel accord franco-russe sur le dos de l'Allemagne a surgi à Bonn lorsque le général de Gaulle s'est rendu à Moscou. En France, le mythe de Rapallo est aisément évoqué. Il s'agit bien d'un mythe puisqu'en avril 1922, le traité germano-russe a surtout signifié un rapprochement entre les deux parias du monde diplomatique « honorable » d'alors. Mais le mythe est d'autant plus tenace que la France des années soixante-dix — dont la France des années quatre-vingts ne différera guère sur ce point — voit aisément dans les traités que Willy Brandt signe avec la Pologne, avec l'URSS, avec la RDA, une sorte de première avancée d'une République fédérale qui risque de la séparer de l'Ouest alors qu'il s'agit de tout autre chose : pour obtenir ultérieurement des contacts humains avec les citoyens de la RDA, pour faciliter les échanges économiques et pour diminuer une tension néfaste, la République fédérale doit commencer et commence effectivement par consentir à deux énormes sacrifices : accepter la perte définitive de plus d'un cinquième du territoire pourtant reconnu comme allemand par le dur traité de Versailles, et accepter la division de l'Allemagne par la reconnaissance de l'existence de l'autre État.

L'irritation relève de facteurs plus personnels. Georges Pompidou « s'irritait, écrira Michel Jobert, du concert d'éloges dont les presses étrangères et françaises entouraient la personne de Brandt », et il évoquera « la gloire de Brandt [...] faite de la réussite économique allemande et de riens ». Parmi ces « riens », un geste qui a effectivement contribué à faire décerner au chancelier allemand le prix Nobel de la paix en octobre 1971 : à Varsovie, Willy Brandt s'est mis à genoux devant le monument aux morts du ghetto de Varsovie. Pour Georges Pompidou, écrira encore Michel Jobert, « la publicité ne méritait pas tous les sacrifices [...] les agenouillements publics de Brandt le choquaient » [1].

La coopération franco-allemande ne s'en trouve cependant pas vraiment altérée, même au niveau des rencontres biannuelles entre le président, le chancelier et leurs ministres. De plus, l'appui donné à l'*Ostpolitik* ne se dément pas. Conformément au vœu du gouvernement allemand, la France attend la ratification du traité entre la République fédérale et la République démocratique pour reconnaître officiellement celle-ci, ce qui est fait le 9 février 1973, le premier échange d'ambassadeurs n'étant effectué qu'un an plus tard.

Et l'Union soviétique ne donne vraiment aucune cause d'inquiétude à la France. La fréquence des entrevues entre Georges Pompidou et Leonid Brejnev ne laisse nullement place à l'idée d'un privilège accordé aux relations germano-soviétiques. Georges Pompidou et sa femme sont les hôtes de l'Union soviétique du 6 au 13 octobre 1970. Leonid Brejnev effectue une visite officielle en France du 25 au 30 octobre 1971. Les 11 et 12 janvier 1973, un bref

1. M. Jobert, *Mémoires d'avenir*, Grasset, 1974, pp. 164 et 202.

séjour de travail du président français en URSS confirme, selon le communiqué, « l'efficacité des consultations au niveau le plus élevé, l'excellente atmosphère des relations franco-soviétiques et le caractère amical qui leur est propre ». En juin, le secrétaire général du Parti communiste de l'URSS passe de nouveau deux jours en France. Et l'image peut-être la plus émouvante de Georges Pompidou le montre à Pitsounda, sur le littoral caucasien de la mer Noire, le 13 mars 1974, la démarche lourde, le visage gonflé sous l'effet des médicaments, soutenu par un Leonid Brejnev attentif et amical.

La cordialité n'empêche pas la fermeté. Le président de la République refuse la proposition soviétique d'un traité d'amitié entre les deux pays. Et si, dès le voyage d'octobre 1970, il accepte, dans le communiqué commun, d' « estimer que la détente en Europe serait favorisée par la réunion d'une conférence européenne », c'est après avoir fait ajouter les mots « dûment préparée ». Et, de fait, les accords d'Helsinki qui marqueront l'issue d'une telle conférence ne seront signés que par son successeur, en 1975.

Avec l'autre Grand, les relations sont à la fois — ou alternativement — difficiles et sereines. Le voyage aux États-Unis en février-mars 1970 montre les deux aspects. D'un côté, les discours et conférences de presse, précis et ouverts, notamment sur l'Alliance atlantique et sur les investissements américains en France.

De l'autre côté, il suffit d'un incident à Chicago pour qu'une autre tonalité s'affirme. Des manifestants hostiles à la politique française à l'égard d'Israël envahissent l'hôtel où est donné un dîner officiel, bousculant le président et sa femme, insultant Mme Pompidou. Celle-ci rentre en France dès le lendemain. Au départ de Chicago, Georges Pompidou déclare : « Ces manifestants ont mis une tache sur le front de l'Amérique et nuisent à leur propre cause. » Sans doute les autorités locales ont-elles montré, face à la manifestation, des insuffisances et de la complaisance. Mais le président français, habitué à une protection fort poussée de lui-même et des hôtes de la France, n'imagine guère ce que sont aux États-Unis la liberté de manifester et l'irrévérence à l'égard du président américain. Peut-être Michel Jobert forcera-t-il quand même la note en écrivant dans des *Mémoires d'avenir* chargés de rancœurs passées [1] : « Ce voyage ne laissa que des amertumes. Mme Pompidou était décidée à ne jamais retourner dans un pays où l'on avait complaisamment insulté son mari [...] Outre les raisons protocolaires, le soin qu'il mit à ne revoir Nixon qu'en dehors du territoire américain, aux Açores et en

1. *Op. cit.*, p. 170.

Islande, procède d'une confiance déçue et froissée. Plus que l'insulte personnelle, l'affront fait à son pays éloigna désormais de lui toute amicale complaisance. »

En dehors du fait que le président ne « reçoit » pas le président américain mais le rencontre, les entrevues ainsi mentionnées ont eu, l'une les 13 et 14 décembre 1971, l'autre les 31 mai et 1er juin 1973, des aboutissements fort positifs et fort paisibles, dans le domaine monétaire aux Açores, pour la défense à Rejkavik, la France reconnaissant cette fois officiellement que la présence des troupes américaines est indispensable à la sécurité de l'Europe. Et Henry Kissinger partage avec Georges Pompidou la réticence à l'égard de Willy Brandt et de son *Ostpolitik*.

Mais les relations franco-américaines se tendront de nouveau dès qu'aux difficultés monétaires viendra se superposer la crise politique et économique que ces difficultés auront contribué à faire naître. Une crise à laquelle, en octobre 1973, la guerre au Proche-Orient sert de dramatique et sanglant détonateur.

Guerre du Kippour et dépendance pétrolière

L'année a pourtant paru commencer sous de bons auspices. Le 27 janvier, un long accord mettant en principe fin à la guerre du Sud-Vietnam a été paraphé à Paris. Le 23 avril et le 3 mai, Henry Kissinger puis le président Nixon développent l'idée d'une « année de l'Europe » qui devrait voir celle-ci davantage associée à l'action économique et politique que les États-Unis veulent, une fois désengagés du Vietnam, mener dans un monde marqué par la détente. L'accueil des Européens a été mitigé parce que les propositions américaines sont venues pendant que se poursuivait une sorte d'offensive économique américaine à l'égard de l'Europe, due en grande partie à un sentiment de déclin relatif, donc au succès du développement des économies européennes.

La détente elle-même provoque des réticences à Paris : dès que les deux Grands s'entendent, le mot Yalta surgit ou celui de condominium. Il en est ainsi lors du séjour de Leonid Brejnev aux États-Unis en juin, aboutissant à un accord sur la prévention de la guerre nucléaire par lequel chaque partie s'engage à « s'abstenir de la menace ou de l'usage de la force contre l'autre partie, contre les alliés de l'autre partie ou contre d'autres pays ».

Qu'est-ce que l'usage de la force ? Le 11 septembre 1973, un putsch militaire se produit au Chili. Il renverse le gouvernement, fait périr le président Allende et établit une dictature particulièrement répressive sur le pays. La tragédie chilienne est d'autant plus fortement ressentie en France que Salvador Allende incarnait une tentative originale de gouverner par référence au marxisme, avec l'appui des communistes, sans pour autant renoncer aux principes libéraux de la démocratie bourgeoise. Il n'est pas besoin de preuve immédiate du soutien américain aux putschistes pour que les États-Unis se trouvent accusés. On possède déjà nombre de documents prouvant les agissements de la CIA et de la puissante firme ITT[1] pour entraver la victoire d'Allende et provoquer sa chute. Le général Pinochet incarne désormais, aux yeux de bien des Français, l'intolérance de l'impérialisme américain, un peu de la même façon dont, à Prague, Gustav Husak incarne, depuis 1968, l'incapacité de l'impérialisme soviétique de tolérer un communisme libéralisé.

Moins d'un mois plus tard, le conflit du Proche-Orient voit les deux Grands s'opposer de nouveau au point que, le 25 octobre, les forces américaines sont mises en état d'alerte, comme si une guerre mondiale risquait de se déclencher. La « guerre du Kippour », entamée par l'attaque surprise de l'Égypte et de la Syrie contre Israël, voit d'abord les États-Unis ravitailler massivement en armes l'armée israélienne en grande difficulté, l'URSS ayant établi un véritable pont aérien pour renforcer l'Égypte. Puis, les Israéliens ayant repris l'offensive, les États-Unis cherchent à imposer un cessez-le-feu pour empêcher l'invasion de l'Égypte par Israël. Pendant les semaines qui s'écoulent entre l'attaque égypto-syrienne du 6 octobre et l'accord israélo-égyptien du 11 novembre signé au « kilomètre 101 », les relations entre les deux Grands sont contrastées : il y a à la fois affrontement et coopération. Sauver Israël contre les pays arabes soutenus par l'URSS, puis empêcher toute intervention des troupes soviétiques destinée à sauver l'Égypte, tenir l'Union soviétique en échec et peser en commun avec elle sur les belligérants pour faire cesser une guerre dangereuse pour la paix du monde : le jeu américain n'est pas simple.

Il est encore compliqué par de forts tiraillements transatlantiques. La façon d'agir américaine heurte les Européens, tandis que Henry Kissinger se sent trahi par les partenaires européens des États-Unis. Les États-Unis exigent des pays d'Europe qu'ils aident l'action d'assistance américaine à Israël sans participer en rien aux décisions américaines, sans même être consultés sur des décisions les concernant directement. C'est ainsi que les bases en Allemagne sont utilisées pour accélérer le ravitaillement militaire d'Israël sans que le

1. International Telephone and Telegraphy Corporation.

gouvernement de Bonn en soit même informé. Le langage du chancelier Brandt, comme celui de la presse, traduit une tonalité gaullienne face au protecteur dont l'action hors du champ géographique couvert par le traité atlantique risque d'entraîner des dangers nouveaux pour le protégé.

Le gouvernement français est beaucoup plus directement concerné par la guerre du Kippour elle-même. D'une part à cause des armes, de l'autre à cause de l'échec diplomatique que représente pour lui le face à face russo-américain. L'embargo sur les livraisons d'armes à Israël, notamment d'avions, décidé en 1967, avait été renforcé en janvier 1969 : l'aviation israélienne avait bombardé l'aérodrome de Beyrouth ; une déclaration adoptée en Conseil des ministres qualifia cette opération, condamnée à l'unanimité par le Conseil de sécurité, d' « inacceptable et injustifiable » et annonça « l'embargo total sur les matériels militaires », ce qui visait aussi les pièces de rechange pour les avions livrés antérieurement et les livraisons des armements commandés et payés. Parmi ceux-ci, figuraient cinq vedettes construites par les chantiers de Cherbourg. Dans la nuit du 24 au 25 décembre 1969, elles prenaient clandestinement la mer et arrivaient le 31 dans le port israélien d'Haïfa. L'incident fit grand bruit, d'autant plus que la condamnation gouvernementale du procédé aventureux israélien coïncidait avec la rumeur de négociations en cours avec la Libye pour la fourniture d'avions militaires. Et en effet, en janvier 1970, par annonces successives, il fut confirmé que la Libye, n'étant pas « pays du champ de bataille », recevrait progressivement une centaine d'appareils français, dont cinquante Mirage V et trente Mirage III d'interception. Tandis que l'embargo vers Israël aboutissait, en février 1972, à un accord sur le remboursement des avances versées pour cinquante Mirages, avec intérêts mais sans indemnités de rupture de contrat, les livraisons à la Libye étaient mises en route, malgré la déclaration faite par le colonel Kadhafi en février 1971 : « Nous sommes libres d'utiliser comme nous l'entendons les armes que nous achetons avec notre argent. » En 1973, une partie des appareils a été mise par la Libye à la disposition de l'Égypte, puis, après la fin de la guerre du Kippour, à celle de la Syrie.

Avant et après l'arrivée de Georges Pompidou à la présidence, la politique française a cherché à obtenir une action conjointe des Quatre : il n'y aurait pas de règlement sans participation soviétique, mais il fallait que la pression que l'URSS et les États-Unis devraient exercer sur leurs « amis » respectifs n'aboutît pas à un tête-à-tête américano-soviétique. Mais, dès 1970, Georges Pompidou s'est convaincu que la concertation à quatre n'aurait pas lieu, parce que les États-Unis n'accepteraient pas d'imposer un règlement à Israël, ce qui supposait qu'ils le pourraient s'ils le voulaient. Or la solution que le gouvernement français préconise est celle que donne l'interprétation la plus rigoureuse pour Israël du document de référence que constitue la résolution 242 du Conseil de sécurité adoptée le 22 novembre 1967. Le texte met en avant deux principes :

> a) Retrait des forces armées israéliennes des territoires occupés pendant le récent conflit.
>
> b) Cessation de toutes les assertions de belligérance [...] et respect de reconnaissance de la souveraineté, de l'intégrité territoriale et de l'indépendance de chaque État de la région et de leur droit de vivre en paix à l'intérieur de frontières sûres et reconnues, à l'abri de menaces ou d'actions de force.

La version anglaise du premier alinéa dit « *withdrawal from territories* », ce qui n'implique pas l'évacuation de *tous* les territoires occupés par Israël pendant la guerre des Six Jours. Mais c'est bien à partir de l'interprétation extensive que Michel Jobert lance, le 8 octobre 1973, le surlendemain de l'attaque égypto-syrienne, une phrase qui fait beaucoup de bruit parce que la désinvolture provocante semble s'y mêler à la brutalité. Interrogé sur la position de la France à propos des responsabilités du conflit, il répond : « Est-ce que tenter de remettre les pieds chez soi constitue forcément une agression imprévue ? »

Le débat qui a lieu le 12 à l'Assemblée nationale permet de mieux comprendre les motivations du ministre. L'idée de la concertation à quatre est abandonnée. « A l'époque, dit-il, où j'étais à l'Élysée, j'étais tout à fait hostile à cette politique dont je savais qu'elle ne donnerait aucun résultat. La preuve en a été faite. » La politique de remplacement consiste à dénoncer d'une part le « condominium » des deux superpuissances, de l'autre à critiquer l'action des États-Unis qui cherchent à obtenir des cessez-le-feu et des accords entre belligérants sans négocier directement un règlement d'ensemble au Proche-Orient. Cette critique, Michel Jobert la formulera en des termes à la fois acerbes et arrogants pendant qu'Henry Kissinger fait la navette entre Jérusalem et les capitales arabes, obtenant tout de même des résultats non négligeables. Le 18 janvier 1974, l'accord israélo-égyptien sur le dégagement des forces armées pourra être signé grâce à l'action du secrétaire d'État américain, mais quelques jours plus tard, à Damas, Michel Jobert affirmera que « la position de la France et celle des États-Unis sont tout à fait opposées » et que

« force est de constater que les vrais problèmes auraient été posés à Genève, si la France avait été présente. Si ces problèmes fondamentaux avaient été examinés en priorité, tous les autres litiges, comme celui qui a trait au dégagement militaire, auraient été résolus tout naturellement et avec aisance ».

La conférence à laquelle le ministre fait allusion s'est ouverte le 21 décembre sous la présidence de MM. Gromyko et Kissinger, et a abouti à des résultats provisoires et incertains. Une autre réunion a rassemblé à Genève, du 7 au 9 janvier, les pays membres de l'Organisation des pays exportateurs de pétrole. Elle concerne directement les pays occidentaux. L'OPEP est en effet devenue un acteur central des affrontements internationaux que la guerre du Kippour a déclenchés. Et le pétrole ajoute une dimension nouvelle à la politique française que Michel Jobert présente ainsi à l'Assemblée nationale : « La France a une longue pratique des États arabes [...] La France a des intérêts tout autour de la Méditerranée [...] et les liens traditionnels qu'elle a eus avec l'islam ont été perturbés un moment, et même sérieusement perturbés, par les incidents graves, regrettables pour beaucoup d'entre nous, qui se sont produits en Algérie. »

Malgré l'euphémisme niant qu'en Algérie il y ait eu une guerre, l'indication renvoie à une réalité : alors que les autres pays du continent européen (la Grande-Bretagne, elle, a également une solide tradition arabe) ! arrêteront leur attitude sur la base du conflit entre leurs besoins pétroliers et leurs sympathies privilégiées pour Israël, la politique française a deux motifs complémentaires pour favoriser plutôt la cause des pays arabes.

Lorsque, à la mi-octobre 1973, les pays arabes exportateurs de pétrole décident à la fois d'augmenter considérablement le prix et de réduire la production, ils obéissent eux aussi à deux motivations différentes. Ils ont recours à l'arme du pétrole pour contraindre les Occidentaux à ne plus soutenir Israël. L'embargo décidé à l'égard des États-Unis et des Pays-Bas va dans ce sens. Mais il existe aussi un conflit ancien avec les compagnies pétrolières qui ont longtemps privé les pays producteurs de ressources en maintenant les prix fort bas, tout en prenant la majeure part des bénéfices. De plus, la politique monétaire américaine a eu, elle aussi, pour effet, au cours des années 1969 à 1973, de réduire ces ressources.

On aurait pu croire que, devant la menace, les Européens feraient front et que, dans une certaine mesure, l'OAPEP[1] hâterait l'unification de l'Europe comme Staline l'avait fait en 1948. En fait, c'est plutôt un sauve-qui-peut, une volonté de conquérir des avantages bilatéraux avec tel ou tel pays producteur, tout au plus d'arriver à un compromis général avec l'OAPEP, impliquant d'abord une contrainte exercée sur les Pays-Bas pour qu'ils s'alignent sur les « Grands » d'Europe plus conciliants. La République fédérale se place cependant en retrait par rapport à la Grande-Bretagne et à la France. Fin octobre, le gouvernement français s'oppose immédiatement à la demande néerlandaise d'un accord des Neuf pour partager les ressources pétrolières. Finalement, un minimum d'accord se fait, d'une part parce que les Pays-Bas menacent de limiter leurs exportations de gaz naturel — qui comptent pour 40 % de la consommation française —, d'autre part parce qu'ils infléchissent leur attitude et prennent leurs distances par rapport à Israël.

Il est vrai que le pétrole tient une place prédominante dans les ressources énergétiques de l'Europe. Pour la France, il représente, en 1973, 72,5 % de la consommation contre 8,1 % au gaz naturel et 16,1 % au charbon. La proportion suffirait à elle seule à expliquer la recherche de garanties de livraison particulières, comme celle que donne — à un prix fort élevé — l'accord conclu par la France, en décembre 1973, avec l'Arabie Saoudite. Mais faut-il pour autant accepter de reconnaître publiquement la puissance de l'OAPEP ? C'est pourtant ce que font les Neuf lors du sommet de Copenhague. L'adoption de la déclaration sur l'identité européenne, le 15 décembre, est précédée par l'arrivée, le premier jour de la conférence, de quatre ministres arabes des Affaires étrangères, avec lesquels leurs collègues européens négocient en marge du sommet.

Le dialogue euro-arabe est pourtant, pour le gouvernement français, un moyen efficace d'affirmer cette identité face aux États-Unis. Or les huit partenaires ne veulent pas se séparer de l'allié américain. Ils acceptent l'invitation du président Nixon à une réunion sur l'énergie. La conférence se tient à Washington du 11 au 13 février 1974. La CEE y est représentée comme collectivité par Walter Scheel, qui occupe la présidence semestrielle du Conseil, et par le président de la Commission, François-Xavier Ortoli. Les États individuels ont envoyé leurs ministres des Finances, sauf la France : Georges Pompidou a préféré Michel Jobert à Valéry Giscard

1. L'OPEP a pour membres : Arabie Saoudite, Irak, Koweit, Abu Dhabi, Qatar, Libye, Algérie, Iran, Venezuela, Indonésie, Nigeria, Équateur. L'OAPEP (Organisation arabe des pays exportateurs de pétrole) regroupe les sept premiers nommés.

d'Estaing, jugé trop conciliant. La conférence voit l'isolement complet de la France. Les huit autres Européens acceptent, sans doute à l'encontre de ce qu'ils ont promis à Michel Jobert lors de leur réunion antérieure, la création d'un groupe de coordination permanent dont naîtra en novembre l'Agence internationale de l'énergie. Le communiqué final est signé par tous les ministres participant à la conférence, sauf par Michel Jobert qui refuse d'approuver les principaux paragraphes. Le 21, devant la Commission des Affaires étrangères de l'Assemblée nationale, le ministre critique vivement la politique américaine et l'attitude de ses collègues européens, auxquels il dirait, lors de leur prochaine rencontre : « Bonjour les traîtres ! » L'éclatement de l'Europe supposée parler d'une seule voix paraît évident et le déroulement de la conférence de Washington semble montrer que les États-Unis ont, grâce à la crise pétrolière, rétabli leur position de leader dominant des partenaires seulement unis sous la conduite américaine. Aux États-Unis, cependant, l'exaspération contre la politique française est d'autant plus grande qu'on croit les autres Européens séduits par les prises de position de Michel Jobert.

Les derniers mois de la vie de Georges Pompidou sont marqués à la fois par l'irritation franco-américaine (par exemple lorsque, le 8 mars, le ministre français déclare, à propos de la présence des troupes américaines en Europe : « Ce maintien n'est pas pour nous une affaire fondamentale, mais elle l'est pour les États-Unis »), et par un certain apaisement. L'affrontement entre Michel Jobert et Henry Kissinger sur un projet de déclaration définissant les relations entre les États-Unis et la Communauté européenne semble faire partie d'un rituel de l'antagonisme plus que relever d'un conflit substantiel.

Sauf sur un point, à vrai dire décisif : il est entendu, du côté français, que le mot indépendance ne doit être prononcé qu'à propos des relations franco-américaines. La dépendance que les besoins énergétiques créent face aux producteurs de pétrole n'est jamais évoquée. Il serait choquant de se soumettre aux États-Unis. Il est légitime d'accéder aux demandes, parfois même d'accepter les interdits des membres de l'OAPEP. Pourtant, quand Georges Pompidou meurt, ses souffrances pourraient symboliser la souffrance à venir d'un Occident plongé dans la crise à la suite de la hausse du prix du pétrole. Mais les dirigeants occidentaux ne sont sans doute pas conscients de cette souffrance collective future. En tout cas, ils ne l'annoncent pas à leurs peuples. Ni ceux qui sont en place au début de la crise, ni ceux qui leur succèdent en 1974,

Harold Wilson à Edward Heath en mars, Valéry Giscard d'Estaing à Georges Pompidou et Helmut Schmidt à Willy Brandt en mai, Gerald Ford à Richard Nixon en août.

9

VALÉRY GISCARD D'ESTAING : AMI DE TOUS ?

Les deux styles

Sans l'effondrement national de 1940, Charles de Gaulle n'eût sans doute pas eu l'occasion de mettre en œuvre sa passion pour la grandeur ni de se faire incarnation de la dignité nationale. Sans le coup de pouce du destin qui l'avait fait appeler dans l'entourage du Général pour une tâche plus littéraire que politique, Georges Pompidou avait toute chance de demeurer un classique professeur de lettres. Valéry Giscard d'Estaing, lui, a été en quelque sorte programmé par son milieu familial et par lui-même pour accéder aux plus hautes fonctions. Recevoir par héritage une circonscription électorale et des biens matériels suffisants pour s'insérer sans difficulté dans le secteur privilégié de la société, réussir le doublé Polytechnique/ENA qui garantit l'ascension, surtout si l'on parvient à sortir dans les premiers, donc à l'inspection des finances, trouver des patrons politiques — Edgar Faure, Antoine Pinay, Jean Monnet — qui accélèrent l'accès aux fonctions gouvernementales, tout cela ne suffit pas pour faire un président, mais déblaie bien la voie. Le clan familial est sans doute moins influent dans la vie politique que ne l'était le clan Kennedy, mais le jeune homme sur lequel on mise est d'emblée plus solidement établi dans le vestibule, puis dans le temple du pouvoir.

Par formation, par goût, il se veut centriste, libéral, européen. Libéral dans un double sens : d'un côté, l'adhésion à une démocratie exerçant peu de contraintes sur les individus et le désir de ne pas procéder par affrontements, d'éviter la relation ami/ennemi ; de l'autre, la croyance aux vertus de l'économie ouverte, vers le dehors comme au-dedans. Une économie si bien considérée comme une dimension fondamentale de la réalité politique que la thèse de Samuel Pisar, exposée notamment dans son livre *Les Armes de la paix*, est aisément acceptée : la multiplication des échanges commerciaux rapprochera le système soviétique du système occidental. De même, un nouvel ordre économique international sera considéré comme nécessaire et presque suffisant pour transformer, pour désempoisonner la relation politique entre le Nord et le Sud.

Mais le libéralisme économique demeure français. L'École nationale d'administration n'enseigne pas à ses élèves que l'État doit laisser faire le secteur privé — qui serait lui-même fort surpris si le gouvernement et l'administration renonçaient au colbertisme, c'est-à-dire à une pesée constante de la puissance publique sur l'industrie privée. Ce n'est pas pendant la troisième présidence que la sidérurgie sera poussée à voir moins grand pour avoir moins besoin de l'État. Qu'il s'agisse d'ordinateurs ou de télévision, de presse ou d'aéronautique, le libéralisme à la française implique une présence gouvernementale qui, ailleurs, y compris dans l'Allemagne dirigée par les sociaux-démocrates, serait considérée comme la marque d'un dirigisme fort peu libéral.

Le candidat Giscard d'Estaing se fait une haute idée de la fonction présidentielle. Dans sa circulaire électorale de 1974, il annonce aux électeurs : « Si je suis élu, je maintiendrai la dignité et l'indépendance de la France, que lui ont données ses deux derniers présidents. J'en ferai un pays considéré et respecté [de Gaulle et Pompidou n'y étaient-ils point parvenus ?]. Je serai fier de parler en votre nom dans le monde. » Le président chargé d'incarner la France vers le dehors : la politique extérieure restera bien en ses mains. Mais, dans la circulaire envoyée avant l'élection présidentielle de 1981, c'est toute la souveraineté nationale qui est assumée, quelque peu en contradiction avec la Constitution affirmant qu'« aucun individu ne peut s'en attribuer l'exercice » : « Pendant sept ans j'ai conduit la destinée de la France, avec vous, dans des temps difficiles. Le pouvoir que vous m'avez confié, je vous le restitue intact. »

Le bilan de politique extérieure est présenté ainsi : « *La France est écoutée et respectée dans le monde*. Devenue la troisième puissance militaire du monde, elle veille sur sa sécurité. Sa politique énergétique garantit son indépendance, et la sécurité de votre approvisionnement. Elle est reconnue, à l'Ouest et à l'Est, comme une puissance indépendante et responsable. Par sa fermeté, mais aussi par le dialogue, elle apporte une contribution décisive au maintien de la paix. »

Cette politique, le président en est effectivement le maître. Il décide souvent seul. L'action de ses collaborateurs est moins structurée qu'au temps du général de Gaulle, et les décisions prises, notamment pendant les entretiens avec les chefs de gouvernement étrangers, sont moins bien communiquées aux échelons d'exécution. Comme chez les prédécesseurs, le ministre des Affaires étrangères est une sorte d'adjoint du président. Un adjoint dont l'information est parfois contrariée et l'influence contrecarrée par les conseillers siégeant à l'Élysée. Comme Maurice Couve de Murville en 1958, le ministre choisi au départ est l'ambassadeur en République fédérale, Jean Sauvargnargues. De surcroît, il était agrégé d'allemand avant d'entrer dans la carrière diplomatique et il a appartenu au cabinet d'Antoine Pinay, ministre des Affaires étrangères en 1955-1956 : il apporte donc des garanties pour la politique franco-allemande et pour l'ouverture européenne. Avant Bonn, il a été pendant huit ans, de 1962 à 1970, ambassadeur à Tunis; auparavant, il avait été ambassadeur en Éthiopie, puis directeur d'Afrique-Levant et directeur des Affaires africaines au Quai d'Orsay : la nomination de 1974 passe aussi pour une ouverture vers le monde arabe et africain. Cependant, Jean Sauvargnargues se trouve écarté deux ans plus tard, lorsque, en août 1976, Raymond Barre succède à Jacques Chirac. Il a pour successeur Louis de Guiringaud, un diplomate de carrière déjà assez âgé [1] dont l'action récente renvoie manifestement aux préoccupations du président à propos de l'ordre économique Nord/Sud : pendant la dernière partie de la présidence de Georges Pompidou, il a été un efficace coordinateur des divers ministères en matière de politique énergétique, puis, depuis 1972, il est le représentant permanent de la France à l'ONU. Lui non plus ne parvient pas à vraiment s'affirmer, en particulier face à la presse et à la télévision, nécessité nouvelle pour l'homme politique qui ne peut tout de même pas ne pas être un ministre !

Comme en 1973, c'est le secrétaire général de la présidence de la République qui devient ministre des Affaires étrangères en novembre 1978. Alors que son prédécesseur et son successeur à l'Élysée viennent tous deux de l'inspection des Finances et sont des experts en matière monétaire et bancaire, Jean François-Poncet avait choisi, comme major de l'ENA en 1955, à vingt-sept ans, d'entrer dans la diplomatie, un peu par tradition familiale. Sous de Gaulle, puis sous Pompidou, sa carrière a été entravée par ses engagements « euro-

1. Il est né en 1911. Son prédécesseur était de 1915, tous deux étant nettement les aînés du président, né en 1926, et des Premiers ministres (Jacques Chirac est né en 1932, Raymond Barre en 1924).

péens », au point qu'il s'est fait mettre en disponibilité en 1971. Sa proximité du pouvoir, à l'Élysée, puis au Quai d'Orsay, semble un nouveau signe d'un engagement présidentiel en matière d'Europe. Il en est de même pour l'utilisation d'hommes qui ont une solide expérience de Bruxelles : Raymond Barre lui-même, vice-président de la Commission de la CEE de 1967 à 1972, et Jean-François Deniau, successeur potentiel de celui-ci à Matignon en cas de succès aux présidentielles de 1981, directeur général à la CEE de 1958 à 1963, commissaire de 1967 à 1973, ministre du Commerce extérieur dans le cabinet Barre en 1978, poste que le Premier ministre a lui-même occupé dans le cabinet Chirac.

En même temps, d'autres conseillers ne semblent pas aller dans la même direction. Ainsi Gabriel Robin, conseiller technique pour les Affaires étrangères à l'Élysée, de 1973 à 1979, avant d'être nommé directeur des Affaires politiques au Quai d'Orsay : il passe pour plus méfiant à l'égard de l'Allemagne, plus orienté vers une politique très ouverte vers l'Est, en partie à cause de cette méfiance. N'en est-il pas de même pour l'homme politique le plus proche du président, Michel Poniatowski, ministre de l'Intérieur de 1974 à 1977, puis « ambassadeur, représentant personnel du président de la République » ? A ce titre, il se voit confier des missions auprès de Fidel Castro, auprès du chah d'Iran, auprès d'Édouard Gierek, chef du parti polonais qui, en avril 1980, sert d'intermédiaire pour organiser la spectaculaire rencontre de Varsovie entre Valéry Giscard d'Estaing et Leonid Brejnev. Une rencontre dont l'ambassadeur de France à Moscou n'est pas averti, contrairement à Jean-Baptiste Doumeng, membre tonitruant du Parti communiste, principal exportateur en produits agricoles français vers l'Europe de l'Est.

De toute façon, un secteur important continue à échapper au ministre des Affaires étrangères et aux collaborateurs habituels du président : l'Afrique constitue toujours un domaine présidentiel propre, même si René Journiac, ancien collaborateur et successeur de Jacques Foccart, dispose, comme conseiller pour les Affaires africaines et malgaches, d'un appareil beaucoup plus réduit que celui-ci et même si le rôle du très compétent directeur des Affaires africaines et malgaches au Quai d'Orsay, Guy Georgy — qui occupe ce poste de 1975 à 1980 — se trouve fort élargi. Lorsque René Journiac meurt dans un accident d'avion, au cours d'une de ses nombreuses missions en Afrique, le 6 février 1980, il est remplacé par un autre ancien de l'École nationale de la France d'outre-mer, conseiller à la Cour de cassation depuis 1978. Martin Kirsch assume la succession avec les mêmes préoccupations, mais avec moins d'expérience et moins de discrète autorité.

« On entend dire [...] que [nos] intérêts sont défendus avec faiblesse, ou sacrifiés dans des compromis que nos partenaires imposent : là où il n'y a ni fracas, ni porte claquée, ni chaise abandonnée, il y aurait complaisance, faiblesse et renoncement. Je ne m'engagerai dans aucune polémique, mais qu'on me permette de dire que la fermeté n'exige pas l'éclat » : lancée moins à l'opposition qu'à la partie gaulliste de la majorité, la formule utilisée par Jean François-Poncet à l'Assemblée nationale, le 3 mai 1979, correspond-elle à la double réalité qu'elle affirme ? Le changement de style consiste-t-il à éviter les éclats ? La continuité se situe-t-elle dans la fermeté ?

En 1974, le désir de rompre avec le style de Michel Jobert est évident. Le 19 avril, le Conseil de l'OTAN adopte à Ottawa une déclaration sur les relations atlantiques que les chefs de gouvernement des pays membres de l'Alliance signeront à Bruxelles le 26 juin. La dernière mise au point du document a été effectuée très rapidement par Henry Kissinger et Jean Sauvargnargues, alors que Michel Jobert avait défendu avec acharnement des variantes dont l'importance n'apparaît guère quand on compare les deux textes, sauf pour un article tendant à montrer que les troupes américaines se trouvaient en Europe dans l'intérêt des États-Unis. En novembre, la décision de ne pas faire partie de l'Agence internationale de l'énergie est confirmée, alors que les huit autres membres de la CEE en deviennent membres avec les États-Unis, le Canada, le Japon, la Suède, la Suisse, l'Autriche, l'Espagne et la Turquie. Mais en même temps, on manifeste un esprit d'« amicale coopération » ; le terme figure à bon droit le 16 décembre dans le communiqué de la rencontre entre les présidents Ford et Giscard d'Estaing à la Martinique. Parallèlement, du 4 au 7 décembre, Leonid Brejnev a été accueilli dans la cordialité et a obtenu une concession de forme dans la préparation de la conférence d'Helsinki.

Le souci majeur du troisième président de la Ve République française paraît bien être d'éviter les affrontements, de n'avoir pas d'ennemi, d'être en bons termes avec tout le monde, de fonder son prestige précisément sur cette sorte d'universalisme de la sympathie. Une sympathie tous azimuts qui se veut amitié avec quelques-uns, tout particulièrement avec le chancelier allemand. Tous deux passionnés et connaisseurs d'économie internationale, Helmut Schmidt et Valéry Giscard d'Estaing se sont liés comme ministres des Finances avant de coopérer comme chefs de l'exécutif. Pouvant converser — en anglais — sans recours à un interprète, les deux hommes ne forment pas un couple politique plus parfait qu'Adenauer et Robert Schuman ou que de Gaulle et Adenauer : les divergences sont réelles et fréquentes, les tensions personnelles nullement inconnues. Mais ils tiennent tous deux à l'affirmation publique et constante d'une amitié dont l'image leur sera rétrospectivement encore plus chère lorsqu'ils auront l'un et l'autre perdu le pouvoir : l'ancien chancelier rendra visite à l'ancien président en mai 1983 dans son château d'Authon et le recevra en décembre lorsqu'il fêtera avec quelques intimes son soixante-cinquième anniversaire dans sa petite maison de Hambourg.

En même temps, un second style se manifeste qui se juxtapose au premier et parfois se superpose à lui. La décontraction bon enfant (les présidents des États-Unis et de la France se montrent aux photographes à la piscine, au soleil) va de pair avec le souci des préséances et la disposition à l'arrogance. L'amour-propre à vif peut infliger des blessures à d'autres amours-propres. De plus, le désir de faire des gestes pour plaire n'est pas toujours orienté à partir d'un sens très sûr des répercussions qu'ils auront sur d'autres sensibilités. Montrer le bon état des relations franco-soviétiques lors d'une visite à Moscou n'exigeait pas le dépôt d'une gerbe au mausolée de Lénine. Après la spectaculaire visite du président Sadate en Israël, l'envoi d'un télégramme de félicitations au Caire sans envoi analogue à Jérusalem constitue peut-être un acte politique : c'est en tout cas une discrimination blessante. Et l'annonce de la suppression du 8 mai comme jour férié, une fois le trentième célébré en 1975, choque en France sans beaucoup plaire en Allemagne où l'on aurait préféré voir naître une commémoration européenne commune de l'écrasement du nazisme.

Le manque d'une certaine modestie personnelle ne conduit pas à se vouloir moins soucieux de prééminence française, fût-ce au prix de réactions étrangères ironiques ou irritées. Une formule comme « La définition de la France, c'est ce qu'il y a de meilleur », utilisée en octobre 1975, a cependant moins de portée politique que l'affirmation lancée à Hoerdt, en Alsace, le 15 mai 1979, pendant la campagne des élections européennes : « C'est l'intérêt de la France de conduire l'organisation de l'Europe. »

L'unité de style n'est donc pas assurée, sauf à considérer que la présence simultanée de deux tonalités discordantes constitue par elle-même le style giscardien. Et la fermeté du contenu ? La réalité apparaît ici comme singulièrement complexe. Des changements de ton et même de substance se font jour pendant le septennat, par exemple dans la politique à l'égard d'Israël ou encore en matière européenne. En revanche, la conception gaullienne d'une défense strictement nationale est à la fois affirmée et mise en question en 1974 et 1975, pour réapparaître pleinement en 1977.

Le reproche de manquer de fermeté est adressé au président avec une particulière vivacité au début et à la fin de son mandat, mais il ne vient pas du même côté aux deux moments : il s'agissait de mollesse face aux États-Unis dans le premier cas, face à l'Union soviétique dans le second. Il se trouve cependant que la formule la plus « compréhensive » à l'égard de l'URSS est employée dès 1975 et que, en février 1981, Jean François-Poncet a avec Ronald Reagan, nouveau président des États-Unis, un entretien, selon ses propres termes, « extraordinairement amical et chaleureux ». Nécessité d'une campagne électorale où il s'agissait de donner des gages au Parti communiste sans trop heurter son propre camp ? Ou bien accusations portées, à propos de l'attitude à l'égard du Kremlin, pour les besoins de la campagne électorale ? Pour mieux répondre, on comparera la politique pratiquée à celle des autres pays placés dans une situation similaire.

La dimension Nord-Sud

Crise monétaire et crise pétrolière montraient que les problèmes économiques avaient, plus que jamais, une dimension mondiale. L'évidence était ancienne pour les pays en voie de développement, surtout pour ceux d'entre eux qui étaient nés depuis le début des années soixante : le système des échanges avec les pays riches leur était si défavorable qu'une réforme de ce système leur paraissait indispensable. La révélation de la puissance que donnait la possession d'une matière première comme le pétrole allait-elle pousser les États industrialisés à accepter un changement dans leur propre intérêt ? En mai 1974, l'assemblée générale de l'ONU adopte une déclaration et un programme d'action en vue d'un nouvel ordre économique international. En janvier 1981, elle suspendra ses travaux en la matière, faute d'un accord minimal. Entre-temps, un petit progrès aura été accompli à une conférence sur la coopération économique internationale réunie à Paris. Le rapport final, adopté le

3 juin 1977, exprime les remerciements des ministres participants[1] au président de la République française et au gouvernement français « pour leur hospitalité et leur coopération ».

Cette conférence Nord-Sud aurait constitué, si elle avait abouti à des résultats tangibles, un succès personnel pour Valéry Giscard d'Estaing qui a fait entrer dans son vocabulaire, dès 1975, le nouvel ordre économique international, consacré par le sigle NOEI. L'insuccès de 1977 conduit à un déclin du thème au cours de la seconde partie du septennat. Le NOEI se trouve pratiquement remplacé, à partir de 1979, par l'idée de « trilogue », création linguistique désignant les rapports privilégiés que la France devrait avoir avec l'Afrique d'une part, les pays arabes de l'autre.

L'idée de base demeure pourtant la même. Il s'agit de donner un rôle mondial spécifique à la France comme porte-parole du tiers monde auprès des autres pays industrialisés, tout en assurant, grâce à ce rôle, l'accès de la France aux ressources dont elle a besoin, surtout en période de crise. La double finalité porte en elle-même sa propre contradiction et ne permet pas toujours aux pays du Sud de distinguer en quoi la France se différencie des autres pays industriels. D'autres difficultés surgissent. Les unes sont passagères : l'accession de Djibouti à l'indépendance en juin 1977 se fait dans un climat apaisé après plusieurs années de tensions ; s'apaise aussi peu à peu la dénonciation par le tiers monde de la politique française accordant l'indépendance à l'archipel des Comores, mais gardant Mayotte, l'une des quatre îles le composant, comme territoire français, après un référendum organisé en février 1976. D'autres sont plus durables : les interventions ouvertes en Afrique suscitent à chaque fois des remous.

La part des préoccupations économiques dans les politiques pratiquées par le gouvernement français est à la fois considérable et plus limitée que ne l'affirment les tenants d'une interprétation résolument économiste de l'action extérieure. La contrainte exercée par les pays producteurs de pétrole est la plus évidente parce qu'elle est double : la France a besoin de cette ressource énergétique essentielle et elle doit faire appel aux plus riches de ses fournisseurs, notamment à l'Arabie Saoudite, pour obtenir les ressources financières permettant de boucher les trous creusés par les achats au prix fort. Des ressources qui peuvent prendre la forme d'investissements

1. Représentant 26 pays et la CEE en tant que telle, pays riches comme les États-Unis, le Japon, le Canada, la Suisse, l'Afrique (Nigeria), l'Asie (Inde, Indonésie), l'Amérique latine (Mexique, Argentine, Brésil), le monde arabe (Algérie, Égypte, Arabie Saoudite)...

en France, de prêts ou d'achats de produits ou services français, qu'il s'agisse de travaux publics ou d'armements. La course aux contrats entamée par Michel Jobert, continuée sous le septennat de Valéry Giscard d'Estaing, sans s'achever pour autant avec lui, comporte évidemment des implications politiques. Parfois, c'est la nature du produit exporté qui crée à elle seule un problème politique grave. Il en est ainsi pour la fourniture d'un réacteur atomique à l'Irak et de matériel nucléaire au Pakistan, cet envoi-là se trouvant remis en question en 1976 par une forte pression américaine, effectuée en principe au nom du risque de la prolifération des armes nucléaires. Et tandis que le chancelier allemand refuse de renoncer à aider le Brésil à édifier des centrales atomiques « pacifiques », le président français ne se montre pas aussi ferme pour le contrat pakistanais.

La dépendance africaine est moins évidente. Certes, la France a besoin des ressources du sous-sol de nombre de pays d'Afrique, des phosphates et du cobalt du Maroc, de l'uranium de l'Afrique du Sud, de la Namibie, du Niger, du Gabon, du cuivre de la Zambie et du Zaïre. Mais il n'en résulte pas pour autant des obligations politiques évidentes. Quand les relations avec la Guinée s'améliorent en 1975, ce n'est pas à cause de la bauxite, bien que ce pays fournisse à la France les neuf dixièmes de ses importations : depuis la rupture de 1958, la société Pechiney n'a jamais cessé d'y travailler fort tranquillement. Et il est difficile de faire la part de l'économique et du politique dans les variations de la politique française à l'égard de l'Afrique du Sud. L'infléchissement de 1977, qui aboutit en 1979 à l'interdiction de la venue en France de l'équipe de rugby sud-africaine, est dû au désir de ne pas déplaire aux pays d'Afrique pour lesquels la lutte contre l'*apartheid* doit passer par le boycottage ; mais ce désir provient moins d'une contrainte économique que de l'aspiration à un grand rôle africain pour la France.

Un rôle auquel, dans un certain sens, elle fait elle-même obstacle comme membre de la Communauté économique européenne. En effet, la CEE réussit à mettre sur pied un système limité, mais efficace, de soutien au tiers monde pauvre. A l'origine du succès que constitue la convention conclue à Lomé, le 23 février 1975, entre la Communauté et quarante-six pays d'Afrique, des Caraïbes et du Pacifique (appelés dans la suite pays ACP), on trouve aussi bien les accords de Yaoundé passés en 1965 et 1969 par les Six avec dix-sept pays africains et Madagascar qu'une décision prise au sommet européen d'octobre 1972 : on mettrait en route une politique de coopération à l'échelle mondiale, mais on favoriserait, comme centre d'action principal, un cadre régional plus limité. La convention de Lomé annonce notamment que :

> Art. 2. Les produits originaires des États ACP sont admis à l'importation dans la Communauté en exemption de droits de douane et de taxes d'effet équivalent, sans que le traitement réservé à ces produits puisse être plus favorable que celui que les États membres s'accordent entre eux [...]
>
> Art. 3. La Communauté n'applique pas à l'importation des produits originaires des États ACP de restrictions quantitatives ni de mesures d'effet équivalent autres que celles que les États membres appliquent entre eux.
>
> Art. 16. Dans le but de remédier aux effets néfastes de l'instabilité des recettes d'exportation et de permettre ainsi aux États ACP d'assurer la stabilité, la rentabilité et la croissance continue de leurs économies, la Communauté met en œuvre un système visant à garantir la stabilisation des recettes provenant de l'exportation, par les États ACP vers la Communauté, de certains des produits dont leurs économies dépendent [...]

L'article 16 débouche sur le STABEX, système de stabilisation des exportations. Il concerne trente-trois produits, presque tous agricoles. Entrée en vigueur le 1er janvier 1976 pour cinq ans, la convention est renouvelée, le 31 octobre 1979 (Lomé II), en s'étendant à onze autres produits, avec une enveloppe financière élargie. Le STABEX est complété par le SYSMIN, système visant à garantir et développer les productions minières des pays ACP. Malgré leurs limites et leurs insuffisances, les accords de Lomé représentent l'action la plus positive que la CEE mène à bien comme entité politique.

C'est un beau succès pour la France au sein de la CEE puisque ses gouvernements successifs ont poussé dans ce sens et puisque le membre de la Commission chargé des relations avec les pays en voie de développement est toujours un Français. Mais l'action communautaire ne risque-t-elle pas d'oblitérer la présence française, le prestige français ? Ne convient-il pas de prendre ses distances à l'égard des partenaires ? En 1978, l'intervention militaire au Zaïre est effectuée sans la Belgique, pourtant principal État européen concerné et, pour une part, avec la visée de se substituer quelque peu à elle dans son ancienne colonie. En février 1967, un geste diplomatique apparaît comme une véritable rupture de la solidarité communautaire. Alors que les Neuf ont décidé d'agir ensemble dans le délicat conflit angolais et qu'ils doivent en délibérer, la France annonce isolément qu'elle reconnaît la République populaire d'Angola mise en place deux mois auparavant par Agostinho Neto, dont le MPLA avait reçu le soutien de troupes cubaines et de conseillers soviétiques. La décision de Paris est en partie due au fait que l'autre camp de la guerre civile angolaise a reçu un appui français particulièrement remarqué, ce qui conduit au désir d'obtenir par un geste spectaculaire la faveur du vainqueur. Les résultats de l'action solitaire ne seront pas à la hauteur des espérances.

De toute façon, quand il s'agit d'aide publique au développement, la France préfère l'action bilatérale à l'action multilatérale. Non que cette aide soit particulièrement importante : contrairement à ce que les gouvernements successifs laissent croire, la France est loin d'être en tête si l'on calcule en pourcentage du produit national brut (sauf si l'on introduit dans le décompte ce qui est dépensé pour les départements et territoires d'outre-mer français) ; ainsi, en 1980, avec 0,36 %, elle arrive avant la Grande-Bretagne (0,34 %), les États-Unis (0,27 %), le Japon (0,32 %) et l'Italie (0,17 %), mais seulement en neuvième position, loin derrière les Pays-Bas (0,99 %) et la Norvège (0,82 %), moins loin de la Belgique (0,48 %) et de l'Allemagne (0,43 %) [1]. Environ 7 des 10 milliards de francs de l'aide publique française ressortissent de relations bilatérales. Sur ces 7 milliards, 4,3 vont aux pays de l'Afrique subsaharienne.

Cette priorité-là s'exprime spectaculairement par l'organisation de « sommets » franco-africains que Valéry Giscard d'Estaing institutionalise en leur fixant un rythme annuel et en les tenant alternativement à Paris et en Afrique. Sous sa présidence, une vingtaine de chefs d'États africains ou leurs représentants parlent d'économie ou de défense. La présence parmi eux d'un nombre croissant de dirigeants des pays de l'Afrique anglophone traduit le désir français de dépasser le cadre de la francophonie. Mais, d'une part, les moyens manquent et il faut bien se concentrer sur les États issus des colonies françaises, sauf à procéder à un simple saupoudrage stérile. D'autre part, l'accueil reçu n'est pas toujours le meilleur, à cause notamment des liens entre la France et l'Afrique du Sud, à cause aussi des interventions françaises pour sauver en Afrique francophone des régimes critiqués par les États plus « durs » du Sud-Ouest et de l'Est africains. Ainsi Louis de Guiringaud interrompt-il en août 1977 la tournée qu'il effectue en Afrique anglophone après avoir reçu mauvais accueil en Tanzanie.

La politique de Valéry Giscard d'Estaing en Afrique francophone

1. Ministère des Relations extérieures, ministère de la Coopération et du Développement, *La France et le tiers monde*, 1981, pp. 15 et 19.

ne ressemble pas entièrement à celle de ses prédécesseurs. Sa présence sur le sol africain est fréquente, que ce soit en voyage officiel ou à titre personnel. Il a des pays et des dirigeants de prédilection, comme la République centrafricaine de Jean-Bedel Bokassa dont il accepte de financer les caprices, y compris le plus fou, le plus coûteux : le somptueux et ridicule couronnement du 4 décembre 1977. En France, la télévision consacre des moyens énormes et un temps d'antenne illimité à l'imitation presque incroyable du sacre impérial de 1804. Au cœur de la cérémonie, l'arrivée de l'empereur Bokassa Ier, en aube de soie recouverte de perles fines, la tête ceinte d'une couronne de lauriers, descendant avec sa femme, en robe longue brodée d'or et ornée de rubis, d'un carrosse tiré par huit chevaux, puis l'installation sur un trône digne d'un conte de fées, la remise d'une épée, d'un manteau et d'un sceptre, enfin le couronnement de l'impératrice par son impérial époux. La cérémonie est ressentie, en Centrafrique et dans les autres pays africains, comme un gigantesque affront à la dignité et à la pauvreté de l'Afrique. Et sans elle, le tumulte né ensuite en France à propos des diamants de Bokassa que Valéry Giscard d'Estaing est accusé d'avoir reçus en cadeaux n'aurait sans doute pas pris une telle importance politique.

Pourtant, près de deux ans avant l'élection présidentielle française, le 20 septembre 1979, l'opération militaire française « Barracuda » sur Bangui, effectuée pendant un voyage de Bokassa en Libye, a renversé le régime et installé David Dacko à la présidence d'un État redevenu République. Il est vrai qu'en janvier et avril le caprice du souverain avait consisté à faire massacrer des dizaines d'enfants dans les prisons où on les avait entassés pour avoir pris part à une manifestation. Les massacres, qualifiés d'abord de « pseudo-événement » par le ministre de la Coopération, avaient provoqué des réactions négatives même chez des chefs d'État africains en général peu portés à la faiblesse envers leurs citoyens ou sujets. Et il s'y était ajouté l'ouverture de Bokassa à la Libye dont les visées sur l'Afrique saharienne et subsaharienne préoccupaient le gouvernement français.

Les autres interventions sur le continent africain n'ont pas pour objet d'installer un nouveau dirigeant. Il s'agit plutôt d'aider indirectement ou directement un régime considéré comme modéré et favorable à la France à se maintenir face à une menace interne ou externe. Ainsi au Zaïre, lors de la première guerre du Shaba, en avril 1977, dix avions cargo Transall et un DC8 ont constitué l'aide logistique française au Maroc, envoyant troupes et matériel au secours du président Mobutu. Lorsque, le 19 mai 1978, deux compagnies de parachutistes venus de Corse arrivent à Kolwezi, c'est pour sauver des Européens menacés, mais aussi pour intimider les adversaires du gouvernement zaïrois dans la seconde guerre du Shaba. En décembre 1977, ce sont des Jaguar français qui attaquent directement les troupes du Polisario luttant contre la Mauritanie dans le conflit du Sahara occidental. Les interventions au Tchad, au début de 1978 et en mai 1980, sont plus incertaines dans leur objectif : il s'agit certes d'éviter la mainmise de la Libye, mais sans rompre avec elle, tout en cherchant un introuvable interlocuteur tchadien solidement installé, tant la situation entre clans en lutte meurtrière est fluctuante depuis le coup d'État d'avril 1975 qui a fait périr le président Tombalbaye. Avec qui et comment négocier, par exemple, lorsqu'une jeune femme française est enlevée par l'opposant nomade armé qu'est à ce moment Hissène Habré ? De l'enlèvement de Françoise Claustre, en avril 1974, jusqu'à sa libération en janvier 1977, que de péripéties où le tragique et le ridicule se sont côtoyés !

La politique africaine est en définitive à la fois claire et ambiguë. Claire parce que, par-delà l'aide au développement, il s'agit manifestement de soutenir, économiquement et au besoin militairement, les régimes les plus ouverts à la France. Ambiguë parce que cette ouverture n'est pas nettement définie. Porte-t-elle sur la garantie d'intérêts économiques et financiers français, qu'ils soient publics ou privés ? Concerne-t-elle la France en tant que pays occidental et, à travers elle, l'Occident dans son ensemble ? Dans ce cas-là, la fonction des interventions françaises n'est-elle pas d'accomplir ce que les États-Unis ne veulent ou ne peuvent faire en Afrique ? Est-ce alors une fonction exercée délibérément, ou simplement assumée comme une conséquence non directement voulue d'une politique purement nationale ? Une politique nationale qui consisterait en particulier à empêcher l'un et l'autre Grand à s'implanter en Afrique, tout spécialement en Afrique francophone ?

L'ambiguïté n'est pas propre à la politique africaine. Lorsque, le 21 novembre 1979, à la Mecque, les troupes saoudiennes prennent d'assaut la grande mosquée occupée par un groupe armé révolutionnaire, leur efficacité est due pour une bonne part aux armes et aux conseils d'une unité spéciale de la gendarmerie française dépêchée secrètement sur place. Aider les gouvernants de l'Arabie Saoudite, c'est préserver l'économie et les finances françaises, mais c'est aussi rendre service à l'ensemble du monde occidental. Si les gendarmes avaient été américains, le risque de voir l'incident devenir conflit international n'aurait-il pas été bien plus grand ?

Maintenir et développer les relations économiques avec les fournisseurs de pétrole ne saurait constituer une visée politique d'ensemble dans un Moyen-Orient marqué par le conflit israélo-arabe, le camp arabe étant lui-même le lieu d'affrontements, parfois de tueries : après s'être fait massacrer en Jordanie pendant le « Septembre noir » de 1970, les troupes de l'Organisation de libération de la Palestine, créée en 1964, dirigée depuis janvier 1969 par Yasser Arafat, se sont installées au Sud-Liban où elles sont impliquées dans une interminable guerre à la fois civile et internationale. Acteur et symbole du terrorisme jusqu'à la guerre du Kippour, Arafat joue ensuite sur l'honorabilité et la reconnaissance internationale de l'OLP, sans pour autant faire abandonner à celle-ci le refus d'accepter l'existence de l'État d'Israël.

En 1974, le nouveau président français cherche à la fois à détendre les relations franco-israéliennes et à jouer un rôle actif dans une politique de médiation entre deux ennemis apparemment irréconciliables. En octobre 1974, Jean Sauvargnargues se rend en Israël. Sur son chemin, il reçoit, à l'ambassade de France à Beyrouth, le chef de l'OLP, fait photographier leur poignée de main et déclare à la presse : « M. Arafat est un homme qui m'a paru modéré [et] [...] qui est en train de prendre une stature d'homme d'État. » Un an plus tard, le 31 octobre 1975, le gouvernement français annonce qu'il a accepté l'ouverture à Paris d'un bureau d'information de l'OLP. Jusqu'alors il n'en existait d'analogues qu'à Moscou et à New Delhi, mais Yasser Arafat a été reconnu par le sommet arabe de Rabat en octobre 1974 comme seul représentant légitime du peuple palestinien. Ce peuple, selon les dirigeants français, a droit à une partie, puis, dans une déclaration du ministre des Affaires étrangères en décembre 1976, à un État. Un État dont l'emplacement demeure incertain, même si Israël évacuait les territoires occupés en 1967.

Par rapport à la politique américaine, la position française n'est d'abord pas source de conflit. Par rapport à l'attitude des autres pays européens, elle apparaît moins comme à contre-courant que d'avant-garde, l'un de ses buts étant précisément d'inspirer l'attitude collective de la CEE. Ce but sera atteint en 1980, mais entre-temps les relations se seront tendues à la fois avec Israël et avec les États-Unis.

En janvier 1977, l'incident Abou Daoud montre que la France est intimidable — unilatéralement. Venu à Paris sous un nom d'emprunt, l'organisateur du massacre des athlètes israéliens à Munich en 1972 est reconnu par les services de police et arrêté le 8. Avant même que la République fédérale ait pu faire parvenir une demande d'extradition en règle, la chambre d'accusation de la cour d'appel de Paris ordonne sa libération dès le 10. Son expulsion vers Alger le 11 passe pour une capitulation devant le terrorisme d'une France à la justice serve. L'insistance française pour qu'Israël accepte de négocier avec les pays arabes supposés disposés à reconnaître son existence n'est pas pour autant fondamentalement différente de l'insistance américaine, jusqu'au moment où le président Carter intervient pour obtenir, faute d'un règlement global fort hypothétique, une paix réelle entre Israël et l'Égypte.

Est-ce parce que Valéry Giscard d'Estaing a cru établir une relation privilégiée avec Anouar el-Sadate ? En accueillant le président égyptien à Paris, en janvier 1975, il a été jusqu'à lui dire : « Je puis vous donner l'assurance que l'Égypte trouvera toujours la France, avec les moyens dont elle dispose, à ses côtés. » La naissance d'un trio Carter-Begin-Sadate donne-t-elle l'impression d'une infidélité ? Ou est-ce simplement la poursuite de la politique de Michel Jobert condamnant tout règlement non global ? En tout cas, le gouvernement français, contrairement aux téléspectateurs et à la presse, ne montre aucun enthousiasme lors de la visite révolutionnaire du chef de l'État égyptien à Jérusalem en novembre 1977. La réserve est encore beaucoup plus manifeste en septembre 1978, lorsque Jimmy Carter obtient difficilement, dans sa résidence de Camp David, un accord entre Begin et Sadate et lorsque, le 26 mars 1979, cet accord devient traité de paix entre la République arabe d'Égypte et l'État d'Israël.

La façon dont Sadate se trouve alors frappé d'ostracisme par la plupart des autres pays arabes va à l'encontre des espoirs américains : le traité israélo-égyptien ne déclenche aucune réaction d'apaisement en chaîne. L'échec est conforme aux pronostics du gouvernement français qu'on peut en même temps accuser d'avoir contribué à le rendre inévitable. La politique de la France contient-elle des propositions plus réalistes ? Le 13 juin 1980, elle devient largement celle de la CEE dans la déclaration que le Conseil européen adopte à Venise. Après s'être référés à la résolution 242, les Neuf disent que le « moment est venu de favoriser la reconnaissance et la mise en œuvre des deux principes universellement admis par la communauté internationale : le droit à l'existence et à la sécurité de tous les États de la région, y compris Israël, et la justice pour tous les peuples, ce qui implique la reconnaissance des droits légitimes du peuple palestinien. » Les Neuf se déclarent « disposés à participer, dans le contexte d'un règlement global, à un système de garanties internationales concrètes et contraignantes, y compris sur le terrain ». Ils demandent que l'OLP soit associée à la négociation et « rappellent la nécessité pour Israël de mettre fin à l'occupation territoriale qu'il maintient depuis 1967, comme il l'a fait pour une partie du Sinaï [à la suite du traité avec l'Égypte] ». Ils condamnent les colonies de peuplement israéliennes dans les territoires occupés, colonies qui, pour les États-Unis aussi, montrent que Menahem Begin n'est nullement un ancien faucon qui peut se permettre de devenir colombe, mais qu'il a gardé son intransigeance ancienne.

La déclaration de Venise demeurera une sorte de charte européenne commune : en janvier 1984, le chancelier Kohl s'y référera encore expressément lors de sa visite en Israël. Mais son impact est limité, ne serait-ce qu'à cause des attitudes françaises. En mars 1980, Valéry Giscard d'Estaing a effectué une tournée dans les pays du golfe Persique et en Jordanie. Il a d'une part insisté sur les droits du peuple palestinien et déclaré d'autre part, dans une conférence de presse tenue à Abou Dhabi : « Mes interlocuteurs m'ont donné l'assurance de leur volonté de garantir la sécurité et la stabilité des approvisionnements de la France. » Et jamais l'impression n'est donnée qu'à la réprobation pour des actes ou des refus d'Israël correspond une compréhension, une sympathie pour les sentiments israéliens. Le président de la République, fort épris de déplacements, ne se rend jamais en Israël. Et l'action de la France à propos de la guerre au Liban, commencée en avril 1975, ne parvient jamais à une attitude pleinement équilibrée, ni quand, en mai 1976, Valéry Giscard d'Estaing propose une présence militaire française pour garantir un cessez-le-feu, ni en mars 1978, quand le contingent français de 1 300 hommes constitue l'élément principal de la FINUL[1], chargée de veiller au retrait des forces israéliennes qui sont entrées au Sud-Liban.

La politique au Moyen-Orient est mise aussi à l'épreuve lorsque, le 6 octobre 1978, arrive à Paris, après avoir été déclaré indésirable en Irak, l'ennemi le plus acharné du chah d'Iran, l'ayatollah Khomeiny. Est-il accueilli en France à la demande du souverain que les gouvernements français ont beaucoup flatté ? Prendre en charge un réfugié politique n'impliquait cependant nullement l'acceptation

1. Force d'intervention des Nations unies au Liban.

de son action à partir de sa résidence de Neauphle-le-Château ni la mise à sa disposition d'une véritable logistique lui permettant de manier à distance les foules de Téhéran. Le 13 janvier, Khomeiny crée un Conseil de la révolution islamique. Le 16, le chah et l'impératrice Farah Diba (aussi familière aux lecteurs des illustrés français que Soraya, l'épouse précédente, ou que Grace de Monaco) quittent Téhéran où l'imam Khomeiny arrive le 1er février à bord d'un avion Air France mis à sa disposition. Le nouveau régime iranien est fondé sur l'intolérance politique et religieuse, et sur un antioccidentalisme dans lequel le gouvernement français ne paraît vouloir percevoir que la dimension antiaméricaine. Et lorsque, le 4 novembre 1979, le personnel de l'ambassade des États-Unis à Téhéran est pris en otage, les réactions françaises ne sont pas particulièrement vigoureuses.

Entre Occidentaux

Tous les pays industriels occidentaux — dont fait partie, malgré la géographie, le Japon — sont atteints par la crise que traduit et accélère la hausse du prix du pétrole. Mais ils ne sont pas frappés de la même manière et ne réagissent pas de la même façon. Ne convient-il pas alors de mieux se comprendre et de coordonner les politiques pratiquées ? Georges Pompidou a mis en route la série des sommets européens. Valéry Giscard d'Estaing, en réunissant à Rambouillet, du 15 au 17 novembre 1975, le président des États-Unis, le Premier ministre japonais, le président du Conseil italien, le chancelier allemand et le Premier ministre britannique, prend l'initiative de sommets des grandes démocraties industrielles. On se retrouve à six à Porto Rico les 27 et 28 juin 1976. A Londres, les 7 et 8 mai 1977, le Premier ministre du Canada devient membre du club, malgré des réticences françaises. A Bonn, les 16 et 17 juillet 1978, Roy Jenkins, président de la Commission de la CEE, se joint à Giulio Andreotti, James Callaghan, Jimmy Carter, Takeo Fukuda, Valéry Giscard d'Estaing, Helmut Schmidt et Elliott Trudeau. A Tokyo, les 28 et 29 juin 1980, on est encore huit. A Venise, du 21 au 23 juin 1980, la CEE n'est pas représentée. Elle est de retour à Ottawa, du 20 au 22 juillet 1981, où François Mitterrand prend la place de son prédécesseur à la présidence de la République.

Les sommets sont spectaculaires dans la mesure où ils constituent un spectacle. Ils permettent aux dirigeants de mieux se connaître dans une atmosphère en général cordiale. Mais ils ne sauraient vraiment constituer une instance décisionnelle. Le travail préparatoire est le plus souvent médiocre, sauf pour la rédaction — avant même la réunion — de longs communiqués qu'il ne reste plus qu'à peaufiner puis à faire signer. La nécessité d'une action coordonnée, sinon commune, y est proclamée. Est-elle vraiment ressentie ? Chacun ne se voit-il pas plus dépendant de son électorat que des contraintes économiques et monétaires internationales ? Cependant les communiqués traduisent bien les préoccupations et les orientations du moment et contiennent parfois des indications sur des engagements précis pris par tel ou tel participant. Ainsi, à l'issue du sommet de Bonn, préoccupé par la croissance à retrouver, il est dit que « le président de la République française a indiqué que, tout en poursuivant sa politique de réduction du taux d'inflation, le gouvernement français était d'accord pour accroître, à titre de contribution à l'effort commun, le déficit du budget de l'État pour 1978, d'un montant équivalent à 0,5 % du produit national brut ». Dans le même texte le président des États-Unis dissipait des inquiétudes européennes en annonçant qu'il mettrait « en œuvre tous les moyens dont il dispose afin d'éviter toute interruption de l'approvisionnement en uranium enrichi et de faire en sorte que les accords existants soient respectés ».

En 1975, en effet, la Nuclear Energy Regulatory Commission a mis l'embargo sur les livraisons à l'Europe d'un produit essentiel à la marche des centrales nucléaires, particulièrement en Allemagne, mais aussi en France. Initialement, en effet, le Commissariat à l'énergie atomique avait choisi, pour se rendre indépendant des États-Unis, de fabriquer un type de réacteur qui se révéla un succès technique, mais aussi un échec commercial : les réacteurs étaient beaucoup trop chers pour le seul client du CEA, à savoir Électricité de France. Il fallut se résigner, en 1960, à « acheter américain », c'est-à-dire à fabriquer sous brevet américain et à acheter de l'uranium enrichi aux États-Unis.

Les conséquences politiques et psychologiques de l'incapacité de maîtriser les aspects financiers et commerciaux de choix technologiques ambitieux surgissent ensuite dans le domaine de l'aviation civile et de l'informatique. Entreprise franco-britannique, le Concorde ouvre spectaculairement la voie à l'aviation supersonique, mais les commandes ne suivent pas. En janvier 1973, les deux grandes compagnies américaines Panam et TWA ont retiré leurs options. En septembre, Concorde a effectué son premier vol Paris-Washington. Les vols réguliers entre les deux capitales commencent en mai 1976. Après une longue bataille juridique lancée par les riverains de l'aéroport Kennedy, les Concorde d'Air France et de la British

Airways peuvent enfin assurer le service commercial avec New York à partir du 23 novembre 1977, chaque vol accroissant cependant l'énorme déficit qu'ils causent aux compagnies qui les exploitent. Pour les gouvernements français successifs, il eût peut-être mieux valu que New York restât à jamais interdit : l'immense majorité des Français seraient restés définitivement persuadés que seule la méchanceté américaine avait empêché le supersonique techniquement si réussi de connaître un succès financier et commercial.

Si Concorde continue tant bien que mal, le « plan Calcul », qui a été lancé en 1964, connaît en mai 1975 un net échec qui est aussi un échec pour l'Europe industrielle et technologique que la France veut par ailleurs renforcer face aux États-Unis. En effet, le gouvernement annonce la fusion de la CII, Compagnie internationale pour l'informatique, née en 1966 de l'apport de plusieurs sociétés françaises soutenues par les pouvoirs publics, avec la firme Honeywell-Bull, elle-même née en 1970 de la vente par la société américaine General Electrics à la société américaine Honeywell de l'entreprise française Bull qu'elle avait acquise en 1964. Pour que puisse être atteinte la rentabilité de la production française d'ordinateurs, l'autre choix possible en 1975 eût été de faire progresser le regroupement européen Unidata avec la société néerlandaise Philips et la société allemande Siemens. Il est vrai que l'un des buts de la fusion avec Honeywell est de faciliter la résistance à l'expansionnisme du géant américain IBM, qui est une puissance mondiale à lui tout seul.

La France fait cependant pleinement partie de l'Europe qui mène avec les États-Unis une confrontation économique à la fois commerciale, agricole et monétaire. Le Tokyo Round est en principe une négociation commerciale entre une centaine de pays, mais, pendant plus de cinq ans, les débats sont dominés, en séance et hors séance, par les États-Unis, le Japon et la CEE. Obstacles tarifaires et pratiques restrictives obliques existent des trois côtés. L'idée qu'il faut continuer à rechercher la libéralisation des échanges malgré la crise est commune. Mais la direction des accusations s'est modifiée : aux États-Unis, bien des apôtres de la liberté commerciale, notamment les syndicats, en sont venus, à cause du chômage et de la concurrence européenne et japonaise, à exiger des protections douanières et autres de plus en plus fortes ; en France, l'idée que l'important, c'est d'exporter, s'est progressivement imposée. En même temps, les États-Unis font pression sur les Européens pour favoriser une richesse nouvelle, à savoir l'agriculture. Nouvelle parce que les exportations agricoles américaines montent en flèche, quadruplant presque entre 1971 et 1976, le blé, le maïs et le soja contribuant ainsi fortement à financer le pétrole. Les États-Unis voudraient que les agriculteurs européens se reconvertissent le plus possible vers la production animale et nourrissent le bétail avec les fourrages américains. Face à cette volonté, la CEE applique-t-elle avec assez de fermeté le principe de la protection du marché européen vers le dehors ? Les gouvernements français estiment que la fermeté de Bruxelles face aux produits américains n'est pas suffisante, tandis que le gouvernement américain considère que les Européens se livrent à un protectionnisme inacceptable.

Mais il est mal placé pour parler de solidarité transatlantique, dans la mesure où la politique monétaire des États-Unis est de plus en plus solidement fondée sur la seule considération de l'intérêt de l'économie américaine. Les Européens critiquent plus ou moins ouvertement cette attitude, mais acceptent l'abandon de fait des parités fixes. Abandon de fait qui devient abandon de droit en 1976, alors que Valéry Giscard d'Estaing a cru auparavant avoir obtenu de Gerald Ford l'amorce d'un retour à un système monétaire international mieux organisé. En fait, c'est le gouvernement français qui évolue en parlant d'abord de taux « stables » au lieu de taux fixes, puis en signant, le 9 janvier 1976, la réforme du Fonds monétaire international que vingt ministres des Finances ont mis au point à leur réunion au centre de Kingston, à la Jamaïque. La réforme légalise les pratiques existantes du flottement des taux de change, flottement qui, selon le communiqué final, « va apporter une plus grande stabilité dans les affaires économiques et financières ».

Le gouvernement français pourra d'autant moins continuer à plaider pour des taux fixes qu'il est obligé de faire sortir le franc du « serpent » européen, quelques semaines plus tard, le 15 mars 1976, le libre flottement de la monnaie apparaissant comme la meilleure réponse à la pression de la spéculation. Bien que le changement d'attitude français remonte en fait à l'assemblée générale du FMI en septembre 1973, la bataille contre la ratification des accords de la Jamaïque devient en 1977 un élément important du jeu politique « antigiscardien » en France. Les gaullistes l'emportent dans la mesure où ils amènent le gouvernement Barre à ne pas mettre le débat à l'ordre du jour de l'Assemblée nationale avant la fin de la dernière session parlementaire de la législature 1973-1978.

Le franc français a déjà été « hors serpent » du 19 janvier 1974, la décision ayant été prise par Georges Pompidou, jusqu'au 10 juillet 1975. Destinée à faire jouer une solidarité effective entre les monnaies européennes, l'idée du serpent visualise les courbes de fluctuation entre une ligne plafond et une ligne plancher qu'une monnaie ne devrait pas dépasser puisque, quand elle en atteint une, les autres banques centrales interviennent aux côtés de la banque centrale concernée. Malgré les ratés du mécanisme, la plupart des pays de la CEE voient dans le « serpent » un moyen utile d'assurer, malgré l'instabilité mondiale, un minimum de stabilité monétaire en Europe. En juin 1978, au sommet de Brême, sur la proposition conjointe de Valéry Giscard d'Estaing et de Helmut Schmidt, ils décident de consolider et de perfectionner ce qui va devenir le Système monétaire européen. L'entrée en vigueur de SME est prévue pour le 1er janvier 1979. Elle ne pourra se faire que le 13 mars, une fois réglé par un compromis fort provisoire un dur conflit franco-allemand sur les mécanismes monétaires de fixation des prix agricoles. Le SME — dont la Grande-Bretagne ne fait pas partie — se révélera efficace pour éviter une aggravation des situations nationales et de l'état monétaire et économique de la CEE dans son ensemble. Mais, contrairement aux espoirs initiaux, il ne se transformera pas en exemple monétaire européen unifié.

L'Europe des Neuf, dans la seconde partie des années soixante-dix, n'a pas seulement à affronter la crise. Elle rencontre aussi, sous des formes nouvelles, deux questions anciennes : celle de son élargissement et celle de son raffermissement institutionnel.

Dans le sud du continent se produit en effet un phénomène malheureusement exceptionnel dans le monde du second après-guerre : trois régimes dictatoriaux se transforment en démocraties libérales. Deux d'entre eux, à Athènes et à Lisbonne, parce que des défaites extérieures ont provoqué des coups d'État. Le troisième, parce que le successeur choisi par le vieux dictateur mourant se révèle adepte du régime parlementaire. Qu'il faille aider les jeunes démocraties à naître paraît évident aux dirigeants de la Communauté européenne. Valéry Giscard d'Estaing fait mettre un avion à la disposition de Constantin Caramanlis pour qu'il puisse rentrer dans son pays le 23 juillet 1974 et assumer une large part de la succession du « régime des colonels ». Après la mort de Franco, intervenue le 20 novembre 1975, il va assister à l'intronisation du roi Juan Carlos dont il demeurera un interlocuteur privilégié.

Dans le cas du Portugal, c'est un autre exilé, Mario Soares, qui joue un rôle important quand, après que des militaires ont fait tomber Marcelo Caetano, le successeur de Salazar, le 25 avril 1974, le Parti socialiste qu'il a créé l'année précédente devient l'acteur central du jeu politique portugais. Des soutiens politiques et financiers sont accordés à Soares dans ses efforts face aux officiers « durs » et face à son partenaire communiste peu soucieux d'instituer vraiment le pluralisme démocratique. Ils viennent moins du gouvernement français que du Parti socialiste, l'aide la plus sérieuse, la plus efficace étant fournie par le chancelier Schmidt et par le Parti social-démocrate que préside Willy Brandt.

La Grèce est le premier des trois pays à vouloir faire partie de la CEE. L'acte d'adhésion est signé le 28 mai 1979 et les Neuf deviennent les Dix le 1er janvier 1981. Les candidatures de l'Espagne et du Portugal sont à examiner, elles aussi. Ne faut-il pas accepter les trois États du Sud à la fois pour compléter l'Europe et pour renforcer des démocraties fragiles ? Mais il ne s'agit pas de petits pays — l'Espagne a trente-sept millions d'habitants, la Grèce et le Portugal dix millions chacun — et leurs économies ne sont ni très développées, ni complémentaires des économies nationales de la CEE. La concurrence potentielle en matière de fruits et de vins est particulièrement forte pour l'Italie et pour le sud de la France. Une France au sein de laquelle le nouvel élargissement du Marché commun devient ainsi rapidement un sujet de politique intérieure.

Il est vrai que la plupart des questions concernant l'Europe relèvent de façon directe de contraintes internes, souvent régionales. Cela vaut pour un problème non institutionnel comme la pollution du Rhin. Le 3 décembre 1976, un traité est signé à Bonn par les pays riverains, la Suisse, la France, l'Allemagne, le Luxembourg et les Pays-Bas. Il prévoit qu'au lieu de rejeter dans le Rhin l'équivalent annuel de 5,5 millions de tonnes de sel, les Mines de potasse d'Alsace en injecteront 2,3 millions de tonnes dans le sous-sol du Haut-Rhin, les autres signataires contribuant largement aux frais de l'opération. La France reste, en 1979, la dernière à n'avoir pas ratifié le traité. Le 3 décembre, trois ans après la signature, le gouvernement français annonce qu'il renonce à soumettre le texte à l'Assemblée nationale, alors que les Pays-Bas, principale victime de la pollution, ont déjà versé à la France 48 millions de francs. Il faudra attendre la venue au pouvoir de François Mitterrand pour voir, le 7 octobre 1983, 275 députés socialistes autoriser la ratification, les communistes s'abstenant et l'opposition — RPR et UDF — votant contre, comme le lui demandaient les élus alsaciens.

Cela vaut encore davantage pour la campagne pour les élections directes à l'Assemblée européenne. La vieille idée de faire élire par les peuples un Parlement européen a été reprise par Valéry Giscard d'Estaing. Le 20 septembre 1976, le Conseil de la CEE adopte une décision dans ce sens. Le 3 décembre, le président de la République consulte le Conseil constitutionnel pour savoir si, comme le soutient une partie de la majorité, cette décision comporte des clauses contraires à la Constitution. Le 29 décembre, le Conseil constitutionnel prend doublement position. Il déclare le texte des Neuf constitutionnel et ouvre donc la voie aux élections. Mais les considérants sont terriblement restrictifs : si l'assemblée à élire avait des pouvoirs réels, l'élection serait anticonstitutionnelle parce que attentatoire à la souveraineté nationale. Les formulations du Conseil sont telles qu'elles peuvent paraître condamner rétrospectivement le traité instituant la CECA, et même le traité de Rome. Et le Conseil ne prend-il pas à contre-pied la Cour de cassation qui a en particulier établi, dans un arrêt du 24 mai 1975 portant sur un conflit entre les douanes françaises et les cafés Vabre, que « la valeur juridique d'un règlement communautaire prime celle de la loi nationale correspondante », ce qui constitue bien la proclamation d'une limitation de souveraineté ?

Les élections européennes sont fixées au 10 juin 1979. La campagne électorale voit les deux camps politiques divisés. Les communistes exercent une forte pression antieuropéenne sur les socialistes. Le RPR de Jacques Chirac en fait autant face à la liste « giscardienne » que conduit Simone Veil. Pourtant, dans sa déclaration inaugurale de Premier ministre, il a dit à l'Assemblée nationale, le 5 juin 1974 : « La politique européenne ne fait plus partie de notre politique étrangère. Elle est autre chose et ne se sépare plus du projet fondamental que nous formons pour nous-mêmes. » Le 6 décembre 1978, de l'hôpital Cochin où il est alité, il lance un appel fort véhément : « L'Europe ne peut servir à camoufler l'effacement d'une France qui n'aurait plus sur le plan mondial ni autorité, ni idée, ni message, ni visage [...] Non à la politique de supranationalité. Non à l'asservissement économique [...] comme toujours quand il s'agit de l'abaissement de la France, le parti de l'étranger est à l'œuvre avec sa voix paisible et rassurante. »

La liste Mitterrand remporte 23,7% des suffrages et la liste Marchais 20,6 % seulement. La liste Veil, avec 27,4 %, distance encore davantage la liste Chirac avec ses 16,1 %. Mais l'élection n'a pas été très mobilisatrice puisqu'il y a 38,8 % d'abstentions, presque autant que lors du référendum de 1972 et puisque, surtout, les vainqueurs dans chaque camp ont accepté, pour mieux l'emporter, de tenir dans une bonne mesure le langage « antieuropéen » : « Votez pour moi ; je vous garantis mieux que les concurrents que je saurai juguler les velléités de l'assemblée à laquelle je vous demande de m'envoyer. » Le 17 juillet, Simone Veil sera élue présidente de ce qui est pour les autres pays le Parlement de la Communauté. Elle exercera ses fonctions sans trop tenir compte des annonces restrictives de la campagne électorale.

L'Europe des Neuf est malade de sa politique agricole commune. Pas seulement parce que la PAC consiste à offrir aux agriculteurs une double garantie pour leurs prix et pour l'écoulement de leur production, quel qu'en soit le volume. Également parce que l'unité des prix à l'intérieur de la CEE est la base de la PAC : comment maintenir cette unité avec des monnaies qui se déprécient ou s'apprécient les unes par rapport aux autres ? Or le conflit le plus ouvert oppose ici la France et la République fédérale, donc les deux États dont l'entente constitue par ailleurs la pierre angulaire du fragile édifice européen.

En 1969, les agriculteurs allemands allaient être doublement pénalisés par la dévaluation du franc et la réévaluation du mark, puisque les produits français devenaient moins chers, donc plus concurrentiels, et les produits allemands plus chers, donc moins concurrentiels. Pour faciliter le double mouvement monétaire dont il attendait de grands avantages globaux pour l'économie nationale, le gouvernement français proposa le système des montants compensatoires monétaires. Des taxes frapperaient les produits avantagés (MCM négatifs) et des subventions aideraient les produits désavantagés (MCM positifs). On ne se rendait pas suffisamment compte de l'effet induit : les produits des pays à pouvoir d'achat affaibli par la dévaluation se trouveraient taxés à l'exportation, tandis que les agriculteurs avantagés par le pouvoir d'achat augmenté de leur monnaie verraient leurs exportations aidées et les importations concurrentes freinées. Abolis, rétablis, de nouveau abolis, enfin rétablis en mars 1976, les MCM négatifs sont de 10,6 % pour la France, les positifs de 10,8 % pour l'Allemagne lorsque, en mars 1980, une décision est prise de les éliminer progressivement. Quatre années plus tard, le problème continuera à empoisonner les relations franco-allemandes.

Il renvoie en fait à une réalité contradictoire : l'économie constitue à la fois un lien étroit entre les deux pays et une source permanente de difficultés. La République fédérale est de loin le principal fournisseur et le principal client de la France, et les deux voisins ont de plus en plus intérêt à la bonne santé économique de l'autre. Mais la progression ne se fait pas au même rythme (la balance commerciale, équilibrée dans les années soixante, est de plus en plus déficitaire pour la France dans les années soixante-dix) et le « différentiel d'inflation » — la montée plus rapide des prix en France — menace constamment la stabilité du rapport entre les deux monnaies. Tandis que l'interconnexion, l'interpénétration des économies a des répercussions politiques positives, les réactions françaises au poids économique et monétaire allemand ont parfois des retombées négatives. Ainsi, en septembre 1974, lorsque, à propos d'un refus du nouveau chancelier allemand d'accepter un pour cent supplémentaire d'augmentation des prix agricoles (5 % au lieu de 4 %), la presse française veut découvrir en Helmut Schmidt un héritier de Bismarck et même un *Feldwebel*, l'équivalent allemand de l'adjudant ayant en français une connotation particulièrement sombre d'autoritarisme militariste et borné.

D'autres accès de fièvre se produisent de temps à autre. Le plus grave a lieu à l'automne de 1977 pendant que le terrorisme se développe en République fédérale. Les réactions très vives à l'extradition de l'avocat Klaus Croissant, accusé de complicité par la justice allemande, ne constituent que l'un des aspects d'une accusation en réalité double qui s'exprime, explicitement ou implicitement, dans les médias français. Les Allemands seront toujours attirés par la violence : le terrorisme le prouve. L'État allemand sera toujours autoritaire : la répression du terrorisme le prouve.

Mais ces accès sont rares et la cordialité des rapports entre les gouvernements passe à bon droit, la plupart du temps, pour l'expression normale des relations entre les deux pays. Des relations que le général de Gaulle avait qualifiées de privilégiées, que Georges Pompidou préférait appeler exemplaires, pour exprimer l'espoir que les relations avec d'autres, la Grande-Bretagne notamment, pourraient avoir la même intensité, et que Valéry Giscard d'Estaing place à l'évidence au cœur de sa politique extérieure. La fréquence de ses rencontres avec Helmut Schmidt dépasse de beaucoup le rythme des entretiens entre de Gaulle et Adenauer. Et lors du sommet franco-allemand de Paris en février 1980, un record est battu : la délégation allemande comprend soixante-neuf personnes, dont onze ministres.

L'intimité n'implique pas l'absence de frottements et de tensions. Lorsque, en juin 1980, le président français va rencontrer Leonid Brejnev à Varsovie, il n'a pas consulté le chancelier allemand ; il l'a simplement informé la veille de son départ. Pourtant, dans la crise Est-Ouest qui se développe après l'invasion de l'Afghanistan, l'écart entre leurs deux positions est faible. C'est par la conception globale de sa défense que la France ne cesse de poser un problème au gouvernement fédéral, au moins autant sous Giscard d'Estaing et Schmidt qu'auparavant.

Pas à propos de Berlin-Ouest : les engagements français sont encore réaffirmés le 29 octobre 1979, lorsque le président de la République rend visite à l'ancienne capitale, ce que n'avaient pas fait ses deux prédécesseurs. « Votre pays, lui dit le maire en l'accueillant, est depuis plus de trente ans l'une des trois puissances protectrices de la ville. La France garantit nôtre liberté. Votre visite souligne que nous pouvons nous en remettre à vous. » « Nos droits, dit le président, c'est votre liberté. Nos droits, c'est votre sécurité [...] Si les circonstances l'exigeaient, la France comme par le passé apporterait sa contribution à la sécurité de Berlin [...] La liberté de Berlin, c'est aussi la nôtre. »

Mais la liberté de la République fédérale, la sécurité de la République fédérale sont-elle aussi celles de la France ? Dans une allocution radiotélévisée, le 25 mars 1975, Valéry Giscard d'Estaing a déclaré à ses compatriotes : « Lorsque vous m'avez élu président de la République [...] vous m'avez confié constitutionnellement sa sécurité. J'ai réfléchi longuement à ce problème et j'ai abouti à la conclusion qui avait été celle du général de Gaulle et qui est que la France doit disposer d'une défense indépendante. » Est-ce dire que les forces françaises ne doivent être engagées que pour la défense du territoire français ? A l'époque, les craintes et doutes allemands sur la solidité de la protection américaine vont croissant. Du côté français, on évoque alors l'idée d'une défense européenne, mais elle manque d'emblée de crédibilité si l'on affirme en même temps que la France ne se soucie que de sa propre défense.

S'il est vrai que les contacts n'ont jamais cessé depuis 1966 entre l'état-major français et les états-major « atlantiques » pour coordonner les actions dans le cas d'un éventuel conflit, il n'en reste pas moins que la position demeure, notamment à propos des fusées Pluton à faible portée stationnées en France. « Nous vous défendrons en détruisant l'ennemi dès qu'il sera dans vos villes », semble-t-on dire au partenaire allemand. Un changement d'attitude a paru être intervenu quand le Premier ministre Jacques Chirac a déclaré, le 10 février 1975, lors de la remise, au camp de Mailly, des premières fusées Pluton aux unités chargées de les utiliser :

> Sachant son sort lié à celui de l'Europe, la France entend jouer dans la défense du continent auquel elle appartient un rôle à la mesure de ses capacités. Pour cela nous ne pouvons nous contenter de

« sanctuariser » notre propre territoire et il nous faut regarder au-delà de nos frontières. A cet égard, parce que ces armes sont françaises et que sur notre continent elles sont authentiquement européennes, elles apportent à la défense de l'Europe, par leur existence même, une contribution dont nos alliés — et nous-mêmes — n'avons pas encore pris exactement la mesure.

Mais sous la double pression de l'opposition et du parti gaulliste de la majorité conduit par le même Jacques Chirac, le président de la République ne va pas plus loin dans l'exploration d'idées nouvelles, malgré le soutien apporté au général Méry, chef d'état-major des armées, dans la controverse qui suit, en juin 1976, la publication d'un article de celui-ci dans la *Revue de Défense nationale.* Avec beaucoup de nuances, le général Méry y laissait envisager la participation française à la bataille de l'avant, donc un engagement peut-être automatique dans un plan concerté. En juin 1977, quand le Premier ministre Raymond Barre parle à son tour au camp de Mailly, seule une nuance demeure : « Le concept de dissuasion s'applique à la défense de nos intérêts vitaux, c'est-à-dire essentiellement à notre territoire national, cœur de notre existence en tant que nation, mais également à ses approches, c'est-à-dire aux territoires voisins et alliés. »

Et lorsqu'il s'agit de savoir comment l'Alliance atlantique doit réagir à l'apparition, du côté soviétique, des fusées SS 20, le président de la République estime qu'il a tout au plus à donner un avis dans le secret du sommet de la Guadeloupe, en janvier 1979, mais non à prendre publiquement position, puisque les décisions de l'organisation militaire de l'Alliance ne concernent pas directement la France, pas plus que les négociations sur le désarmement qui se déroulent en dehors d'elle. Le 19 décembre 1979, l'OTAN adopte précisément une double décision lourde de conséquences : on cherchera à négocier avec l'URSS ; si la négociation échoue, la réplique aux SS 20, ce sera l'installation en Europe de fusées Pershing II et de missiles de croisière.

« *Finlandisation* » ?

La France n'a-t-elle pas intérêt à ne pas prendre position à propos des « euromissiles » ? Sortir du silence pour appuyer la double décision, ne serait-ce pas inciter l'Union soviétique à relever une contradiction de toute façon évidente depuis 1974 ? La déclaration d'Ottawa parle des deux pays européens — la Grande-Bretagne et la

France — qui « disposent de forces nucléaires en mesure de jouer un rôle dissuasif propre contribuant au renforcement global de l'Alliance » ; en même temps, la France se dit non concernée par les négociations sur la réduction équilibrée des armements atomiques puisque ses forces sont nationales, indépendantes. Lors de la visite qu'il fait à Moscou en avril 1979, Valéry Giscard d'Estaing s'est entendu dire par Leonid Brejnev qu'il faudrait bien un jour prendre en compte les fusées françaises.

Et la prudence doit-elle aller jusqu'à une sorte d'autolimitation de l'indépendance par ailleurs affirmée fondamentale ? Une déclaration présidentielle du 21 mai 1975 semble donner à Moscou un droit de regard, sinon de veto sur les mesures de défense en Europe occidentale. Valéry Giscard d'Estaing évoque en effet « les craintes explicables que suscitent pour l'URSS des projets d'organisation de défense européenne dans lesquels l'Union soviétique voit au moins à terme le risque d'une certaine menace ou d'une certaine pression militaire européenne vis-à-vis d'elle-même ».

Le souci d'être en bons termes avec l'Union soviétique conduit le président à des formulations parfois surprenantes. Pendant la visite que Brejnev effectue en France du 20 au 22 juin 1977, Valéry Giscard d'Estaing parle de Paris à la télévision soviétique. Il dit : « D'abord nous [Leonid Brejnev et lui-même] avions souligné que les États avaient des droits. Ils ont le droit d'assurer leur propre sécurité. Ils ont en même temps le droit de choisir en toute liberté la forme particulière de leur organisation politique, économique et sociale. Vous choisissez librement la vôtre. Nous choisissons librement la nôtre. » Parler du libre choix en URSS, n'est-ce pas effacer la distinction au nom de laquelle les Occidentaux considèrent que leurs systèmes politiques sont d'une autre nature que ceux de l'Est ?

Il est vrai que l'air du temps est à l'amitié franco-soviétique dans le contexte général de la détente. Le 25 avril 1978, une délégation du Parti socialiste conduite par François Mitterrand a été reçue au Kremlin. A la conférence de presse donnée en fin de séjour, Pierre Mauroy et Claude Estier tombaient d'accord avec le porte-parole du Parti soviétique pour dire que les échanges de vue avaient été empreints « de chaleur, de cordialité, d'amitié, voire d'amicale ironie ». On était à quelques semaines de la signature de l'acte final de la conférence sur la sécurité et la coopération en Europe.

C'est en effet le 1er août 1975 qu'est signé à Helsinki un long document dont l'origine remonte à 1969. Les pourparlers préparatoires se sont déroulés de novembre 1972 à juin 1973, et la CSCE proprement dite a commencé le 3 juillet 1973. Politiquement, l'accord d'Helsinki, signé par trente-cinq chefs d'Etat ou de gouvernement de poids inégal[1], représente un succès pour l'URSS : elle obtient la reconnaissance solennelle de la situation créée en Europe à la fin de la guerre, une reconnaissance que symbolise la présence simultanée de Helmut Schmidt et d'Erich Honecker, premier secrétaire du Parti socialiste unifié d'Allemagne, chef réel de la RDA. En échange, les Occidentaux obtiennent la signature de l'Union soviétique au bas d'un texte qui contient des dispositions telles que celles-ci :

> Les États participants respectent les droits de l'homme et les libertés fondamentales, y compris la liberté de pensée, de conscience, de religion ou de conviction pour tous, sans distinction de race, de sexe, de langue ou de religion.
>
> Ils favorisent et encouragent l'exercice effectif des libertés et droits civils, politiques, économiques, sociaux, culturels et autres qui découlent tous de la dignité inhérente à la personne humaine et qui sont essentiels à son épanouissement libre et intégral.
>
> Ils confirment le droit de l'individu de connaître ses droits et devoirs dans ce domaine et d'agir en conséquence [...].

On ne saurait dire que l'URSS, à partir de 1975, se soit mise à respecter ce type d'engagement. Elle ira jusqu'à sanctionner durement les animateurs de comités créés en application du dernier alinéa cité. Et la question du respect des droits de l'homme en Europe de l'Est ne cesse d'être à l'ordre du jour, Valéry Giscard d'Estaing se voyant reprocher ses silences, en particulier son refus, en février 1977, de recevoir le dissident soviétique Andrei Amalrik, alors que Jimmy Carter a écrit une lettre de soutien à Sakharov et reçu Boukovski. Mais c'est précisément ce que le président français reproche au président américain. Dans une interview que l'hebdomadaire new-yorkais *Newsweek* publie le 25 juillet 1977, Valéry Giscard d'Estaing déclare : « M. Carter a introduit en politique étrangère une nouvelle dimension idéologique. Elle répond sans doute à certaines nécessités telles que la non-prolifération, la limitation des armements, les droits de l'homme et va dans le sens de mes propres préoccupations, mais cela a compromis le processus de détente. »

Le processus en question se trouve entravé de façon plus nette lorsque, le 28 décembre 1979, dans un message à Leonid Brejnev,

1. Sont signataires les membres de l'Alliance atlantique, ceux du pacte de Varsovie, ainsi que l'Autriche, Chypre, l'Espagne, la Finlande, le Liechtenstein, Malte, Monaco, Saint-Marin, le Saint-Siège, la Suisse et la Yougoslavie.

Jimmy Carter dénonce « une ingérence grossière dans les affaires intérieures de l'Afghanistan ». La veille, par un coup d'État soutenu par l'URSS, Bahak Karmal s'est emparé du pouvoir à Kaboul. Hafizullah Amin, dont il prend la place, est exécuté le jour même, après avoir été jugé par un tribunal militaire pour « crimes contre le peuple afghan ». Il est vrai que le régime mis en place par un autre coup d'État sanglant, en avril 1978, a été fort répressif. Dominé par un parti très minoritaire, il représentait la domination indirecte de l'URSS, par officiers et administrateurs naturalisés interposés. C'est son échec qui conduit l'Union soviétique à intervenir directement et de plus en plus massivement pour garder ou reprendre le contrôle du pays.

Les réactions du gouvernement français ne sont pas particulièrement vigoureuses. Le 6 janvier, le ministre des Affaires étrangères s'interroge au « Club de la presse » d'Europe 1 : « Quelle doit être l'attitude de la France ? Doit-elle être de conclure de cette situation qu'il faut relancer la guerre froide ? » Il n'y aura pas de sanctions économiques : « La France a pour principe de ne pas utiliser les relations commerciales qu'elle entretient avec des États à des fins politiques. » Mais, ajoute Jean François-Poncet : « Je ne vous ai pas dit que l'attitude de la France se limiterait forcément à des mots. » Seulement les mots eux-mêmes semblent destinés prioritairement à prendre des distances par rapport aux États-Unis. Le 5 février, le président de la République rejette l'idée d'un « sommet » entre les États-Unis, la Grande-Bretagne, l'Allemagne fédérale et la France, à l'image de celui de la Guadeloupe un an auparavant, pour définir des positions et décisions communes : « Toute réunion qui aurait pour conséquence de faire apparaître une attitude de blocs dans la situation actuelle ne comportera pas de participation française. »

Le 15 janvier, les ministres des Affaires étrangères de la CEE ont cependant publié à Bruxelles une déclaration commune parlant de l'« intervention militaire de l'Union soviétique en Afghanistan » comme d' « une violation grave des principes qui régissent les relations internationales », « une ingérence flagrante dans les affaires intérieures d'un pays non aligné du monde islamique ». Le 5 février, la réponse de Valéry Giscard d'Estaing aux journalistes constitue un commentaire à la déclaration franco-allemande qu'il vient de signer avec Helmut Schmidt. Les deux hommes « jugent que l'intervention militaire soviétique en Afghanistan est inacceptable ». « Ils prennent acte du fait qu'en raison des événements d'Afghanistan, la détente est devenue plus difficile et plus incertaine et qu'en conséquence le retrait des troupes étrangères d'Afghanistan est nécessaire. Ils déclarent que la détente ne résisterait pas à un choc du même ordre. Dans ce cas, la France et la République fédérale d'Allemagne prendraient en liaison avec leurs alliés les mesures qui s'imposeraient dans cette circonstance pour garantir la sécurité et défendre la stabilité internationale. »

En d'autres termes, on ne fera rien cette fois-ci et la détente peut être maintenue malgré la présence des troupes soviétiques. Mais ne faudrait-il pas au moins une unité de comportement parmi les Occidentaux ? Le président de la République paraît penser que la France a un rôle particulier à jouer. Le 1er mai, l'ambassadeur français est, de façon fort spectaculaire, le seul diplomate occidental à assister au traditionnel défilé sur la place Rouge à Moscou. Le 19 mai, un communiqué est publié à Varsovie pour annoncer qu'ont eu lieu « des entretiens entre M. Valéry Giscard d'Estaing, président de la République française, et M. Leonid Brejnev, secrétaire général du comité central du PCUS, président du présidium du Soviet suprême de l'URSS, avec la participation de M. Édouard Gierek, premier secrétaire du comité central du POUP. Les entretiens, de caractère informel, ont porté sur la situation internationale et les initiatives de nature à réduire les tensions actuelles. »

Contrairement à ce qui se passera un mois plus tard pour une rencontre Brejnev-Schmidt, le voyage de Varsovie n'a pas été préparé avec les autres Occidentaux. Il a pour but de mieux expliquer au leader soviétique la situation internationale créée par l'action de l'URSS en Afghanistan et aussi de ramener une concession spectaculaire. Au sommet européen de Venise, le 23 juin, le président français laisse entendre qu'à Varsovie il a reçu un engagement dont le communiqué des Neuf porte la trace. En effet, après avoir dit : « Nous voulons réaffirmer que l'occupation militaire soviétique de l'Afghanistan est inacceptable et que nous sommes déterminés à ne l'accepter ni maintenant ni plus tard », ils ajoutent : « Nous avons pris note de l'annonce faite aujourd'hui du retrait de certaines unités militaires soviétiques d'Afghanistan. Pour contribuer utilement à la solution de la crise afghane, ce retrait, s'il est confirmé, devra être permanent et être poursuivi jusqu'au retrait complet des forces soviétiques. » La formulation est à bon droit prudente : la présence militaire soviétique sera en fait constamment renforcée.

L'unité occidentale aurait peut-être été mieux maintenue si le président Carter n'avait pas pris unilatéralement des mesures économiques, interrompant les livraisons de céréales à l'URSS, et s'il n'avait pas cherché à obtenir de ses partenaires de se joindre aux

États-Unis pour infliger la sanction morale de la non-participation aux Jeux olympiques organisés à Moscou en août 1980. Dans l'opinion française, la question des Jeux provoque un choc d'arguments de valeur où s'entremêlent le souvenir des J.O. de Berlin en 1936 donnant une caution morale mondiale à Hitler, l'évocation de la récente Coupe du monde de football pour laquelle aucun pays n'avait refusé de jouer près des lieux où les dirigeants argentins faisaient torturer et tuer, le rappel du refus des visas des rugbymen sud-africains. A un appel du 8 février, « Pour les droits de l'homme et la paix. Boycottage des Jeux de Moscou », signé par Jean-Paul Sartre aussi bien que par Raymond Aron, Max Gallo ou Yves Montand, s'oppose le 14 une déclaration de la présidence nationale de l'Association France-URSS lançant un « Comité de soutien aux Jeux olympiques 1980 » signée, malgré « les différences d'appréciation sur l'intervention soviétique en Afghanistan et les mesures prises contre Andrei Sakharov », par nombre de dirigeants socialistes, dont Jean-Pierre Chevènement, Claude Estier et Charles Hernu. François Mitterrand, de son côté, déclare le 17 avril à l'Assemblée nationale : « Tant que les sportifs seront empêchés de sauter à la perche à Moscou et que les hommes d'affaires pourront y signer des contrats qui permettront aux sociétés multinationales de gagner des milliards, on ne pourra pas prendre au sérieux cette méthode. »

Seulement, dès lors que d'autres pays boycottent les Jeux (l'Allemagne fédérale après un vote des athlètes et aussi après une déclaration du ministre des Affaires étrangères : « Nous attendons des États-Unis qu'ils se montrent solidaires à Berlin, nous ne refuserons pas notre solidarité dans la question des Jeux », ce qui ne donnait pas l'impression d'une indignation spontanée !), la participation française finalement maintenue prend l'allure d'une acceptation de la politique soviétique. D'autant plus que le président de la République semble s'appliquer à ne laisser vraiment aucun doute sur l'attitude de la France : dans une conférence de presse, le 26 juin, il dit : « Faut-il qu'un pays comme la France aide militairement la rébellion afghane ? Ma réponse est négative. » N'aurait-il pas été bon de laisser planer l'incertitude sur d'éventuelles fournitures discrètes, non à des rebelles, mais à des résistants, terme d'ailleurs utilisé dans la même déclaration ?

Dans le cas de la Pologne, sur laquelle plane à son tour la menace d'une intervention soviétique, directe ou indirecte, Valéry Giscard d'Estaing est également fort loin de donner un encouragement à ceux qui veulent y développer les libertés, à commencer par les libertés syndicales. Le 27 janvier 1981, sur Antenne 2, à la question d'Alain

Duhamel : « Est-ce que l'aspiration des Polonais à un système plus libéral [...] vous paraît quelque chose qui peut être accepté durablement par les Soviétiques ? », il répond : « Je n'ai pas à me mettre à la place des Soviétiques. C'est à eux de répondre [...] La Pologne se situe entre l'Union soviétique, avec laquelle elle a une très longue frontière, la Tchécoslovaquie et l'Allemagne de l'Est. Elle est donc à l'intérieur du bloc soviétique et les communications du bloc soviétique passent en travers de la Pologne. Celui qui ignorerait ces données géographiques et stratégiques n'a aucune chance d'être acceptable pour l'Union soviétique. »

Le constat résigné choque dans sa froideur. Que ferait Valéry Giscard d'Estaing si la situation de la Pologne connaissait une régression dramatique ? Lorsque la répression se produit, en décembre 1981, c'est son successeur qui doit répondre. Et sa réponse sera si ambivalente que le reproche fait au troisième président d'avoir « finlandisé » la France, c'est-à-dire d'avoir accepté de ne rien faire qui puisse déplaire à l'Union soviétique, apparaîtra rétrospectivement à la fois comme fondé et comme excessif.

10

FRANÇOIS MITTERRAND : L'ALTERNANCE SANS ALTERNATIVES ?

Le président, son parti et l'alliance du PC

Au cours des premiers mois de 1981, le Parti communiste combat le candidat François Mitterrand. L'outrance de sa lutte contre son ancien allié entraîne nombre de ses électeurs potentiels à voter Mitterrand dès le premier tour, le 26 avril. La chute des voix communistes facilite au second tour, le 10 mai, le report de suffrages chiraquiens sur l'adversaire de Valéry Giscard d'Estaing. Par conséquent le gouvernement comprend quatre ministres communistes. Et puisque le PC est au pouvoir, la France retrouve la fidélité atlantique et l'intransigeance à l'égard de l'URSS.

La belle rigueur de la logique politique française n'a pas immédiatement frappé les gouvernements et observateurs étrangers. Lorsque François Mitterrand a été élu, et plus encore lorsque le second gouvernement Mauroy a été formé, avec Charles Fiterman, numéro deux du PC, comme ministre d'État, l'inquiétude a été vive à Washington, à Londres, à Bonn. Certes, on retrouvait les appréhensions habituelles devant toute situation nouvelle, devant tout changement net à Paris : Pierre Mendès France en 1954 et le général de Gaulle en 1958 avaient eu à surmonter bien des méfiances. Cette fois, cependant, la coupure paraissait plus profonde. Le 16 juin, le *Frankfurter Allgemeine Zeitung* publiait une caricature montrant dans le ciel de Gaulle, Napoléon, Louis XIV et Jeanne d'Arc regarder François Mitterrand, bonnet phrygien sur la tête et drapeau rouge à la main, et s'écrier : « Mon Dieu, que va-t-il advenir de la France ? » Le 24, un communiqué du Département d'État disait : « Tout en reconnaissant et respectant pleinement le droit du gouvernement de la France de déterminer sa propre composition, c'est un fait que le ton et le contenu de nos rapports en tant qu'alliés seront affectés par l'arrivée des communistes dans ce gouvernement, comme dans tout gouvernement d'un de nos alliés ouest-européens. »

En réalité, la présence du PC dans la majorité gouvernementale a d'emblée, en politique extérieure, des effets forts différents de ceux qu'on imagine au-dehors et même au-dedans. Le plus important sans doute réside dans une contrainte particulière imposée au président de la République. Même s'il voulait avoir à l'égard de l'URSS une attitude aussi ouverte que son prédécesseur, il ne le pourrait pas puisqu'il serait aussitôt accusé de subir l'influence de ses alliés communistes. La présence de leurs ministres constitue un obstacle à toute rencontre avec les dirigeants soviétiques et une incitation à dialoguer avec le président des États-Unis pour démontrer que la politique extérieure de la France est dirigée par le chef de l'État et non par le PC. Que d'hésitations avant d'en arriver à l'annonce mal assurée, en juin 1984, d'un voyage à Moscou !

De plus, le parti n'a pu participer au gouvernement qu'après avoir signé un accord avec le Parti socialiste qui ne contient pas seulement des affirmations fort claires sur l'Afghanistan et la Pologne, mais aussi, à la fin d'un alinéa en apparence fort peu « occidental » (« action en vue de la dissolution simultanée des deux blocs »), une phrase lourde de signification : la négociation sur la réduction des armements en Europe « doit porter notamment sur la présence des missiles soviétiques SS 20 et sur la décision d'installer des fusées américaines Pershing 2 ». Pour prévenir l'installation des secondes, il faut donc faire cesser la présence des premières, idée absolument contraire à la propagande soviétique.

Dans l'alliance entre François Mitterrand et le PC, ce n'est pas le président de la République qui est mis en difficulté par la politique extérieure. Pour des raisons mal éclaircies, le Parti communiste, au cours des années quatre-vingts, soutient les positions soviétiques plus fidèlement que pendant la période qui va de l'invasion de la Tchécoslovaquie en août 1968 jusqu'au voyage de Georges Marchais à Moscou en janvier 1980, au lendemain de l'invasion de l'Afghanistan. Une spectaculaire interview à la télévision française, donnée dans la capitale soviétique, le montre non pas expliquer l'action de l'URSS, mais faire son apologie. A partir de ce moment, avant et après le changement de majorité, *L'Humanité* épouse étroitement toutes les thèses soviétiques sur tous les problèmes internationaux, ce qui n'empêche pas le Parti de se déclarer pleinement solidaire du gouvernement dont il fait partie, y compris de la politique extérieure.

Il en résulte de constantes contradictions. Ainsi, en janvier 1983, Georges Marchais approuve expressément le discours de François Mitterrand devant le Bundestag, affirmant que ce discours conforte les positions du PC, alors qu'il est ressenti partout, tout particulièrement chez les sociaux-démocrates allemands, comme l'expression d'une pleine solidarité, en matière d'euromissiles, avec le chancelier Kohl et le président Reagan. Les divergences en politique extérieure servent même de moyen de pression à François Mitterrand, notamment à propos de la Pologne. Le Parti communiste ne peut quitter le gouvernement s'il donne l'impression que la cause du départ est d'ordre international : même ses électeurs aiment Walesa et non Jaruselski. Lorsque, au printemps de 1984, Georges Marchais passe à l'offensive contre la politique économique et sociale voulue par le président de la République, il prend soin de minimiser constamment les désaccords extérieurs, pourtant évidents quotidiennement dans *L'Humanité*.

Il est vrai que le PC ne renonce jamais à sa critique de la politique économique extérieure, se faisant l'avocat d'un nationalisme visant à « reconquérir le marché intérieur » et à limiter les investissements français à l'étranger. Cette attitude n'est-elle pas conforme à ce que le Parti socialiste a préconisé avant son arrivée au pouvoir, à ce qu'une bonne partie de ses militants et de ses dirigeants continuent à préconiser ? Et est-ce vraiment là le seul domaine dans lequel les communistes peuvent apparaître comme fidèles aux positions communes antérieures ? Les inquiétudes des partenaires occidentaux ne pouvaient-elles pas se fonder légitimement, en juin 1981, sur les textes programmatiques du PS, voire sur les déclarations de son premier secrétaire ?

Certes le Programme commun du 27 juin 1972 paraît lointain, avec ses exigences :

— Renonciation à la force de frappe nucléaire stratégique sous quelque forme que ce soit ; arrêt immédiat de la fabrication de la force de frappe française ; reconversion, selon un échéancier précis, de l'industrie nucléaire militaire en industrie atomique pacifique [...]

— Arrêt immédiat des expériences nucléaires et adhésion aux traités d'interdiction des explosions nucléaires et de non-dissémination des armements nucléaires [...]

— Cessation de toute vente d'armes et matériels de guerre aux mouvements colonialistes, racistes ou fascistes [...] Stricte réglementation des ventes éventuelles d'armements à l'étranger.

Mais la tonalité du Projet socialiste pour la France des années quatre-vingts, publié dans la perspective des élections de 1981, est encore fort peu « occidentaliste » : « Au cœur de l'Europe, la société française n'assiste à l'extension des contraintes du marché capitaliste sur le monde que pour mieux les sentir se resserrer sur elle [...] Soutenir les luttes menées dans le tiers monde contre l'impérialisme [...] Si l'Alliance atlantique demeure actuellement pour notre pays un contre-poids nécessaire à la puissance soviétique en Europe, elle ne doit pas servir de prétexte à l'alignement de la France sur les positions de l'impérialisme dans le monde [...] La lutte pour les droits de l'Homme est privilégiée, l'accent étant mis sur leurs violations en Afrique et en Amérique latine plus qu'en Europe de l'Est. »

Dans les semaines qui suivent l'élection de François Mitterrand, une série de décisions ou déclarations montrent qu'au pouvoir les choses ne peuvent être considérées comme dans l'opposition. La force atomique était acceptée, mais devait être simplement maintenue. Dès le 3 juin 1981, la décision est prise de laisser les essais nucléaires en Océanie avoir lieu comme prévu par le gouvernement précédent. Le 16 juillet, il est annoncé que les contrats de livraison d'armements à la Libye seront respectés, comme tous les accords conclus au nom de la France. Le 24 juillet, le président de la République annonce la mise en chantier du septième SNLE[1], auparavant réclamée par le RPR et retardée par Valéry Giscard d'Estaing. Le 8 septembre, il explique à la BBC que « l'armée française n'aurait pas un équipement aussi moderne si l'industrie d'armement française devait se contenter du marché intérieur », et que, si la France abandonne un marché extérieur, « quelqu'un d'autre prendra sa place » : ce sont des arguments contre lesquels le PS et son candidat s'étaient élevés.

Mais les critiques de François Mitterrand contre son prédécesseur étaient aussi d'un tout autre ordre. Les analyses de la presse étrangère en mai 1981 seraient plus conformes aux orientations réelles du vainqueur si elles en avaient mieux tenu compte, par exemple à propos de la politique de Camp David, formellement approuvée, ou à propos des otages américains de Téhéran : le 26 avril 1979, devant la Convention du Parti socialiste réticente sur ce point, il a proclamé le droit du président américain de chercher à libérer ces otages au besoin par la force. Et n'a-t-il pas reproché à son adversaire d'être trop mou face à l'URSS à propos de l'Afghanistan et de la Pologne ?

1. Sous-marin nucléaire lanceur d'engins.

Or la politique extérieure continue à être celle du président, même si celui-ci a été pendant dix ans, de 1971 jusqu'à l'ouverture de la campagne électorale, le chef d'un parti fortement structuré et à idéologie fortement affirmée. « Quant à la politique étrangère, elle est l'expression de la politique de la France. Il y a une politique, elle est unique. Elle est définie par le président de la République et par le gouvernement. Elle est soumise au contrôle du Parlement [...] Mon département contribue à sa définition [...] » : ainsi s'exprime, devant l'Assemblée nationale, le 3 décembre 1981, Claude Cheysson, ministre des Relations extérieures. Et comme le gouvernement est soumis au président, et comme le Parlement ne dispose pratiquement d'aucun pouvoir de contrôle sur la politique extérieure, celle-ci demeure l'apanage du président, même si l'opposant François Mitterrand a dénoncé depuis l'instauration de la Ve République le pouvoir personnel du chef de l'État.

Des quatre présidents, il est celui qui a été le plus longuement et le plus intimement mêlé à la vie parlementaire et politique. De novembre 1946, où il a été, à trente ans, élu député de la Nièvre, jusqu'en mai 1981, où il abandonne ce même mandat, il a presque constamment siégé à l'Assemblée nationale; sa seule période sans mandat parlementaire n'a duré que cinq mois, de novembre 1958 à avril 1959, où il a été élu au Sénat avant de revenir à l'Assemblée dès 1962. Conseiller général, maire de Château-Chinon, président du Conseil général de la Nièvre, il a participé à la vie locale. Sous la IVe République, il a été l'un des principaux dirigeants d'un petit parti de centre gauche, l'UDSR. Sous la Ve, il a, de 1964 à 1971, appartenu à ce que l'on pourrait appeler la gauche non affiliée à un parti classique, avant de devenir le chef du Parti socialiste rénové et ancré nettement plus à gauche que les formations auxquelles il avait appartenu antérieurement. La direction du PS lui a apporté, avec la vice-présidence de la fort paisible et fort peu contraignante Internationale socialiste, la possibilité de contacts extérieurs réguliers, en particulier avec des dirigeants au pouvoir comme l'Allemand Willy Brandt, le Suédois Olaf Palme, l'Autrichien Bruno Kreisky. C'est à l'Internationale qu'il a expliqué, en 1972, qu'il faisait alliance avec le Parti communiste pour le faire décliner : un langage que souhaitaient entendre les leaders sociaux-démocrates, en même temps inquiets du néo-marxisme du PS et heureux de le voir en union avec eux dans leur « tiers-mondisme ».

Les contacts à l'IS n'ont pas constitué la première expérience extérieure de François Mitterrand. Certes ses premières participations gouvernementales l'ont confiné au-dedans comme secrétaire général aux Prisonniers de guerre et Déportés en août et septembre 1944, ou comme secrétaire d'État à l'Information en 1948-1949. Mais il s'est trouvé lié à l'Afrique noire comme ministre de la France d'outre-mer en 1950-1951 — c'est à ce moment qu'il a amené Félix Houphouët-Boigny et son RDA à s'associer à l'UDSR et non plus au PC —, puis à l'Afrique du Nord, par intérêt pour une politique libérale en Tunisie et au Maroc, ce qui le conduit à une démission de protestation du cabinet Laniel en septembre 1953, par obligation pour l'Algérie ensanglantée, comme ministre de l'Intérieur de Pierre Mendès France, puis, en 1956-1957, comme ministre de la Justice non démissionnaire du gouvernement Mollet. Dans les autres secteurs de la politique extérieure, il s'est tenu en retrait des grandes querelles de la IVe République, se montrant favorable au développement de l'Europe sans faire partie pour autant du milieu des Européens patentés.

Sous la Ve République, il a maintenu la capacité de concilier la vigueur des coups portés à l'adversaire politique et la réserve qui crée délibérément une incertitude sur la pensée sous-tendant l'attaque. Trois campagnes présidentielles, en 1965, 1974 et 1981, d'innombrables discours comme premier secrétaire du Parti socialiste puis comme président de la République n'ont pas modifié cette donnée politique et humaine centrale : la formule du général de Gaulle sur le chef qui doit toujours garder par-devers lui quelque secret s'applique davantage à François Mitterrand qu'à son grand prédécesseur. Chez le général de Gaulle, la surprise venait des choix tactiques, l'orientation centrale apparaissant avec évidence. Chez François Mitterrand, la zone de la réserve, sinon du secret, comprend des aspects essentiels de la stratégie, en politique extérieure comme en politique intérieure.

Même, semble-t-il, face à ses collaborateurs les plus proches. Ceux-ci sont fort différents les uns des autres. Des chargés de mission, experts en affaires internationales, informent le président et contrôlent le fonctionnement de la politique extérieure. D'autres, apparemment plus proches du président, peuvent donner des conseils nullement convergents : à propos d'Israël, par exemple, il est probable que l'orientation de Jacques Attali, le plus proche des conseillers en toutes matières, ne coïncide pas avec celle de Régis Debray, ancien participant courageux à l'action révolutionnaire en Amérique du Sud, dont la nomination auprès du président a paru à l'origine dénoter une orientation systématiquement « anti-impérialiste » du nouveau pouvoir.

Dans la conduite de sa politique, François Mitterrand aime utiliser des envoyés qui ne relèvent que de lui. Jacques Attali a conduit des négociations en son nom. Charles Salzmann aussi, en principe simple conseiller technique au cabinet du président, mais également vieil ami de celui-ci. Autre ami de vieille date, avocat et homme politique, Roland Dumas a négocié avec le colonel Kadhafi, et avec des gouvernements africains, avant d'accéder à une fonction officielle comme ministre chargé des Affaires européennes en décembre 1983. Mais, comme sous les présidents précédents, les affaires africaines relèvent plus particulièrement d'un conseiller spécialisé permanent, en l'occurrence Guy Penne, doyen de la Faculté de chirurgie dentaire de Paris, ancien dignitaire du Grand-Orient de France et par là lié à des dirigeants africains appartenant eux aussi à la franc-maçonnerie.

Le quatrième président a voulu d'emblée marquer une continuité et une discontinuité. Il était bien le représentant de tous les Français et pratiquait la politique extérieure au nom de la France. En même temps, avec lui, c'était le « peuple de gauche » qui accédait au pouvoir et sa politique portait la marque du socialisme. Il en est résulté une certaine ambiguïté dans l'interprétation de l'Histoire : du XIXe et de la première moitié du XXe siècle, les premiers discours présidentiels présentaient une vision en noir et blanc. En revanche, les déchirements les plus récents devaient être entièrement effacés : en octobre 1982, la volonté du président impose au Parlement non plus seulement l'amnistie, mais la reconstitution des carrières des généraux de l'OAS, malgré les vives réticences du groupe socialiste et l'hostilité conjointe des communistes et des plus fidèles gaullistes.

Qu'est-ce qu'une politique extérieure socialiste ? Dans les premiers mois du mandat, dans les discours du président, davantage dans ceux du ministre des Affaires étrangères, il s'agit de l'affirmation d'une appartenance quand on s'adresse à des Mexicains, des Algériens ou des Polonais. Il peut aussi s'agir de faire faire la politique extérieure par des socialistes. Il en a été ainsi de façon très limitée dans les nominations d'ambassadeurs. Une douzaine de non-diplomates sont devenus chefs de mission, pour des raisons fort diverses : l'envoi à Washington du P-DG de la Régie Renault, Bernard Vernier-Palliez, marquait la priorité donnée aux relations économiques ; pour Rome et Copenhague, il s'agissait plutôt de récompenses accordées à des fidèles qui n'avaient rien reçu à Paris. Un seul choix fut véritablement politique, celui de Pierre Guidoni, député socialiste, animateur du CERES, envoyé à Madrid pour établir des liens privilégiés avec le gouvernement socialiste espagnol ; pour des raisons à la fois humaines et politiques (viticulture du Midi, terrorisme basque, pêche dans le golfe de Gascogne), l'échec fut complet.

Il en a été ainsi de façon plus large pour l'action culturelle à l'étranger, pour laquelle nominations et orientations ont été marquées par moments plus qu'antérieurement par l'esprit de parti sinon de partisanerie. Il est vrai que l'action désordonnée du premier directeur général des Affaires culturelles a provoqué un mouvement de grève peu habituel au Quai d'Orsay et conduit à son éloignement.

Le ministre, lui, est trop souvent à l'étranger pour gérer directement le ministère : il voyage encore plus que le président, bien que François Mitterrand soit plus voyageur encore que ses prédécesseurs. Claude Cheysson a été nommé alors qu'il était depuis 1973 membre de la Commission de la CEE, où il était chargé depuis 1978 des relations avec les pays en voie de développement. Auparavant, cet ancien élève de l'École polytechnique et de l'ENA avait appartenu aux cabinets de Pierre Mendès France aux Affaires étrangères et d'Alain Savary aux Affaires tunisiennes et marocaines, et exercé des fonctions diplomatiques, notamment comme ambassadeur en Indonésie. Énergique et entreprenant, il n'a cessé de réagir vite, trop vite, aux événements par des formules dont il était difficile de dire si leur caractère provocant était volontaire ou non, si elles étaient lancées avec l'accord du président de la République comme ballons d'essai ou bien lui créaient des difficultés imprévues. En tout cas, le ministre des Affaires étrangères est fortement présent dans la politique en train de se faire, malgré les limites qu'imposent à son information et à son action l'entourage présidentiel et l'existence de ministres désireux ou chargés de jouer un rôle propre dans un secteur géographique déterminé, Jean-Pierre Cot pour l'Afrique jusqu'en décembre 1982, Roland Dumas pour l'Europe à partir de décembre 1983.

De Cancun au Tchad. De Jérusalem à Beyrouth

> « Salut aux humiliés, aux émigrés, aux exilés sur leur propre terre, qui veulent vivre, et vivre libres. Salut à celles et à ceux qu'on bâillonne, qu'on persécute ou qu'on torture, et qui veulent vivre, et vivre libres. Salut aux séquestrés, aux disparus et assassinés qui veulent seulement vivre, et vivre libres. Salut aux prêtres brutalisés, aux syndicalistes emprisonnés, aux chômeurs qui vendent leur sang pour survivre, aux Indiens pourchassés dans leurs forêts, aux travailleurs sans droits, aux paysans sans terre, aux résistants sans

armes, qui veulent vivre, et vivre libres. A tous la France dit : « Courage ! la liberté vaincra ! »

[...] Et si j'en appelle à la liberté pour les peuples qui souffrent de l'espérer encore, je refuse tout autant ses sinistres contrefaçons : il n'est de liberté que par l'avènement de la démocratie.

Le discours prononcé par le président de la République, le 20 octobre 1981, devant le monument de la Révolution de Mexico, est d'inspiration généreuse. Il paraît s'adresser par priorité à l'Amérique latine, donc indirectement aux États-Unis, d'autant plus qu'il fait allusion à la déclaration franco-mexicaine du 28 août précédent désignant le Front d'opposition salvadorien comme « force représentative ». Il est en même temps destiné à servir d'ouverture au sommet Nord-Sud qui s'ouvrira le surlendemain 22 octobre à Cancun.

Mais par quelles politiques précises doit s'exprimer le désir de se faire le champion des peuples, d'appliquer le principe moral exprimé dans le discours de Mexico : « Il existe dans notre droit pénal un délit grave : celui de non-assistance à personne en danger [...] En droit international, la non-assistance aux peuples en danger n'est pas encore un délit. Mais c'est une faute morale et politique qui a déjà trop coûté de morts et trop de douleurs à trop de peuples abandonnés [...] pour que nous acceptions à notre tour de la commettre » ? Par quelle aide accordée au gouvernement du Nicaragua contre ses adversaires soutenus par Washington ? Par quelle aide accordée aux Indiens persécutés par ce même gouvernement ? Fidel Castro incarne-t-il la cause de la libération des peuples ? Mais qu'en est-il de son peuple, si Claude Cheysson, dans la conférence de presse donnée à la fin d'une visite officielle à La Havane en août 1983 doit déclarer : « Nous n'avons pas la même conception des droits qu'il faut accorder à chacun et à chaque peuple » ? Et Cuba n'est-il pas le très fidèle allié de l'URSS qui fait fi des droits du peuple afghan et des droits des Polonais ?

Qu'en est-il surtout en Afrique ? Les socialistes ont dénoncé l'appui accordé par les présidents précédents à des gouvernements d'oppression. Les intérêts économiques et même le souci d'autres formes de présence, d'influence française, ne devraient pas l'emporter sur la défense des droits de l'homme. Or la continuité de la politique africaine semble nette dès le sommet franco-africain qui se tient à Paris le 3 novembre 1981. Les tiraillements, affrontements et réconciliations entre Paris et Libreville ressemblent fort à ce qu'ils étaient du temps où Valéry Giscard d'Estaing était en relation directe ou indirecte avec le président Omar Bongo, que les socialistes dénonçaient non sans raison comme oppresseur et exploiteur du Gabon. En avril 1984, la mission de Pierre Mauroy auprès de lui ressemble plus à une tentative d'apaisement qu'à une mise en demeure.

Plus forte, plus spectaculaire est la continuité dans ses rapports avec la Guinée, puisque Ahmed Sekou Touré a été particulièrement violent dans sa critique des socialistes qui avaient dénoncé les traitements infligés aux opposants. A la visite officielle de Valéry Giscard d'Estaing à Conakry en décembre 1978 répond celle d'Ahmed Sekou Touré à Paris en septembre 1982. Les fortes réticences de Jean-Pierre Cot pour participer à son accueil semblent avoir contribué, au début de décembre, à la chute du ministre délégué auprès du ministre des Relations extérieures, chargé de la Coopération et du Développement. Un ministre qui a pourtant obtenu en juillet, après maints tiraillements, un décret précisant et élargissant ses attributions. Mais l'essentiel n'était-il pas l'entrée d'Ahmed Sekou Touré dans le camp des modérés en Afrique, entrée symbolisée par sa présence active et pondérée au sommet franco-africain de Vittel en octobre 1983 ? Lorsque le président guinéen meurt le 27 mars 1984, le divorce est grand entre le bilan que dresse la presse d'un régime particulièrement atroce dans la répression, et le message de condoléances de François Mitterrand : « Sa perte sera durement ressentie tant en Guinée que sur le continent africain tout entier dont il était l'un des chefs d'État les plus remarquables et les plus écoutés [...] En mon nom propre et en celui du peuple français, je tiens à rendre hommage à l'œuvre et à la personnalité du grand disparu. »

Quelques jours plus tard, les officiers qui prennent le pouvoir en renversant le successeur légal ouvrent camps et prisons et attirent l'attention sur l'état économique déplorable du pays. Si ce point-là soulève peu de débats en France, c'est qu'un changement idéologique important s'est accompli depuis le début des années soixante. Il était alors de bon ton d'opposer à l'expansion capitaliste de la Côte-d'Ivoire la volonté socialiste d'une Guinée pauvre mais éprise d'égalité. Vingt ans plus tard, malgré les inégalités et injustices visibles dès les faubourgs d'Abidjan, qui donc soutient encore qu'Ahmed Sekou Touré a plus apporté aux Guinéens que Félix Houphouët-Boigny aux Ivoiriens ?

Parmi les vingt-cinq États participant à la conférence de Vittel [1],

1. Bénin, Burundi, Cap-Vert, Centrafrique, Comores, Congo, Côte-d'Ivoire, Djibouti, France, Gabon, Gambie, Guinée, Guinée-Bissau, Haute-Volta, Mali, Maurice, Mauritanie, Niger, Rwanda, Sénégal, Seychelles, Sierra Leone, Tchad, Togo, Zaïre.

l'un est en situation de guerre. Le pouvoir d'Hissène Habré, qui plaide pour obtenir le soutien des autres gouvernements, ne semble tenir que grâce au soutien militaire français, face à son rival Goukouni Oueddeï qui occupe le nord du pays avec le soutien de la Libye. Depuis la mi-août 1983, en effet, environ trois mille militaires français sont engagés dans l'« opération Manta » et empêchent la progression vers la capitale N'Djamena des forces rebelles de celui qui a été président du Tchad de mars 1979 à juin 1982. Décidément, la guerre civile semble permanente dans ce pays particulièrement pauvre et les interventions françaises fort répétitives !

Il est vrai que, si le Tchad appartient à l'Afrique dite noire, il touche aussi à l'Afrique du Nord, ne serait-ce que par le désir manifeste du colonel Kadhafi de le dominer. Or les relations de la France avec la Libye ne sont pas moins contrastées sous le quatrième président que sous le troisième. On continue à s'affronter, à frôler la guerre, tout en gardant des relations militaires privilégiées, puisque la France continue à fournir les avions et d'entraîner les pilotes de l'ennemi potentiel. Est-ce parce qu'il est particulièrement difficile de concilier politique arabe et politique africaine ?

La politique arabe elle-même ne saurait être une réalité simple. Elle comporte les relations avec les anciens protectorats d'Afrique du Nord et avec l'Algérie, relations que les présidents successifs souhaitent aussi positives que possible. Le gouvernement socialiste tient tout particulièrement à développer la coopération avec l'Algérie qui se réclame du socialisme tout en mettant moins l'accent qu'auparavant sur l'anti-impérialisme antioccidental. La visite du président Chadli à Paris en novembre 1983 symbolise une volonté d'entente qui rencontre cependant bien des obstacles, à commencer par le problème des immigrés algériens en France. Et les rapports franco-algériens ne sont pas non plus séparables de la politique extérieure globale : si le contrat gazier signé à Alger le 3 février 1983 est particulièrement favorable à l'Algérie, puisqu'il lui garantit l'achat annuel de 9,15 milliards de mètres cubes de gaz à un prix très privilégié, c'est à la fois parce que la France veut être agréable au partenaire algérien, et qu'on espère de nombreuses commandes algériennes à l'industrie française — et parce que Claude Cheysson veut conclure au plus vite pour montrer que la France ne devient pas dépendante du gaz soviétique pour lequel le contrat a été signé quelques jours auparavant.

La politique arabe consiste non moins à chercher des débouchés pour deux types de fournitures dont la France domine particulièrement bien les techniques, à savoir les armements sophistiqués et les réacteurs nucléaires. Il s'agit entre autres de financer les achats de pétrole. Ainsi un contrat pour 35 milliards de francs d'armes antiaériennes est conclu avec l'Arabie Saoudite en janvier 1984. Mais l'Égypte, elle aussi, reçoit des armes : un contrat portant sur vingt Mirages 2000 a été conclu en janvier 1982. Ainsi pour la centrale atomique fournie avant 1981 à l'Irak, dont le maintien et le développement sont sans doute l'une des raisons du ferme soutien accordé à Bagdad contre Téhéran dans la terrible guerre irako-iranienne, soutien qui va jusqu'au prêt à l'Irak, en juin 1983, de cinq Super-Étendard équipés de missiles Exocet, devenus célèbres depuis leur utilisation par l'Argentine contre la Grande-Bretagne dans le conflit des Malouines en mai 1982.

La politique arabe, enfin, se préoccupe des Palestiniens, autrement dit se trouve étroitement liée à l'affrontement permanent entre Israël et les pays arabes. Quelques jours après l'installation de François Mitterrand au pouvoir, le 7 juin 1981, l'aviation israélienne a partiellement détruit la centrale irakienne de Tammouz supposée capable de servir à la construction d'armes atomiques : le lien entre politique arabe et politique israélienne est d'emblée éclatant.

Pourtant, Israël proteste beaucoup moins contre les livraisons d'armes, très réelles et très importantes, de la France à l'Arabie Saoudite que contre l'intention manifestée, au début de 1984, par la République fédérale d'Allemagne de fournir des armements limités au même pays. C'est que la France n'a pas eu Hitler dans son passé. C'est aussi que les relations franco-israéliennes se sont un peu améliorées entre 1981 et 1984, malgré les tensions entraînées par la guerre au Liban.

Des quatre présidents de la Ve République, François Mitterrand est le seul à avoir séjourné en Israël avant son arrivée au pouvoir et à y avoir des amitiés. Il est aussi le seul à s'y rendre en visite officielle comme chef de l'État. Son attitude d'opposant, il l'avait expliquée dans une interview à la revue du Fonds social juif :

> Je considère, et le parti socialiste avec moi, que les données fondamentales d'une solution au conflit israélo-arabe ne sont pas divisibles. Lors du récent débat de politique étrangère à l'Assemblée

nationale, j'ai rappelé qu'invité à Jérusalem j'avais parlé du droit des Palestiniens à disposer d'une patrie et qu'au Caire [en 1975], où j'avais rencontré Sadate et Arafat, et à Alger [1977], où, Boumedienne à mes côtés, j'avais réaffirmé que rien ne serait possible sans la reconnaissance par les pays arabes du droit d'Israël d'exister et d'en posséder les moyens. Cela n'a fait plaisir ni aux uns ni aux autres. Mais, à distance, tous ont compris que les socialistes français n'avaient qu'un seul langage. Nous n'en avons pas changé. Et le reproche principal que nous adressons à M. Giscard d'Estaing, c'est d'avoir adapté le sien selon le goût de ses auditeurs arabes, d'avoir, avec les plus durs, gommé les droits d'Israël pour les redécouvrir avec ceux qu'il jugeait plus complaisants [1].

Il reste fidèle à l'attitude ainsi définie dans le discours qu'il prononce le 4 mars 1982 devant la Knesset à Jérusalem. Mais, comme pour ses prédécesseurs, les espoirs soulevés en Israël lors de la succession se trouvent progressivement déçus, en particulier parce que l'appui français à Yasser Arafat ne se dément pas. Cet appui est particulièrement visible au Liban : au début de septembre 1982, les soldats français couvrent le départ du chef de l'OLP quittant Beyrouth investi par les forces israéliennes ; en décembre 1983, c'est sur un navire français qu'il quitte Tripoli, au Nord-Liban, et échappe à la mort dont le menacent les dissidents de son organisation appuyés par la Syrie.

La guerre au Liban qui dure depuis 1975 a en effet pris un aspect nouveau avec l'opération « Paix en Galilée » lancée par Israël le 6 juin 1982. Guerre civile et guerre étrangère se superposent et s'interpénètrent. Les alliances se font et se défont entre factions libanaises et Syriens d'une part, Israéliens de l'autre. Les massacres de populations se succèdent. La presse française se montre plus sensible à la boucherie commise dans les camps palestiniens de Sabra et de Chatila en septembre 1982 qu'aux assassinats massifs commis contre la population chrétienne dans le Chouf un an plus tard. Il est vrai que des centaines de milliers d'Israéliens ont obtenu la création d'une commission d'enquête sérieuse sur les responsabilités de leurs dirigeants dans le crime de Sabra et Chatila, à partir d'une exigence morale dont la population et les autorités françaises n'avaient pas fait preuve pendant la guerre d'Algérie.

Au moment où, le 30 mars 1984, les derniers soldats français quittent le Liban, la Syrie apparaît comme le grand vainqueur d'un conflit toutefois nullement résolu. Le contingent français met fin à

1. *L'Arche*, mai 1980.

une présence de dix-huit mois. Huit mille soldats français ont servi à tour de rôle au sein d'une force multinationale dont l'élément français est le dernier à partir après avoir eu quatre-vingt-huit morts à déplorer. Sa présence a-t-elle été inutile ? Mission d'interposition, mission de sécurité, mission humanitaire, mission d'instruction de l'armée libanaise : aucune des tâches fixées n'a été menée à son terme ; toutes ont pour le moins été entamées. Cette présence était-elle nécessaire ? A quels objectifs correspondait-elle ? Pourquoi les socialistes, qui avaient tant critiqué les présidents précédents pour leurs interventions extérieures, ont-ils accepté la double présence, au Liban et au Tchad, de forces plus nombreuses que celles des périodes antérieures ?

Les liens anciens avec le Liban et avec l'Afrique saharienne fournissent un élément de réponse, mais le désir de voir la France jouer un rôle important dans la vie internationale en constitue un autre sans doute plus important. D'autant plus que ce désir pose des problèmes de taille à la politique militaire globale et plus encore à la politique européenne.

L'Europe sans la défense

La force d'interposition au Liban comprenait des contingents des États-Unis, de France, de Grande-Bretagne et d'Italie. Il n'y avait pas de contingent allemand. Aucun gouvernement de la République fédérale ne pouvait ni ne peut envoyer des soldats allemands hors d'Europe : le fait d'avoir eu Hitler dans le passé constitue une contrainte de taille, face à l'opinion nationale comme face à l'opinion étrangère. Si la défense, c'est aussi la capacité de se servir de ressources militaires pour participer de façon crédible au jeu politique mondial, il ne peut ainsi exister de défense européenne, donc pas d'Europe comme puissance exerçant sur les développements au Moyen-Orient ou en Afrique une pesée distincte de celle des États-Unis. La tendance française à privilégier la pesée nationale, même limitée, s'en trouve confortée et renforcée.

Il en est de même pour la défense européenne de l'Europe occidentale. Elle ne peut exister sans pouvoir commun de décision nucléaire. Or la participation allemande à cette décision est aussi exclue que sa non-participation. Le doigt allemand sur le bouton, ce serait pire pour l'URSS que les Pershing ; de plus, les Allemands se le sont interdit en signant en 1969 le traité de non-prolifération ; de surcroît, ils n'en veulent pas. Mais, s'ils consentent, depuis la naissance de la République fédérale, à être « petits » face aux États-

Unis (encore s'en impatientent-ils aujourd'hui !), ils ne sauraient accepter de fournir la piétaille à la France et à la Grande-Bretagne, seules détentrices de l'armement « noble ». De toute façon, il ne peut pas exister de système de défense véritablement européen. Il se trouve en effet — et personne n'en est responsable, personne ne peut rien y changer — que l'Union soviétique est une grande puissance et se situe en Europe. Si le système de défense est purement européen, il ne défend pas grand-chose : l'Union soviétique, de par son seul poids, dominera l'Europe occidentale sans même avoir besoin d'avancer un soldat ou une fusée. Pour que la sécurité soit assurée, il faut que l'autre Grand soit dans le système — qui devient alors un système russo-américain, les relations de force Europe-URSS en constituant un sous-système.

Ce sont ces données-là, impliquant à la fois la présence des troupes américaines en Europe et le caractère national, non européen, de la force nucléaire française, qui ont été implicitement à la base de la déclaration d'Ottawa en 1974. Elles sont pleinement acceptées par François Mitterrand, mais avec une tonalité doublement nouvelle, puisque le souci de coopération et d'entente est plus fortement accentué à la fois face aux États-Unis et face à la République fédérale, sans que le principal problème de fond se trouve tranché pour autant.

Rien n'est changé en 1981 dans le pouvoir suprême de vie et de mort sur ses concitoyens qui est attribué au président de la République (ou qu'il s'attribue). « C'est lui seul qui doit et peut prendre les décisions en matière de dissuasion » : la formule utilisée par Valéry Giscard d'Estaing dans un entretien télévisé le 18 novembre 1980 devient simplement « La pièce maîtresse de la stratégie de dissuasion en France, c'est le chef de l'État, c'est moi », dans l'entretien télévisé du 16 novembre 1983 de son successeur. Son ministre de la Défense nationale, Charles Hernu, qui a été l'un des très rares parlementaires à suivre les questions militaires, n'éprouve aucune difficulté à se considérer comme l'héritier de ses prédécesseurs.

François Mitterrand s'engage cependant plus fermement que Valéry Giscard d'Estaing aux côtés du président américain pour préconiser la mise en œuvre de la double décision de l'OTAN, même si la France n'a pas pris part à cette décision et même si elle n'est pas concernée par l'installation éventuelle des Pershing II et des missiles de croisière. « La France ne confond pas le pacifisme comme postulat et la paix comme résultat. C'est celle-ci qui m'intéresse [...] Seul l'équilibre des forces préserve la paix. C'est la raison pour laquelle j'ai alerté l'opinion sur le surarmement soviétique en Europe » : les formulations de la conférence de presse du 24 septembre 1981 sont développées avec clarté le 20 janvier 1983 dans un spectaculaire discours au Bundestag à Bonn.

> Une idée simple gouverne la pensée de la France : il faut que la guerre demeure impossible et que ceux qui y songeraient en soient dissuadés.
>
> Notre analyse et notre conviction, celle de la France, sont que l'arme nucléaire, instrument de cette dissuasion, qu'on le souhaite ou qu'on le déplore, demeure la garantie de la paix, dès lors qu'il existe l'équilibre des forces. Seul cet équilibre, au demeurant, peut conduire à de bonnes relations avec les pays de l'Est, nos voisins et partenaires historiques. Il a été la base saine de ce que l'on a appelé la détente. Il vous a permis de mettre en œuvre votre « Ostpolitik ». Il a rendu possible les accords d'Helsinki.
>
> Mais le maintien de cet équilibre implique à mes yeux que des régions entières de l'Europe ne soient pas dépourvues de parade face à des armes nucléaires spécifiquement dirigées contre elles. Quiconque ferait le pari sur le « découplage » entre le continent européen et le continent américain mettrait, selon nous, en cause l'équilibre des forces et donc le maintien de la paix.
>
> […] C'est pourquoi la détermination commune des membres de l'Alliance atlantique et leur solidarité doivent être clairement confirmées pour que la négociation aboutisse — aboutisse ! —, condition nécessaire à la non-installation des armes prévues par la « double décision » de décembre 1979.

Une telle conception ne facilite évidemment pas les relations avec l'Union soviétique, de toute façon entravées par l'occupation de l'Afghanistan et par les développements en Pologne, surtout à partir du 13 décembre 1981 où le général Jaruselski y prend le pouvoir. Mais la tension politique n'empêche pas les négociations économiques, notamment la conclusion du contrat fortement combattu par les États-Unis : les pays d'Europe occidentale, en particulier la France et l'Allemagne, recevront des quantités considérables de gaz soviétique par la voie d'un gazoduc qu'ils contribueront à construire. Surtout, les relations franco-soviétiques restent marquées par une certaine ambiguïté dont la tragédie de l'avion civil sud-coréen abattu en septembre 1983 par la chasse soviétique fournit un éloquent exemple : le 8 septembre, devant la conférence de Madrid qui fait suite à celle d'Helsinki en 1975, Claude Cheysson a recours à un langage particulièrement vigoureux : « Un acte brutal, inqualifiable, choquant, bouleversant, incroyable. » Le 14, un communiqué de l'agence Tass rend hommage à la France pour son refus de s'associer à la mesure de suspension des vols vers l'URSS décidée par la plupart des pays occidentaux !

Le discours devant l'Assemblée nationale allemande est évidemment utilisé par l'URSS pour demander l'inclusion des fusées françaises dans les négociations russo-américaines. La réplique de François Mitterrand est résumée dans une formule utilisée dans le discours qu'il adresse à l'assemblée générale de l'ONU le 28 septembre 1983 : « La France possède l'arme de sa propre défense. Rien de plus, rien de moins. » Mais les deux affirmations sont contestables : le « rien de moins » semble dire que la défense de la France peut être assurée sans l'appui américain, ce qui contredit le souci d'éviter le « découplage » ; le « rien de plus » est inévitablement mal reçu en Allemagne, puisqu'il paraît revenir en arrière sur les manifestations de la solidarité française pour la protection du territoire allemand.

Demander aux Allemands d'accepter les Pershing sans étendre à la République fédérale la garantie de la force nucléaire française, n'est-ce pas leur signifier que leur territoire est considéré comme un simple glacis de la France et non comme un pays allié ? Pourtant le traité de 1954 contraint juridiquement à la solidarité militaire totale. De plus, François Mitterrand paraît jouer plus que son prédécesseur la carte de cette solidarité en mettant en application la clause du traité de l'Élysée de 1963 prévoyant un effort de rapprochement en matière militaire et surtout en laissant entendre que la Force d'action rapide prévue par la doctrine française réaménagée est destinée à être engagée au-delà du territoire national. Que cette doctrine n'en reste pas moins floue sur la nature de la solidarité française à l'égard de son voisin de l'Est, les textes le montrent encore au moment de l'adoption de la loi de programmation militaire 1984-1988, en particulier l'exposé de fond fait en mai 1983 à l'Institut des hautes études de la Défense nationale par le chef d'état-major des armées, le général Lacaze[1] :

> Indépendance nationale, participation à la défense de l'Europe, présence dans le monde constituent les trois volets de la politique française qui s'appuie, d'une part sur la possession d'un armement nucléaire indépendant, d'autre part sur des forces capables de matérialiser notre solidarité, tant auprès de nos alliés sur le continent européen qu'auprès de nombreux pays avec lesquels nous sommes liés par des accords de défense ou de coopération [...]
>
> [...] J'en viens maintenant au concept d'emploi de nos forces terrestres en Europe. Celles-ci, dont une partie est stationnée sur le

1. Texte complet (et résumé de la loi-programme) dans *Défense nationale*, juin 1983.

territoire de la RFA, sont appelées à l'engager soit aux côtés de l'Alliance si le gouvernement en décidait ainsi, soit dans un cadre national. Leur implantation géographique et leur mobilité tactique les rendent aptes, tout en couvrant les approches du territoire national, à intervenir en deuxième échelon contre un adversaire qui aurait bousculé le dispositif de l'Alliance. En revanche, elles ne peuvent normalement se porter, en raison de cette implantation géographique et d'un certain manque de mobilité stratégique, au sein du dispositif allié dès le déclenchement du conflit.

Les relations franco-allemandes n'ont pas été sensiblement modifiées par le changement de président en 1981 ni par le changement de chancelier en octobre 1982. On est passé, sans difficulté apparente, du « couple » Valéry-Helmut I au couple Helmut I-François, puis au couple François-Helmut II. Certes, en matière économique, l'entente était plus facile entre le président libéral français et le chancelier social-démocrate allemand qu'entre celui-ci et le président socialiste français. Mais François Mitterrand a accordé à Helmut Schmidt un soutien beaucoup plus appuyé face à la vague pacifiste, face à l'aile gauche de son propre parti, que ne l'avait fait Valéry Giscard d'Estaing. Et l'on a pu voir une nouvelle fois à partir de la fin de 1982 que la couleur politique des gouvernements ne constituait pas une donnée fondamentale de leurs rapports. Ainsi il a fallu attendre la venue au ministère des Postes d'un socialiste à Paris et d'un chrétien-démocrate à Bonn pour qu'une unité de vues et une coopération s'établît dans une passion commune pour les technologies nouvelles, en particulier le câblage télévisuel. Or Louis Mexandeau et Christian Schwarz-Schilling représentaient chacun l'aile idéologiquement dure de leur parti.

Le discours du président de la République devant le Bundestag a fortement choqué les députés sociaux-démocrates. Le SPD écarté du pouvoir était à la recherche d'une unité qui passait par la mise à l'écart de Helmut Schmidt et de la double décision de l'OTAN qu'il avait suscitée. L'accord entre François Mitterrand et Helmut Kohl dans le désaccord entre les partis socialistes rappelait la situation du temps de Konrad Adenauer et Guy Mollet. On peut pousser la comparaison plus loin : l'entente face au SPD était dans les deux cas rendue fragile par un conflit sérieux sur un autre sujet, la politique algérienne en 1956, la politique économique en 1982. Terriblement militariste aux yeux des socialistes allemands, la France de François

Mitterrand était redoutablement dirigiste et étatiste aux yeux des chrétiens-démocrates.

La situation a doublement évolué en 1983. Le changement de la politique économique française s'est accentué au printemps, et l'échec de l' « automne chaud » que devait susciter le mouvement de la paix a à la fois modéré l'évolution du SPD et introduit plus de sérénité dans les réactions françaises au pacifisme allemand.

Peut-être la conjonction de groupements fort variés — confessionnels, écologistes, antinucléaires, alternatifs, etc. — contre l'installation des Pershing aurait-elle soulevé moins d'inquiétudes en France à propos d'un éventuel « esprit de Munich » en Allemagne, s'il n'y avait eu, en décembre 1981 et janvier 1982, la différence des réactions dans les deux pays face aux événements de Pologne. Une différence à la fois réelle et factice : l'émotion a en effet été plus forte en France, ne serait-ce qu'à cause du lien affectif traditionnel avec la Pologne, mais l'aide privée aux Polonais a été plus forte en République fédérale, et l'action gouvernementale également prudente dans les deux pays, également fondée sur les refus de toute sanction économique à l'égard de l'URSS comme du gouvernement du général Jaruselski. Puis, pendant le grand déferlement de la vague anti-Pershing, la presse et, semble-t-il, le gouvernement ont eu tendance à mettre sur le même plan la résignation de quelques-uns de se soumettre aux pressions de l'URSS dans l'espoir de voir une Allemagne désengagée se rapprocher de son unité, et la volonté du plus grand nombre, y compris dans les partis gouvernementaux, de sauver les contacts établis depuis 1971 avec les Allemands de la RDA. Que ces contacts signifient une forte présence occidentale de l'autre côté du rideau de fer, voilà ce qui n'a jamais été admis ni même clairement perçu en France.

L'affaire des Pershing a voilé la principale difficulté franco-allemande. Malgré des politiques conjoncturelles opposées en 1981-1982, l'interconnexion entre les deux économies n'a pas faibli. En 1983, la France a toujours été le principal client et, après la Hollande avec son gaz, le second fournisseur de la République fédérale. Mais c'est précisément cette interconnexion qui crée un problème apparemment insurmontable lorsque l'économie française se contracte plus que l'allemande : le déficit commercial grandit alors rapidement. Et ce déficit constitue la donnée essentielle du déficit extérieur global de la France. Il est simplement moins ressenti comme une donnée politique que les montants compensatoires monétaires, parce que ceux-ci affectent plus directement une catégorie sociale spécifique. Les MCM mobilisent cependant les agriculteurs davantage contre la politique européenne que contre l'Allemagne.

L'échec des sommets européens d'Athènes et de Bruxelles, en décembre 1983 et en mars 1984, montre à quel point a été inutile la grandiloquente déclaration solennelle sur l'Union européenne lancée en juin 1983 au sommet de Stuttgart. Elle évoquait « la conscience d'une communauté du destin » et la « volonté d'affirmer l'identité européenne ». Impossibilité de maintenir la politique agricole commune garantissant prix et écoulement des produits même en l'absence de débouchés ; intransigeance de la Grande-Bretagne exigeant le remboursement de l'excédent des versements britanniques sur les retours perçus ; désarroi devant la crise de la sidérurgie pourtant gérée le moins mal possible par la Commission de la CEE ; problèmes posés par les candidatures de l'Espagne et du Portugal : l'Europe communautaire paraît si bien s'enfoncer dans une crise multiforme qu'elle semble en 1983-1984 de plus en plus menacée à la fois de paralysie et d'éclatement.

Pourtant, François Mitterrand a mis d'emblée, en 1981, l'accent sur la nécessité d'une politique européenne. En même temps, il montrait qu'il ne connaissait pas très bien les mécanismes de l'élaboration de la politique européenne concrète du gouvernement français : le décret du 12 juin 1981 qui chargeait André Chandernagor, ministre des Affaires européennes, de suivre les questions communautaires, lui donnait autorité sur le Secrétariat général du Comité interministériel pour les questions de coopération économique européenne. L'autorité du SGCI — rattaché depuis 1948 soit au ministère de l'Économie, soit directement au président du Conseil ou Premier ministre — s'en trouvait si affaiblie qu'il en devenait incapable d'assurer une véritable coordination des politiques concrètes à mener au niveau européen. Le décret du 12 décembre 1983 laissait les choses en l'état. Même s'il chargeait Roland Dumas des questions que son prédécesseur avait simplement pour mission de suivre, la situation ne s'en trouvait que peu améliorée, alors que précisément les six mois de présidence française des institutions communautaires, au premier semestre de 1984, auraient exigé un appareil décisionnel en parfait état.

La volonté européenne manifestée par le président de la République était aussi, dès son accession au pouvoir, limitée par le désir de ne pas accentuer l'unité communautaire par une transformation des institutions. Le mémorandum français rédigé en septembre 1981 préconisait une relance de l'Europe tout en précisant : « Cette proposition de relance ne comporte aucune innovation institutionnelle. » Au cours des années suivantes, il apparaît clairement que la perspective de l'élection européenne du 17 juin 1984 n'aura pas d'effet mobilisateur. Le discours de Strasbourg vient trop tard : le 24 mai, le président de la République y accepte les bases d'un changement institutionnel de la CEE. La politique intérieure domine si bien le débat entre partis français que ceux-ci élaborent leur stratégie et composent leurs listes respectives sans tenir compte des réalités et des nécessités de l'assemblée de Strasbourg. Le Parti socialiste, en particulier, ne se soucie aucunement de l'effet qu'aura sur le groupe socialiste européen et sur les autres parlementaires l'élimination des plus actifs et des plus respectés de ses élus, sacrifiés au dosage entre « courants ».

En même temps, l'Europe a bel et bien constitué le choix fondamental de François Mitterrand lorsque, en mars 1983, il a repoussé la tentation de l'isolement qu'aurait représenté la sortie du Système monétaire européen, la dévaluation sauvage et le retour à un fort protectionnisme. Le réajustement du 21 mars, limité à 2,5 %, a été concerté et accompagné, comme pour les dévaluations du 4 octobre 1981 et du 12 juin 1982, par une réévaluation du mark passé ainsi, depuis mai 1981, du cours moyen de 2,36 francs à celui de 3,07.

Les contraintes économiques et le révélateur américain

Le SME est demeuré assez stable en 1983 et au premier semestre de 1984, parce que la politique économique de la France a changé et parce que le dollar a atteint des sommets dont il n'est pas descendu, en partie à cause du maintien de taux d'intérêt élevés aux États-Unis. La force du dollar évite le report des capitaux flottants sur le mark ; s'il en était autrement, celui-ci monterait, et le franc, ne pouvant le suivre, se verrait contraint de céder trop de terrain pour qu'un rajustement monétaire puisse être évité. Le cours élevé du dollar, joint à la reprise américaine, favorise également les exportations françaises vers les États-Unis, mais renchérit des importations essentielles, en particulier le pétrole.

En 1981-1982, les exportations allemandes vers la France se sont fortement développées à cause de la politique de relance pratiquée par le gouvernement français en l'absence de produits français capables de satisfaire immédiatement la demande intérieure stimulée par cette politique. En 1983, les exportations françaises ont repris et le déficit extérieur a diminué, en particulier à l'égard de la République fédérale. Mais le problème le plus grave de la politique économique extérieure, la contrainte la plus sérieuse que celle-ci fait peser sur la politique globale, s'est aggravé. Le montant des emprunts nets a encore crû en 1983, même si on n'en était plus au doublement de 1981 par rapport à 1980, et de 1982 par rapport à 1981. La dette extérieure cumulée a pris des proportions si alarmantes que l'ombre du Fonds monétaire international se profile à l'horizon, avec la menace des obligations de politique financière interne que le FMI impose aux pays qu'il assiste.

Comment effectuer un redressement qui libère quelque peu l'action politique de la pesanteur trop écrasante de l'économique ? La fuite devant la réalité qu'aurait constitué une remise en cause de l'ouverture pratiquée depuis la seconde moitié des années cinquante a été écartée au début de 1983. Pas seulement à l'issue de la dramatique semaine de mars : dans son discours devant le Bundestag, François Mitterrand a énuméré les quatre principes qui devraient guider la communauté européenne et placé au premier rang « l'unité du marché », celle-ci devant stimuler « la concurrence et les initiatives ». Sur ce point, son texte pouvait être résumé par la formule de Michel Albert : « la contrainte extérieure est d'autant plus contraignante qu'il y a davantage d'extérieur [1] ».

Mais son application rencontre au moins deux difficultés redoutables. D'une part, le second principe énoncé par le président de la République — la préférence communautaire — n'est claire que lorsqu'il s'agit d'exigences agricoles face à la Grande-Bretagne. Faut-il, face aux États-Unis en matière agricole et industrielle, face au Japon en matière industrielle seulement, favoriser le commerce intracommunautaire en dressant des obstacles — quantitatifs ou tarifaires — au commerce avec le dehors ? L'idée est présente dans le traité de Rome, mais elle n'est guère acceptée par les partenaires européens de la France, notamment par la République fédérale, l'objection la plus forte portant sur le freinage que les mesures de rétorsion imposeraient aux indispensables exportations industrielles des pays d'Europe. Et le blocage à Poitiers des magnétoscopes arrivant du Japon n'a pas été considéré comme une action utile ni même légitime.

D'autre part, le troisième principe — « le développement des politiques communes », fondé sur le quatrième « la solidarité » —

1. *Un pari pour l'Europe*, Seuil, 1983, p. 67.

impliquerait, pour être efficacement appliqué, le développement d'une industrie européenne moderne et puissante. Or la tendance n'est pas aux regroupements entre Européens, mais, comme au cours des deux décennies précédentes, l'alliance, sinon la fusion, entre entreprises françaises ou allemandes avec un gros partenaire extérieur, américain ou, plus récemment, japonais. Le gouvernement français avait fait échouer le regroupement Unidata dans l'informatique. L'échec du rachat de Grundig par Thomson a été d'origine allemande et a abouti à un accord de la firme française avec l'entreprise japonaise JVC.

L'un des arguments donnés par la presse allemande pour rejeter Thomson avait été la nationalisation de la firme française. L'argument était faible puisque Airbus continuait à être construit avec succès par une entreprise publique française et des entreprises privées allemandes, et puisque, surtout, les nationalisations n'avaient guère changé le statut international des firmes, simplement affaiblies dans leur capacité de décision par de longs mois d'hésitations dues à l'arrivée de nouveaux dirigeants et par la prise de possession du pouvoir réel par le gouvernement en matière de financement et de restructuration.

Le vrai changement était d'ordre idéologique et correspondait à une sorte de double conversion des dirigeants socialistes. Théoriquement, il s'était agi de mettre une limite à l'action des multinationales étrangères. En réalité, seules les françaises ont été nationalisées. Si Péchiney s'était par exemple vendu à Bayer comme Roussel Uclaf était entré dans le domaine de Hoechst, Péchiney serait resté entreprise privée avec simplement une forte participation étatique. Et on avait voulu remettre l'accent sur le développement des grandes entreprises sur le sol français, alors que, comme on le comprit vite, il leur fallait bien se procurer des ressources indispensables en investissant à l'étranger. La contrainte qu'avaient exercée auparavant sur l'économie nationale les propriétaires de Thomson, de Péchiney ou de la CGE apparaissait donc rétrospectivement bien faible par rapport à l'obligation persistante et fort lourde d'être constamment présents à l'étranger, donc d'orienter l'économie nationale en fonction du marché mondial. Quant aux deux grands de la sidérurgie, ils étaient de toute façon, dès avant leur nationalisation, à la fois en situation de crise et largement contrôlés par l'État auquel les entreprises privées françaises avaient depuis longtemps pris l'habitude de faire appel en cas de déficit, réservant le caractère privé aux seuls bénéfices.

Dans une bonne mesure, les difficultés économiques françaises sont depuis longtemps en rapport avec l'état et les besoins de l'économie américaine et avec la politique financière des États-Unis. En général, préoccupations et revendications ne sont pas spécifiquement françaises. Elles sont simplement plus fortement exprimées en France. Il en est ainsi en matière agricole où c'est la Commission de Bruxelles qui cherche à obtenir, au nom de tous les pays membres, la limitation des importations des substituts de céréales qui entrent sans taxe sur le marché européen. Il en est ainsi à propos de l'indifférence américaine aux répercussions extérieures de leur politique du crédit et de la monnaie. Il en a été ainsi en 1982 lorsque le président Reagan a voulu empêcher la réalisation du gazoduc sibérien en mettant l'embargo sur des pièces indispensables aux firmes allemandes, britanniques, françaises chargées de la construction.

La tonalité des griefs français a toutefois été particulière au moins pendant les deux décennies antérieures. Un premier changement est intervenu avec l'évolution des attitudes allemandes : mauvais rapports entre le chancelier Schmidt et Jimmy Carter, puis avec Ronald Reagan, développement d'un antiaméricanisme virulent dans le mouvement de la paix et ses alentours. L'arrivée des socialistes en France au pouvoir n'allait-elle pas, dans la ligne des documents élaborés dans l'opposition, relancer l'antiaméricanisme français, fondé sur des arguments ou des sentiments d'ordre politique et culturel plus encore que d'ordre économique ?

Dès l'été de 1981, l'affrontement envisageable est remplacé par l'affirmation d'une nouvelle cordialité. Certes, la présence des communistes entraîne le rapprochement avec les États-Unis. Et un départ des ministres communistes entraînerait vraisemblablement à la fois un rapprochement avec Moscou, dans l'espoir que l'URSS pourrait atténuer la virulence du PC libéré des contraintes de la solidarité, et un renouveau de la critique à l'égard des États-Unis pour ôter des munitions au PC dans son tir de barrage contre un président accusé de soumission à l'impérialisme d'outre-Atlantique.

Mais d'autres facteurs ont joué dans le rapprochement franco-américain. Contrairement à ce qui se passe dans la nouvelle gauche allemande, la critique de la politique américaine en Amérique latine n'est pas séparable en France de la dénonciation de l'action soviétique, passée et présente, en Europe de l'Est et en Asie. Ni la justification de cette action par le socialisme à construire, ni celle par la peur de l'URSS devant la menace américaine ne sont plus guère acceptées en France. L'analyse critique du simplisme américain face aux mouvements sociaux en Amérique latine y gagne en crédibilité, notamment dans le discours prononcé le 22 mars 1984 par François Mitterrand devant le Congrès à Washington, lors d'un séjour d'une semaine aux États-Unis.

Le Chili, le Salvador, le Nicaragua sont loin de la France. Le thème de la menace culturelle que les États-Unis font peser directement sur la civilisation française a été utilisé en commun par une partie de la droite, notamment par les gaullistes, et par une partie importante de la gauche, notamment par les courants les plus tiers-mondistes. C'est le thème auquel a eu volontiers recours le ministre de la Culture. « Notre destin est-il de devenir les vassaux de l'immense empire du profit ? » demandait-il dans le discours combatif qu'il prononce le 27 juillet 1982 à Mexico à une réunion de l'UNESCO. « Je crois, ajoutait-il, qu'il appartient à chacun de nous de s'organiser avec les autres pour opposer à l'internationale des groupes financiers l'internationale des peuples de culture. » Ses affirmations se font ensuite plus nuancées. La réalité complexe des interinfluences culturelles et du jeu des intérêts dans les techniques nouvelles de la communication se dévoile peu à peu.

Trois ans après l'arrivée des socialistes au pouvoir, l'attitude à l'égard des États-Unis est marquée simultanément par le rejet simpliste et par la réflexion nuancée. Le Projet culturel extérieur de la France présenté en 1984 par le ministère des Relations extérieures le montre bien [1]. Dans la partie introductive, ton et contenu relèvent à la fois du complexe antiaméricain des décennies antérieures et de l'anti-impérialisme de gauche. Les « sociétés transnationales » y sont nommément stigmatisées, notamment la firme cinématographique Paramount, coupable d'être une filiale de Coca-Cola. Or le « mythe d'une modernité culturelle » recouvre précisément « une entreprise d'unification des marchés dont l'aboutissement serait l'*homo coca-colens* ». Rien ici ne laisse prévoir l'affirmation initiale du chapitre consacré aux relations avec les États-Unis : ceux-ci « sont le pays le plus puissant, le plus avancé scientifiquement et l'un des plus créatifs du monde ». Suit une analyse sereine des réussites et des difficultés des relations culturelles franco-américaines.

Peut-être la sérénité est-elle impossible en France dès lors qu'il s'agit de juger les États-Unis : l'image qu'on a d'eux ne révèle-t-elle pas constamment l'image qu'on a de soi, qu'on a de l'avenir national

1. Publié par la Documentation française, 150 p. (citations pp. 14, 16 et 97).

tel qu'on le craint ou tel qu'on l'espère? En 1981-1982, le déclin économique américain et la montée verticale du chômage a incité à voir dans la politique reaganienne non seulement l'exemple à ne pas suivre, mais aussi la cause des difficultés françaises. En 1983-1984, il a suffi de la reprise aux États-Unis pour que la créativité technologique américaine apparût comme l'expression d'une société et d'une attitude dignes d'envie et d'imitation — pas seulement aux néo-libéraux français, mais au président de la République visitant Silicone Valley en Californie. L'absence de modération, parfois même de réflexion, dans les réactions françaises devant une réalité américaine jugée de façon d'autant plus péremptoire qu'elle demeure largement ignorée dans sa multiplicité, renvoie aux attitudes contrastées que les Français ont à l'égard des réalités françaises, en particulier à l'égard du rôle qu'ils attribuent à la France dans la vie internationale.

CONCLUSION

« NOTRE PLACE DANS LE MONDE »

> En dépit de tous nos malheurs, d'immenses difficultés et de cruelles restrictions, nous avons trouvé le moyen d'accéder à la libération, puis à la victoire. Jour après jour, nous recouvrons la liberté. La vie, maintenant, reprend peu à peu. Les mines travaillent. Nos usines repartent. Nos ports se rouvrent. Nos champs se labourent. Nos ruines se déblaient. Nos absents sont rentrés presque tous. Nous retrouvons notre Empire. Nous sommes installés sur le Rhin. Nous reprenons notre place dans le monde [...] Au point de vue de la nation, nous avons beaucoup de choses à rebâtir, beaucoup d'autres à transformer, beaucoup de travail à fournir, beaucoup d'intelligence, d'initiative, de courage à déployer, beaucoup de réformes, politiques, économiques, sociales, administratives, démographiques, impériales, morales, à accomplir. Au point de vue de l'univers, nous avons à participer, en tenant notre rang, aux difficiles règlements de la paix, à l'organisation du monde, à la coopération internationale, faute de quoi la race des hommes irait à de nouvelles et affreuses catastrophes.

Lorsque le 4 septembre 1945, le général de Gaulle appelait à la radio les Français à créer la IVe République en votant oui au référendum d'octobre, il ne séparait pas les tâches externes des tâches internes : les domaines où devait s'exercer l'effort français étaient comme des cercles concentriques. Déjà, alors, la politique intérieure était liée directement à la vie internationale, et la politique vers le dehors dépendait pour une large part de la situation au-dedans, si bien que la différence entre les deux domaines ne correspondait guère à la distinction radicale qu'impliquait la notion d' « affaires étrangères ».

Quand, le 22 mai 1981, lors de la formation du premier gouvernement Mauroy, le vieux ministère des Affaires étrangères a changé de nom pour devenir ministère des Relations extérieures, la nouvelle appellation a pris acte d'une réalité encore accentuée au cours des quatre décennies écoulées depuis la fin de la guerre. Certes, la décolonisation a fortement diminué les interconnexions entre la France et d'autres continents. En revanche, des interdépendances et des solidarités nouvelles se sont établies, qu'elles soient voulues ou subies, qu'elles soient organisées ou non. La France est demeurée nation parmi les nations, État parmi les États, mais son économie a connu une mondialisation progressive, la vision de sa défense n'est plus, depuis 1949, séparable d'un ensemble occidental, son développement interne et son action internationale sont, depuis 1950, reliés et même liés à un ensemble européen.

En quarante ans, la France a changé, le monde a changé, la place de la France dans le monde a changé. Constatation d'évidence ? Jusqu'à un certain point seulement. L'affirmation contraire contient, elle aussi, une bonne part de vérité. Trois points d'inflexion assurément sont nets : 1947-1949 et la naissance quasi institutionnalisée de l'antagonisme Est/Ouest ; 1962 et la fin de la guerre d'Algérie, dernière grande étape de la douloureuse décolonisation française ; 1971-1973 et l'entrée dans la crise internationale monétaire et économique. Le premier et le troisième de ces changements essentiels se sont imposés à la France quels que fussent ses dirigeants, quelles que fussent ses institutions. Le second n'était pas séparable d'une transformation mondiale dont la conférence de Bandoeng était devenue le symbole depuis 1955.

Mais que de continuités, de permanences avant et après chacun de ces trois tournants ! L'accession des pays colonisés à l'indépendance, la part prise par l'Asie et l'Afrique dans les relations internationales, l'importance croissante de la dimension Nord/Sud de ces relations ont-elles vraiment transformé la nature et la portée de la confrontation entre l'Union soviétique et un monde qu'elle appelle capitaliste ou impérialiste et qui s'appelle lui-même libre ? Cette confrontation a-t-elle jamais cessé, même à partir de juin 1981, de poser en France le problème spécifique de la nature et de la place du Parti communiste ?

En 1958, la Vᵉ République a succédé à la IVᵉ. Le changement a été considérable dans le jeu institutionnel et aussi dans la visée du gouvernement. Mais la décolonisation n'a pas changé de direction, qu'elle fût sanglante en Algérie ou pacifique en Afrique noire. Et le développement de l'économie, accompagné et renforcé par l'ouverture européenne, n'a pas connu en 1958 de véritable point d'infléchissement..

Les permanences et les modifications de la réalité extérieure ne sont pas toujours clairement perçues par les acteurs du jeu politique, citoyens et dirigeants. Or, les perceptions incomplètes ou faussées de la réalité constituent elles aussi un facteur important des attitudes adoptées, puis des politiques pratiquées. Il peut s'agir de faits compliqués, par exemple des interdépendances monétaires, si difficiles à interpréter. Il peut aussi s'agir de données simples, mais voilées par des blocages dans les pensées et même dans le vocabulaire. Ainsi, dire « *les* Allemands », c'est risquer de ne pas voir que quiconque en Allemagne a eu vingt ans ou plus lors de l'effondrement du nazisme a atteint ou va atteindre sous peu l'âge de la retraite. Or, la vision d'un peuple allemand globalement placé sous le signe du nazisme passé est loin d'avoir entièrement disparu et fait ressurgir de temps à autre des bouffées d'antigermanisme.

La transformation des relations franco-allemandes n'en constitue pas moins l'un des changements à la fois les plus continus, les plus nets de l'après-guerre. Les efforts successifs ont porté leurs fruits : ceux des initiateurs des premières rencontres donnant naissance à un sentiment de coresponsabilité ; ceux des hommes politiques, en particulier Robert Schuman, qui ont su concevoir et mettre en route une Europe égalitaire fondée sur une raisonnable entente entre la France et la République fédérale ; ceux du général de Gaulle parvenant spectaculairement à rallier à cette entente des millions de Français encore réticents ; ceux de ses successeurs maintenant le même cap, même lorsque, comme Georges Pompidou, ils éprouvaient des craintes face à la puissance économique allemande ou face à l'*Ostpolitik*. Sondage après sondage, on constate depuis des années que le voisin allemand occupe une place privilégiée dans l'échelle de la sympathie et de la solidarité, même si nombre d'incompréhensions demeurent dans les deux pays face aux réalités politiques ou sociales de l'autre, même si la télévision française continue à présenter l'Allemagne presque exclusivement à travers son passé hitlérien et occupant, même si, surtout, la domination croissante de la langue anglaise dans les deux pays entrave le plus simple des échanges, celui de la conversation. Mais plus important est le travail en profondeur, conduit en particulier depuis 1945 par le BILD et sa revue *Documents*, depuis 1948 par l'Institut franco-allemand de Ludwigsburg, depuis 1964 par l'Office franco-allemand pour la jeunesse et depuis 1982 par le Centre d'information et de recherche sur l'Allemagne contemporaine, créé par une décision conjointe de Helmut Schmidt et de Valéry Giscard d'Estaing, renouvelée par le chancelier et François Mitterrand. Ce travail n'a pas d'équivalent dans les relations avec n'importe quel autre pays.

Pour l'Europe, le bilan est nettement plus contrasté. 1958 a bien constitué un tournant. Certes, le Marché commun a été réalisé et la politique agricole commune mise en place. L'Europe est aussi parvenue à parler d'une seule voix en matière commerciale et dans la coopération économique avec les pays africains, encore que le troisième accord de Lomé, à entrer en vigueur en 1985, se révèle particulièrement difficile à mettre au point. Mais la conviction centrale du général de Gaulle s'est imposée dans l'opinion et à ses successeurs. Il n'y aurait pas lieu d'appliquer à l'Europe le constat qu'il faisait pour la France dans le même discours du 4 septembre 1945 : « L'œuvre grandiose qui s'offre à nous est, par avance, tracée. Certes, pour la réussir, il ne suffirait pas de bâtir des institutions, si bonnes qu'elles soient théoriquement. Car les grandes choses se font par la valeur des hommes, bien plutôt que par les textes. Mais le cadre aide ou contrarie le travail des ouvriers. » Il doit être bien entendu que si, en France, les institutions ont modifié les comportements, les comportements nationaux en Europe constituent des réalités intangibles qu'aucune vie institutionnelle ne saurait transformer ! L'élection au suffrage universel d'une assemblée impuissante ne fournit pas une solution au problème et exerce sur la perception de la réalité européenne commune un effet plutôt négatif.

De toute façon, l'Europe souffrait dès le départ de deux handicaps : la nature très particulière de sa composante allemande, État né de la division d'une nation, et l'insuffisance de la capacité défensive européenne face à la pesée de l'URSS. La protection militaire américaine toujours nécessaire, de plus en plus incertaine, de surcroît politiquement et psychologiquement pesante : ce qui vaut pour l'Europe vaut encore plus pour ses membres, même pour la France, puissance nucléaire depuis 1960 et dégagée depuis 1966 des contraintes de l'organisation militaire de l'Alliance. Des contraintes, mais non des avantages : à raisonner de façon quelque peu cynique, on constate la réussite de la décision imposée par le général de Gaulle aux États-Unis et à nos autres partenaires de l'OTAN. Comme toute participation, par exemple au réseau de détection radar commun, nous est accordée dès que nous le demandons, comme la couverture atomique américaine n'est ni mieux ni plus mal assurée pour nous que pour les autres, comme en même temps la désinsertion accroît notre poids politique par rapport aux insérés, l'opération de 1966 s'est révélée profitable. Si d'autres pays nous avaient imités, le système aurait risqué de s'effondrer. Ils n'en ont heureusement rien fait. Il est vrai qu'ils ne sont pas la France !

> La France, parce qu'elle le peut, parce que tout l'y invite, parce qu'elle est la France, doit mener au milieu du monde une politique qui soit mondiale.

Peu de Français ont dû être surpris par les formulations auxquelles le général de Gaulle a eu recours en leur présentant ses vœux le 31 décembre 1963. Remplaçons pourtant un instant « France » par « Italie » ou par « Allemagne » : l'évidence s'évanouit. Il est vrai que nous constituons une nation particulière, puisqu'elle a une ancienneté doublement spécifique : spécificité royale d'un État centralisé désireux de forger l'unité et spécificité révolutionnaire d'un message moral à transmettre au monde par la nation assimilée au peuple. Le messianisme de la Révolution a conduit à faire trop aisément crédit à l'Union soviétique naissante, en accordant à la prise du Palais d'hiver en octobre 1917 la même portée libératrice qu'à la prise de la Bastille, alors qu'elle renversait non un souverain autoritaire, mais une démocratie pluraliste naissante. Mais il a aussi conduit le pape Jean-Paul II à déclarer, le 1er juin 1980, dans son homélie au Bourget : « On sait la place que l'idée de liberté, d'égalité, de fraternité tient dans votre culture, dans votre histoire. Au fond, ce sont des idées chrétiennes. » Ne reconnaissait-il pas ainsi que la Révolution avait repris contre l'Église des valeurs que celle-ci n'aurait pas dû abandonner au cours des siècles ?

Une histoire particulière, assurément. Particulière aussi par les abus auxquels le messianisme national a servi de prétexte, notamment face aux peuples d'Afrique et d'Asie. Face également aux autres nations auxquelles, une fois pour toutes, la France est en droit de faire la leçon. Attitude périmée ? Nullement. Les phrases abondent qu'un instant de réflexion devrait faire considérer comme choquantes pour les autres peuples, à commencer par nos partenaires européens. « Notre action vise à atteindre des buts qui, parce qu'ils sont français, répondent à l'intérêt des hommes », nous a dit le général de Gaulle dans les vœux exprimés le 31 décembre 1967. « Cet indéfinissable génie qui lui [la France] permet de concevoir et d'exprimer les besoins profonds de l'esprit humain » : la formule utilisée le 27 juin 1975 à l'Assemblée nationale est du leader de l'opposition François Mitterrand. « La France, c'est ce qu'il y a de meilleur », dit et répète en Belgique, le 21 octobre suivant, le président Giscard d'Estaing. Au nom de quoi ? D'un passé transfiguré, d'un droit éternel ? Ne serait-il pas à la fois plus raisonnable et plus moral de dire qu'on cherchera à démontrer son excellence par la qualité et l'ampleur de l'apport fait aux autres peuples, qu'il s'agisse de ressources matérielles ou de créations intellectuelles ?

Il en est de même pour la langue. Oui, il est légitime d'accorder une valeur particulière à la francophonie, de chercher à retarder sinon à empêcher le déclin du français face à l'anglais envahissant. Mais pas à partir de formules vaniteuses comme celle qu'utilise en mai 1973 le ministre des Affaires culturelles Maurice Druon en ouvrant le congrès mondial de l'Alliance française : le français, « c'est la langue la plus appropriée à l'expression de la pensée, irremplaçable par sa précision dans la variété. Bien employé, le français ne permet pas aux hommes de se mentir, notamment dans le domaine de l'information. » Pas non plus en étendant la prétention linguistique à la culture tout entière, comme le fait Jean Dutourd dans *Paris-Match* le 24 mai 1975 : « La langue de l'Europe est évidemment le français. Pourquoi ? Parce que la littérature française lui fournit ses idées et sa philosophie depuis bientôt cinq siècles. La culture allemande est beaucoup plus jeune, ainsi que la culture russe. Un pays européen qui, aujourd'hui, tourne le dos à la France, me semble trahir absolument l'Europe. » Ne vaudrait-il pas mieux, au lieu de lancer des cocoricos ou de chercher frileusement à préserver notre langue d'apports extérieurs, nous rendre compte que la France et le français comptent au-dehors dans la mesure où il y a création au-dedans ? Création littéraire et créations scientifique et technologique. Apporter aux pays africains francophones les connaissances juridiques leur permettant d'organiser leur vie publique est déjà mieux que d'enseigner à Abidjan le droit épiscopal à l'époque carolingienne parce que cela s'enseigne à Paris. Mais si, par exemple au Maroc, ce sont les Allemands et les Américains qui forment les techniciens de l'industrie, alors que nous préférons la littérature et le droit, la présence linguistique ira évidemment en déclinant, sans que le Maroc puisse être pour autant accusé de tomber dans la barbarie.

« Notre classique prétention à l'universel a besoin d'être chaque jour démontrée, tant notre hexagonalisme de fait et d'attitude la contredit [...] Nous nous replions sur l'hexagone en croyant rayonner encore sur le monde », tout en pratiquant « la délivrance unilatérale et triomphaliste d'un message sans réplique » : ce constat sévère n'est pas dû à un esprit malveillant et mal informé, mais se trouve dans le rafraîchissant rapport établi à la demande du ministre, Jean François-Poncet, par un groupe de travail présidé par Jacques Rigaud, ancien directeur de cabinet d'un ministre de la Culture, futur administrateur de RTL et du Musée d'Orsay[1]. Le rapport relève l'absolue nécessité de l'échange égalitaire. En matière culturelle, la France ne peut donner que pour autant qu'elle est prête à recevoir. C'est ce que souligne aussi à juste titre, en 1984, la loi Savary sur les universités, si critiquable par ailleurs. Et en matière politique et économique, elle ne peut exercer sa critique que si elle peut se référer à un apport créateur.

La morgue traduit la faiblesse et l'insécurité aussi bien qu'un sentiment de supériorité. Il en est surtout ainsi face aux États-Unis. Le mépris culturel est destiné à effacer l'inégalité de puissance, donc à compenser un sentiment d'infériorité, à rétablir fictivement une égalité. Ne vaudrait-il pas mieux montrer que la critique est fondée sur une capacité de faire autrement ? Le général de Gaulle, en accordant la priorité à la volonté politique sur les intérêts économiques immédiats, a eu, à l'égard de l'Algérie naissante, une attitude exemplaire par rapport à celle des États-Unis face à tant de pays d'Amérique latine. Et lorsque, malgré un Henry Kissinger leur disant qu'il était inutile de prévenir l'inévitable victoire communiste, les gouvernements européens, Paris et Bonn en tête, ont favorisé, à partir de 1974, l'établissement d'une démocratie pluraliste au Portugal, ils ont prouvé que leur critique de la politique de Washington à propos du continent américain n'était pas due à la simple malveillance.

Est-il si important d'affirmer sans cesse notre rang ? Certes il est utile et il peut être agréable de figurer parmi les cinq membres permanents du Conseil de sécurité de l'ONU et parmi les quatre codétenteurs du pouvoir suprême sur l'Allemagne. Mais est-il utile (et est-ce agréable si c'est déplaisant pour les autres ?) d'affirmer un droit à un rang particulier en Europe ? Cette affirmation n'empêche-t-elle pas l'influence ? Or l'influence traduit le rôle, la place réelle, mieux que la satisfaction de prestige. Le prestige peut faciliter l'influence mais seulement s'il ne constitue pas sa propre fin.

Il en va de l'indépendance comme du rang. Elle est d'autant mieux réalisée qu'on a pris conscience de ce qu'elle ne saurait être complète, absolue, qu'on a mieux tenu compte des interdépendances et des contraintes, non pour s'y soumettre avec résignation, mais

1. Ministère des Affaires étrangères, *Rapport au ministre des Affaires étrangères sur les relations culturelles extérieures*, Doc. franç., 1979, 152 p.

pour les canaliser, pour les utiliser de façon à élargir l'influence et même pour changer la réalité. La réalité de la France à développer. La réalité du monde sur laquelle on n'a prise que si on ne la méconnaît pas.

Influence avec quelle visée ? Changer dans quel sens ? Les réponses possibles relèvent de la morale autant que de la politique. Rien de plus trompeur à cet égard que la notion d'intérêt, même s'il s'agit de l'intérêt national. Lorsque, le 11 avril 1961, le général de Gaulle affirme « la décolonisation est notre intérêt et donc notre politique », son raisonnement est doublement contestable. D'une part, le tranquille cynisme qu'il exprime est contredit par ses propres actions : que de recours à des notions morales telles que la générosité ou l'honneur, pas nécessairement compatibles avec des avantages calculables ! D'autre part, si cet intérêt était si évident, pourquoi avoir tant tardé à le proclamer à propos de l'Algérie ? N'était-ce pas parce que, précisément, l'intérêt national n'avait rien de clair, les choix possibles en matière algérienne se trouvant liés à des intérêts humains et à des références morales différentes ?

Et c'est rabaisser les acteurs du conflit que de réduire leurs intérêts à de simples visées matérielles. A l'intérieur, que de décennies ont été nécessaires pour que le patronat admît — s'il l'a vraiment admis ! — que la revendication centrale du mouvement ouvrier n'était pas le salaire, mais la reconnaissance d'une dignité, pour que les syndicats admissent — s'ils l'ont vraiment admis ! — que l'intérêt du chef d'entreprise pouvait être la création aussi bien que l'argent ! Au-dehors, que de temps sanglant perdu en Indochine et en Algérie à ne pas voir que la revendication de dignité n'était pas l'expression d'intérêts matériels immédiats !

La référence morale ne doit assurément jouer qu'une fois achevée l'analyse froide de la réalité. Mais il ne faudrait pas pour autant oublier que les « belles âmes » voient souvent cette réalité plus clairement que les passionnés du « réalisme ». C'est ce qui s'est passé pour l'Algérie : qui donc, en mai 1945, était plus proche des données réelles et défendait mieux l'intérêt de la France, Albert Camus avec son appel à la justice, ou le gouvernement, les partis, les journaux, approuvant la répression de Sétif ? C'est ce qui s'est passé pour l'Allemagne : les pionniers qui se réclamaient d'une morale de la coresponsabilité et de la solidarité transnationale ont mieux œuvré pour la France que les héritiers de revendications anciennes. C'est ce qui se passe sans doute aujourd'hui pour l'Europe et pour le tiers monde. Avec une différence importante, à savoir que, cette fois, il est plus facile de démontrer que l'intérêt matériel de la collectivité française est mieux satisfait par une politique fondée sur une morale de la solidarité.

La politique extérieure de la France, ce n'est pas seulement la gestion de ses relations avec les autres États. Elle doit bel et bien assurer, renforcer « notre place dans le monde ». Mais cette place n'a de sens que par rapport à une influence exercée en vue de fins précises établies en fonction d'une telle morale. Une morale au sein de laquelle la nation ne saurait constituer l'unique valeur, ni au-dedans, ni vers le dehors.

POSTFACE 1989

Vingt ans après le départ du général de Gaulle, la politique extérieure de la France est toujours celle du Président. Ou, plus exactement, elle l'est pleinement redevenue une fois que l'élection présidentielle du 8 mai 1988 a mis fin à l'épisode de la cohabitation entamée au lendemain des législatives du 16 mars 1986.

Avant le changement de majorité à l'Assemblée nationale, François Mitterrand avait de plus en plus instrumentalisé le Parti socialiste. Après l'audience accordée au général Jaruselski, le 4 décembre 1985, le Premier ministre avait cru nécessaire ou du moins utile de se déclarer « troublé » ; l'accueil qui lui fut fait par le congrès suivant du PS montra à Laurent Fabius qu'il n'aurait pas fallu chercher à troubler l'indéfectible attachement des socialistes au Président, surtout en période préélectorale. Le contrôle sur le ministère des Relations extérieures s'était encore trouvé renforcé en décembre 1984, lorsque Claude Cheysson, à la parole et à la plume un peu trop incontrôlées, dut céder la place à Roland Dumas. Né en 1922, avocat, homme politique, journaliste, celui-ci était un ami de vieille date du Président, sans figurer parmi ses intimes. En 1958, il fut avec François Mitterrand l'un des quatre députés UDSR sur quatorze à refuser l'investiture au général de Gaulle. Comme avocat, à côté de causes artistiques — Chagall, Picasso, héritiers de Chirico, Braque, Juan Gris — il avait été le défenseur habituel du *Canard enchaîné,* mais aussi celui d'adversaires particulièrement durs d'Israël : ainsi pour Abou Daoud, l'organisateur de l'attentat des JO de Munich et pour Mgr Capucci, ancien évêque de Jérusalem, condamné pour trafic d'armes au profit de l'OLP. Il est arrivé au Quai d'Orsay avec une image d'ami des Arabes et aussi des pacifistes, puisque sa signature avait figuré en 1983 au bas d'un appel contre l'installation des *Pershing II*. En fait, ce polyglotte intelligent s'est placé dans la tradition de la Vᵉ République, c'est-à-dire qu'il s'est fait l'exécutant de la politique présidentielle, que ce fût comme ministre des Relations extérieures jusqu'en mars 1986 ou comme ministre des Affaires étrangères (intitulé repris par Jacques Chirac et conservé après la cohabitation) dans le gouvernement Rocard, avec la distinction supplémentaire d'être l'un des quatre ministres d'État.

Mais aussi avec une certaine diminution de pouvoir, due à l'éparpillement des responsabilités dans les affaires extérieures, puisque le décret du 28 juin 1988 portant nomination des membres du gouvernement comprenait les intitulés suivants : ministre des Affaires européennes (Édith Cresson) ; ministre de la Coopération et du Développement (Jacques Pelletier) ; ministre du Commerce extérieur (Jean-Marie Rausch) ; ministre délégué auprès du ministre d'État, ministre des Affaires étrangères, chargé de la francophonie (Alain Decaux), ministre délégué... (Edwige Avice — chargée ensuite des Français de l'étranger, des étrangers en France et des droits de l'homme) ; secrétaire d'État auprès du Premier ministre, chargé de l'action humanitaire (Bernard Kouchner) ; secrétaire d'État auprès du ministre d'État..., chargé des relations culturelles internationales (Thierry de Beaucé). Cette dispersion a moins produit une nouvelle répartition des pouvoirs qu'un fort désordre administratif.

Pour l'Europe cependant, la coordination est en principe assurée et il existe même une impulsion centrale pour que l'ensemble des ministères se préoccupent de l'Europe. Le 22 septembre 1988, Michel Rocard adressait une longue circulaire « relative à la définition des politiques de la France en matière européenne » à tous les membres du gouvernement. Il y disait notamment :

« J'appelle donc votre attention sur la nécessité de tenir compte systématiquement de la dimension communautaire dans la réflexion et la détermination de la politique de notre pays [...]. Vous veillerez à la transposition adéquate en droit interne des directives communautaires dans les délais imposés [...].

« La position que les représentants français sont chargés d'exprimer au nom du Gouvernement est définie de manière interministérielle par le SGCI, placé sous l'autorité du Premier ministre [...]. »

Cette dernière formule relevait cependant de la fiction. Ce n'est pas par hasard que, comme sous Georges Pompidou, le secrétaire général du Comité interministériel pour les questions de coopération économique européenne — fonction qu'Elizabeth Guigou remplit depuis 1985 — est en même temps à l'Élysée, comme conseiller technique depuis 1982, comme chargé de mission depuis 1988. Ancienne collaboratrice de Jacques Delors, en provenance de l'ENA et de la direction du Trésor, Elizabeth Guigou est devenue, sous l'autorité du président de la République et sous le contrôle de la cheville ouvrière de la présidence qu'est son secrétaire général Jean-Louis Bianco, la plaque tournante de la politique européenne. Un rôle qu'elle n'a pas pu assurer pleinement pendant la cohabitation, puisque le pouvoir politique était pour une bonne part à Matignon et le pouvoir financier pleinement chez Édouard Balladur.

C'est aussi sous le contrôle de l'Élysée que travaillent les services secrets, ce qui a posé un redoutable problème en 1985. Le 10 juillet, dans le port d'Auckland, deux mines coulent le *Rainbow Warrior*. Un photographe néerlandais trouve la mort dans l'explosion. Le bateau de l'organisation Greenpeace devait mener une campagne contre les essais nucléaires français dans le Pacifique. Le surlendemain, la police néo-zélandaise arrête les « époux Turenge », en fait le commandant Alain Mafart et le capitaine Dominique Prieur, agents de la DGSE. C'est seulement le 22 septembre, après de multiples démentis et enquêtes trompeuses, que Laurent Fabius reconnaît la responsabilité française. Le ministre de la Défense, Charles Hernu, démissionne à la demande du président. Sur le plan diplomatique, l'affaire se termine en principe le 11 juillet 1986, par un échange de lettres, publiées au *Journal Officiel* du 13, entre le Premier ministre et l'ambassadeur de la Nouvelle-Zélande. Dans une première lettre, Jacques Chirac annonce :

« Le Premier ministre adressera au Premier ministre néo-zélandais ses excuses formelles et sans réserve pour l'attentat commis en méconnaissance du droit international [...]. En outre, le gouvernement français versera au gouvernement néo-zélandais la somme de 7 millions de dollars [...] (à laquelle viendront s'ajouter 8 millions de dollars à verser à Greenpeace à la suite de la sentence d'un tribunal d'arbitrage rendue le 2 octobre 1987).

« ... Le commandant Mafart et le capitaine Prieur seront transférés sur une installation militaire française de l'île de Hao pour une période minimale de 3 ans. Il leur sera interdit de quitter l'île pour quelque motif que ce soit, sauf accord entre les deux Gouvernements [...]. » (Aux yeux du gouvernement Chirac, cette phrase signifiait qu'on pouvait les rapatrier, pour cause de maladie et de grossesse, à la veille de l'élection présidentielle de 1988, sans accord avec le gouvernement néo-zélandais !)

Une seconde lettre liait à l'incident du « Rainbow Warrior » des concessions économiques de la France concernant l'importation de beurre néo-zélandais en Grande-Bretagne et le commerce des viandes de mouton, d'agneau et de chèvre : le règlement du différend ressemblait fort à une humiliation. Mais on pouvait dire aussi que rarement un pays avait accepté aussi franchement d'avouer et de compenser une violation de la loi internationale.

De plus, le gouvernement Chirac n'était évidemment pas atteint par un acte commis du temps de la majorité socialiste. Et sa signature prouvait qu'il détenait un pouvoir certain en matière de politique extérieure. Le ministre des Affaires étrangères avait certes été choisi d'un commun accord. Mais Jean-Bernard Raimond avait été de 1969 à 1973 conseiller diplomatique de Georges Pompidou, avant de devenir ambassadeur au Maroc, en Pologne, en URSS. Et, malgré son souci de montrer le bon fonctionnement de la cohabitation, il établit une claire différence en déclarant à *La Croix* en octobre 1987 :

« Comment cela fonctionne-t-il ? Avec le Premier ministre, j'ai des contacts aussi fréquents que je le souhaite, soit en le voyant, soit en lui téléphonant, soit en lui communiquant des notes, etc. Une fois par semaine, une heure durant environ, je vois le président de la République, soit le mardi, soit à l'issue du Conseil des ministres. Par conséquent, je suis très bien informé de la pensée du Premier ministre et également informé de celle du président de la République, puisqu'il aborde, bien entendu, les sujets qu'il souhaite, avec moi. »

Il y eut, pendant deux ans, des incidents protocolaires, une hantise permanente dans les ambassades étrangères de ne heurter ni le président, ni le Premier ministre, des affrontements sur le fond, mais aussi une prédominance présidentielle dans les grandes rencontres internationales, des convergences si réelles et si manifestes que la position française se trouvait renforcée parce que consensuelle, en même temps que des antagonismes larvés dont on devait avoir après mai 1988 la confirmation rétrospective, notamment à propos de l'Iran et des otages français retenus au Liban. Il faut y ajouter les drames de la Nouvelle-Calédonie, dans la mesure où une partie de sa population et la plupart des pays du Pacifique rangent le problème calédonien parmi ceux de la décolonisation.

L'autre ministre qui ne pouvait être nommé par le président sans son acceptation réelle était évidemment celui de la Défense. André Giraud, polytechnicien ingénieur des Mines, administrateur général du Commissariat à l'énergie atomique de 1970 à 1978, ministre de l'Industrie de 1978 à 1981, était une personnalité de poids et de caractère. Malgré quelques heurts protocolaires avec le président, il y eut dans l'ensemble entente, en grande partie parce qu'il n'y avait guère de divergences entre François Mitterrand et Jacques Chirac en matière de défense et d'armement. Mais la question centrale — qui a vraiment la prééminence, le « chef des armées » ou le « responsable de la défense nationale » ? — ne se trouva tranchée que le 9 avril 1987, lorsque André Giraud déclara, lors du débat de l'Assemblée nationale sur la loi-Programme :

« L'utilisation de l'arme nucléaire préstratégique, neutronique ou pas, correspond aujourd'hui à un certain concept dont il n'y a pas à discuter ; elle relève du président de la République qui a le doigt sur le bouton et qui est seul à pouvoir en décider. Demain, ce sera toujours le président de la République qui sera le seul à en décider, quoi qu'il arrive. »

Peut-être la formule eût été moins vigoureuse si Jacques Chirac n'avait été candidat à l'Élysée. En tout cas, elle mettait fin à une tension aux effets parfois un peu ridicules, par exemple lorsque le Premier ministre parlait doctrine militaire pour montrer son pouvoir et que le Président convoquait un conseil de Défense à l'ordre du jour peu chargé à seule fin de rappeler qu'il en assurait la présidence. Mais, par chance, un insoluble conflit majeur ne s'est pas produit : si l'un des deux avait donné aux forces françaises l'ordre d'intervenir, tandis que l'autre interdisait cette intervention. Resterait à savoir dans quelles conditions exactes l'armée a donné l'assaut à Ouvéa, le 5 mai 1988. Jusqu'où allaient les décisions gouvernementales ? A quoi le président de la République avait-il acquiescé ou non ?

La cohabitation n'a pas connu de vrai conflit en matière de défense parce que les évolutions avaient été semblables et que les contradictions ou incohérences demeuraient communes. Déjà la « plate-forme pour gouverner ensemble » que Jacques Chirac et Jean Lecanuet avaient signée le 16 janvier 1986 disait : « La dissuasion sur les avants de l'Europe, par les armes classiques et nucléaires tactiques, est une composante de cette dissuasion globale... La défense de la France ne se conçoit pas hors de la défense de l'Europe ». Le 12 décembre 1987, Jacques Chirac, devenu Premier ministre, déclarait à l'Institut des hautes études de défense nationale : « Qui peut douter désormais, dans l'hypothèse où la RFA serait victime d'une agression, que l'engagement de la France serait immédiat et sans réserve ? » Entretemps avait été signé un document international de grande portée.

Le 27 octobre 1987, le Conseil de l'Union de l'Europe occidentale a en effet adopté à La Haye une « plate-forme sur les intérêts européens en matière de sécurité » qui comprenait deux précisions nouvelles dont l'une constituait un pas courageux allemand, l'autre un pas courageux français.

« ... Pour être crédible et efficace, la stratégie de dissuasion doit continuer à se fonder sur une combinaison appropriée de forces nucléaires et conventionnelles dont l'élément nucléaire est le seul qui puisse confronter un agresseur éventuel à un risque inacceptable.

« La présence importante des forces conventionnelles et nucléaires des États-Unis joue un rôle décisif dans la défense de l'Europe. Elles sont l'expression concrète de l'engagement américain à la défense de l'Europe et constituent le lien indispensable avec les forces de dissuasion stratégique des États-Unis. »

Il y a donc rejet de la doctrine contestataire *no first use* (pas d'emploi en premier) le nucléaire ne devant dissuader que le nucléaire : la doctrine de l'Alliance atlantique est confirmée, le nucléaire doit dissuader de l'emploi de la supériorité de l'adversaire en armes classiques. Et pour cela, il ne saurait y avoir, contrairement aux souhaits de bien des Allemands (et aussi d'autres Européens), de retrait complet des armes atomiques américaines stationnées en Europe. Et un peu plus loin, il est dit :

« Nous entendons assurer que notre détermination à défendre, à ses frontières, tout État membre, soit clairement manifeste au moyen de dispositions appropriées. »

A ses frontières : pour la première fois, la France s'engage pleinement, de longues années après les États-Unis et la Grande-Bretagne, à considérer la frontière orientale du partenaire allemand comme sa propre ligne de défense. Mais que signifie alors le discours prononcé par le ministre de la Défense nationale, Jean-Pierre Chevènement, le 6 février 1989, devant la Commission de Défense de l'UEO : « ... Notre dissuasion protège à la fois notre territoire national, qui se définit en termes géographiques, et nos intérêts vitaux, dont la définition est politique et peut varier en fonction des circonstances de la crise. Ainsi, l'incertitude sur l'étendue et la nature de ce qui, dans une situation de crise, serait perçu par la France comme ses intérêts vitaux, incite l'agresseur éventuel, en compliquant ses calculs, à une sage retenue ? »

Une fois de plus est ainsi affichée la double définition, spécifiquement française, de la notion d'incertitude. Pour les États-Unis et les autres membres de l'Alliance, il existe, depuis que le territoire américain est exposé aux représailles nucléaires soviétiques, une incertitude du niveau de l'emploi des armes : on ne dit pas (et on ne sait pas) à quel moment on aurait recours à la destruction massive, avec le risque de suicide que ce recours comporterait ; on dit simplement à l'adversaire qu'il vaut mieux ne pas commencer l'escalade pour ne pas se trouver à un moment non défini en situation de recours atomique. Cette incertitude-là constitue la base même de la dissuasion. Mais, du côté français, on ajoute l'incertitude sur la solidarité. Contrairement à l'engagement pris dans le traité de Paris de 1954, contrairement à la plate-forme de 1987. Cela à la différence des partenaires américains, anglais, néerlandais, belges qui, eux, tiennent une partie de la ligne de front sur la frontière allemande qu'ils considèrent bel et bien comme leur frontière militaire. François Mitterrand lui-même a maintenu l'ambiguïté, notamment en déclarant le 11 octobre 1988 devant l'IHEDN que l'UEO était « un forum et un forum utile », sans allusion aux obligations contractées, ces dernières n'étant plus que celles — bien plus légères — de l'Alliance atlantique.

C'est qu'on a du mal à concilier l'idée de solidarité avec celle d'indépendance. Lorsque, en septembre 1985, Paul Quilès succède à Charles Hernu, il adresse un ordre du jour aux armées : « La défense est garante de l'indépendance et de la grandeur de la nation. » Pas une référence à l'Alliance ni à l'Europe. Lorsque, en 1988, Jean-Pierre Chevènement donne une courte préface à un *Dictionnaire de la Défense et des Forces armées*, il écrit : « Les Français s'accordent très largement sur la valeur de l'indépendance nationale et sur l'impératif de défense qui en découle. Dans le monde où nous vivons, dominé par la compétition économique internationale et par la rivalité des deux superpuissances, cet assentiment patriotique est un atout précieux pour la France. »

Cette fois, l'ambiguïté est double. Il y a d'une part l'absence de l'Alliance et de l'Europe. Il y a aussi d'autre part la vision d'un monde dominé par les États-Unis et l'URSS placés sur le même plan. Une vision fondée sur le mythe de Yalta que François Mitterrand reprend par moments à son compte. Or comment peut-on demander alors aux Allemands de continuer à définir leur État comme une terre de liberté à défendre, au sein d'un monde occidental, contre une menace exercée par l'Union soviétique et sa négation de la liberté — celle des individus comme celle des pays qu'elle domine ? Le protocole signé par le chancelier Kohl et le président de la République le 22 janvier 1988, à Paris, en addition au traité de l'Élysée de 1963, se réfère expressément à la plate-forme de l'UEO — défense du partenaire à sa frontière et stratégie commune de l'Alliance atlantique. A quoi bon si par ailleurs l'indépendance est conçue non comme une certaine latitude d'action dans le recours à la contre-menace nucléaire, mais comme une mise à part de la Nation française, face aux alliés occidentaux et face à la République fédérale vivement invitée par ailleurs à ne jamais avoir de pensées analogues ?

Que les relations étroites avec la République fédérale constituent une préoccupation prioritaire, voilà qui n'a cessé d'être affirmé des deux côtés du champ politique français, avec deux points culminants : la campagne électorale de 1986 et le vingtième anniversaire du traité de l'Élysée. Pourtant, lorsque les deux protocoles additionnels signés le 22 janvier viennent en décembre 1988 devant l'Assemblée nationale et devant le Bundestag pour autorisation de ratification, c'est dans une atmosphère de morosité, sinon de désenchantement. Il est vrai que les difficultés anciennes se sont accentuées, tandis qu'une certaine accoutumance s'était produite face aux proclamations, aux rencontres, aux gestes symboliques.

Le Protocole portant création d'un Conseil franco-allemand de défense — par-delà les références initiales détaillées au texte de l'UEO du 27 octobre 1987 — chargeait le Conseil « d'élaborer des conceptions communes... », « d'adopter les décisions appropriées concernant les unités militaires mixtes qui sont constituées d'un commun accord » (à commencer par la brigade franco-allemande en voie de création), « d'adopter les décisions relatives aux manœuvres communes (celles de septembre 1987, baptisées « Moineau hardi » et réunissant 75 000 hommes dont 20 000 de la Force d'action rapide, n'avaient pas été une pleine réussite), à la formation des personnels militaires ainsi qu'aux accords de soutien permettant de renforcer la capacité des forces armées des deux pays à coopérer en temps de paix, comme en temps de crise ou de guerre. » En février 1989 le jeune général allemand Klaus Dieter Naumann, né en 1939, fut nommé secrétaire général du Conseil installé à Paris au secrétariat général de la Défense nationale, à un moment où la volonté de défense était considérablement affaiblie en Allemagne et l'idée d'indépendance de nouveau en hausse en France.

Le Conseil franco-allemand économique et financier comprend les ministres de l'Économie et des Finances et les gouverneurs des deux banques centrales. Il doit se réunir quatre fois par an. L'article 4 du Protocole lui donne pour mission notamment d'« examiner, chaque année, avant leur adoption par les gouvernements et le vote par les parlements, les grandes lignes des budgets nationaux » et d'« examiner périodiquement les politiques monétaires menées dans chacun des deux pays dans le domaine interne, en matière européenne et en matière internationale, en vue d'une coordination aussi étroite que possible. » Cette coordination, devenue fort réelle, malgré encore bien des décisions unilatérales, se heurte à des obstacles permanents. Le déficit commercial français n'a cessé de se creuser, le solde négatif des échanges passant de 39,2 milliards de francs en 1986 à 44 milliards en 1987 et 50,4 milliards en 1988. Les politiques intérieures pèsent souvent sur les décisions affectant la politique extérieure. C'est ainsi qu'en avril 1989, Helmut Kohl, pour resserrer les rangs au sein de sa majorité en déclin, a confié le portefeuille des finances au président du parti-frère bavarois, la CSU, Theodor Waigel, qui a obtenu la suppression de la retenue à la source par les banques sur les revenus des valeurs, ce qui devait interdire au gouvernement français d'accepter la pleine suppression du contrôle des changes en 1990, puisque le risque de passage en Allemagne des capitaux soumis à retenue en France devenait considérable. En revanche, la coopération industrielle s'est faite plus intense, avec, en 1989, l'amorce d'un vaste rapprochement franco-allemand en matière nucléaire.

Les deux gouvernements n'ont cessé de mettre l'accent sur la qualité des relations bilatérales dans tous les domaines. Les 27 et 28 octobre 1986, l'un des deux « sommets » annuels fut consacré à la culture. A cette occasion, François Mitterrand fut fait citoyen d'honneur de Francfort. Au Collège franco-allemand pour l'enseignement supérieur, dont le principe avait été retenu au sommet de novembre 1987 et qui allait être mis en place en 1988, avec un secrétariat à Mayence et un autre à Strasbourg, vint s'ajouter un Haut Conseil culturel finalement installé en décembre 1988. On fêta aussi avec un certain éclat le 25e anniversaire de l'Office franco-allemand pour la jeunesse. Et nombre d'initiatives antérieures ont continué à produire d'excellents effets : travail du CIRAC, échanges de diplomates — la République fédérale pouvant par exemple se trouver représentée dans une négociation sur le désarmement par un diplomate français — action commune des deux ambassadeurs dans des pays tiers, stages prolongés d'officiers supérieurs ou de hauts fonctionnaires dans le pays partenaire, multiplication d'échanges scolaires et universitaires.

Mais les reculs ont sans doute au moins équilibré les avancées. Recul de l'enseignement du français en Allemagne et de l'allemand en France (de 1959 à 1986, le nombre de lycéens prenant l'allemand comme première langue en sixième est passé de 20,7 à 12,5 pour 100 ; pour la seconde langue en quatrième, déclin de 32,5 à 26,5, pendant que l'espagnol passait de 29,8 à 47,3 pour 100) ; difficultés considérables pour la réalisation de projets audiovisuels, comme la chaîne culturelle commune supposée se substituer à la Sept française ; refus opposé en 1989 par le Conseil supérieur de l'audiovisuel aux postes allemandes de disposer d'un canal sur satellite ; place toujours aussi réduite accordée par toutes les chaînes françaises à l'information sur les réalités allemandes ; renforcement en République fédérale de la vision d'une France indifférente aux risques atomiques et aux menaces sur l'environnement, alors que les sondages français montraient qu'en réalité la préoccupation nucléaire était forte depuis Tchernobyl et le thème de l'environnement en montée rapide.

L'année 1988-1989 aura surtout été marquée par une nouvelle vague de défiance française, atteignant même le milieu dirigeant. La thématique n'est plus tout à fait celle de 1983-1984. Sur le plan économique, à la mode de la « sclérose allemande » a succédé un nouvel accès de crainte de la supériorité de la production et de la monnaie allemandes. Et, alors qu'en juin 1985, on redoutait en République fédérale, lors d'une visite du Premier ministre Laurent Fabius à Berlin-Est, un relâchement du soutien français aux positions juridiques de Bonn face à la RDA, c'est de « dérive allemande » qu'il est question dans les journaux, dans les cabinets ministériels et dans des livres aussi catégoriques que peu informés.

Les attitudes ouest-allemandes face à la politique de M. Gorbatchev peuvent effectivement, dans leur variété et, parfois, leur affectivité, être critiquées ou redoutées de diverses façons, mais ce n'est pas seulement la *Ostpolitik* qui est en cause dans les nouvelles craintes françaises. Il s'agit aussi du souci de l'équilibre de puissance, du maintien du poids politique français face à la pesanteur économique allemande. Ce poids était dû à trois éléments : la République fédérale était handicapée en permanence par la présence de Hitler dans le passé allemand ; la France faisait partie des Quatre qui conservaient des droits et responsabilités pour l'ensemble de l'Allemagne et demeurait donc une sorte de supérieur hiérarchique de la République fédérale ; enfin, la possession de l'arme atomique (et l'absence de forces américaines sur son sol) conférait à la France une supériorité de statut politique.

Le premier élément joue encore un rôle, même si le passé hitlérien s'éloigne dans le temps : chaque poussée à l'extrême droite, même si elle demeure inférieure à celle du Front national en France, provoque en France un frisson d'indignation où se mêle quelque satisfaction, puisque se trouve vérifiée l'idée que les Allemands doivent rester sous surveillance, donc dominés. Le poids du quadripartisme est particulièrement sensible à Berlin. Lorsque, le 10 octobre 1985, le président de la République s'est rendu dans l'ancienne capitale, il a tenu à montrer, bien plus que ne l'avait fait Valéry Giscard d'Estaing en 1979, sa solidarité avec la République fédérale : il a emmené l'ambassadeur de celle-ci et fait escale à Bonn pour arriver à Berlin en compagnie de Helmut Kohl. A Berlin où il s'est très clairement réclamé du double rôle qui lui revenait : il était l'un des quatre suzerains de la ville et l'un des trois défenseurs de Berlin Ouest contre la menace du quatrième suzerain. Mais si Berlin Ouest devient moins le symbole de la résistance des pays libres à la menace totalitaire et davantage celui de l'ouverture entre deux Europe, la portée politique du double rôle est nettement plus limitée. Enfin, la montée du désir général en Allemagne d'un désarmement atomique en Europe ne met pas seulement très réellement en cause la sécurité : il ébranle aussi le troisième pilier de la puissance française face à la pesanteur de l'industrie et de la monnaie allemandes.

Le 8 décembre 1987, le traité de Washington, conclu par R. Reagan et M. Gorbatchev, a prévu l'élimination à la fois des *SS 20* et des *Pershing II*. N'était-ce pas un succès commun des Occidentaux ? La fermeté n'avait-elle pas été payante, puisque sans elle, les *SS 20* seraient restées présentes ? Cette question n'a pas été suffisamment posée par Helmut Kohl à ses concitoyens. Mais, en même temps, le revirement complet de la politique américaine, passant de la diabolisation de l'URSS à une sorte de cordiale complicité, joint à l'effet de séduction produit par la personnalité et le discours du N° 1 soviétique, ne mettaient-ils pas en péril la solidité et la solidarité du camp occidental, notamment par les espoirs suscités en Allemagne non d'une réunification étatique, mais de liens humains rétablis entre citoyens de deux États toujours distincts, mais de moins en moins étrangers l'un à l'autre ?

La politique française à l'égard de l'URSS et des pays qu'elle continue à dominer s'est trouvé confrontée à des difficultés nouvelles. En partie à cause des flottements dans les appréciations sur l'évolution soviétique. Dans la presse et chez les intellectuels français existe un courant influent d'anciens communistes devenus des intransigeants de l'antisoviétisme militant pour qui aucun changement ne peut être substantiel : il s'agit toujours de ruses destinées à tromper l'Occident. De l'autre côté existe, bien que moins puissant qu'en Allemagne, un courant exagérément optimiste pour lequel l'Europe de l'Est se trouve en voie de véritable occidentalisation. Ces courants traversent parfois les diverses sphères de l'État et des partis gouvernementaux.

L'analyse pondérée montre que sur deux points essentiels un changement est intervenu sans qu'il y ait encore transformation de la nature des régimes : le pouvoir ne se veut plus pleinement définisseur de vérité (notamment de la vérité historique) ni punisseur de l'erreur, et la critique est mieux tolérée, sans que le pluralisme se trouve pour autant institutionnalisé. Comment prendre acte de ce début de victoire de l'éthique politique occidentale, comment encourager de nouveaux développements sans être dupe d'un discours appelant à un soutien inconditionnel, notamment économique et financier, de la politique de M. Gorbatchev ? L'une des réponses, c'est d'obtenir de l'URSS des engagements de plus en plus précis, ne serait-ce que pour pouvoir lui reprocher de les violer. Le document final auquel est parvenu, en janvier 1989, la conférence de Vienne, texte destiné à compléter l'acte final de Helsinki de 1975, est fort intéressant à cet égard. Les États signataires s'engagent à respecter l'action de leurs citoyens en faveur des Droits de l'homme, à protéger les personnes contre toute pratique psychiatrique, à ne pas expulser les journalistes étrangers du fait de l'exercice légitime de leur activité, etc. Le gouvernement français a aussi manifesté sa sympathie pour ceux qui, par opposition, ou au sein du pouvoir, ont fait évoluer les habitudes en Pologne ou en Hongrie.

Mais la politique française souffre du manque de puissance économique : les échanges ne se développent guère et la capacité d'accueil pour les techniciens (du commerce aussi bien que de la production) que le gouvernement soviétique veut faire former au dehors est terriblement limitée à cause des déficiences du système d'éducation français. Dans les deux domaines, l'offre allemande est plus importante, ce qui renvoie aux craintes de voir la détente et l'ouverture entre les deux parties de l'Europe renforcer la République fédérale et aussi de trouver le partenaire allemand trop disposé à faire cavalier seul en négligeant la Communauté européenne dont l'application de l'Acte unique devrait pourtant renforcer la cohésion. Partiellement justifiées, ces craintes ont fini par constituer, à partir de 1986-1987, une sorte de toile de fond de la politique française intracommunautaire.

La CEE se trouve de plus en plus acceptée et même sollicitée comme entité spécifique de la part des pays de l'Est. Le 25 juin 1988 a été signée une déclaration conjointe sur l'établissement de relations officielles entre la Communauté économique européenne et le conseil d'Assistance économique mutuelle, déclaration établie, comme le dit son article 6 et dernier « en langues allemande, anglaise, bulgare, danoise, espagnole, française, grecque, hongroise, italienne, mongole, néerlandaise, polonaise, portugaise, roumaine, russe, tchèque et vietnamienne ». Mais c'est évidemment le renforcement interne de la Communauté qui est apparu comme l'élément clé de la politique des États-membres, en particulier de la France et de la République fédérale dont l'action commune, pendant le premier semestre de 1988 où la présidence était exercée par cette dernière, a permis de surmonter les obstacles les plus graves nés au cours des années antérieures : l'accord des Douze, à Bruxelles, le 12 février 1988 ouvrait vraiment la voie à la mise en place du marché unifié prévu par l'Acte unique européen, signé à Luxembourg le 17 février 1986 et à La Haye le 28 février.

Assez bizarrement, ce document réunissait des textes fort disparates. Le long titre II comportait nombre de dispositions portant modification des traités instituant les Communautés européennes et visait à créer un espace économique et, à plus long terme, un espace social unifié, alors que le bref titre III « Dispositions sur la coopération européenne en matière de politique étrangère » maintenait fermement le principe de l'absence de toute règle contraignante (majorité ou pouvoir institutionnel) pour le comportement extérieur des membres d'une communauté ainsi renforcée.

Les modifications des traités étaient-elles substantielles ? Transféraient-elles des pouvoirs nouveaux aux organismes communautaires — Conseil, Commission et Parlement ? Si oui, ces transferts étaient-ils conformes à la constitution française ? Les démonstrations juridiques d'hommes comme François Goguel — qui avait été le principal co-auteur de la décision fort restrictive du Conseil constitutionnel en 1976 — étaient impressionnantes. Mais le Premier ministre était aussi désireux que le président de la République de faire entrer en vigueur l'Acte unique. Jacques Chirac fit ainsi pression sur Jean Foyer, Michel Debré et quelques autres députés RPR pour empêcher tout recours devant le Conseil. A l'Assemblée nationale, le débat sur l'article unique de la loi autorisant la ratification se déroula le 20 novembre 1986 sans grande passion et aussi sans grande minutie dans l'examen du texte. Par 535 voix contre 35 l'Assemblée rejeta une demande d'irrecevabilité et une question préalable du groupe communiste. Le vote final fut acquis par 498 voix contre 35,9 RPR, dont Jean Foyer et Michel Debré ne prenant pas part au vote. Les groupes socialistes et UDF approuvèrent unanimement, le PC et le Front national étant également unanimes, l'un dans le refus, l'autre dans l'abstention.

L'essentiel était sans doute que l'Europe visée était définitivement non plus celle des additions à somme nulle des concessions de chacun, mais bien celle qu'évoquait Jean Monnet parlant en 1950 aux soixante délégués qui devaient construire le traité de la C.E.C.A. : « Nous sommes là pour accomplir une œuvre commune ; non pour négocier des avantages, mais pour rechercher notre avantage dans l'avantage commun. » C'est dans cette perspective, par exemple, que Jean-Marcel Jeanneney, fidèle ministre du général de Gaulle, devenu directeur de l'Observatoire français de la conjoncture économique, devait écrire, dans le numéro de janvier 1989 de la revue de cet organisme : « Plutôt que de s'attacher au maintien d'une souveraineté illusoire, la France aurait avantage à confier à des hommes compétents et indépendants, au choix desquels son gouvernement aurait participé, le soin d'administrer au mieux la monnaie européenne dont elle userait. Cette monnaie ayant un grand poids international jouirait, face au dollar et au yen, d'une plus grande autonomie qu'aucune monnaie nationale actuelle en Europe. Par là serait rendue à la France une certaine forme de souveraineté monétaire, déléguée certes et partagée au sein d'une institution communautaire, mais néanmoins plus réelle. »

En réalité, ni la monnaie commune, ni une banque centrale commune ne seront créées dans un avenir proche. Chez plusieurs partenaires, notamment de la part de Margaret Thatcher, les refus demeurent nets et, en France même, les présupposés politiques (quelle dépossession des institutions françaises ? Quels risques de voir le Deutsche Mark dominer l'ensemble européen ?) n'ont nullement été clarifiés. Cependant, la montée en puissance de la législation européenne devrait conduire à attacher plus d'importance au parlement de Strasbourg, doté déjà d'un droit d'amendement pour les directives du Conseil et d'un droit de censure contre la Commission. Pour cela, il faudrait que les partis français prennent plus au sérieux le travail parlementaire européen qu'ils ne l'ont fait de 1979 à 1989.

La Communauté européenne ne constitue évidemment pas la seule préoccupation de la politique extérieure française. Tous les présidents ont affirmé l'importance de la dimension Nord-Sud, en particulier pour les relations entre la France et les États issus de ses anciennes colonies africaines. Mais la réalité économique ne se recouvre pas avec les finalités affirmées. De 1981 à 1987, les exportations françaises vers la CEE sont passées de 52,1 % à 60,4 % du total, celles vers les autres pays de l'OCDE étant également en hausse (de 15,8 à 18,8 %), tandis que baissaient les parts des pays de l'OPEP — les revenus des producteurs de pétrole ayant chuté — et du reste du monde, Afrique comprise (de 21,3 à 16,6 %).

Quant à l'aide apportée à l'Afrique, elle s'est trouvée en partie européanisée. Celle que la CEE offre aux 66 pays ACP (Afrique, Caraïbes, Pacifique) se trouvera en principe accrue par l'accord de Lomé IV qui viendra relayer les périodes de mise en œuvre des trois premiers (1975-1980, 1980-1985, 1985-1990). L'action proprement française est plutôt en régression, en partie parce que l'impulsion centrale s'est relâchée. La cellule africaine de l'Élysée joue un rôle réduit, les Affaires étrangères et la Coopération n'ont guère de moyens, le ministère de la Défense a diminué les siens et le ministère clé est sans doute devenu celui de l'Économie et des Finances, seul compétent pour le vital rééchelonnement de la dette des pays africains et chargé de la Caisse centrale de coopération économique. On en est arrivé, semble-t-il, au point où l'existence même de la zone Franc se trouve mise en cause.

Les limitations de l'effort français en Afrique n'ont pas d'effets spectaculaires. En revanche, l'action militaire au Tchad a de nouveau fait la une des journaux en 1987. En août 1983, l'opération Manta avait vu le déploiement de 3 000 soldats français jusqu'à la hauteur du 15e parallèle. Le 17 septembre, la France et la Libye avait annoncé conjointement l' « évacuation totale et concomitante du Tchad des forces armées françaises et des éléments d'appui libyens au GUNT ». Mais lorsque, le 15 novembre, François Mitterrand rencontre le colonel Kadhafi à Elounda, en Crète, l'évacuation libyenne n'était nullement accomplie et ce voyage put apparaître comme l'équivalent psychologique et moral du voyage de Valéry Giscard d'Estaing à Varsovie en 1980. En février 1986, le GUNT soutenu par les Libyens lança une offensive vers le Sud. Il y eut bombardement d'un aérodrome au Nord par la chasse française, renforcement du dispositif de dissuasion *Épervier*, puis, au début de 1987, contre-offensive de Hissène Habré, avançant victorieusement avec le soutien très réticent de Paris, même s'il s'est trouvé officiellement honoré par sa présence au défilé du 14 juillet sur les Champs-Élysées.

Même si sa victoire n'a pas été aussi complète qu'il l'espérait, le président Hissène Habré, devenu leader africain respecté, n'a pas été soumis à de nouvelles attaques libyennes, le colonel Kadhafi voyant par ailleurs son prestige international réduit, sauf en matière de terrorisme, parce que la zone de crise et d'affrontements sanglants était de plus en plus intensément le Moyen-Orient, avec la guerre entre l'Iran et l'Irak et la permanence de la tragédie libanaise. La politique française s'est trouvée impliquée à divers titres, à cause en particulier de l'un de ses mystères les plus durables et les plus impénétrables : le soutien privilégié constant accordé à l'Irak, comprenant une ample aide militaire (y compris vraisemblablement par le moyen de pilotes français) et l'extrême mollesse de la réaction à l'un des pires crimes commis dans une région où les crimes se sont pourtant multipliés au cours des années quatre-vingt, à savoir le bombardement avec armes chimiques de populations kurdes sans défense. Il est vrai que la Syrie ne s'est pas non plus trouvée traitée avec une grande rigueur. Certes, aucune solution au Liban ne peut être atteinte sans reconnaissance de sa force, une fois admis qu'on ne saurait lui faire la guerre. Mais, encore en 1989, que de complaisances et de timidités, même si l'on considère que les bombardements subis, au printemps de 1989, par les quartiers chrétiens de Beyrouth, auraient été moins intenses sans la politique insensée du général Michel Aoun, l'un des deux Premiers ministres de l'État physiquement, politiquement, humainement déchiré entre communautés et factions ennemies !

Il est vrai que tous les Occidentaux sont réduits à l'impuissance, le nouveau président américain, George Bush allant jusqu'à proclamer ouvertement celle-ci, pendant que, en avril 1989, la mission en principe purement humanitaire de Bernard Kouchner, aux dimensions politiques mal définies, aboutissait au moins à montrer un minimum d'attention française aux souffrances libanaises et à faire échapper aux obus quelques blessés chrétiens et musulmans. L'impuissance est due en partie à l'impossibilité de l'action militaire et aussi à la pression exercée par le chantage aux otages. Quelles concessions faire, par exemple, en rançon, en indulgence pour des terroristes incarcérés, ou encore en timidités diplomatiques, pour que le journaliste Jean-Paul Kauffmann ne subisse pas le sort du chercheur passionné du Liban et du monde musulman qu'était Michel Seurat, enlevé comme lui le 21 mai 1985 ? Quand, avec les autres otages français (mais pas tous les otages !) libérés le 5 mai 1988, Jean-Paul Kauffmann revint, dans quelle mesure sa valeur marchande avait-elle été accrue par la proximité de l'élection présidentielle ? L'ultime débat télévisé opposant François Mitterrand et Jacques Chirac a en tout cas montré, à propos des relations avec l'Iran, que la discrétion obligée de la cohabitation a voilé bien des tensions associant la politique intérieure française et la politique de la France au Moyen-Orient. La rupture des relations diplomatiques avec l'Iran, en juillet 1987, n'a été qu'un épisode d'une histoire compliquée. La lettre de Jacques Chirac du 24 juin destinée au président irakien Saddam Hussein était-elle telle que le *Canard enchaîné* puis *Le Monde* l'ont publiée en août et comprenait-elle une promesse de reconstruire la centrale nucléaire de Tamuz ? Cette reconstruction est-elle de nouveau envisagée en 1989, cette fois par le gouvernement Rocard ? La fin de la guerre entre l'Iran et l'Irak doit-elle entraîner, a-t-elle déjà entraîné, des initiatives nouvelles ou des réorientations de la politique extérieure française ? La seule certitude que l'on puisse avoir, c'est que cette politique n'a cessé d'être incertaine et multiple, faite aussi de compromissions sans doute inévitables puisque même la vraie grande puissance que sont les États-Unis s'y sont soumis avec l' « Irangate », mais de toute façon peu glorieuse.

La France, elle, n'est pas une très grande puissance. Dispose-t-elle de ressources — matérielles ou immatérielles — qui lui permettent d'exercer une influence, de ne pas seulement être une puissance moyenne parmi d'autres ? La réponse est la même en 1989 qu'en 1984 et qu'antérieurement. Le prestige n'est pas identique au pouvoir et le prestige lui-même n'est pas nécessairement celui qu'on s'attribue. Lorsque, le 28 novembre 1988, lors du lancement d'un engin spatial en URSS, *Le Figaro* écrit : « Accompagné par deux cosmonautes soviétiques, le Français (Jean-Loup Chrétien) a décollé du cosmodrome de Baïkonour exactement à l'heure prévue », il pousse jusqu'à la caricature une attitude à tous égards nuisible. En revanche, *Airbus* et *Ariane* peuvent donner lieu à une fierté légitime : produits réussis d'une coopération internationale, ils n'auraient pas existé sans l'initiative française, sans la qualité de la recherche et de la production françaises.

Les grandes indignations sur le recul de la langue française et de l'influence intellectuelle de la France sont vaines et teintées d'aveuglement et d'hypocrisie quand il n'y a pas volonté politique pour en faire cesser les causes. En avril 1989, les clameurs à propos de la publication en anglais des *Annales* de l'Institut Pasteur n'évoquaient pas le rapport publié au même moment par le Conseil économique et social précisant que la France avait besoin d'environ vingt mille chercheurs supplémentaires. On affirme que la France doit jouer un grand rôle en Europe de l'Est, mais les moyens incroyablement limités dont dispose Radio France International font qu'en nombre d'heures de transmissions vers l'étranger en général, la France est passée du quatrième rang en 1950 au vingtième en 1985, derrière, entre autres, les Pays-Bas, le Nigéria, l'Australie ; vers l'URSS et les autres pays du pacte de Varsovie, nous émettions en 1987 en trois langues pendant 22,5 heures hebdomadaires, la Grande-Bretagne et la République fédérale d'Allemagne émettant en sept langues pendant respectivement 133 et 112 heures.

La France est influente quand des Français occupent des postes d'influence, même quand ils sont ignorés de leurs compatriotes. Au début de 1989, Francis Blanchard a abandonné la fonction de directeur général du Bureau international du Travail qu'il remplissait depuis quinze ans à Genève. A New York, Jean Ripert, ancien commissaire général au Plan, est depuis 1978 secrétaire général adjoint de l'ONU pour les affaires économiques et sociales et, depuis 1982, directeur général pour le Développement et la Coopération économique internationale. A New York encore, le Français Michel Camdessus a succédé en 1987 à Jacques de Larosière comme directeur général du Fonds monétaire international. A Paris, c'est le Français Jean-Claude Paye qui est depuis 1984 secrétaire général de l'OCDE. Qui les connaît en France, quelle place accordent les médias à l'action qu'ils peuvent mener grâce à la confiance que les autres pays leur ont accordée ? On connaît évidemment mieux Jacques Delors, président de la Commission de la CEE depuis janvier 1985, reconduit dans sa fonction par les États membres unanimes. Mais presse et télévision n'ont guère jugé utile de reproduire par exemple la page de couverture de *Newsweek* du 6 février 1989 où le portrait de Delors côtoyait le gros titre *The Czar of Brussels,* avec, en sous-titre, *Building the Euro-Empire of 1992*. Ou encore l'éditorial de la *Frankfurter Allgemeine* du 4 janvier intitulé « Le Pouvoir du président Delors » et constatant, avec une réserve pleine d'admiration, que ce Français exerçait une autorité créatrice très supérieure à celle de ses prédécesseurs à la tête de la Commission.

La présence de la France dans le monde, le rayonnement de la France au-dehors, ce n'est pas un dû que devraient nous acquitter les autres pays à cause de l'histoire ou à cause d'une dilection particulière que mériterait notre pays. Ils sont à conquérir tous les jours par l'excellence des hommes, des idées, des produits que nous avons à offrir aux autres.

ORIENTATION BIBLIOGRAPHIQUE

Il ne s'agit ici ni d'un recensement supposé exhaustif, ni d'une simple énumération. Une sélection a été faite (encore qu'il y ait certainement de vraies lacunes, des livres importants ayant pu échapper à l'auteur). Sa présentation systématique est destinée moins à fournir des références au présent ouvrage qu'à permettre au lecteur, surtout s'il est chercheur, de compléter son information sur les périodes et les problèmes particuliers — et aussi de se rendre compte des nombreuses lacunes de la recherche sur la politique extérieure de la France, fort négligée dans les universités françaises.

Cette sélection écarte, parce que leur apport présent est restreint ou parce qu'ils ne relèvent pas directement du sujet, la plupart des titres commentés dans les bibliographies de mes livres antérieurs (*La Quatrième République et sa politique extérieure*, éd. de 1972, *Les Occidentaux, la Politique en France*, éd. de 1984). Pour se tenir au courant des publications ultérieures, on lira les rubriques bibliographiques de revues comme *Politique étrangère*, *Politique internationale*, *Revue française de science politique*, *Défense nationale*, *Projet*, *Vingtième siècle*, *Politique africaine*, et de l'*Annuaire français de droit international* et on dépouillera la *Liste mensuelle* des ouvrages entrés à la bibliothèque de la Fondation nationale des sciences politiques. On se reportera à des recueils systématiques comme la *Bibliographie internationale sur Charles de Gaulle 1940-1981* établie par l'Institut Charles de Gaulle, Plon, 1981, 155 p. Une documentation permanente était fournie depuis 1944 par *L'Année politique en France* (Éd. du Grand Siècle, puis PUF, puis Éd. du Moniteur), malheureusement en voie d'appauvrissement depuis le début des années soixante-dix. Mais depuis 1969, la Documentation française publie un très utile recueil semestriel du ministère des Affaires étrangères, *La Politique étrangère de la France. Textes et documents.*

Pour l'environnement international du sujet, on lira Fontaine (André), *Histoire de la guerre froide 1917-1963*, rééd. Seuil, 2 vol., 1983, 501 + 569 p., et *Un seul lit pour deux rêves. Histoire de la « détente » 1962-1981*, Fayard, 1981, 538 p., et aussi, pour la période actuelle, Milza (Pierre), *Le Nouveau Désordre mondial*, Flammarion, 1983, 335 p. Pour situer la politique extérieure par rapport à la vie politique, on dispose des ouvrages de base (excellentes bibl.) de Chapsal (Jacques), *La Vie politique en France de 1940 à 1958*, PUF, 1984, 518 p., et *La Vie politique sous la Ve République*, PUF, 1984, 910 p., et de Rioux (Jean-Pierre), *La France de la Quatrième République*, Seuil, 2 vol., 1982/1983, 314 + 384 p., qu'on complétera par : La Gorce (Paul-Marie de), *Naissance de la France moderne 1944-1958*, Grasset, 2 vol., 1978/1979, 527 + 617 p. ; Julliard (Jacques), *La IVe République*, Calmann-Lévy, 1968, 377 p. (avec bonne chronologie synoptique) ; Elgey (Georgette), *La République des illusions 1945-1951*, Fayard, 1965, 555 p. ; et *La République des contradictions 1951-1954*, 1968, 654 p. (nombreux renseignements originaux) ; Vincent (Gérard), *Les Français 1945-1975. Chronologie et structures d'une société*, Masson, 1977, 363 p. ; Hoffmann (Stanley), *Sur la France*, Seuil, 1976, 307 p. ; Remond (René), *Les Droites en France*, Aubier, 1982, 544 p. (deux « classiques ») ; Becker (Jean-Jacques), *Le Parti communiste veut-il prendre le pouvoir ? La stratégie du PCF de 1930 à nos jours*, Seuil, 1981, 333 p. ; Aron (Raymond), *Mémoires*, Julliard, 1983, 778 p.

La part de la politique extérieure est grande dans l'excellente présentation globale d'Ernst Weisenfeld, *Frankreichs Geschichte seit dem Krieg*, Munich, Beck, 2e éd. 1982, 334 p. Cette politique n'est presque jamais traitée dans son ensemble. Exceptions notables : Carmoy (Guy de), *Les Politiques étrangères de la France 1944-1966*, La Table Ronde, 1967, 520 p. ; Kolodziej (Edward), *French International Policy under de Gaulle and Pompidou*, Ithaca, Cornell UP, 1974, 576 p. Mais, sur des aspects particuliers, il existe soit des ouvrages de base englobant la politique française — ainsi Gerbet (Pierre), *La Construction de l'Europe*, Imprimerie nationale, 1983, 498 p. —, soit des études spécifiques. Ainsi Smouts (Marie-Claude), *La France à l'ONU, Premiers rôles et second rang*, Presses de la FNSP, 1979, 392 p. (particulièrement éclairant) ; Girardet (Raoul), *L'Idée coloniale en France, 1871-1962*, Table Ronde, 1972, 335 p. ; Yacono (Xavier), *Les Étapes de la décolonisation française*, PUF, 3e éd. 1982, 127 p. (un très bon « Que sais-je ? ») ; Duroselle

(Jean-Baptiste), *La France et les États-Unis. Des origines à nos jours*, Seuil, 1976, 284 p. ; POIDEVIN R., BARIETY J., *Les Relations franco-allemandes 1815-1975*, Colin, 1977, 373 p. (bref sur l'après-guerre) ; HERRE (Franz) *Deutsche und Franzosen*, Bergisch Gladbach, Lübbe, 1983, 320 p. (pas inutile) ; ZIEBURA (Gilbert), *Die deutsch-französischen Beziehungen seit 1945*, Pfullingen, Neske, 1970, 200 p. ; SCHREIBER (Thomas), *Les Relations de la France avec les pays de l'Est 1944-1980*, Doc. franç. 1980, 110 p. (prudent) ; MOURIN (Maxime), *Les Relations franco-soviétiques 1917-1967*, Payot, 1967, 372 p. ; MARTIN (Michael), *Warriors to Managers : the French Military Establishment since 1945*, Chapell Hill, Univ. of N. Carolina, 1981, 484 p.

LA IVe RÉPUBLIQUE

Les débuts. Les hommes et les forces

DUROSELLE (Jean-Baptiste), *L'Abîme 1939-1945*, Imprimerie nationale, 1982, 611 p. (fondamental. Partie d'une série consacrée à la pol. étr. de la France. Les vol. pour l'après-guerre sont en préparation) ; FUNK (Arthur), *The Politics of Torch, The Allied Landings and the Algier's « Putsch » 1942*, Lawrence, U. of Kansas P., 1974, 322 p. ; KERSAUDY (François), *De Gaulle et Churchill*, Plon, 1981, 413 p. (bonne bibl., mais néglige l'important *Roosevelt and Churchill. Their Secret Wartime Correspondence*, ed. by F.L. LOEWENHEIM, New York, Saturday Review P., 1975 807 p.) ; DE PORTE (A.W.), *De Gaulle's Foreign Policy 1944-1946*, Cambridge, Harvard UP, 1968, 327 p. ; GUN (Nerin), *Les Secrets des archives américaines*, t. 2. *Ni de Gaulle, ni Thorez*, A. Michel, 1983, 350 p. ; FERRO (Maurice), *De Gaulle et l'Amérique. Une amitié tumultueuse*, Plon, 1973, 451 p. ; LENGEREAU (Marc), *Le Général de Gaulle, la Vallée d'Aoste et la frontière italienne des Alpes 1943-1945*, Aoste, Musumeci, 1980, 298 p. [1].

KIERSCH (Gerhard), *Parlament und Parlamentarier in der Aussenpolitik der IVe Republik*, Berlin, Universitätsdruckerei, 1971, 3 vol., 1087 p. ; LATTE (Gabriele), *Die französische Europapolitik im Spiegel der Parlamentsdebatten 1950-1965*, Berlin, Duncker & Humblot, 1979, 233 p. ; AURIOL (Vincent), *Journal du septennat*, 7 vol., sous la dir. de P. Nora et J. Ozouf, Colin, 1971-1977 et *Mon septennat. Notes*

1. Écrits du général de Gaulle et études sur lui : voir ci-dessous.

de journal, Gallimard, 1970, 606 p. (mine de renseignements par le texte et par les notes); LAZAR (David), *L'Opinion française et la naissance de l'État d'Israël*, Calmann-Lévy, 1972, 301 p. (excellent; seul, hélas, dans son genre).

MONNET (Jean), *Mémoires*, Fayard, 1976, 642 p.; ROCHEFORT (Robert), *Robert Schuman*, Cerf, 1968, 384 p.; LACOUTURE (Jean), *Pierre Mendès France*, Seuil, 1981, 550 p. (important, limité en pol. ext.); BÉRARD (Armand), *Un ambassadeur se souvient*, t. II à V, 1945-1970, Plon, 1978-1982 (Washington, Bonn, Tokyo, ONU, Rome); CHAUVEL (Jean) *Commentaire*, t. II et III, 1944-1962, Fayard, 1972-1973 (deux mémoires utiles d'ambassadeurs); JUIN (Alphonse), *Mémoires*, t. II, 1944-1958, Fayard, 1960, 381 p. (révélateur); FOUCHET (Christian), *Les lauriers sont coupés. Mémoires d'hier et de demain*, Plon, 2 vol., 1971-1973, 301 + 255 p., FAURE (Edgar), *Mémoires*, t. I, Plon, 1982, 691 p. (franchise chez l'un, habileté chez l'autre).

CHARLOT (Jean), *Le Gaullisme d'opposition 1946-1958*, Fayard, 1983, 436 p.; MANIN (Philippe), *Le RPF et les problèmes européens*, PUF, 1966, 140 p.; CALLOT (Émile), *Le Mouvement républicain populaire*, Rivière, 1978, 443 p.; O'NEILL (Francis), *The French Radical Party and European Integration*, Westmead, Gower, 1981, 124 p.; SADOUN (Marc), *Les Socialistes sous l'Occupation. Résistance et collaboration*, Presses de la FNSP, 1982, 324 p. (éclairant pour la suite); LOTH (Wilfried), *Sozialismus und Internationalismus. Die französischen Sozialisten und die Nachkriegsordnung Europas 1940-1950*, Stuttgart, DVA, 1977, 414 p.; COURTOIS (Stéphane), *Le PCF dans la guerre*, Ramsay, 1980, 585 p. (recherche exemplaire); CAUTE (David), *Les Communistes et les intellectuels français 1914-1966*, Gallimard, 1967, 477 p.; VERDÈS-LEROUX (Jeannine), *Au service du Parti. Le Parti communiste, les intellectuels et la culture (1944-1956)*, Fayard, 1983, 585 p.; REALE (Eugenio), *Avec Jacques Duclos sur le banc des accusés*, Plon, 1958, 207 p.; MALLAURIE (Guillaume), *L'Affaire Kravchenko, Paris, 1949. Le Goulag en correctionnelle*, Laffont, 1982, 284 p.; MONETA (Jacob), *La Politique du PCF dans la question coloniale 1920-1962*, Maspero, 1971, 312 p.; LAVAU (Georges), *A quoi sert le Parti communiste français?* Fayard, 1981, 443 p. (bilan); MARCUS (John T.) *Neutralism and Nationalism in France*, New York, Bookman, 1958, 207 p. (inégalé — et non traduit).

L'Allemagne, l'Europe, la défense

BIEBER (Konrad), *L'Allemagne vue par les écrivains de la Résistance française*, Genève, Lille, Droz, 1954, 184 p. ; GROSSER A. *L'Allemagne de notre temps 1945-1978*, « Pluriel », 1978 ; HILLEL (Marc), *L'Occupation française en Allemagne*, Balland, 1983, 400 p. (vivant et informé) ; SCHARF C., SCHROEDER H. J. et al. *Die Deutschlandpolitik Frankreichs in der französischen Zone*, Wiesbaden, F. Steiner, 1983, 316 p. (exc. bibl. ; la recherche allemande progresse vite) ; HENKE (Klaus Dietmar), *Politische Säuberung unter französischer Besatzung. Die Entnazifizierung in Würtemberg-Hohenzollern*, Stuttgart, DVA, 1981, 205 p. (sévère) ; RUGE-SCHATZ (Angelika), *Umerziehung und Schulpolitik in der französischen Besatzungszone*, Frankfurt, Lang, 1977, 208 p. ; VAILLANT (Jérôme), dir., *La Dénazification par les vainqueurs. La politique culturelle des occupants*, PU Lille, 1981, 300 p. (sous-titre exact. ZFO p. 19-164) ; FARQUHARSON (John), HOLT (Stephen), *Europe from Below. An Assessment of Franco-German Popular Contacts*, London, Allen & Unwin, 1975, 218 p. (la meilleure présentation des échanges privés).

FREYMOND (Jacques), *Le Conflit sarrois 1945-1955*, Bruxelles, Solvay, 1955, 439 p. ; SCHMIDT (Robert), *Saarpolitik 1945-1957*, Berlin, Duncker & Humblot, 1959-1962, 3 vol. 652 + 784 + 899 p. ; KORFF (Adalbert), *Le Revirement de la politique extérieure française entre 1945 et 1950*, Ambilly-Annemasse, Imp. franco-suisse, 1965, 367 p. ; HÄNSCH (Klaus), *Frankreich zwischen Ost und West. Die Reaktion auf den Ausbruch des Ost-West Konflikts 1946-1948*, Berlin, de Gruyter, 1972, 287 p. (riche étude d'opinion), BJØL (Erling), *La France devant l'Europe. La politique européenne de la IVe République*, Copenhague, Munksgaard, 1966, 456 p. (de grande valeur) ; *René Mayer*. Études, témoignages et documents réunis et présentés par Denise MAYER, PUF, 1983, 398 p. (utile pour l'Europe, rien sur l'Afrique du Nord) ; MASSIGLI (René), *Une comédie des erreurs 1943-1956*, Plon, 1978, 540 p. (un ambassadeur critique férocement la politique européenne) ; WEILEMANN (Peter), *Die Anfänge der europäischen Atomgemeinschaft. Zur Gründungsgeschichte von Euratom 1955-1957*, Baden-Baden, Nomos, 1983, 204 p. ; KÜSTERS (Hanns Jürgen), *Die Gründung der europäischen Wirtschaftsgemeinschaft*, id., 1982, 569 p. (deux études essentielles) ; FONTAINE (Pascal), *Le Comité d'action pour les États-Unis d'Europe de Jean Monnet*, Lausanne, Centre de recherches européennes, 1974, 242 p.

GIRARDET (Raoul), *La Crise militaire française 1945-1962*, Colin,

1964, 240 p. ; MOCH (Jules), *Histoire du réarmement allemand depuis 1950,* Laffont, 1965, 411 p. (témoignage incomplet et partial) ; NOACK (Paul), *Das Scheitern der europäischen Verteidigungsgemeinschaft,* Dusseldorf, Droste, 1977, 202 p. (clair, serein) ; GOLDCHMIDT (Bertrand), *L'Aventure atomique,* Fayard, 1962, 293 p., et *Le Complexe atomique. Histoire politique de l'énergie nucléaire,* id., 1980, 493 p. ; AILLERET (général Charles), *L'Aventure atomique française. Comment naquit la force de frappe,* Grasset, 1968, 404 p. (une analyse et un témoignage vigoureux) ; SCHEINMANN (Lawrence), *Atomic Energy in France under the Fourth Republic,* Princeton UP, 1969, 283 p. ; KOHL (Wilfrid), *French Nuclear Diplomacy,* id. 1971, 412 p. (excellentes études universitaires).

Décolonisation

LACOUTURE (Jean), *Cinq hommes et la France,* Seuil, 1961, 372 p. (meilleure entrée en matière par Hô Chi Minh, Bourguiba, Mohamed V, Ferhat Abbas, Sékou Touré) ; MARSHALL (D. Bruce), *The French Colonial Myth and Constitution-making in the Fourth Republic,* New Haven, Yale UP, 1973, 363 p., SCHACHTER-MORGENTHAU (Ruth), *Political Parties in French Speaking West Africa,* Oxford, Clarendon, 1964, 446 p., ANSPRENGER (Franz), *Politik im schwarzen Afrika,* Köln, Westd. V., 1961, 516 p. (trois livres étrangers de qualité) ; MORTIMER (Edward), *France and the Africans 1944-1960. A political history,* New York, Walker, 1969, 390 p. (synthétise les précédents et : BLANCHET (André), *L'Itinéraire des partis africains depuis Bamako,* Plon, 1958, 211 p.) ; LISETTE (Gabriel), *Le Combat du Rassemblement démocratique africain pour la décolonisation pacifique de l'Afrique noire,* Présence africaine, 1983, 398 p. (chronique distanciée 1945-1960 d'un acteur central) ; CHAFFARD (Georges), *Les Carnets secrets de la décolonisation,* Calmann-Lévy, 1965, 348 p. (chap. sur F. Mitterrand « Quand Houphouët-Boigny était rebelle ») ; TRONCHON (Jacques), *L'Insurrection malgache de 1947. Essai d'interprétation historique,* Maspero, 1974, 399 p. (étude solide et solitaire depuis STIBBE [Pierre], *Justice pour les Malgaches !* Seuil, 1954, 144 p.).

DEVILLERS (Philippe), *Histoire du Vietnam 1940-1952,* Seuil, 1952, 480 p. (reste inégalé) ; Institut Ch. de Gaulle, *De Gaulle et l'Indochine,* Plon, 1982, 272 p. (un colloque respectueux) ; CHAFFARD (Georges), *Les Deux Guerres du Vietnam. De Valluy à Westmoreland,* Table Ronde, 1969, 460 p. (décisif sur le bombardement de Haiphong) ; PAILLAT (Claude), *Dossier secret de l'Indochine,* Presses de la Cité, 1964, 411 p. ; Lacouture J., Devillers Ph., *Vietnam : de la guerre française à la guerre américaine,* Seuil, 1969, 431 p. (analyse serrée de la négociation de Genève) ; Fall (Bernard), *Guerres d'Indochine,* Flammarion, 1965, 448 p. (le meilleur observateur américain) ; Joyaux (François), *La Chine et le règlement du premier conflit d'Indochine,* Public. de la Sorbonne, 1979, 467 p. (éléments nouveaux) ; Sainteny (Jean), *Face à Hô Chi Minh,* Seghers, 1970, 211 p. (de l'émotion) ; Ely (général Paul), *Mémoires,* t. I, « L'Indochine dans la tourmente », Plon, 1964, 365 p. (un témoignage scrupuleux) ; Sullivan (Marianne), *France's Vietnam Policy. A Study in French-American Relations,* Westpoint, Greenwood Press, 1978, 185 p. (excellent aussi pour la Ve République).

Ling (Dwight), *Tunisia from Protectorate to Republic,* Bloomington, Indiana UP, 1967, 273 p. (faute de mieux) ; Mitterrand (François), *Aux frontières de l'Union française. Maroc. Tunisie,* Julliard, 1953, 221 p. (intéressant pas seulement en rétrospective) ; Bernard (Stéphane), *Le Conflit franco-marocain 1943-1956,* Bruxelles, Solvay, 1963, 3 vol., 391 + 287 + 403 p. (fondamental) ; Grandval (Gilbert), *Ma mission au Maroc,* Plon, 1956, 273 p. (riche et honnête), Assima (Georges), *La Crise de Suez 1956,* Lausanne, L'Âge d'Homme, 1970, 231 p. (bonne chronologie. Esquisse bibl. internationale dans *Les Occidentaux.* En français, on lira encore Bar Zohar (Michel), *Suez ultra-secret,* Fayard 1964, 317 p. et on parcourra les témoignages de Christian Pineau, *1956 : Suez,* Laffont, 1976, 232 p. et de Jacques Baeyens, *Un coup d'épée dans l'eau du Canal,* Fayard, 1976, 279 p., pour regarder de près Luethy H., Rodnick D., *French Motivations in the Suez Crisis,* Princeton Inst. for Intern. Research, 1956, 101 p.).

L'Algérie de deux Républiques

Droz (Bernard), Lever (Évelyne), *Histoire de la guerre d'Algérie 1954-1962,* Seuil, 1982, 379 p. (remarquable synthèse, lucide et claire ; Bibl. précise) ; Oppermann (Thomas), *Le Problème algérien. Données historiques, politiques, juridiques,* Maspero, 1961, 317 p. (encore utile, malgré des erreurs de détail) ; Elsenhans (Hartmut), *Frankreichs Algerienkrieg. Entkolonisierungsversuch einer kapitalistischen Metropole,* Munich, Hanser, 1974, 908 p. (Monumental. Surestime les facteurs économiques, sous-estimés ailleurs) ; Courrière (Yves), *La Guerre d'Algérie,* Fayard, 4 vol. 1968-1971 (foisonnant) ; *La Guerre d'Algérie,* sous la dir. de Henri Alleg, Temps actuels, 3 vol., 1981 (orienté, mais riche) ; Tricot (Bernard), *Les*

Sentiers de la paix. Algérie 1958-1962, Plon, 1972, 445 p. (témoignage pondéré d'un négociateur) ; TERRENOIRE (Louis), *De Gaulle et l'Algérie*, Fayard, 1964, 255 p. (présentation zélée).

GROSSER A., *Au nom de quoi ?* (chap. III « Le crime et la mémoire » : pour une mise en place de la réflexion morale) ; HEYMANN (Arlette), *Les Libertés publiques et la guerre d'Algérie*, LGDJ, 1972, 315 p. (chaud d'inspiration, froid d'analyse) ; VIDAL-NAQUET (Pierre), *La Torture dans la République*, Éd. de Minuit, 1972, 204 p. ; DUVAL (Léon-Étienne, archevêque d'Alger), *Au nom de la vérité, Algérie 1954-1962*, Éd. Cana, 1982, 199 p., et *Le Cardinal Duval, « évêque en Algérie ». Entretiens*, Centurion, 1984, 250 p. (les lettres contre la répression à partir de 1954 sont tristement monotones) ; NOZIÈRE (André), *Algérie : les chrétiens dans la guerre*, Cana, 1979, 327 p. (riche, mais art. défini abusif) ; HAMON R., ROTMAN P., *Les Porteurs de valise. De la résistance française à la guerre d'Algérie*, A. Michel, 1982, 436 p., BUSCIA (Gilles), *Au nom de l'OAS : objectif Pompidou*, A. Lefeuvre, 1980, 241 p. (deux expressions inverses de la contestation de légitimité).

RENAUDOT (Françoise), *L'Histoire des Français d'Algérie 1830-1962*, Laffont, 1979, 319 p. + illustr. (remarquable de ton et de contenu) ; NORA (Pierre), *Les Français d'Algérie*, Julliard, 1961, 253 p., RIBES (Jacques), *Plaidoyer pour un million de victimes*, Laffont, 1975, 294 p. (deux visions complémentaires).

LA Ve RÉPUBLIQUE

Le pouvoir de quatre présidents

Les études des mécanismes décisionnels sont rares en France. Il faut lire COHEN (Samy), *Les Conseillers du Président. De Charles de Gaulle à Valéry Giscard d'Estaing*, PUF, 1980, 199 p. (informé, mesuré, exc. bibl.), à compléter par Institut Charles de Gaulle, *De Gaulle et le service de l'État*, Plon, 1977, 384 p. ; PILLEUL (Gilbert), dir., *« L'Entourage » et de Gaulle*, Plon, 1979, 385 p. ; BOISBERRANGER (Jean de), *Domaines et instruments de la politique étrangère de la France*, Doc. franç., 1976, 90 p., *Foreign Policy making in Western Europe*. A comparative approach, ed. by W. WALLACE, Farnborough, Saxon House, 1979, 161 p. ; HAMON (Léo), dir., *L'Élaboration de la politique étrangère*, PUF, 1969, 339 p., *Rapport sur le ministère des Affaires étrangères* du groupe de travail présidé par Pierre RACINE, min. des Af. étr., 1968, 138 p. ; MATTIESSEN (Michael), *Le*

SGCI et la politique européenne de la France, mémoire de DEA à l'IEP de Paris, 1981, 136 p. ronéo.

Les écrits du général de Gaulle constituent évidemment une source et un témoignage irremplaçables, les *Mémoires d'espoir,* Plon, 1970-1971, 2 vol., 317 + 224 p., étant cependant moins grands d'inspiration, de contenu et de style que les *Mémoires de guerre,* dont le t. III, « Le Salut », 1944-1946, Plon, 1959, 655 p., est particulièrement éclairant. Les *Discours et messages* (1940-1969) ont été rassemblés et édités avec le concours de François GOGUEL, Plon, 1970, 5 vol, 679 + 663 + 445 + 459 + 419 p. Les *Lettres, notes, carnets,* Plon 1980-1981, ne vont dans les trois premiers tomes parus que jusqu'en juillet 1941. Le gros travail d'Edmond JOUVE, *Le Général de Gaulle et la construction de l'Europe 1940-1966,* LGDJ, 1967, 883 + 971 p., permet de se repérer assez aisément, tandis que la revue *Espoir*, publiée par l'Institut Charles de Gaulle, apporte régulièrement textes et études inédits, mais rarement critiques. Le récit nourri, mais peu soucieux de révélations ni d'autocritique, de Maurice COUVE DE MURVILLE, *Une politique étrangère 1958-1969,* pourra être complété par de rares études spécialisées comme CERNY (Philip G.), *The Politics of Grandeur. Ideological Aspects of de Gaulle's Foreign Policy,* Cambridge UP, 1980, 319 p., et PATTISON DE MENIL (Lois), *Who speaks for Europe? The Vision of Charles de Gaulle,* Londres, Weidenfeld & Nicolson, 1977, 232 p. Parmi les ouvrages généraux dans lesquels la politique extérieure tient une large place, on utilisera notamment LEDWIDGE (Bernard), *De Gaulle,* Flammarion, 1984, 464 p., HOFFMANN (Inge & Stanley), *De Gaulle artiste de la politique,* Seuil, 1973, 128 p., LA GORCE (Paul-Marie de), *De Gaulle entre deux mondes. Une vie et une époque.* Fayard, 1964, 768 p., DREYFUS (François-Georges), *De Gaulle et le gaullisme,* PUF, 1982, 319 p. Les livres que Jean-Raymond TOURNOUX publie chez Plon, 1967, 1969, 1971, 1974, 1975, 1979, contiennent nombre de citations et d'anecdotes révélatrices, mais non vérifiables. Parmi les témoignages, on privilégiera GUICHARD (Olivier), *Mon Général,* Grasset, 1980, 464 p., et GUENA (Yves), *Le Temps des certitudes 1940-1969,* Flammarion, 1982, 360 p. Les sondages de l'IFOP, *Les Français et de Gaulle,* présentation et commentaire de Jean CHARLOT, postface (peu distanciée) de F. GOGUEL, Plon, 1971, 367 p. sont à consulter [1].

POMPIDOU (Georges), *Le Nœud gordien,* Plon, 1975, 254 p., et *Entretiens et discours,* Plon, 1975, 390 + 325 p., ne sont pas très

1. Pour l'action du Général dans des domaines particuliers, cf. ci-dessous.

révélateurs sur la politique extérieure, modérément présente dans la bonne biographie d'Eric ROUSSEL, *Georges Pompidou,* Lattès, 1984, 568 p., quasi absente dans RIALS (Stéphane), *Les Idées politiques du président Pompidou,* PUF, 1977, 192 p., présente sous forme de réponses invérifiables aux affirmations de l'auteur dans SAINT ROBERT (Philippe), *Les Septennats interrompus,* Laffont, 1977, 300 p. La thèse de doctorat de Mary WEED, *Michel Jobert et la diplomatie française de 1973 à 1974,* IEP Paris, 1981, 644 p. ronéo., contient renseignements et documents inédits et doit paraître, mise au point et à jour, en anglais. JOBERT (Michel), *Mémoires d'espoir,* Grasset, 1974, 412 p., *L'Autre Regard,* id. 1976, 412 p., *Parler aux Français, Textes 1974-1977,* Arthaud, 1977, 236 p. renseignent et commentent avec autosatisfaction.

Bilan et chronologie du septennat 1974-1981 dans GISCARD D'ESTAING (Valéry), *L'État de la France,* Fayard, 1981, 295 p., à compléter par les aspects rétrospectifs de *2 Français sur 3,* Flammarion, 1984, 266 p. La biographie d'Olivier TODD, *La Marelle de Giscard 1926-1974,* Laffont, 1977, 486 p., introduit excellemment à BOTHOREL (Jean), *Le Pharaon. Histoire du septennat giscardien,* Grasset, t. I « 1974-1978 », 1983, 344 p. (informé et bienveillant), à compléter par DESJARDINS (Thierry), *Chirac,* Table Ronde, 1984, 453 p. (laudateur).

On se servira du recueil sans tricherie MITTERRAND (François) *Politique,* Fayard, t. I, « 1938-1977 », 1977, 640 p., t. II (moins bien fait) 1977-1981, 1981, 368 p. pour éclairer les écrits du quatrième président, dont *Le Coup d'État permanent,* Plon, 1964, 285 p., *La Rose au poing,* Flammarion, 1973, 224 p., *Ici et maintenant,* conversations avec Guy Claisse, Fayard, 1980, 309 p., ce qui ne dispense pas de l'ample biographie sans complaisance de Franz-Olivier GIESBERT, *François Mitterrand ou la tentation de l'Histoire,* Seuil, 1977, 334 p. Et on aura recours à *The Foreign Policies of the French Left,* ed. by Simon SERFATY, Boulder, West View P., 1979, 124 p., PORTELLI Hugues *Le Socialisme français tel qu'il est,* PUF, 1980, 213, p., *Projet socialiste pour la France des années 80,* Club socialiste du livre, 1981, 380 p., tandis que la critique CERES de la politique pratiquée se trouve déjà dans MANDRIN (Jacques), *Le Socialisme et la France,* Le Sycomore, 1983, 245 p.

Allemagne, Europe[1]

Des analyses et des indications bibl. se trouvent dans les revues *Documents, Dokumente, Revue d'Allemagne, Allemagnes d'Aujourd'hui* et dans les publications du Centre d'information et de recherche sur l'Allemagne contemporaine. Il n'y a pas, hélas, de traduction française pour les remarquables bilans PICHT (Robert), Hg., *Deutschland, Frankreich, Europa. Bilanz einer schwierigen Partnerschaft*, Munich, Piper, 1978, 386 p., et surtout *Das Bündnis im Bündnis. Deutsch-französische Beziehungen im internationalen Spannungsfeld*, Berlin, Severin & Siedler, 1983, 260 p. La présentation trop bienveillante de l'ambassadeur François SEYDOUX, *Mémoires d'Outre-Rhin*, Grasset, 1975, 308 p. et *Dans l'intimité franco-allemande. 1965-1970*, Albatros, 1977, 184 p., doit être prolongée par les études courageuses d'Henri MENUDIER rassemblées dans *Das Deutschlandbild der Franzosen in den siebziger Jahren*, Bonn, Europa Union V., 1981, 262 p., à compléter par CHRISTADLER (Marieluise), éd., *Deutschland-Frankreich. Alte Klischees, neue Bilder*, Duisburg, Sozialwissenschaftliche Kooperative, 1981, 255 p., TIEMANN (Dieter), *Deutsche Geschichte in der Sicht französischer Schüler*, Dortmund, Rheinisch-Westfälische Auslandsgesellschaft, 1981, 117 p., NASS (Klaus Otto), *Gefährdete Freundschaft. Ein Versuch über Nationalismus in Frankreich und Deutschland*, Bonn, Europa Union V., 1971, 264 p.

Un honorable manuel est-allemand, DANKERT (Jochen), *Frankreichs Politik in Europa von de Gaulle bis Giscard d'Estaing*, Berlin, Staatsverlag der DDR, 1982, 253 p., ne dispense pas des deux études fondamentales de Robert BLOES, *Le « Plan Fouchet » et le problème de l'Europe politique* (admirable d'ampleur et de pondération intelligente), Bruges, Collège de l'Europe, 1970, 538 p. et de GROEBEN (Hans von der), *Aufbau der europäischen Gemeinschaft. Das Ringen um den gemeinsamen Markt und die politische Union 1958-1966*, Baden-Baden, Nomos, 1982, 404 p. Le gros recueil *La France et les Communautés européennes*, dir. par J. RIDEAU, P. GERBET et al., LGDJ, 1975, 1070 p., est à consulter pour chaque problème particulier. On ajoutera GOZARD (Gilles), *De Gaulle face à l'Europe*, Plon, 1976, 192 p., BAHU-LEYSER (Danielle), *De Gaulle, les Français et l'Europe*, PUF, 1981, 259 p. (thèse fondée sur les sondages sans analyse suffisante des données internationales), COUSTÉ (P. B.),

1. Voir aussi à « Économie ».

VISINE (F.), *Pompidou et l'Europe*, Librairie technique, 1974, 207 p. (solide chronologie), DENIAU (Jean-François), *L'Europe interdite*, Seuil, 1977, 323 p. (analyse intelligente d'un participant important), et Commissariat général du Plan, Groupe long terme, *Quelle stratégie européenne pour la France dans les années 80 ?*, dir. par Jacques MOREAU, Doc. franç., 1983, 262 p.

On complétera le livre de P. GERBET, *La Construction...* (v. ci-dessus) par LACHARRIÈRE (Guy de), *La Politique juridique extérieure*, Economica, 1983, 236, p., LECOURT (Robert), *L'Europe des juges*, Bruxelles, Bruylant, 1976, 321 p. (par l'ancien prés. de la cour de Justice), TAYLOR (Philipp), *When Europe speaks with one Voice, The External Relations of the European Community*, Westport, Greenwood P., 1979, 235 p. MOREAU DEFARGES (Philippe), *L'Europe et son identité dans le monde*, Éd. ISTH, 1983, 309 p., *La Communauté européenne : déclin ou renouveau* par K. KAISER, C. MERLINI, Th. de MONTBRIAL et al., IFRI, 1983, 120 p., ALBERT (Michel), *Un pari pour l'Europe*, Seuil, 1983, 156 p. (tonique).

La défense et les relations avec l'URSS

Les deux études majeures sont dues à des étrangers : RUEHL (Lothar), *La Politique militaire de la Cinquième République*, Presses de la FNSP, 1976, 429 p. (l'auteur est depuis 1982 secrétaire d'État à la défense à Bonn) et HARRISON (Michael), *The Reluctant Ally. France and Atlantic Security*, Baltimore, J. Hopkins U.P., 1981, 304 p. On pourra lire SIRJACQUES (Françoise), *Frankreich und die NATO*, Frankfurt, Campus, 1979, 125 p., POGNON (Edmond), *De Gaulle et l'armée*, Plon, 1976, 348 p., CARLIER (Claude), *Le Développement de l'aéronautique militaire française de 1958 à 1970*, CEDOCAR, 1979, 264 p., travail remarquable à compléter par les chap. consacrés à la France dans SAMPSON (Anthony), *La Foire aux armes. Le grand jeu des firmes et des États*, Laffont 1978, 393 p., et surtout dans PIERRE (Andrew J.), *The Global Politics of Arms Sales*, Princeton UP, 1982, 355 p. (de premier ordre). Autre aspect essentiel dans CHAROLLAIS (François), *Le Défi de l'outre-mer. L'action extérieure dans la défense de la France*. Les 7 épées (Fond. pour les études de Défense nationale), 1983, 329 p.

L'avant-81 de la nouvelle majorité est présenté dans WOYKE (Wichard), *Opposition und Verteidigungspolitik im gaullistischen Frankreich 1958-1973*, Opladen, 1975, 272, p., ROUCAUTE (Yves), *Le PCF et l'armée*, PUF, 1983, 207 p., MEYER ZU NATRUP (Friedhelm), *Roter Gaullismus ? Die sicherheitspolitischen Vorstellungen der kommu-*

nistischen Partei Frankreichs 1958-1981, Paderborn, Schöningh, 1983, 389 p., KROP (Pascal), *Les Socialistes et l'armée*, PUF, 1983, 182 p., HERNU (Charles), *Soldat-Citoyen. Essai sur la défense et la sécurité de la France*, Flammarion, 1975, 258 p.

Dans la vaste littérature française sur la stratégie, la sélection est évidemment arbitraire. On disposera d'études sérieuses et on confrontera les points de vue avec ROSE (François de), *La France et la défense de l'Europe*, Seuil, 1976, 123 p. et *Contre la stratégie des Curiaces*, Julliard, 1983, 133 p., GALLOIS (général Pierre), *L'Adieu aux armées*, A. Michel, 1976, 361 p., et *Le Renoncement*, Plon, 1977, 278 p. ; DOLY (Guy), *Stratégie France-Europe*, Media, 1977, 287 p. ; STEHLIN (général Paul), *La France désarmée*, Calmann-Lévy, 1974, 203 p. ; MANEL (Michel), *L'Europe sans défense ?*, Berger-Levrault, 1982, 296 p. ; HAMON (Léo), *Le Sanctuaire désenclavé ? Proposition pour une stratégie française*. Les 7 épées, 1982 ; BROSSOLET (Guy), *Essai sur la Non-Bataille*, Belin, 1974, 124 p. ; SANGUINETTI (Alexandre), *L'Armée pour quoi faire ?* Seghers, 1977, 158 p. ; COPEL (général Étienne), *Vaincre la guerre. Une autre défense, une autre armée*, Lieu Commun, 1984, 247 p. (avec scénarios de crise et hommage aux pacifistes qui poseraient les vrais problèmes) ; SANGUINETTI (amiral Antoine), *Le Fracas des armes*, Hachette, 1975, 219 p., et TOULAT (abbé Jean), *Objectif Mururoa*, Laffont, 1974, 273 p. (deux contestations plutôt antimilitaristes) ; TATU (Michel) *La Bataille des euromissiles*, Seuil, 1983, 123 p., et LELLOUCHE Pierre, dir., *La Sécurité de l'Europe dans les années 80*, IFRI, 1980, 415 p. (deux études sérieuses sans passion).

Les rapports avec l'adversaire potentiel sont peu étudiés. On lira MOREL-TIEMANN (Gisela), *Die französisch-sowjetischen Beziehungen unter Pompidou und Giscard d'Estaing*, Cologne, B.I. Ost, 1978, 113 p. (superficiel) ; LAVIGNE (Marie), dir., *Les Relations économiques franco-soviétiques*, Public. Univ. Paris I, 1980, 172 p., à compléter par PISAR (Samuel), *Les Armes de la paix. L'ouverture économique vers l'Est*, Denoël, 1970, 298, p. (thèse de la convergence Est/Ouest ayant influencé V. Giscard d'Estaing), et LAMALLE (Jacques), *Le Milliardaire rouge. Jean-Baptiste Doumeng*, Lattès, 1980, 231 p. (portrait d'un acteur central des échanges France/Est).

Nord/Sud et Proche-Orient

Il reste beaucoup de recherches à faire malgré le recueil Centre d'étude d'Afrique noire de Bordeaux/Institut Charles de Gaulle, *La Politique africaine du général de Gaulle 1958-1969*, dir. par D. LA-

VROFF, Pedone, 1980, 421 p. ; BOURGI (Robert), *Le Général de Gaulle et l'Afrique noire 1940-1969* (en fait presque rien sur 1960-1969), LGDJ, 1980, 515 p. ; WHITE (Dorothy S.), *Black Africa and de Gaulle. From the French Empire to Independance*, London, Pennsylvania State U.P., 1979, 314 p. On trouvera des renseignements précieux dans DECRAENE (Philippe), *Vieille Afrique, jeunes nations*, PUF, 1982, 302 p. (chap. 6 : « Sujétions extérieures ») et dans BIARNES (Pierre), *L'Afrique aux Africains*, Colin, 1980, 480 p. (monographies par pays). PÉAN (Pierre), *Affaires africaines*, Fayard, 1983, 344 p., a fait sensation par ses accusations, notamment à propos du Gabon. CHAUVEL (Jean-François) *Kolwezi, les secrets du raid*, Orbon, 1978, 279 p., est moins croustillant, tandis que GUILHAUME (Philippe), *Les Relations entre la France et la Côte-d'Ivoire 1960-1978*, thèse IEP Paris, 1983, 842 p. ronéo., a un intérêt surtout documentaire. Le récit émouvant de Nadine BARI, *Grain de sable. Les combats d'une femme de disparu*, Centurion, 1983, 348 p., est à compléter par CAMARA (Sylvain), *La Guinée sans la France*, Presses de la FNSP, 1976, 300 p., et par l'article d'un intérêt exceptionnel de Marie-Claude SMOUTS, « La normalisation des rapports franco-guinéens : analyse d'une médiation », *Rev. franç. de sc. pol.*, juin 1981, p. 563-580. Utile aussi la trad. du livre d'Inga BRANDELL, *Les Rapports franco-algériens depuis 1962*, L'Harmattan, 1981, 188 p.

Les études sérieuses récentes comme CADENAT (Patrice), *La France et le tiers monde. Vingt ans de coopération bilatérale*, Doc. franç., 1983, 202 p., BERTHELOT (Yves), BANDT (Jacques de), *Impact des relations avec le tiers monde sur l'économie française*, id. 1982, 104 p., Min. de la Coop., *Panorama de l'action du ministère de la Coopération*, Impr. nat., 1980, 160 p., et *Bilan de 20 ans du commerce extérieur entre la France et les États de la zone franc*, Min. de la Coop., 1979, 152 p., ou MANGANA-MOUSSAVOU (Pierre-Claver), *L'Aide publique de la France au développement du Gabon depuis l'indépendance*, Publ. de la Sorbonne, 1982, 303 p., ne dispensent pas de retourner au « rapport Jeanneney », *La Politique de coopération avec les pays en voie de développement*, Min. chargé de la Réforme administrative, 1963, 2 vol., 288 p., et à ABELIN (Pierre), *Rapport sur la politique française de coopération*, Doc. franç., 1975, 78 p. Pas plus que d'examiner les faits et arguments exposés avec plus ou moins de passion dans BERTHELOT (Yves), FOSSI (Giulio), *Pour une nouvelle coopération*, PUF, 1975, 152 p., *La France et le tiers monde*, dir. par M. BEAUD, G. de BERNIS, J. MASINI, PU Grenoble, 1979, 351 p. ; Commission tiers monde du PS, *Les Socialistes et le tiers monde*,

Berger-Levrault, 1977, 251 p. ; Parti communiste français, *L'Impérialisme français aujourd'hui,* Éd. sociales, 1977, 190 p. ; Centre d'études impérialistes, *L'Impérialisme français,* Maspero, 1978, 190 p. On étudiera tout de même : Agence européenne d'informations, *La Nouvelle Convention CEE-ACP Lomé II,* Bruxelles, AEI, 1979 67 p., et Conseil des ministres ACP-CEE, *Deuxième convention ACP-CEE et documents annexes,* Luxembourg. Office des publ. CEE, 1981, 549 p. !

Bien que fouillé et intelligent, COHEN (Samy), *De Gaulle, les gaullistes et Israël,* A. MOREAU, 1974, 368 p. (exc. bibl.), ne dispense pas d'ARON (Raymond), *De Gaulle, Israël et les Juifs,* Plon, 1968, 187 p. (ému et serein à la fois). On ajoutera CROSBIE (Sylvia), *A Tacit Alliance. France and Israel from Suez to the Six Days War,* Princeton UP, 1974, 277 p. ; CLÉMENT (général Claude), *Israël et la Vᵉ République,* Orban, 1978, 284 p., et WAJSMAN (P.), TEISSEDRE (R.), *Nos politiciens face au conflit israélo-arabe,* Fayard, 1969, 205 p., BALTA (Paul), RULLEAU (Claudine), *La Politique arabe de la France de De Gaulle à Pompidou,* Sindbad, 1973, 286 p. (toujours utile), SAINT-PROT (Charles), *La France et le renouveau arabe de Charles de Gaulle à Valéry Giscard d'Estaing,* Copernic 1980, 219 p. et CHENDAN-KALIFE (Michel), *Les Relations entre la France et le Liban, 1958-1978,* PUF, 1983, 90 p. (sévère pour /VGE « prosyrien ») ne cherchent pas le sensationnel, contrairement à PÉAN (Pierre), *Les Deux Bombes. Comment la France a « donné » la bombe à Israël et à l'Irak,* Fayard, 1982, 204 p. et PÉAN (P.), SÉRÉNI (Jean-Pierre), *Les Émirs de la République. L'aventure du pétrole tricolore,* Seuil, 1982, 227 p. (romancé, mais riche sur les grandes entreprises françaises). La solide thèse de Robert GRANT, *Les Querelles franco-américaines et le conflit israélo-arabe,* IEP Paris, 1983, 602 p. ronéo (t.b. bibl.) analyse un aspect essentiel.

L'économie, les États-Unis et l'identité culturelle

L'interprétation la plus « économiste » de la politique extérieure est celle d'Edward MORSE, *Foreign Policy and Interdependence in Gaullist France,* Princeton UP, 1973, 336 p. Présentation informée et neutre des interdépendances dans NEZEYS (Bertrand), *Les Relations économiques extérieures de la France. Commerce, investissements, politique économique extérieure,* Economica, 1982, 327 p., plus interprétative dans LESOURNE (Jacques), *La France dans le monde,* Doc. franç. 1980, 192 p. (étude du commiss. au Plan). L'ouvrage fondamental pour la connaissance et la compréhension des problèmes et des mécanismes demeure : Royal Institute of International Affairs, *International Economic Relations of the Western World, 1959-1971*, ed. by Andrew SHONFIELD, Londres, Oxford UP, 2 vol., 1976, 459 + 416 p., à compléter avec MÉNIL (Georges de), *Les Sommets économiques*, Economica, 1983, 92 p. (peu critique) ; MENDERSHAUSEN (Horst), *Coping with the Oil Crisis : French and American Experiences*, Baltimore, Johns Hopkins UP, 1976, 110 p. ; LUDLOW (Peter), *The Making of the European Monetary System*, London, Butterworth, 1982, 319 p. (accentue le rôle de H. Schmidt) ; KRUSE (D.C.), *Monetary Integration in Western Europe*, id. 1980, 274 p. (très technique) ; CARRIÈRE (Jean) *L'Or noir et l'or jaune*, Seuil, 1976, 255 p. (pour les monnaies flottantes) ; DENIZET (Jean), *La Grande Inflation*, PUF, 1977, 159 p. (contre).

PADIOLEAU (Jean G.), *Quand la France s'enferre. La Politique sidérurgique de la France depuis 1945*, PUF, 1981, 232 p. (de premier ordre. Le consensus national) ; GILPIN (Robert), *La Science et l'État en France*, Gallimard, 1970, 414 p. ; ZYSMAN (John), *L'Industrie française entre l'État et le marché*, Bonnel, 1982 (original anglais, en 1977), 399 p. (sur l'électronique. Ch. 7 : « Le rôle industriel de l'État à l'extérieur et à l'intérieur des frontières »), et SAVARY (Julien), *Les Multinationales françaises*, PUF., 1981, 244 p. dégagent des éléments d'analyse négligés dans le débat public. QUATREPOINT (Jean-Michel), JUBLIN (Jacques), *French Ordinateurs. De l'affaire Bull à l'assassinat du Plan Calcul*, A. Moreau, 1976, 330 p. et TURCAT (André), *Concorde. Essais et batailles*, Stock, 1977, 403 p. sont plus véhéments. On comparera les simplifications de *Socialisme et multinationales. Colloque de la Fédération de Paris du Parti socialiste*, Flammarion, 1976, 189 p., avec le bilan nuancé de DELAPIERRE (Michel), MICHALET (Ch. A.), *Les Implantations étrangères en France*, Calmann-Lévy, 1976, 280 p., à compléter par *L'Image des multinationales en France* par J.-M. COTTERET et al., PUF, 1984, 190 p.

Il y a un lien intellectuel évident entre GOUX (Christian), LANDEAU (J.-F.), *Le Péril américain. Le capital américain à l'étranger*, Calmann-Lévy, 1971, 271, p., et les dénonciations d'autres dangers américains comme ETIEMBLE, *Parlez-vous franglais ?*, Gallimard, 1964, 376 p. THIBAU (Jacques), *La France colonisée*, Flammarion, 1980, 330 p. (même le terrorisme allemand est dû aux États-Unis), EUDES (Yves) *La Conquête des esprits. L'appareil d'exportation culturelle américaine*, Maspero, 1982, 280 p. (tout est intentionnel, rien n'est innocent dans la culture américaine présente au-dehors), SAINT ROBERT (Philippe de), *Discours aux chiens endormis*, A. Michel, 1979, 247 p. Une tonalité analogue est présente au début de : Ministère des

Relations extérieures. DGRCST, *Le Projet culturel extérieur de la France,* Doc. franç. 1984, 150 p. Il est dommage que, d'une thèse riche de 2 040 p. (Univ. Paris I, 1981), soit sorti un livre bref et trop sage : SALON (Albert), *L'Action culturelle de la France dans le monde,* F. Nathan, 1983, 160 p. On consultera *Francophonie. Bibliographie 1960-1969,* dir. par Paul PAINCHAUD, PU de Montréal, 1972, 139 p., et on lira LESCOP (René), *Le Pari québécois du général de Gaulle,* Montréal, Boréal Express, 1981, 218 p., MALONE (Mark), *Francophonie ambiguë,* thèse IEP Paris, 1970, 235 p. ronéo, et surtout DENIAU (Xavier), *La Francophonie,* PUF, 1983, 126 p. (exc. « Que sais-je ? »).

Enfin, on s'interrogera sur la place de la politique extérieure dans les préoccupations des Français, pas seulement en regardant des sondages, p. ex. le fasc. de la revue *Sondages,* « L'opinion française et l'Union de l'Europe », 1972, ou SOFRES, *Opinion publique. Enquête et commentaires,* Gallimard 1984, 287 p. (chap. 10 : « La France et son environnement international »), mais d'excellents livres dont le monde extérieur est pourtant pratiquement absent, fût-ce par comparaison : *La Sagesse et le désordre. France 1980,* dir. par Henri MENDRAS, Gallimard, 1980, 420 p. ; REYNAUD (J. D.), GRAFMEYER (Y.), *Français, qui êtes-vous ? Des essais et des chiffres,* Doc. franç. 1981, 496 p., et surtout DONEGANI (J.-M.), LESCANNE (G.), *Les Raisons de vivre des Français de 20 à 40 ans,* Le Centurion, 1982, 228 p.

ADDITIF 1989

Sur la période de la IVe République, un livre important : POIDEVIN (Raymond), *Robert Schuman, homme d'État,* 1886-1963, Imp. nat., 1986, 521 p. (éd. synthétique : Beauchesne, 1988, 254 p.). Pour la Ve et les antécédents : LACOUTURE (Jean), *Charles de Gaulle,* Seuil, 3 vol., 1984-1986 (un « must » passionnant plus fondé sur les témoignages que sur les études disponibles), à compléter par les derniers volumes de De GAULLE (Charles), *Lettres, notes et carnets,* Plon, 11 vol., 1980-1987 (édition malheureusement incomplète et avec des notes explicatives souvent erronées). COHEN (Samy), *La Monarchie nucléaire, Les coulisses de la politique extérieure sous la Ve République,* Hachette, 1986, 271 p. (en fait très bonne étude des mécanismes de décision). COHEN (S.), SMOUTS (Marie-Claude), *La Politique extérieure de Valéry Giscard d'Estaing,* Presses de la FNSP, 1985, 436 p. (varié, riche, sérieux). WOYKE (Wichard), *Frankreichs*

Aussenpolitik von de Gaulle bis Mitterrand, Opladen, Leske, 1987, 192 p. (informé et critique). MITTERRAND (François), *Réflexions sur la politique extérieure de la France*, Fayard, 1986, 441 p. (des textes et 130 pages d'une introduction substantielle). GISCARD d'ESTAING (Valéry), *Le Pouvoir et la Vie*, Compagnie 12, 1988, 399 p. (des éléments sur la politique extérieure parfois d'une naïveté étonnante). ROBIN (Gabriel), *La Diplomatie de Mitterrand ou Le Triomphe des apparences*, 1981-1986, Éd. de la Bièvre, 1985, 255 p. (le conseiller du troisième président juge le quatrième sans bienveillance aucune).

ROSE (François de), *Défendre la défense*, Julliard, 1989, 204 p. (clair et à jour). YOST (David), *La France et la sécurité européenne*, P.U.F., 1985, 346 p. MARTIN-PANNETIER (Andrée), *La Défense de la France. Indépendance et solidarité*, Charles-Lavauzelle, 1985, 334 p. (données utiles). KAISER (Karl), LELLOUCHE (Pierre), *Le Couple franco-allemand et La Défense de l'Europe*, IFRI, 1986, 354 p. CHIPMAN (John), *La Ve République et La Défense de l'Afrique*, Bosquet, 1986, 151 p. FONTANEL (Jacques), SMITH (Ron), *L'Effort économique de défense. Exemples de la France et du Royaume-Uni*, Grenoble, SDESI, 1985, 235 p. DUSSAUGE (Pierre), *L'Industrie française de l'armement*, Economica, 1985, 174 p.

WEISENFELD (Ernst), *Quelle Allemagne pour la France?*, Colin, sous presse (trad. mise à jour du livre de qualité exceptionnelle *Welches Deutschland soll es sein? Frankreich und die deutsche Einheit*, München, Beck, 1986, 203 p.). MORGAN (Roger), BRAY (Caroline), *Partners and Rivals in Western Europe : Britain, France and Germany*, Aldershot, Gower, 1986, 275 p. MENUDIER (Henri), *L'Office franco-allemand pour la jeunesse*, Colin, 1988, 249 p. (le bilan : structures et réalisations). LACORNE (Denis), RUPNIK (J.), TOINET (Marie-France), *L'Amérique dans les têtes. Un siècle de fascinations et d'aversions*, Hachette, 1986, 311 p. BOSTOCK (William), *Francophonie. Organisation, coordination, évaluation*, Melbourne, River Seine, 1986, 130 p. (bibl. détaillée et adresses). BEAUCÉ (Thierry de), *Nouveau Discours sur l'universalité de la langue française*, Gallimard, 1988, 250 p. Il n'est pas sûr qu'il ne faille prendre davantage en considération une étude technique comme BUFFET-TCHAKALOFF (Marie-France), *La France devant la cour de justice des Communautés européennes*, Economica, 1985, 404 p.

Pas plus qu'on ne saurait négliger, même s'il peut y avoir des excès et des erreurs, des livres comme : PÉAN (Pierre), *L'Argent noir*, Fayard, 1988, 278 p. (de tristes données sur les relations franco-africaines), DELPEY (Roger), *Affaires centrafricaines*, J. Grancher, 1985, 249 p. DEROGY (Jacques), PONTAUT (Jean-Marie), *Enquête sur trois secrets d'État*, Laffont, 1986, 361 p. (« Greenpeace »), p. 141-310 ; « L'adieu au Liban », p. 311-358). GIDLEY (Isabelle), SHEARS (Richard), *The Rainbow Warrior affair*, London, Unwin, 1986, 217 p., sans pour autant attacher aux services secrets la même importance que leur fort peu modeste ex-patron : MARENCHE (Alexandre), OCKRENT (Christine), *Dans le secret des Princes*, Stock, 1986, 341 p.

Mais il faut souhaiter que paraissent, sur chacun des volets de la politique extérieure, des livres de la qualité de celui de Jacques ADDA et Marie-Claude SMOUTS, *La France face au Sud. Le miroir brisé*, Karthala, 1989, 364 p. C'est un modèle de rigueur documentaire et intellectuelle, d'intelligence analytique et de sévérité sereine.

INDEX

TABLE DES MATIÈRES

DÉJÀ PARUS

Collection Champs

ALAIN **Idées.**
ARAGON **Je n'ai jamais appris à écrire** ou les *Incipit*.
ARNAUD, NICOLE **La logique ou l'art de penser.**
ASTURIAS, **Trois des quatre soleils.**
AXLINE Dr **Dibs.**
BADINTER **L'amour en plus.**
Les Remontrances de Malesherbes.
BARRACLOUGH **Tendances actuelles de l'histoire.**
BARRY **La Résistance afghane du grand mogol aux soviétiques.**
BARTHES **L'empire des signes.**
BASTIDE **Sociologie des maladies mentales.**
BECCARIA **Des délits et des peines.**
BERNARD **Introduction à l'étude de la médecine expérimentale.**
BIARDEAU **L'hindouisme. Anthropologie d'une civilisation.**
BINET **Les idées modernes sur les enfants.**
BOIS **Paysans de l'Ouest.**
BONNEFOY **L'arrière-pays.**
BRAUDEL **Écrits sur l'histoire.**
La Méditerranée. L'espace et l'histoire.
La dynamique du capitalisme.
BRILLAT-SAVARIN **Physiologie du goût.**
BROGLIE (de) **La Physique nouvelle et les Quants.**
BROUÉ **La révolution espagnole (1931-1939).**
BUTOR **Les mots dans la peinture.**
CAILLOIS **L'écriture des pierres.**
CARRÈRE D'ENCAUSSE **Lénine, la révolution et le pouvoir.**
Staline, l'ordre par la terreur.
Ni paix ni guerre.
CHAR **La nuit talismanique.**
CHASTEL **Éditoriaux de la Revue de l'art.**
CHAUNU **La civilisation de l'Europe des Lumières.**
CHOMSKY **Réflexions sur le langage.**
COHEN **Structure du langage poétique.**
CODE CIVIL **(Naissance du).**
CONSTANT **De la force du gouvernement actuel de la France et de la nécessité de s'y rallier (1796). Des réactions politiques. Des effets de la terreur (1797).**
CORBIN **Les filles de noce.**
Le miasme et la jonquille.
DAVY **Initiation à la symbolique romane.**
DERRIDA **Éperons. Les styles de Nietzsche.**
La vérité en peinture.
DETIENNE, VERNANT **Les ruses de l'intelligence. La métis des Grecs.**
DEVEREUX **Ethnopsychanalyse complémentariste.**
Femme et mythe.
DIEHL **La République de Venise.**
DODDS **Les Grecs et l'irrationnel.**
DUBY **L'économie rurale et la vie des campagnes dans l'Occident médiéval** (2 tomes).
Saint-Bernard. L'art cistercien.
L'Europe au Moyen Âge.
La société chevaleresque - Hommes et structures du Moyen Âge I.
Seigneurs et paysans - Hommes et structures du Moyen Âge II.
DURKHEIM **Règles de la méthode sociologique.**
EINSTEIN **Comment je vois le monde.**
Conceptions scientifiques.
EINSTEIN, INFELD **L'évolution des idées en physique.**
ÉLIADE **Forgerons et alchimistes.**
ELIAS **La société de cour.**
ERIKSON **Adolescente et crise.**
ESCARPIT **Le littéraire et le social.**
FEBVRE **Philippe II et la Franche-Comté.**
FÉRRO **La révolution russe de 1917.**
FINLEY **Les premiers temps de la Grèce.**
FOISIL **Le Sire de Gouberville.**
FONTANIER **Les figures du discours.**
FURET **L'atelier de l'histoire.**
FUSTEL DE COULANGES **La cité antique.**
GENTIS **Leçons du corps.**
GERNET **Anthropologie de la Grèce antique.**
Droit et institutions en Grèce antique.
GINZBURG **Les batailles nocturnes.**
GONCOURT **La femme au XVIIIe siècle.**
GOUBERT **100 000 provinciaux au XVIIe siècle.**
GRÈGOIRE **Essai sur la régénération physique, morale et politique des juifs.**
GROSSER **Affaires extérieures. La politique étrangère de la France (1949-1989).**
GUILLAUME **La psychologie de la forme.**
GUSDORF **Mythe et métaphysique.**
HEGEL **Esthétique.** Tome I. **Introduction à l'esthétique.** Tome II. **L'art symbolique. L'art classique. L'art romantique.** Tome III. **L'architecture. La sculpture. La peinture. La musique.** Tome IV. **La poésie.**
HEISENBERG **La Partie et le Tout. Le monde de la physique atomique.**
JAKOBSON **Langage enfantin et aphasie.**
JANKÉLÉVITCH **La mort.**
le pur et l'impur.
L'ironie.
L'irréversible et la nostalgie.
Le sérieux de l'intention.
Les vertus et l'Amour (2 tomes).
L'Innocence et la méchanceté.
JANOV **L'amour et l'enfant.**

Le cri primal.
KUHN **La structure des révolutions scientifiques.**
KUPFERMAN ***Laval (1883-1945).***
LABORIT **L'homme et la ville.**
LANE **Venise, une république maritime.**
LAPLANCHE **Vie et mort en psychanalyse.**
LAPOUGE **Utopie et civilisations.**
LEAKEY **Les origines de l'homme.**
LE CLEZIO **Haï.**
LE ROY LADURIE **Les paysans de Languedoc.**
Histoire du climat depuis l'an mil (2 tomes).
LEWIS **Juifs en terre d'Islam.**
LOMBARD **L'Islam dans sa première grandeur.**
LORENZ **L'agression.**
L'homme dans le fleuve du vivant.
L'envers du miroir.
MACHIAVEL **Discours sur la première décade de Tite-Live.**
MANDEL **La crise.**
MARX **Le Capital.** Livre I (2 tomes).
MASSOT **L'arbitre et le capitaine.**
MEAD EARLE **Les maîtres de la stratégie.**
MEDVEDEV **Andropov au pouvoir.**
MEYER **La persistance de l'Ancien Régime.**
MICHELET **Le peuple.**
La femme.
Louis XIV et la Révocation de l'Édit de Nantes.
MICHELS **Les partis politiques.**
MICHAUX **Émergences - Résurgences.**
MILL **L'utilitarisme.**
MOSCOVICI **Essais sur l'histoire humaine de la nature.**
ORIEUX **Voltaire** (2 tomes).
PAPAIOANNOU **Marx et les marxistes.**
PAPERT **Le jaillissement de l'esprit.**
PAZ **Le singe grammairien.**
POINCARÉ **La science et l'hypothèse.**
PÉRONCEL-HUGOZ **Le radeau de Mahomet.**
PLANCK **Initiation à la physique.**
PORCHNEV **Les soulèvements populaires en France au XVIIe siècle.**
POULET **Les métamorphoses du cercle.**
RAMNOUX **La Nuit et les enfants de la Nuit.**
RENOU **La civilisation de l'Inde ancienne d'après les textes sanskrits.**
RICARDO **Des principes de l'économie politique et de l'impôt.**
RICHET **La France moderne. L'esprit des institutions.**
ROSSIAUD **La prostitution médiévale.**
RUFFIÉ **De la biologie à la culture** (2 vol.).
Traité du vivant.
SCHUMPETER ***Impérialisme et classes sociales.***
SCHWALLER DE LUBICZ R.A. **Le miracle égyptien.**
Le roi de la théocratie pharaonique.
SCHWALLER DE LUBICZ Isha **Her-Back, disciple.**
Her-Back « Pois Chiche ».
SEGALEN **Mari et femme dans la société paysanne.**
SERRES **Statues**
SIEYÈS **Qu'est-ce que le Tiers-État ?**
STAROBINSKI **1789. Les emblèmes de la raison.**
Portrait de l'artiste en saltimbanque.
STEINER **Martin Heidegger.**
STOETZEL **La psychologie sociale.**
STRAUSS **Droit et Histoire.**
SUN TZU **L'art de la guerre.**
TAPIÉ **La France de Louis XIII et de Richelieu.**
TESTART **L'œuf transparent.**
THOM **Paraboles et catastrophes.**
TRIBUNAL PERMANENT DES PEUPLES **Le crime de silence. Le génocide des Arméniens.**
THIS **Naître... et sourire.**
ULLMO **La pensée scientifique moderne.**
VALADIER **L'Église en procès**
VILAR **Or et monnaie dans l'histoire 1450-1920.**
WALLON **De l'acte à la pensée.**

Série Champs — *Contre-Champs*

BAZIN **Le cinéma de la cruauté.**
BORDE et CHAUMETON **Panorama du film noir américain.**
BOUJUT **Wim Wenders.**
BOURGET **Lubitsch.**
EISNER **Fritz Lang.**
FELLINI **par Fellini.**
GODARD **par Godard.**
Les Années-Cahiers.
Les Années-Karina.
KRACAUER **De Caligari à Hitler.**
PASOLINI **Écrits corsaires.**
RENOIR **Ma vie et mes films.**
ROHMER **Le goût de la beauté.**
ROSSELLINI **Le cinéma révélé.**
TASSONE **Kurosawa.**
TRUFFAUT **Les films de ma vie.**
Le plaisir des yeux.

Achevé d'imprimer en février 1991
sur les presses de l'Imprimerie Bussière
à Saint-Amand (Cher)